GOLDMANN

Buch

Paul-Heinz Koesters legt hier eine höchst verständliche Einführung in die Psychoanalyse vor, diese faszinierende, doch so oft mißverstandene Wissenschaft, die unserer Vorstellung von uns selbst empfindliche Schläge versetzt.

Dieses Buch über die *Erforscher der Seele* ist für interessierte Leser geschrieben, die mehr über die Macht des Unbewußten – auch die des eigenen – wissen möchten. Es stellt die verborgenen Motive vor, die unser Handeln bestimmen, und offenbart unsere unverarbeiteten Konflikte und versteckten Wünsche.

Der Autor erklärt die wichtigsten psychoanalytischen Begriffe und erschließt dem Leser die Gedankenwelt der berühmten Ärzte und Forscher, die die Psychoanalyse zu einem bedeutenden Zweig der modernen Wissenschaft gemacht haben.

Autor

Paul-Heinz Koesters arbeitet seit über zwei Jahrzehnten beim STERN. Seine Bücher haben ihn als einen Autor ausgewiesen, der schwierige Themen in ebenso brillanter wie verständlicher Form darstellen kann.

Im Goldmann Verlag liegen von Paul-Heinz Koesters bereits vor:

Deutschland, deine Denker (11509)
Ökonomen verändern die Welt (11542)

PAUL-HEINZ KOESTERS

DIE ERFORSCHER DER SEELE

Wie die Psychoanalyse die Macht des Unbewußten entdeckte

GOLDMANN VERLAG

Herausgeber der Originalausgabe:
Rolf Winter

Umwelthinweis:
Alle bedruckten Materialien
dieses Taschenbuches sind chlorfrei, umwelt-
freundlich und recyclingfähig.

Der Goldmann Verlag
ist ein Unternehmen der Verlagsgruppe Bertelsmann

Made in Germany · 1. Auflage · 2/93
Genehmigte Taschenbuchausgabe

Umschlaggestaltung: Design Team München
(unter Verwendung eines Motivs von STERN-Archiv)
Satz: IBV Satz- und Datentechnik GmbH, Berlin
Druck: Presse-Druck Augsburg
Verlagsnummer: 12436
SK · Herstellung: Peter Papenbrok
ISBN 3-442-12436-0

Inhalt

Vorwort 7

Der Fall Bertha Pappenheim 18
Wie der Wiener Arzt Josef Breuer ein hysterisches Mädchen kurierte

Die dritte Beleidigung der Menschheit 48
Der Wunsch, am Schlaf der Menschen zu rütteln und den Frieden der Welt zu stören

Freuds Theorie über die Frauen 79
Nach dreißig Jahren Forschung nicht herausgefunden: »Was will das Weib?«

Sigmund Freuds Ruhm wächst 108
Der Aufstand der Söhne gegen den mächtigen »Über-Vater«

Sigmund Freud und die Philosophie 140
Neben Karl Marx der einflußreichste Denker des zwanzigsten Jahrhunderts

»Meine Tochter, meine Antigone« 194
Die Freud-Tochter Anna machte sich als Mitbegründerin der psychoanalytischen Behandlung von Kindern einen Namen

Verführungstheorie und Grundstörung 235
Geschieht die Verführung der Kinder real, oder ist sie ein Produkt ihrer Phantasie?

Geständniszwang und Wunsch nach Strafe 270
Das Verbrechen, das aus einem Schuldgefühl heraus geschieht

Genialität und Wahnsinn 294
Geniale Menschen brauchen ebensowenig krank zu sein wie wahnsinnige Genies

Körper und Seele: Einheit oder Zweiheit? 316
Zum Schaden der Patienten ist die Psychosomatische Medizin viel zu wenig anerkannt

Die Neurosen der Mächtigen 343
Kaum zum Chef ernannt, schon »geheilt«

Literaturverzeichnis 370 / Bildnachweis 377

Vorwort

Die Psychoanalyse lehrt, daß menschliches Leben zum einen von bewußten Überlegungen bestimmt und zum anderen von unbewußten, zärtlichen und feindseligen Triebwünschen beherrscht wird. Dabei sind die geheimen, dem Bewußtsein entzogenen Motive unseres Handelns vielfach mächtiger als unsere zum Bewußtsein gehörende Vernunft. Diese bald hundert Jahre alte Entdeckung klingt heute immer noch so unglaublich, als würde man dem Leser erklären, er hielte das Buch falsch herum, die Buchstaben stünden auf dem Kopf.

Die Absicht des Autors ist es, dem Laien die oft befremdlichen Erkenntnisse der Psychoanalyse verständlicher zu machen. Vor allem aber soll das Buch ihn dazu bewegen, sich einmal genauer zu betrachten.

Im Seelenleben des Autors spielte sich zum Beispiel diese Geschichte ab:

In der Erstfassung seines Manuskripts hatte er den Eindruck erweckt, nicht Sigmund Freud, sondern der Wiener Arzt Josef Breuer sei der wahre Begründer der Psychoanalyse. Selbst der Einwand hervorragender Kenner, diese Behauptung sei unhaltbar, ließ den Autor zunächst unbeeindruckt. Bald begriff er jedoch, daß er mit der »Erhöhung« Breuers eine »Herabsetzung« Freuds bezweckte.

Vor ungefähr acht Jahren hatte die Frau des Autors Sigmund Freud »entdeckt« und den Plan gefaßt, Psychoanalytikerin zu werden. Zur gleichen Zeit trennte sie sich von ihrem Mann. Fortan empfand der Autor eine diffuse Abneigung gegen Freud, der für ihn etwas mit der Trennung zu tun hatte. Dagegen gelang es dem Autor nicht, Zorn über seine Frau zu empfinden.

Das bedeutete: Sie war ihm so wichtig, daß er sie unbewußt aus seiner Wut heraushielt. Die Abneigung gegen Freud und die fehlende Wut auf seine Frau hielten sich über Jahre. Als der Autor dann das erste Manuskript über Freud schrieb, erlebte er, wie trickreich das Unbewußte in ihm arbeitete. Zu keiner Zeit hatte er sich eine abfällige Meinung über die Psychoanalyse bilden können. Denn dies hätte eine Aggression gegen seine Frau beziehungsweise deren Berufswunsch bedeutet, und das war ihm, wie gesagt, nicht möglich. Statt dessen gestattete ihm jedoch sein Unbewußtes, eine späte Rache an der Person Freud zu nehmen, indem er ihn herabsetzte und den Arzt Breuer zum Schöpfer der Psychoanalyse erklärte.

Wegen derlei irritierender Erfahrungen und auch wegen seines lückenhaften Wissens über die Psychoanalyse suchte sich der Autor einen »geistigen Vater«. Er fand ihn in dem Psychoanalytiker Johannes Cremerius, der seit 1972 Professor und ärztlicher Direktor der Abteilung für Psychotherapie und Psychosomatische Medizin am Klinikum der Albert-Ludwigs-Universität Freiburg ist. Professor Cremerius, ein »kritischer Freudianer«, ist ein vielzitierter Verfasser psychoanalytischer Werke (u. a. »Neurose und Genialität«, »Psychosomatische Medizin«, »Psychoanalyse, Über-Ich und soziale Schicht«, »Vom Handwerk des Analytikers«). Ohne seine wissenschaftliche Betreuung und seine Sorge, daß der Autor an dem überaus schwierigen Thema nicht verzweifelt, wäre dieses Buch gar nicht zustande gekommen. Der Dank des Autors gilt noch zwei anderen Mitarbeitern: Frau Ingrid Koesters für ihre Geduld, die sie bei der Diskussion zahlloser Einzelfragen aufbrachte, und dem STERN-Redakteur Horst Treuke für seine vielen redaktionellen Anregungen bei der Entstehung des Manuskripts.

Dieses Buch ist keine Geschichte der Psychoanalyse. Viele bedeutende Namen fehlen. Überdies ist es kein »psychologischer Ratgeber«. Es gibt keine Tips von der Art, wie man einen fremdgehenden Partner wieder einfängt. Vielmehr versucht das Buch an Beispielen zu erklären, wie mächtig die unbewußten Anteile sind, die zum Beispiel bei der Trennung zweier Menschen wirken. Der Autor hofft, daß sein Buch, obgleich unvollständig, dem Leser Verständnis für diese faszinierende Wissenschaft verschafft und ihm ähnliche Erfahrungen ermöglicht wie die von der »Herabsetzung Sigmund Freuds.«

Paul-Heinz Koesters

Wie rasch die Psychoanalyse international an Boden gewann, zeigen die Namen der Städte, aus denen die Anhänger Freuds 1911 zum »Weimarer Kongreß« angereist kamen:

1. *Sigmund Freud, Wien* **2.** *Otto Rank, Wien* **3.** *Ludwig Binswanger, Kreuzlingen* **4.** *O. Rothenhäusler* **5.** *Jan Nelken* **6.** *R. Förster, Berlin* **7.** *Ludwig Jekels, Bistrai (Österreich)* **8.** *A. A. Brill, New York* **9.** *Eduard Hitschmann, Wien* **10.** *J. E. G. van Emden, Leiden* **11.** *Alphons Maeder, Zürich* **12.** *Paul Federn, Wien* **13.** *Adolf Keller, Zürich* **14.** *Frh. von Winterstein, Wien* **15.** *J. Marcinowski* **16.** *J. Sadger, Wien*

17. *Oskar Pfister, Zürich* **18.** *Max Eitingon, Berlin* **19.** *Karl Abraham, Berlin* **20.** *James J. Putnam, Boston* **21.** *Ernest Jones, Toronto* **22.** *Wilhelm Stekel, Wien* **23.** *Paul Bjerre, Stockholm* **24.** *Eugen Bleuler, Zürich* **25.** *Schwester Moltzer, Zürich* **26.** *Mira Gincburg, Schaffhausen* **27.** *Lou Andreas-Salomé* **28.** *Emma Jung, Küsnacht* **29.** *Van Stack, Berlin* **30.** *Antonia Wolff, Zürich* **31.** *Martha Böddinghaus, München* **32.** *Franz Riklin, Küsnacht* **33.** *Sándor Ferenczi, Budapest* **34.** *C. G. Jung, Küsnacht* **35.** *L. Seif, München* **36.** *J. Honegger, Zürich* **37.** *K. Landauer, Frankfurt* **38.** *A. Stegmann, Dresden* **39.** *E. Oberholzer, Zürich* **40.** *W. Wittenberg, Zürich* **41.** *G. Brecher, Meran.*

Sigmund Freud, seit 16 Jahren an Mundhöhlenkrebs leidend, kurz bevor er 1939 in seinem Londoner Exil starb. Das Haus, das er bezogen hatte, sei zu gut für jemanden, der nicht lange darin wohnen werde, bemerkte er. Solange seine Kräfte reichten, ging der Begründer der Psychoanalyse dem »Handwerk des Lebens« nach – seiner Arbeit. Das Bild zeigt ihn bei der Durchsicht einer Manuskriptseite seines unvollendet gebliebenen Werks »Abriß der Psychoanalyse«.

(Linke Abbildung)
Sigmund Freuds berühmte Entdeckung ist der Ödipuskomplex. Danach stellt das Kind inzestuöse Wünsche an den einen Elternteil, während es den anderen – den Rivalen – mit Vernichtungswünschen verfolgt. Der französische Regisseur Louis Malle brachte diesen Vorgang als Komödie auf die Leinwand. In »Herzflimmern« gelingt es dem Sohn, den Vater (Rivalen) auszustechen und die Mutter sexuell zu erobern. Doch ist der Junge in dem Film schon lange über die »ödipale Phase« hinaus, die nach Freud zwischen dem dritten und dem fünften Lebensjahr des Kindes liegt.

1981 kam es in Bonn zur größten Demonstration gegen die nukleare Hochrüstung. Die dort versammelten etwa 300 000 Menschen wollten nicht länger »verdrängen«, daß Politiker und Militärs die Bundesrepublik in das gefährlichste nukleare Pulverfaß der Welt verwandelt haben. An sich ist die Verdrängung eine reife psychische Leistung. So verdrängen wir den ständigen Gedanken an den eigenen Tod, um ein weniger angstbesetztes Leben führen zu können. Im Fall der Raketenpolitik bedeutet die Verdrängung jedoch eine Gefahr. Denn die verdrängte Angst vor der Atombombe gehört zu den Voraussetzungen dafür, daß das Furchtbare geschehen kann. Deshalb müssen wir die Angst vor der Bombe bei uns »zulassen«, sowie dies die Mitglieder der Friedensbewegung tun. Denn ohne diese Angst unternehmen wir nichts gegen die nukleare Bedrohung.

Der englische Psychoanalytiker Donald W. Winnicott prägte die Begriffe vom wahren und vom falschen (gefügigen) Selbst. Wenn die Mutter nicht ausreichend auf die spontanen und kreativen Regungen (»wahres Selbst«) ihres Säuglings eingeht, bleibt dem Kind nichts anderes übrig, als sich zu fügen und das zu tun, was die Mutter will. Auf diese Weise entwickelt es ein »falsches Selbst«. Kinder mit einem ausgeprägten falschen Selbst sind durchweg beliebt, weil ihr gefügiges Selbst stets weiß, was andere von ihnen wollen. Wichtig dabei ist zu wissen, daß den Menschen das falsche Selbst nicht bewußt ist – es sich also nicht um eine bewußte Verstellung handelt. Ergreift das falsche oder gefügige Selbst zu sehr Besitz von einer Person, kann es sie zerstören, umbringen. Möglicherweise war dies bei Marilyn Monroe der Fall, die sich gleichsam der ganzen Welt gegenüber gefügig verhielt, also stets das tat, was ihr Publikum von ihr erwartete. Sie brachte sich 1962 um.

(Rechte Abbildung) 1979 kam es im Urwald von Guayana zu einem Massenselbstmord. 912 Mitglieder der »Volkstempler-Sekte« brachten sich auf Befehl ihres Führers Jim Jones um. Die Katastrophe hat vielerlei Gründe. Freud verglich den Massenmenschen mit einem Individuum, dem in seiner »Liebesverblendung« der kritische Verstand abhanden gekommen ist und der in diesem Zustand sogar zum reuelosen Verbrecher werden kann, wenn das geliebte Objekt dies verlangt. Bei den Volkstemplern führte die »Liebesverblendung«, die Idealisierung ihres Führers, dazu, daß sie sich seinem Befehl willenlos unterwarfen. Seltsamerweise sind Massen – im Gegensatz zum Individuum – selten auf Geld aus. Sie stellen persönliche Vorteile zurück, und das macht sie anfällig für eine dem normalen Verstand unbegreifliche Opferbereitschaft.

Der Fall Bertha Pappenheim

Wie der Wiener Arzt Josef Breuer ein hysterisches Mädchen kurierte

Bertha Pappenheim, Tochter einer wohlhabenden Wiener Familie, stieß als erste in die bis dahin unerforschten Bereiche des Unbewußten vor. Das war Anfang der achtziger Jahre des letzten Jahrhunderts. Das Mädchen litt an schweren, hysterisch bedingten Symptomen, also unbewußten Konflikten, die sich in psychischen und körperlichen Leiden darstellten. Überraschenderweise konnte sich die Kranke ihre Leiden im Zustand der Trance oder unter Hypnose »wegerzählen«.

Der Husten des Mädchens entsprach der Jahreszeit: November. Doch dem Arzt reichte die Erklärung nicht. Schon zu Anfang der Untersuchung hatte Dr. Josef Breuer, ein Wiener Arzt, Verdacht geschöpft, daß mit seiner elend aussehenden Patientin etwas nicht stimmte – daß sie nicht erkältet, sondern hysterisch war. Der Husten, befand er, sei nervöser Art.

Mit dieser Diagnose begann 1880 die Entdeckung einer Methode zur Heilung seelischer Krankheiten. Breuer fand heraus, daß sich seine Patientin die körperlichen Symptome (Husten) ihres psychischen Leidens (Hysterie) »wegerzählen« konnte. Für diese Prozedur prägte Breuer den Ausdruck »kathartische (= reinigende) Methode«. Das Mädchen nannte sie schlicht eine »Redekur«. Es war diese eigenwillige Behandlungsart, aus der Sigmund Freud ein Verfahren entwickelte, dem er 1896 den Namen »Psychoanalyse« gab.

Die Redekur des Mädchens dauerte zwanzig Monate. In dieser

Zeit scheint Josef Breuer kein einziges Mal der Gedanke gekommen zu sein, daß er dabei war, eine neue Wissenschaft zu begründen. Vielmehr verhielt sich Breuer wie ein Mann, der auf einen Schatz stößt und dessen Wert nicht erkennt. So unterließ er es jahrelang, seine Beobachtungen zu veröffentlichen und eine Diskussion unter Fachleuten in Gang zu setzen.

Seine Patientin war vermutlich viel zu sehr mit sich selbst beschäftigt, um sich klarzumachen, daß sie in medizinisches Neuland eingedrungen war, in die bis dahin unerforschten Bereiche des Unbewußten.

In die Geschichte der Psychoanalyse ging das Mädchen unter dem Pseudonym Anna O. ein. In Wirklichkeit hieß die Kranke Bertha Pappenheim und war, wie sie ironisch schrieb, eine Tochter aus den höheren Ständen Wiens. Sie stammte aus einer reichen Kaufmannsfamilie, die ihr Vermögen geerbt und vermehrt hatte. Ihre Mutter, Recha, brachte vier Kinder zur Welt: drei Mädchen und einen Jungen. Als Bertha 1859 als jüngstes Mädchen geboren wurde, war eine ältere Schwester bereits tot. Eine andere, die zehn Jahre ältere Henriette, starb 1867 an »galoppierender Schwindsucht« (Tuberkulose). Eltern reagieren auf solche Verluste gewöhnlich mit einer übertriebenen Sorge um ihre noch lebenden Kinder (»overprotection«, »Überbehütung«), was für deren seelische Entwicklung häufig von Nachteil ist. Man kann annehmen, daß dies auch bei den Pappenheims der Fall war.

Die Eltern, strenggläubige Juden, achteten bei der Erziehung ihrer Kinder besonders auf die Einübung der Gebete und Riten ihrer Religion. So lernte Bertha Hebräisch, die Sprache des Alten Testaments, oder das koschere Kochen. Doch brachten sie die Unterweisungen nur auf Distanz zu ihrem Glauben.

Lucy Freeman, Berthas amerikanische Biographin, beschreibt sie als ein anmutiges, verführerisches Kind, dem man nicht lange böse sein konnte, wenn es unartig gewesen war. Bertha versprühte Charme und behauptete sich stets als der unbestrittene Liebling ihres Vaters. Noch in der Pubertät richtete sie ihre zärtlichen Gefühle fast ausschließlich auf ihn. Als wohlbehütete Tochter besaß sie wenig Erfahrung im Umgang mit dem anderen Geschlecht. Verliebt in einen Jungen ihres Alters war sie wohl nie.[1]

Die Krankenblätter Josef Breuers betonen ihren energischen Willen und ihr schnell entflammbares Mitleid. Besonders aber stellen sie ihre Intelligenz heraus – ihren »kritischen Verstand«, der auch »solide geistige Nahrung verdaut hätte«. In Österreich waren Mädchen bis 1878 vom Besuch eines Gymnasiums ausgeschlossen. So kam für Bertha nur eine private katholische Mädchenschule in Frage, die bis zur mittleren Reife führte und in der Ordensschwestern die »allgemeine Kultur« wie Musik und Literatur lehrten. Immerhin: Als Bertha mit 16 Jahren die Anstalt verließ, hatte sie zum Hebräischen noch Englisch, Französisch und Italienisch hinzugelernt. Außerdem verstand sie Jiddisch. Um ihre Weiterbildung war es jedoch schlecht bestellt. Denn die Salons, in denen feinsinnige Damen über die schönen Künste plauderten, waren kaum das geeignete Revier für ein Mädchen, das an einem unstillbaren Wissenshunger litt. Später beklagte sich Bertha über ihren Mangel an »realistischer Bildung«, womit sie die Naturwissenschaften meinte.

Äußerlich betrachtet verlief ihr Alltag in einem Rahmen, von dem Leser von Lore-Romanen träumen: Ausritte, Klavierspielen, Nachmittagstee mit Freundinnen, Konzert- und Theaterbesuche. Doch Bertha langweilte dieser vornehme Zeitvertreib. Da sie eine ausgeprägte poetische Begabung besaß, fiel es ihr leicht, sich eine zweite Welt zu schaffen, die ausschließlich in ihrer Phantasie existierte und die sie ihr »Privattheater« nannte. Die Eltern bekamen von dem »Privattheater« ihrer Tochter nichts mit. Denn sobald Bertha angesprochen wurde, gelang es ihr, blitzschnell aus ihrer Phantasiewelt in die Realität überzuwechseln.

Gemeint sind Tagträume, die jeder Mensch kennt. Wie die nächtlichen Träume stellen auch sie Wünsche dar, die in der Phantasie Erfüllung finden. So kann man sich in den Wachtraum »Ich sitze unter Palmen« retten, um den stressigen Alltag besser auszuhalten.

Anders als in den Nachtträumen können wir in den Tagträumen

eine Ordnung herstellen, so daß deren Geschichten (Inhalte) verständlicher sind.

Bei Bertha überschritten die Tagesphantasien das »normale« Maß und führten sie schließlich in jene schwere Hysterie, die sich durch einen Husten und andere körperliche Symptome bemerkbar machte. Ihr Leiden begann im Sommer 1880, als ihr Vater krank wurde. Das war im Landhaus der Pappenheims, nahe bei Wien. Ein Arzt eröffnete dem 56jährigen Kaufmann, daß sich unter seiner Lunge ein tuberkulöser Abszeß gebildet habe. Mutter und Tochter teilten sich die Pflege des hochfiebernden Mannes. Ein Chirurg wurde gerufen; er sollte in der Nacht vom 17. auf den 18. Juli eintreffen.

In dieser Nacht saß Bertha am Bett ihres unruhig dahindämmernden Vaters. Ihr rechter Arm, den sie über eine Stuhllehne gelegt hatte, war eingeschlafen. Plötzlich »sah« sie, wie schwarze Schlangen aus den Wänden krochen und wie sich eine dem kranken Mann näherte, um ihn mit einem Biß zu töten. Im Garten der Pappenheims soll es tatsächlich Schlangen gegeben haben.

Wahrscheinlich versuchte Bertha, nach dem Tier zu schlagen, das ihren Vater bedrohte. Doch der eingeschlafene Arm gehorchte ihr nicht. Er war wie gelähmt. Sie betrachtete ihn und bemerkte, daß sich ihre Finger gleichfalls in kleine Schlangen und ihre Nägel in Totenköpfe verwandelt hatten.

Was die Schlangen-Phantasie bedeutet, läßt sich nur erahnen. Heute würde sich ein Psychoanalytiker berichten lassen, was der Patientin dazu einfällt, welche spezielle Bedeutung die Schlange für sie hat. Vielleicht würde Bertha an die biblische Szene im Paradies anknüpfen, in der die Schlange das Symbol der Verführung darstellt. Vielleicht würde ihr auch der Gedanke kommen, daß das Tier als Äskulapschlange Sinnbild des ärztlichen Standes ist.

Möglicherweise würde sich die Schlangen-Phantasie so erschließen lassen: Die Szene, in der die Schlange zum Vater kriecht und Bertha ihren Arm nicht bewegen kann, drückt den Wunsch aus, daß die Tochter ihrem geliebten Vater nicht helfen möchte. Sie will ihn

Bertha Pappenheim war ein ungewöhnlich intelligentes Mädchen, das in zwei Welten lebte: In der Realität und in einer Traumwelt, die sie ihr »Privattheater« nannte.

Josef Breuer (1842–1925) war Berthas Arzt. Er erkannte, daß während der »Redekur« in seiner Patientin Gefühle hochstiegen, die auszuleben sie sich nicht gestattet hatte, als die unangenehmen Ereignisse tatsächlich vorgefallen waren.

Von dem antiken Arzt Hippokrates stammt die Behauptung, die Hysterie habe ihren Sitz in der Gebärmutter des Weibes. Mithin könnten Männer nicht hysterisch sein.

Richard von Krafft-Ebing lebte von 1840 bis 1902 und war Professor an der Wiener Psychiatrischen Klinik. Als Breuer glaubte, er würde es nicht schaffen, Bertha Pappenheim allein zu heilen, zog er den berühmten Sexualpathologen zu Rate.

Der Dichter Stefan Zweig (»Ungeduld des Herzens«) lebte von 1881 bis zu seinem Selbstmord im Jahre 1942. Er zählt zu den zahlreichen Künstlern, die Freuds Erkenntnisse in ihre Werke einbezogen. Fünfzig Jahre nach der Behandlung der Bertha Pappenheim durch den Arzt Josef Breuer schrieb Freud an seinen Freund Zweig einen Brief, in dem er den Fall des Mädchens im Licht neuerer Erkenntnisse darstellte.

Der Engländer Ernest Jones schrieb die beste, allerdings von Verehrung geprägte Biographie über Sigmund Freud, dessen Schüler er war. In seinem dreibändigen Werk setzte er die Pioniertat Josef Breuers herab und sprach Bertha Pappenheim die Entdeckung der »Redekur« – genauer: des kathartischen (reinigenden) Verfahrens – zu.

vielmehr loswerden und wünscht sich seinen Tod. Durch diesen unbewußten Wunsch gerät sie in einen Konflikt mit ihrem Gewissen, so daß Angst und Schuldgefühle in ihr aufsteigen.

Der gelähmte Arm könnte also darstellen, daß Bertha nichts mehr für ihren Vater tun möchte (denn mit einem gelähmten Arm kann man nichts tun). Zugleich aber könnte die Lähmung ausdrücken, daß Bertha ihr Gewissen durch Selbstbestrafung entlastet (denn mit einem gelähmten Arm kann man auch für sich selbst nichts tun). So gesehen würde die Armlähmung einen Kompromiß zwischen einem egoistischen Wunsch und einer moralischen Forderung bedeuten. Für uns, die wir die Patientin nicht kennen, bleibt dies allerdings eine Spekulation, die lediglich zeigen soll, daß körperliche Krankheiten der Ausdruck eines »verdrängten Konflikts« sein können. Von Verdrängung spricht man deshalb, weil der Konflikt unbewußt ist. Das heißt: Im Zustand der Klarheit war Bertha stets von der Liebe zu ihrem Vater überzeugt und hätte den Verdacht, sie wünsche seinen Tod, mit ehrlicher Entrüstung von sich gewiesen. Sie wußte ja nicht, daß sie diesen Wunsch hatte.

Als die Schlangen-Halluzination vorüber war, versuchte sie, sich mit einem Gebet aus ihrer Angst zu befreien. Doch alle Sprachen, auch die deutsche, waren ihr abhandengekommen. Schließlich erinnerte sie sich an einen englischen Vers, und in dieser Sprache fielen ihr dann die Wörter für ihr Gebet ein. – Der Pfiff einer Lokomotive riß sie in die Wirklichkeit zurück.

Fortan häuften sich die körperlichen Symptome ihrer Hysterie. Sie traten zum Teil bei heftigen Gefühlswallungen (im Affekt), zum Teil bei völliger Trübung des Bewußtseins (in Absence) auf. So sah sie statt des Vaters sein Skelett im Bett liegen. Und die Frage des Kranken nach ihrem Befinden begriff sie erst, als er englisch sprach: »How are you, Miss Bertha?«

Sie verlor, unter anderem, zeitweilig das Gehör und die Sprache. Manchmal sah sie alles doppelt. Sie schielte oder war unfähig zu lesen, wenn ihr zum Weinen zumute war und sie ihre Tränen unterdrückte. Und immer wieder kamen die Schlangen-Phantasien zurück, auf die sie mit einer Lähmung des rechten Arms reagierte – so beim Spiel im Garten, wo ihr das Tier in Gestalt eines gebogenen Zweigs erschien. Später griff die Lähmung auf das rechte Bein und schließlich auf den linken Arm und das linke Bein über.

Bertha aß kaum noch und magerte ab. Dennoch blieb den Eltern der Zustand ihrer Tochter verborgen. Das mag daran gelegen haben, daß Bertha, wenn sie bei klarem Bewußtsein war, offensichtlich selbst keine Ahnung hatte, mit welchen Phantasien sie sich im Zustand der Absence oder des Affekts herumschlug. Dies gelang ihr erst später, während der »Redekur« mit Josef Breuer. Und dem damals einzigen auffälligen Zeichen, dem Husten, schenkte man lange keine Beachtung.

Anfang September kehrte die Familie in ihre Wiener Stadtwohnung zurück. Bertha kümmerte sich weiterhin um den kranken Vater. Zugleich wuchs ihr Husten zu einem tückisch klingenden Gebell an, das sich nicht mehr überhören ließ. Ende November 1880 untersuchte Dr. Josef Breuer seine Patientin zum ersten Mal. Damals war Bertha 21 und ihr Arzt 38 Jahre alt.

1909 feierte die Clark University im US-Staat Massachusetts ihr 20jähriges Bestehen. Zu Ehren dieses Datums lud der Präsident der Hochschule, G. Stanley Hall, den Wiener Arzt Sigmund Freud zu einer Vortragsreihe ein, weil »eine kurze Darstellung Ihrer Ergebnisse... vielleicht eine Epoche in der Geschichte dieser Forschung in diesem Land einleiten würde«. Freud folgte der Einladung, hielt fünf Vorträge und bekannte gleich im ersten:

»Wenn es ein Verdienst ist, die Psychoanalyse ins Leben gerufen zu haben, so ist es nicht mein Verdienst. Ich bin an den ersten Anfängen derselben nicht beteiligt gewesen. Ich war Student und mit der Ablegung meiner letzten Prüfungen beschäftigt, als ein anderer Wiener Arzt, Dr. Josef Breuer, dieses Verfahren zuerst an einem hysterischen Mädchen anwendete.«

Die Verbeugung nutzte nicht viel. Bis heute gilt Sigmund Freud nicht nur als der maßgebliche Gestalter, sondern auch als der Schöpfer der Psychoanalyse. Als Gründer und Architekt dieser Wissenschaft erlangte er einen Ruhm, der nur noch mit dem von Karl Marx vergleichbar ist.

Josef Breuer hingegen blieb in der breiten Öffentlichkeit so gut wie unbekannt. Und trotz des Hinweises vor den Gästen der Clark University kann man sagen: Freud hat sich nicht gerade angestrengt, den Namen und die Leistung des älteren Kollegen populär zu machen. Später wertete er die Bedeutung von Breuers Tat sogar ab.

1978 veröffentlichte der Tübinger Psychiater und Medizinhistoriker Albrecht Hirschmüller eine Biographie über den »in Vergessenheit geratenen« Mann. Darin zeichnet er nicht nur ein Bild von Leben und Werk Josef Breuers, sondern legt auch bis dahin verschollene Dokumente vor, die den Fall Bertha Pappenheim, das Ende ihrer Redekur und die Arbeits- und Gefühlsbeziehungen zwischen dem Mädchen und dem Arzt in ein helleres Licht rücken.[2]

Als medizinischer Forscher war Josef Breuer ein universaler Kopf, der sich besonders auf dem Gebiet der Physiologie hervortat. Studenten lernen seinen Namen kennen, wenn ihnen der »Hering-Breuer-Reflex« erklärt wird. Angeleitet von dem Professor Ewald Hering führte der 26jährige Breuer 1868 Experimente durch, bei denen es um die Atmung und ihre Regulierung durch den – von unserem Willen abhängigen – Vagus-Nerv ging. Und im Alter von 32 Jahren brachte sich Breuer in die Diskussion, als er eine Untersuchung über die für das Gleichgewicht verantwortlichen Bogengänge im Innenohr (Labyrinth) vorstellte.

Als sie noch befreundet waren, schrieb Freud über den Menschen Breuer: »Wenn man nur Gutes von ihm sagt, kann man ihn nicht genügend charakterisieren, man muß auch die Abwesenheit von so viel Schlechtem hervorheben.«

Geboren wurde Josef Breuer 1842 als Sohn eines Religionslehrers, der bei der jüdischen Kultusgemeinde in Wien angestellt war. Sein Bruder Adolf starb 1874 im Alter von 30 Jahren an der Krankheit, die auch Berthas Schwester, Henriette Pappenheim, nicht überlebte: an der Tuberkulose.

Breuer besuchte keine Grundschule; der Vater unterrichtete ihn zu Hause. Mit vier Jahren konnte der Junge bereits lesen. Ab 1850 ging er auf das Akademische Gymnasium, wo man damals mehr als üblich auf die Naturwissenschaften Wert legte. Das Abitur bestand Breuer 1858 »mit Auszeichnung«. Abgesehen von zwei Ohrfeigen, die er wegen »Stolzes« und »Unaufrichtigkeit« bekam, verbrachte er, »eine sehr ruhige, sehr glückliche und stille Jugend«, wie er später der Schriftstellerin Marie Ebner-Eschenbach schrieb.

Schon früh war Breuer entschlossen, Arzt zu werden. Dazu sein Biograph Hirschmüller: »Ein wichtiger Grund war sicherlich, daß für einen Juden in Wien um 1860 die Möglichkeiten, einen akademischen Beruf zu ergreifen, begrenzt waren. Eine Beamtenkarriere war nach wie vor fast unmöglich. Die besten Chancen bestanden für Rechtsanwälte und Ärzte. Der Arztberuf hatte im Wiener Judentum Tradition. Um 1860 bekleideten bereits einige Juden höhere Stellungen in Spitälern und an der medizinischen Fakultät der Universität.«

Breuer war noch keine 17 Jahre alt, als er sein Studium begann. Wie damals üblich, verbesserte er zunächst seine allgemeine Bildung und hörte so unterschiedliche Vorlesungen wie die »Erklärung der Episteln des Horaz« oder die »Über die electro-dynamische Theorie von Ampère und Weber«. Sein Arzt-Studium nahm er im Wintersemester 1859/60 an der medizinischen Fakultät auf, die zu den besten Europas gehörte. Vorlesungen in Psychiatrie belegte er nicht. Die Geisteskrankheiten schienen den Studenten nicht besonders zu interessieren. Seine Examen bestand er mit der Note »sehr gut«.

1867 wurde er 2. Assistenzarzt bei seinem Vorbild und Lehrer, dem Internisten Johann Oppolzer. Seine Arbeit wurde ihm lediglich dadurch vergütet, daß er in der Klinik mietfrei wohnen durfte. Ein Gehalt erhielt er erst, als er zum 1. Assistenten aufrückte. Obwohl es Ärzten in seiner Position durch kaiserliches Dekret verboten war, heiratete der 26jährige Breuer 1868 seine um vier Jahre jüngere Braut Mathilde Altmann, die Tochter eines wohlhabenden jüdischen Spirituosenhändlers. Zugleich stellte er einen Antrag auf

»Nachsicht des verehelichten Standes«. Als er versprach, eine Wohnung in der Nähe der Klinik zu beziehen und so nachts erreichbar zu sein, durfte Breuer seine Stelle behalten.

Mehr durch Zufall machte Breuer in Oppolzers Klinik eine Beobachtung, die für die Behandlung der Bertha Pappenheim wichtig werden würde. Er wurde eines Tages Zeuge, wie ein Kollege eine Patientin einer Beeinflussung aussetzte. Gemeint ist die Hypnose.

Breuer wies den Arzt zurecht. Offenbar vertrat er die herrschende Ansicht, wonach ein seriöser Mediziner die Hypnose als Scharlatanerie abzulehnen hatte. Suspekt war diese Form der Suggestion schon deshalb, weil Varieté-Künstler damit ihr schauderndes Publikum unterhielten. Vor allem aber behinderten Gerüchte von durch Hypnose willenlos gemachten und geschändeten Frauen eine ernsthafte Hypnoseforschung. Erst ab 1875 brachen französische und deutsche Ärzte das Tabu. Sie prüften den Nutzen der Hypnose für die Medizin, und was sie herausfanden, brachten Breuer und einige seiner österreichischen Kollegen dazu, ihre Auffassung zu ändern.

Ohne diesen Sinneswandel hätte die Geschichte der Psychoanalyse damals nicht beginnen können. Breuer war einer der ersten Ärzte, die die Hypnose bei einer Psychotherapie einsetzten. Oder genauer: Er wandte das Verfahren erstmals bei einem Mädchen an, das sich dazu hervorragend eignete. Denn Bertha Pappenheims Absencen waren eine Art unfreiwilliger Selbsthypnose. Man kann also von einer glücklichen Fügung sprechen, daß Breuer und seine Patientin zusammentrafen. Beide brachten ideale Voraussetzungen dafür mit, daß sich ein Mensch – Bertha – im Zustand der Hypnose an schockierende (traumatische) Erlebnisse erinnerte, die ihm bei klarem Bewußtsein verborgen blieben.

Wenige Jahre später versetzte auch Sigmund Freud seine Patienten in Hypnose. Doch merkte er bald, daß er mit diesem Instrument häufig nur vorläufige und begrenzte Erfolge erzielte. So sprachen, wie er herausfand, nicht alle Kranken gleich gut auf die Hypnose an. Freud: »Ich werde nie vergessen, wie mir zumute war, als ich nach suggestiver Vorbereitung schließlich zu dem jungen Mädchen auf der Couch sagte: ›Nun schlafen Sie‹, und sie aufblickte und ruhig sagte: ›Nein, Doktor, ich schlafe nicht.‹ Meine Allmacht des Denkens war plötzlich zusammengefallen.«

Solche Mißerfolge brachten Freud dazu, sich nach anderen Methoden umzusehen, mit deren Hilfe Patienten ihrer verdrängten Vergangenheit habhaft werden konnten. Eine Zeitlang wandte er eine Drucktechnik an. Er legte seine Hand auf die Stirn des Kranken und befahl ihm, er, der Patient, solle den Einfall aufgreifen, der ihm während des Drucks komme.

Aber auch diese Methode erwies sich als nur begrenzt wirksam. Freud suchte weiter und entwickelte schließlich zwischen 1892 und 1898 jenes Verfahren, das unter dem Begriff »freie Assoziation« berühmt wurde.

Dabei folgte er einer »dunklen Ahnung«. In seiner Jugend hatte Freud eine Abhandlung des Dichters Ludwig Börne (1786–1837) gelesen, die den Titel trägt: »Die Kunst, in drei Tagen ein Original-Schriftsteller zu werden.« Börne forderte darin die Leser auf, »ohne Falsch und Heuchelei« alles aufzuschreiben, was ihnen in diesen drei Tagen durch den Kopf geht: über Frauen, Vorgesetzte, Verbrechen oder das Jüngste Gericht. »Ihr werdet euch wundern«, versicherte Börne, »was für neue, unerhörte Gedanken ihr habt. Ihr werdet ganz außer euch kommen.«

An Börnes Vorschlag erinnerte sich Freud, als er den Plan faßte, seine Patienten frei assoziieren zu lassen. Bei diesem Verfahren, das bis heute als der unmittelbarste Weg zu den Bereichen des Unbewußten gilt, liegt der Analysand (Patient) auf einer Couch und erzählt dem am Kopfende sitzenden Analytiker alles, was ihm gerade (spontan) einfällt. »Frei« sind seine Gedanken und Worte insofern, als sie nicht, wie im Normalfall, »zensiert« und von einer bewußten Absicht gelenkt werden – etwa von der, bei einem bestimmten Thema zu bleiben. Auf diese Weise, so lehrt inzwischen die Erfahrung, werden die verdrängten Wünsche und Konflikte des Analysanden sichtbar – wenn auch oft in einer verwirrenden Form. Aus der freien Assoziation ergibt sich die »Grundregel« der Psychoanalyse, wonach der Patient alles sagen soll. Hält sich der Patient bei bestimmten Gedanken-Inhalten nicht an die freie Assoziation, so ist das ein Zeichen der Angst, der Scham oder der Schuldgefühle, die er bei diesen Inhalten empfindet.

Bertha Pappenheims Krankheit, die Hysterie, wurde als ein Nervenleiden angesehen, über dessen Ursachen die Ärzte spekulierten. Mal hieß es, die Hysterie habe ihren Ursprung in der Sexualität, mal hielt man die Krankheit für erblich, mal machte man zu schwache oder geschädigte Nerven dafür verantwortlich. Der Arzt Hippokrates (460–377 v. Chr.), der die Hysterie beschrieben hatte, war der Auffassung gewesen, daß die Krankheit von der Gebärmutter (griechisch: hystera) ausging und demnach nur Frauen hysterisch sein könnten – was sich später als falsch erwies. Dennoch hat sich das Klischee vom »hysterischen Frauenzimmer«, das aus Angst vor einer Maus kreischend auf den Tisch klettert, bis heute gehalten. Männer verhalten sich nach diesem Klischee hingegen allenfalls *wie* hysterische Frauenzimmer.

Erst der große französische Neurologe und Freud-Lehrer Jean Martin Charcot (1825–1893) versuchte, die Hysterie systematisch zu erforschen. Er versetzte Menschen in Hypnose und fügte ihnen dann per Befehl hysterische Symptome wie Zittern oder Lähmungen zu. Demnach mußte die Hysterie etwas mit den Gedanken zu tun, also ihren Sitz im Gehirn haben. Breuer und Freud schließlich erbrachten den Beweis, daß die Hysterie eine Neurose im modernen Sinn des Worts ist und daß ihr Ursprung in unbewußten seelischen Konflikten liegt.

1871 starb Breuers Chef, der Internist Oppolzer. Bei der Wahl eines Arztes, der bis zur Berufung eines neuen Professors die Vertretung übernehmen sollte, wurde Breuer zu seiner Enttäuschung übergangen. Dazu schreibt sein Biograph Hirschmüller:

»Durch diese Kränkung und durch die skandalösen Vorgänge – ein korrupter Minister berief einen in seiner Gunst stehenden Kandidaten zum Professor – mag Breuer die Lust an einer akademischen

Karriere vergangen sein.« Tatsächlich war Breuer kein ehrgeiziger Erfolgstyp. Er nahm zum Beispiel nicht am Vereinsleben seiner Kollegen teil und verzichtete so auf die für Aufsteiger wichtigen gesellschaftlichen Kontakte.

Noch im selben Jahr verließ Breuer die Klinik und eröffnete im 1. Bezirk Wiens eine Praxis für Allgemein-Medizin. Wenn er 1874 trotzdem Privatdozent wurde, brauchte er dabei nicht unbedingt an eine wissenschaftliche Laufbahn gedacht zu haben: Ein frei praktizierender »Familienarzt«, der an der Universität forschte und lehrte, zog nämlich Patienten an und konnte mit höheren Honoraren rechnen.

Über Breuers Werdegang schrieb Sigmund Freud treffend: »Nichts an seiner Ausbildung konnte die Erwartung wecken, daß er die erste entscheidende Einsicht in das uralte Rätsel der hysterischen Neurose gewinnen und einen Beitrag von unvergänglichem Wert zur Kenntnis des menschlichen Seelenlebens leisten werde.«

Seit der Untersuchung Ende November 1880 hatte sich Berthas hysterisch bedingter Zustand rapide verschlechtert. Sie mußte das Bett hüten, so daß Breuer gezwungen war, sie fast täglich zu besuchen. Im Stil eines Tatsachenromans schildert Berthas Biographin, Lucy Freeman, wie der Arzt vor dem großbürgerlichen Mietshaus in der Lichtensteinstraße 2 vorfuhr. Wie Breuer wohnten die Pappenheims im Herzen Wiens.

Breuer entstieg einer Droschke, die mit zwei Pferden bespannt war, weil »ein Einspänner für einen der gesuchtesten Ärzte der Stadt nicht standesgemäß gewesen wäre«. Im dritten Stock »öffnete ihm eine Bedienstete die Tür und nahm ihm Hut, Mantel und Handschuhe ab«. Im Salon, von dessen Wänden »streng blickende Ahnenbilder finster schauten«, kam ihm dann eine »magere Frau mit traurigem Gesicht« entgegen – Berthas Mutter. Die Frau führte ihn in »das verschwenderisch ausgestattete Damenschlafzimmer« ihrer Tochter. »Schwere grüne Taftvorhänge rahmten die Fenster ein, und kunstvoll gearbeitete Spitzendeckchen schmückten Kommode,

Tische und die Rückenlehnen der Stühle. Eine stattliche Wärterin saß neben dem Bett, in dem Bertha unter einer weißen Atlasdecke lag, reglos wie eine Tote« (Lucy Freeman). Im Nebenzimmer rang der Vater mit seiner Tuberkulose.

Angesichts des besorgniserregenden Zustands, in dem Bertha sich befand, befielen Breuer Zweifel, ob das körperliche Leiden seiner Patientin wirklich nur der Ausdruck einer Hysterie war oder ob nicht mehr dahintersteckte: eine Tuberkulose, von der nicht nur die Lunge, sondern auch das Hirn betroffen war, und die sich wie eine Hysterie darstellte. In diesem Fall lief Breuer Gefahr, daß ihm Bertha wegstarb, während er an einem Leiden herumdokterte, das es gar nicht gab.

Sein Glaube an eine seelisch bedingte körperliche Krankheit verstärkte sich jedoch, als er bemerkte, daß Berthas Launen extrem schwankten. Schrille Ausgelassenheit wechselten mit Angst, Trübsinn und Sehnsucht nach dem Vater. Schnürsenkel oder Haarsträhnen nahm sie als Schlangen wahr. Und während sie halluzinierte, redete sie sich zu: Sei nicht dumm, es sind nur die Haare.

War sie wütend, warf sie mit Kissen um sich, oder sie riß die Knöpfe von der Wäsche – soweit ihr das gelang. Denn inzwischen war sie an beiden Armen und Beinen gelähmt, und auch den Kopf konnte sie kaum noch bewegen. Bertha fürchtete, daß »zwei Ichs« in ihr steckten, und daß sie dabei war, blind, taub und verrückt zu werden.

Breuer wurde zunächst klar, daß seine Patientin in zwei voneinander »getrennten Bewußtseinszuständen« lebte, die in rascher Folge wechselten. »In dem einen erkannte sie ihre Umgebung, war traurig und launisch, aber relativ normal, in dem anderen halluzinierte sie, war ungezogen« (Breuer). Nachmittags geriet sie in einen schlafähnlichen Zustand, am Abend, »ging sie hinüber«; sie glitt in eine Absence.

Seine erste wichtige Entdeckung machte der Arzt, als seine Patientin in eine völlige Sprachlosigkeit fiel. Obgleich sie sich bemühte, konnte Bertha zwei Wochen lang keinen Laut von sich geben. Breuer spekulierte, daß die Stummheit des mehrsprachigen Mädchens etwas mit dem Vater zu tun hatte. Tatsächlich war Bertha von dem geliebten Mann gekränkt worden und hatte daraufhin beschlossen, nicht mehr nach ihm zu fragen. Und dieses selbstauferlegte Verbot muß dann dazu geführt haben, daß ihr die Sprache vollends wegblieb.

Nachdem der Arzt den Zusammenhang zwischen Kränkung und Sprachhemmung »erraten« hatte, »zwang« er Bertha, über ihre Verärgerung zu reden. Und gegen alle Erwartung kamen ihr plötzlich Wörter über die Lippen – aber wieder nur in englischer Sprache.

Wie wenig sich Breuer über den Wert seiner Beobachtung klar war, offenbaren die Krankenblätter. Aus ihnen geht nämlich nicht hervor, worin der »Zwang« bestand, der Bertha die – englische – Sprache wiederfinden ließ. Ebenso erklärt Breuer nicht, wie es dazu kam, daß Bertha plötzlich den linken Arm und das linke Bein wieder bewegen konnte.

Eine zweite, folgenreiche Entdeckung machte der Arzt, als er die Bedeutung bestimmter Wörter erkannte, die seine Patientin am Tag vor sich hinmurmelte. Ihm kam die Idee, diese Wörter bei der abendlichen Absence als »Reizwörter« zu benutzen. So nannte er einmal das – kurz vorher von Bertha gebrauchte – Wort »Wüste«, worauf das »abwesende« Mädchen ein Märchen erfand, das in der Wüste spielte. Die Geschichten, die Breuer fortan zu hören bekam, ähnelten stark denen, die in Hans Christian Andersens »Bilderbuch ohne Bilder« stehen – und das war kein Zufall. Der empfindsame Däne zählte zu den Lieblingsautoren des poetisch veranlagten Mädchens; und das »Bilderbuch ohne Bilder«, in dem sich eine phantastische und realistische Form der Darstellung vermischen, muß Berthas Gefühl besonders angesprochen haben. In dem Werk gelobt der Mond einem vereinsamten und armen Maler, jeden Abend vorbeizukommen und ihm von fernen Ländern (Grönland, Indien, Arabien), aber auch vom oft kummervollen Alltag der Kinder zu berichten. Wenn Bertha eine eigene, Andersen nachempfundene Geschichte erzählt hatte und danach aus ihrer Absence aufwachte, fühlte sie sich stets für eine kurze Zeit beruhigt und behaglich. Bertha: »gehäglich«. Langsam besserte sich ihr Zustand. Am 1. April 1881 konnte das Mädchen zum ersten Mal das Bett verlassen.

Der Rückschlag kam vier Tage später, als Berthas Vater starb. Man versuchte, sie zu täuschen. Aber die lautlose Hektik, die für Beerdigungs-Vorbereitungen typisch ist, ließ sie ahnen, was geschehen war. Zu Breuer sagte sie: »Lügen Sie nicht mehr, ich weiß, mein Vater ist tot.«

Danach ging es rapide mit ihr bergab. Die Menschen erschienen ihr wie Wachsfiguren. Sie verabscheute Bruder und Mutter, weil die beiden sie um das »letzte Wort« mit dem Vater betrogen hatten. Sie behauptete, daß die zwei eine widerliche Wärme ausströmten. Nur für Breuer, der gleichfalls an dem Betrug beteiligt war, hegte sie weiterhin freundliche Gefühle. Im Gegensatz zu anderen Menschen erkannte sie ihn sofort, wenn er das Zimmer betrat. Zur Katastrophe geriet die Lektüre von Shakespeares »Hamlet«. Das Drama enthält eine Szene, die auf einem Friedhof unter Totengräbern spielt. Nachdem Bertha diese Seiten gelesen hatte, fühlte sie sich von Gerippen gehetzt. Sprach sie in der abendlichen Absence über die Schreckensbilder, empfand sie eine »Erleichterung«.

Trotz solcher kleinen Erfolge bezweifelte Breuer, daß er seiner Patientin allein würde helfen können, und bat den renommierten Psychiater Richard Krafft-Ebing, ihn in die Lichtensteinstraße zu begleiten. Doch Bertha wurde nur böse, als ein zweiter Mann in ihrem Zimmer auftauchte. Sie übersah den Professor, der sich daraufhin auf eine unangenehme Weise bemerkbar machte. Wohl um Berthas Reaktion zu testen, zündete er ein Stück Papier an und blies dem Mädchen den Rauch ins Gesicht. Bertha bekam einen Tobsuchtsanfall. Sie schlug um sich, und Breuer konnte sie nur mit Mühe bändigen. Als sie sich halbwegs beruhigt hatte, lud er sie zu einer Spazierfahrt in seiner Droschke ein.

Breuer schloß jetzt einen Selbstmord Berthas nicht mehr aus. Deshalb holte er sie aus der im dritten Stock gelegenen Wohnung heraus und brachte sie gegen ihren Willen in eine Villa in Inzersdorf bei Wien, die einem Nerven-Sanatorium angeschlossen war. Dort besuchte er sie regelmäßig.

Bertha war völlig von ihm abhängig. Erschien er einmal nicht, mußten die Ärzte des Sanatoriums sie mit hohen Dosen Chloral in den Schlaf bringen. Ihre »Geschichten« erzählte sie nur Breuer. Manchmal schöpfte er Hoffnung. Zum Trost für den erzwungenen Ortswechsel durfte sich Bertha in Inzersdorf einen Hund halten, einen Neufundländer. Breuer: »Dabei war es prächtig anzusehen, wie einmal, als dieser Liebling eine Katze angriff, das schwächliche Mädchen die Peitsche in die linke Hand nahm und das riesige Tier damit behandelte, um sein Opfer zu retten. Später besorgte sie einige arme Kranke, was ihr sehr nützlich war.«

Da sie deutsch nicht sprechen konnte, prägte sie für ihre Absencen – ihren zweiten Bewußtseinszustand – das englische Wort clouds (Wolken) und für die Behandlung die Ausdrücke talking cure (Redekur) und, was Humor verriet, chimney sweeping (Kaminfegen). Hin und wieder benahm sie sich störrisch. Sie wußte, daß sie nach der Redekur zahmer war. Und das paßte ihr nicht immer.

Als Breuer im Sommer 1881 aus den Ferien zurückkehrte, fand er sie »moralisch recht schlecht, unfügsam, launisch, boshaft, träge«. Er holte sie für eine Woche nach Wien, wo er ihr Abend für Abend drei bis fünf Geschichten abrang. Damals versiegte Berthas poetische Phantasie. Statt Märchen zu erfinden, berichtete sie über Vorfälle, die etwas mit ihrer Krankheit zu tun hatten.

In dieser Zeit gewannen Breuers eher vage Vermutungen den Rang einer konkreten und für die Psychoanalyse bedeutsamen Erkenntnis: Wenn Bertha sich in der Absence keine Märchen ausdachte, sondern eine wahre Geschichte erzählte, und diese Geschichte ein Erlebnis betraf, bei dem eines ihrer körperlichen Symptome erstmals aufgetreten war, so verstärkte sich das Symptom zunächst, doch dann verschwand es. Es wurde »wegerzählt«. Und während sie ein Symptom »wegredete«, kamen in Bertha offensichtlich jene Gefühle hoch, die auszuleben sie sich nicht gestattet hatte, als der Vorfall sich tatsächlich ereignet hatte.

Leider gibt Breuer nur wenige anschauliche Beispiele dafür, wie die Prozedur funktionierte. Eins davon ist Berthas »Trinkhemmung«. Wochenlang konnte Bertha nicht trinken, ohne den Grund für diese Hemmung zu kennen. Selbst in den heißesten Sommertagen nahm sie Flüssigkeit nur in Form von Obst zu sich. Dabei klagte sie unentwegt über ihren Durst.

Der Zustand dauerte an, bis ihr bei einer Redekur eine Erinnerung kam. Danach hatte sie einmal beobachtet, wie der kleine Hund ihrer englischen Gesellschafterin aus einem Glas Wasser schleckte. Bertha war dieser Anblick ekelhaft gewesen. Doch aus Höflichkeit hatte sie ihren Abscheu unterdrückt.

Während der Absence stiegen nun der unterdrückte Ärger und der Ekel von damals in ihr auf. Zugleich setzte verstärkt der Durst ein. Sie verlangte Wasser und goß es gierig in sich hinein. Mit dem Glas an den Lippen erwachte sie aus ihrer Absence. Doch sie empfand keinen Ekel mehr. Die »Marotte« (Breuer) war für immer verschwunden.

Im Herbst 1881 kehrte Bertha nach Wien zurück. Da sie sich aber vermutlich nicht in die Familie einfügen konnte, erwog Breuer jetzt sogar eine Einweisung in eine richtige Anstalt.

Doch dann besann er sich anders. Er begann mit einer gezielten und bis dahin noch nie erprobten Therapie. Da Bertha bei den zusätzlichen Sitzungen am Vormittag nicht von sich aus in ihre Absence fiel, setzte Breuer sie unter Hypnose.

Sie arbeiteten auf drei verschiedenen Zeit-Ebenen. Auf der ersten sprach Bertha über aktuelle Eindrücke, die beunruhigende Phantasien in ihr ausgelöst hatten. Auf der zweiten räumten sie mittels der Redekur länger zurückliegende Symptome weg. Dagegen betraf die Arbeit auf der dritten Ebene einen festen Zeitraum: Juli bis Dezember 1880. Diese fünf Monate, in denen Bertha den Vater gepflegt hatte, hielt Breuer für die Inkubationszeit ihrer Krankheit. Deutlicher: Es war die Zeit vom Beginn der Hysterie bis zu dem Augenblick, in dem sie sich nicht mehr verbergen ließ.

Die Familie hatte inzwischen eine neue Wohnung bezogen. Doch

Bertha erlebte in ihrer Absence die Monate Juli bis Dezember 1880 derart intensiv, daß sie das Haus in der Lichtensteinstraße halluzinierte. Sie rannte gegen den Ofen, weil sich in der alten Wohnung an dessen Platz eine Tür befand. Oder sie erkannte ihr Zimmer in der neuen Wohnung nicht und behauptete aufgebracht, man habe sie wieder weggeschafft. Auf ihre Bitte hin mußte Breuer ihr jeden Abend »mit Suggestion« die Augen schließen und sie am Morgen wieder öffnen.

Während der Redekur fand der Arzt heraus, daß die meisten von Berthas Symptomen – wie die zeitweilige Taubheit oder das andauernde Schielen und Husten – in Schrecken wurzelten, die ihr bei der Pflege des Vaters buchstäblich in den Körper gefahren waren. Und er stellte außerdem fest, daß den Symptomen mehrere Erlebnisse zugrunde liegen konnten.

So wurde Bertha taub, wenn sie – wie in der Kutsche – geschüttelt wurde. Das Ursprungs-Erlebnis dafür ereignete sich im Sommerhaus, als der Bruder sie an der Tür zum väterlichen Krankenzimmer beim Lauschen ertappt und sie im Streit geschüttelt hatte. Überdies verlor sie ihr Gehör, wenn Geräusche sie erschreckten. Ursprung: Ein Erstickungsanfall (Verschlucken) des Vaters. Oder sie hörte nicht, wenn sie angesprochen wurde. Ursprung: Der Vater hatte sie einmal vergeblich um Wein gebeten.

Ihre Sehstörung – vor allem das Schielen – war erstmals aufgetreten, als sie am Bett ihres Vaters saß und der Kranke sie nach der Zeit fragte. Sie sah das Zifferblatt ihrer Uhr zunächst undeutlich, so daß sie den Arm nahe an die Augen bringen mußte. Aus dieser Distanz erschien ihr dann das Zifferblatt unverhältnismäßig groß. Ausgelöst wurde die Störung, weil Bertha gegen ihre Tränen ankämpfte. Sie hatte Angst, ihr Weinen könnte dem Vater verraten, wie schlecht es um ihn stand.

Ein Rätsel war lange Zeit ihr Husten, der die ärztliche Behandlung in Gang gebracht hatte. Sie litt besonders darunter, wenn sie Tanzmusik hörte. Während der Redekur erinnerte sie sich an das Ursprungs-Erlebnis im Sommerhaus. Sie hatte die Nachtpflege des

Vaters übernommen, als von der Promenade her die Klänge eines Kurkonzerts ins Zimmer wehten. Sie lauschte und empfand plötzlich den Drang, den geliebten Vater im Stich zu lassen und zum Tanz zu gehen. In dem Augenblick meldete sich erstmals ihr Husten, der mithin ein Ausdruck ihres schlechten Gewissens und der Selbstbestrafung war. Leichter nachvollziehbar ist ihre Sprechhemmung. Es verschlug ihr die (englische) Sprache, wenn sie sich ungerecht behandelt fühlte. Der Ursprung dieses Symptoms lag in einer Kränkung, die ihr der Vater zugefügt hatte.

Die Redekur kostete Zeit. Denn einige Erlebnisse – dazu gehörte die Halluzination vom Totenkopf des Vaters – hatte Bertha aus Angst derart tief in sich vergraben, daß sie sich nur mit größter Anstrengung daran erinnern konnte. Überdies mußten nicht nur das Ursprungs-, sondern jedes einzelne Ereignis wachgerufen werden, bei dem ein Symptom aufgetreten war. Beispiel: Ein Grund, weshalb Bertha nicht hörte, lag darin, daß sie einmal nicht bemerkt hatte, wie der Vater das Zimmer betrat. Diese Form der »Taubheit wegen Zerstreuung« wiederholte sich dann im Lauf der Monate in 108 Fällen, wobei die Personen wechselten. Bertha war also gezwungen, sich in der Hypnose an 108 Ereignisse zu erinnern, und zwar in rückwärts gerichteter Reihenfolge, an das letzte zuerst. Zum Glück besaß sie ein Gedächtnis, das fast so präzise funktionierte wie ein Computer.

Systematisch wurden so die Symptome »wegerzählt«. Zum Schluß- und Höhepunkt der Redekur kam es im Juni 1882. Zwei Jahre zuvor hatte sie im Sommerhaus jene Szene erlebt, die Breuer als »die Wurzel der ganzen Erkrankung« bezeichnete. Sie saß am Bett des kranken Vaters und »sah«, wie schwarze Schlangen aus der Wand krochen. Vertreiben konnte sie die giftigen Ungeheuer nicht, denn ihr rechter Arm war wie gelähmt. Als der Spuk vorüber war, versuchte sie zu beten. Doch gelang ihr das nur in englisch. Seitdem hatte sie die deutsche Sprache nie mehr richtig zurückgewonnen.

Am 7. Juni 1882 arrangierte sie ein Zimmer in der Wohnung so, wie das Krankenzimmer ihres Vaters ausgesehen hatte. Dann reproduzierte sie die Angst-Halluzination vom 17. Juli 1880. Unmittelbar darauf konnte sie wieder deutsch sprechen.

Fünf Monate nach dem Ende der Redekur, am 18. November 1882, erzählte Breuer dem Arzt Sigmund Freud die Geschichte. Der um 14 Jahre jüngere Kollege war sofort fasziniert. Fortan bewegte Freud die Frage, ob sich der Fall des Fräuleins verallgemeinern lasse. Doch dauerte es noch Jahre, bis er frei praktizierender Arzt wurde und »die Breuersche Untersuchungs- und Behandlungsmethode an eigenen Kranken zu erproben begann« (Freud). Dabei machte er »Erfahrungen, die sich mit den seinigen (Breuers) vollkommen deckten«. Die Grund-Erkenntnis, welche die beiden Forscher gewannen, läßt sich etwa so zusammenfassen: Statt auf unangenehme Erlebnisse wie auf eine Kränkung mit Wut, Rache oder Klagen zu reagieren, verdrängt der Hysteriker diese Erlebnisse ins Unbewußte. Und diese im Unbewußten wirkenden gefühlsgeladenen Erinnerungen, machen ihn – wie der Fall Bertha Pappenheim zeigt – psychisch oder körperlich krank. Freud brachte diese Erscheinung auf die kurze Formel: »Unsere hysterisch Kranken leiden an Reminiszenzen.«

Nachdem er mehrere Fälle von Hysterie behandelt hatte, schlug Freud dem Kollegen vor, sie sollten gemeinsam ihr Wissen veröffentlichen. Doch Breuer sträubte sich. Erst nach langem Zureden gelang es Freud, sich die Mitarbeit des renommierten »Compagnons« zu sichern. 1893 erschien in einem Fachblatt eine »Vorläufige Mitteilung«, und 1895 brachten sie die »Studien über Hysterie« heraus.[3] In diesem Werk – dem ersten in der Geschichte der Psychoanalyse – verewigte Breuer seine Patientin unter dem Pseudonym »Anna O.« Das Buch wurde in zehn Jahren nur 600 Mal verkauft.

Bis heute sorgt der Fall Bertha Pappenheim (Anna O.) für Verwirrung. Denn zum einen erklärte Breuer, daß bei Bertha »das sexuelle Element erstaunlich unentwickelt war«. Und zum anderen erweckte seine Studie den Eindruck, als sei die Behandlung des Mädchens erfolgreich abgeschlossen worden. Wörtlich heißt es: Nach der Therapie »verließ sie Wien für eine Reise, brauchte aber noch längere Zeit, bis sie ganz ihr psychisches Gleichgewicht gefunden hatte. Seitdem erfreut sie sich vollständiger Gesundheit«.

Diese Darstellung nahm Sigmund Freud seinem Kollegen nicht ab. Er stolperte vor allem über die Behauptung, wonach Berthas Sexualität in der Therapie keine Rolle gespielt haben solle. Auf sein Drängen hin rückte der verheiratete Breuer schließlich mit einigen »Anhaltspunkten« für eine »Kombination« heraus. Und aus diesen Andeutungen puzzelte Freud eine Geschichte, die er seiner Braut Martha Bernays und– besonders ausführlich – seinem Biographen, dem englischen Psychoanalytiker Ernest Jones erzählte. Danach scheint Breuer zu Hause von »nichts anderem gesprochen zu haben als von dem hysterischen Mädchen«, so daß seine Frau Mathilde »eifersüchtig« wurde. Aus einer »Mischung von Liebe und Schuldgefühl« der Gattin gegenüber beschloß er, mit der Behandlung aufzuhören. Er teilte dies Bertha mit. Jones: »Noch am selben Abend holte man ihn wieder zu ihr, und er traf sie in einem Zustand höchster Erregung. Die Patientin, die er bisher für ein völlig geschlechtsloses Wesen gehalten und die während der ganzen Behandlung nie eine Anspielung auf dieses verpönte Thema gemacht hatte, befand sich jetzt in den Wehen einer hysterischen Geburt, dem logischen Abschluß einer Phantomschwangerschaft, die sich während Breuers Behandlung als deren Folge unsichtbar entwickelt hatte. Trotz seines Schreckens gelang es ihm, sie durch Hypnose zu beruhigen, bevor er entsetzt das Weite suchte. Tags darauf fuhr er mit seiner Frau nach Venedig auf eine zweite Hochzeitsreise; seine Tochter, die auf dieser Reise gezeugt wurde, beging sechzig Jahre später Selbstmord, um sich der Deportation durch die Nazis zu entziehen.«

In seiner Freud-Biographie setzte Jones die Pioniertat Breuers herab. So lüftete er das Pseudonym der bis dahin Anna O. genannten Bertha Pappenheim mit der Begründung, nicht der Arzt, sondern dessen Patientin sei die wahre Entdeckerin der kathartischen (reinigenden) Methode gewesen.

Der Breuer-Biograph Albrecht Hirschmüller jedoch mag die Geschichte von der scheinschwangeren Bertha so nicht hinnehmen.

Seine Zweifel begründet er mit Widersprüchen, auf die man bei kritischer Prüfung stößt. So hat das Ehepaar Breuer nach der Therapie nicht – wie Ernest Jones schrieb – in Venedig Urlaub gemacht, sondern in Gmunden am Traunsee. Und die Tochter Dora wurde auch nicht auf der »zweiten Hochzeitsreise« gezeugt, sondern schon zu einer Zeit geboren, als die Redekur mit Bertha noch lief: am 11. März 1882.

Und auch Sigmund Freud selbst setzte Ungereimtes über den Fall in die Welt. So behauptete er, daß er seine Spekulation über Berthas hysterische Geburt »irgendwo veröffentlichte«, Dora Breuer diese Darstellung las und ihren Vater darauf ansprach. Freud: »Er (Breuer) bestätigte mich, und sie (die Tochter) ließ es mich nachher wissen.«

In Wirklichkeit aber, so Hirschmüller, hat Freud in seinen veröffentlichten Schriften Berthas Schwangerschaftsphantasien nie erwähnt, so daß die Frage auftaucht: Woher soll Dora ihre Information haben?

Hirschmüller glaubt, daß der Vorfall »als eine Legende zu betrachten« sei, »die sich unter dem Eindruck der Fortschritte der psychoanalytischen Lehre über einen Zeitraum von mehreren Jahrzehnten gebildet und verfestigt hat und wie die meisten Legenden neben Irrtümern und Halbwahrheiten einen richtigen Kern enthält. Freud selbst sah anfangs Breuers Situation in ihrer Problematik richtig, interpretierte sie später im Licht seiner neuen Erkenntnisse und schuf schließlich eine plastische Darstellung der Ereignisse, die mit seiner Interpretation in Einklang stand. Jones übernahm Freuds Darstellung und konkretisierte sie.«

1932, also ein halbes Jahrhundert nach der Redekur, schrieb Freud dem Dichter Stefan Zweig (»Ungeduld des Herzens«) einen Brief über Berthas »Unterleibskrämpfe« und ihren Satz: »Jetzt kommt das Kind, das ich von Dr. Breuer habe.« »In diesem Moment«, so Freud an Zweig, »hatte er (Breuer) den Schlüssel in der Hand, der den Weg zu den Müttern geöffnet hätte, aber er ließ ihn fallen.«[4]

Das heißt: 1932 hatte Freud längst die infantilen sexuellen Wünsche und ihre unbewältigte Verarbeitung (Verdrängung) als den Ursprung der Neurosen ausgemacht. Und wenn er seine neuen Einsichten berücksichtigen wollte, mußte sich ihm das Leiden des Mädchens unter anderem so darstellen:

»Bertha hatte in ihrer Kindheit bei ihrem geliebten Vater den Platz einnehmen wollen, den die Mutter besetzt hielt. Und dieser Konflikt zwischen der Eifersucht auf die Rivalin und der Angst, die Liebe der Mutter zu verlieren, sowie die Inzest-Wünsche gegenüber dem Vater wurden von dem Mädchen nicht verarbeitet, sondern ins Unbewußte verdrängt. In der Redekur hat die Patientin dann jene unbewußten infantilen Liebeswünsche, die in Wirklichkeit für den Vater bestimmt waren, auf den Arzt übertragen (»Übertragungsliebe«).

Das bedeutet: Hätte Breuer nicht angesichts von Berthas »Bauchkrämpfen« in »konventionellem Entsetzen die Flucht ergriffen« (Freud) und hätte er statt dessen die auf ihn gerichteten hysterischen Wünsche des Mädchens zum Objekt weiterer Beobachtungen gemacht, so wäre vielleicht nicht Sigmund Freud, sondern Josef Breuer als erster in das Reich der unbewußten Wünsche eingedrungen, die unser erwachsenes Leben maßgeblich und schicksalhaft bestimmen. Weil er aber den »Schlüssel« fallen ließ, stieß er auch nicht bis zum Kern von Berthas hysterischer Neurose vor. Das heißt, aus heutiger Sicht beseitigte Breuer nicht die Krankheit, sondern lediglich deren schwere psychische und physische Symptome.

Obgleich also Hirschmüller die »Bauchweh-Szene« arg bezweifelt, ist aber auch er davon überzeugt, daß sich Breuer im Fall des Fräuleins »ungewöhnlich stark engagierte« und daß Bertha nach dem Tod des Vaters »ihre emotionalen Bedürfnisse auf den Arzt übertragen hat«. Nur: Es fehlen zuverlässige Hinweise darüber, von welcher Beschaffenheit diese Übertragungsliebe war. Wir wissen leider nicht genau, wie die Wünsche aussahen, die das Mädchen dem Arzt gegenüber hatte.

In der Rückschau muß Breuer die Behandlung als schwere Last, als »Gottesurteil« empfunden haben, das ihn damals beruflich aufrieb und auch sein Familienleben nicht unberührt ließ. Jedenfalls lehnte er es später ab, das Fräulein noch einmal zu übernehmen. Und 1884 sprach er von der »kleinen Pappenheim«, was »auf eine emotionale Loslösung hindeutet« (Hirschmüller).

Inzwischen weiß man, daß die Arzt-Patient-Beziehung so wichtig für die Psychoanalyse ist wie die »freie Assoziation«. Denn seelische Krankheiten haben ihren Ursprung in zwischenmenschlichen Beziehungen. Deshalb kann eine Psychoanalyse nur dann erfolgreich sein, wenn es dem Analysanden gelingt, seine Leiden im Arzt-Patient-Verhältnis darzustellen (zu »inszenieren«). Genauer: In der Beziehung zwischen Arzt und Patient soll sich jenes Verhältnis des Patienten zu Mutter, Vater, Geschwistern usw. wiederholen, in dem sich das neurotische Leiden einst gründete. Werden dabei die alten Vorfälle wieder erlebt oder erinnert und mit dem Psychoanalytiker deutend »durchgearbeitet«, so besteht die Chance, daß der Patient zu reiferen Beziehungen fähig wird, die weniger von infantilen Wünschen belastet sind. Diese bedeutsame Erkenntnis über die Arzt-Patient-Beziehung besaß Breuer damals nicht. Und schon deswegen konnte Bertha Pappenheims Redekur kein voller Erfolg werden. Was der Arzt und das Mädchen dennoch erreichten, macht Berthas weiterer Lebensweg klar:

Am Ende der Behandlung, im Juni 1882, litt die Patientin noch an einigen Störungen. Außerdem erkrankte Bertha an einer Neuralgie, die Breuer vermutlich für ein »echtes« Leiden hielt. Wegen der Schmerzen spritzte er ihr hohe Dosen Morphium, so daß sie abhängig wurde. Eine Einweisung konnte jetzt nicht mehr aufgeschoben werden. Bertha verließ zwar, wie es in der Studie heißt, Wien für eine Reise, aber die führte sie in das Sanatorium »Bellevue« in Kreuzlingen am Bodensee.

Die Ärzte dort schafften es nicht, sie ganz vom Morphium zu entwöhnen. Überdies hatte sie wieder ihre Tagträume, und auch die Muttersprache blieb ihr zeitweilig weg. Dennoch wurde sie nach vier Monaten als »gebessert entlassen«.

Sie zog zu Verwandten nach Karlsruhe und ließ sich in der Krankenpflege ausbilden. An der Abschlußprüfung nahm sie nicht teil, da sie vorher – Anfang 1883 – nach Wien zurückgekehrt war. In den folgenden fünf Jahren mußte sie dreimal für mehrere Monate in ein Sanatorium. Freud zufolge hat Breuer von ihrem Zustand erfahren und ihr den Tod gewünscht, damit »die Arme von ihrem Leiden erlöst werde«. 1887 schrieb Freuds Frau Martha in einem Brief: Bertha habe sie mehrmals besucht. Bei Tag fühle sie sich recht wohl, gegen Abend leide sie aber noch an halluzinatorischen Zuständen.

1888 siedelte Bertha Pappenheim zu Verwandten nach Frankfurt am Main über. Dort setzte sie, wohl ohne es zu wissen, ihre Therapie fort, indem sie Märchen schrieb und so – verschlüsselt – ihr Leiden ausdrückte. Eine der Geschichten handelt von einer Wassernixe, die es mit unwiderstehlicher Gewalt zu einem Ball zieht, obgleich ihr das Tanzen bei Strafe verboten ist. Als sie zu ihrem Teich zurückkehrt, hat ein böser Zauberer das Wasser zufrieren lassen. Sie legt sich nieder, Schnee fällt und bedeckt sie. Nach Wochen schmilzt die Schneedecke, und wo die Nixe gelegen hatte, grünt jetzt ein zartes Pflänzchen: ein Schneeglöckchen. – Unwillkürlich denkt man dabei an die tanzlustige Bertha, deren Husten ausbrach, als sie ihren kranken Vater im Stich lassen und zu einem Kur-Vergnügen laufen wollte.

In einem anderen Märchen schreibt sie über den »Wert des Defekts« (Hirschmüller). Ein Junge nimmt eine Spieluhr auseinander und kann sie danach nicht mehr richtig zusammensetzen. So spielt die Uhr nur noch wenige Lieder und diese unvollkommen. Der Junge verläßt später das Elternhaus, ohne Kontakt zu halten. Die Mutter stirbt, Vater und Schwester verarmen. Nach Jahren kommt der Sohn zufällig nach Wien, wohin die Angehörigen ohne sein Wissen gezogen sind. Während er durch die Straßen schlendert, hört er mit einemmal eine Uhr spielen. Er erkennt sie an ihrem defekten Klang, findet so Vater und Schwester wieder und kann sie aus ihrem Elend erretten.

Geheiratet hat Bertha nicht. Statt dessen wurde sie eine berühmte

Frauenrechtlerin. Sie gründete mehrere Wohlfahrtsvereine, bekämpfte die Prostitution und leitete lange Zeit ein »Heim für gefährdete Mädchen und uneheliche Kinder«. So konnte sie ihre mütterlichen Gefühle ausleben. Psychoanalytisch gesehen, äußerte sich die in ihr verbliebene hysterische Persönlichkeit darin, daß sie nicht so sehr für die Frauen als vielmehr gegen die Männer kämpfte. »In ihnen«, so der Freiburger Analytiker und Medizin-Professor Johannes Cremerius, »sah sie bösartige, gemeine Wesen, die nichts anderes im Sinn haben, als Frauen sexuell zu gebrauchen, sie zu entwerten. Daraus leitete sie ihr Recht ab, sie mit Haß zu verfolgen.«

Da sie so gut wie nie darüber gesprochen hat, ist auch nicht klar, mit welchen Gefühlen sie sich an ihren Arzt Josef Breuer erinnerte, und was sie empfand, als die Psychoanalyse, an deren Geburt sie großen Anteil hatte, ihren Siegeszug um die Welt antrat. Einmal verglich sie die Methode mit einer Beichte und erklärte, es hänge vom Analytiker ab, ob sie ein gutes Werkzeug sei oder ein doppelschneidiges Schwert. Sicher ist aber, daß sie ihr Leiden – soweit noch vorhanden – in den Griff bekam und damit leben und arbeiten konnte. Sie starb 1936. Zwanzig Jahre später brachte die Bundespost zum Gedenken an die große Kämpferin gegen das soziale Unrecht eine Briefmarke heraus.

Josef Breuer behandelte zwar noch Fälle von Hysterie, wandte jedoch die bei Bertha Pappenheim praktizierte kathartische Methode nicht mehr an. Er führte sein Leben als erfolgreicher Arzt und Forscher unverändert fort. Er half Freud mit Geld aus und überwies ihm Patienten in die neu gegründete nervenärztliche Praxis. Bei diesen Kranken sammelte Freud dann seine Erfahrungen mit der »Redekur«.

Breuers Ehe verlief glücklich. Voller Stolz sprach er von seinen »fünf tüchtigen und trefflichen Kindern«, von denen eines – der Sohn Robert – als Arzt die letzte Nachtwache am Sterbebett des Komponisten Johannes Brahms hielt. Als Breuer 70 Jahre alt wurde, schrieben ihm die Freunde und Kollegen, er habe seine medizinischen Gedanken »wie ein Säemann« ausgestreut, »und so reichliche

Saat ist aufgegangen, daß Du mehr Schüler zählen kannst als mancher Genosse (Professor), dessen Berufsaufgabe es ist, junge Gelehrte heranzubilden.«

Freud blieb kein Schüler Breuers. Schon während sie die »Studien der Hysterie« verfaßten, entfremdeten sie sich. Den Ausschlag gaben wissenschaftliche Differenzen. Freud kostete es stets Mühe, die Einwände anderer Wissenschaftler zu ertragen. Und der vorsichtige Breuer, den nur lupenreine Erkenntnisse beeindruckten, war nicht der Mann, dem noch im Dunkeln tastenden Forscher Freud bedingungslos zu folgen.

1896 kam es zum endgültigen Bruch. Als Freud seine Schulden bezahlen wollte, schickte ihm Breuer den Betrag zurück. Offenbar betrachtete er das Darlehen inzwischen als Geschenk. Freud jedoch ärgerte sich über die Geste. Er argwöhnte, der Kollege wolle auf diese Art »die alte Bevormundung aufrechterhalten« (Ernest Jones). Einmal soll Breuer den früheren Gefährten auf der Straße erblickt und die Arme zur Begrüßung ausgebreitet haben. Angeblich wechselte Freud daraufhin die Straßenseite. Zu Breuers Tod verfaßte er jedoch einen Nachruf und schickte der Witwe ein Beileidsschreiben.

Als die Nazis 1938 in Österreich die Macht übernahmen, erbot sich der inzwischen weltberühmte Freud, Angehörigen der Familie Breuer Visa für die Flucht ins Ausland zu besorgen. Doch waren die Papiere bereits beschafft. Im Londoner Exil besuchte dann eine Enkelin Breuers den gleichfalls emigrierten Freud, um sich für das Angebot zu bedanken. Bei diesem Gespräch habe der große alte Mann den Namen seines einstigen Weggefährten mit keinem Wort erwähnt.

Dr. Josef Breuer starb 1925 83jährig in Wien. Sein Ruhm wie auch der seiner Patientin blieb bis heute auf Fachkreise und interessierte Laien beschränkt, obgleich die Geschichte der Anna O. zum Aufregendsten gehört, was die medizinische Literatur zu bieten hat.

1 *Lucy Freeman: »Die Geschichte der Anna O.«, Kindler Verlag, München, 1973*

2 *Albrecht Hirschmüller: »Physiologie und Psychoanalyse in Leben und Werk Josef Breuers«, Huber Verlag, 1978*

3 *Sigmund Freud und Josef Breuer: »Studien über Hysterie«, S. Fischer Verlag, Frankfurt/Main, 1970*

4 *Das Wort vom »Schlüssel zu den Müttern« steht in Goethes Faust II. Die Mütter sind Gestalten, die an einem Ort leben, den noch kein Mensch betreten hat.*

Die dritte Beleidigung der Menschheit

Der Wunsch, am Schlaf der Menschen zu rütteln und den Frieden der Welt zu stören

Sigmund Freud besaß schon als Kind eine magische Vorstellung, daß er einmal berühmt werden würde. Als Begründer der Psychoanalyse wurde er – wie Karl Marx – tatsächlich zu einer Jahrhundertfigur, allerdings zu einer umstrittenen. Wegen seiner Behauptung, Kinder seien schon früh auf verschiedene Weise sexuell aktiv, schalt ihn sein Kollege Felix Krueger einen »Lustlümmel«. Und der einflußreiche Geheime Medizinalrat Wilhelm Weygand schlug auf dem Hamburger Ärzte-Kongreß (1910) mit der Faust auf den Tisch und brüllte: »Freuds Theorien gehen die Wissenschaft nichts an, sie sind vielmehr eine Angelegenheit der Polizei. Seine Behandlung ist etwas wie eine Massage der Geschlechtsorgane.«

Sigmund Freud war bereits weltberühmt, als er sich 1923 der ersten von insgesamt 33 Operationen in der Mundhöhle unterziehen mußte. Seine Ärzte hatten an Gaumen und Kiefer Krebs entdeckt, ihren Patienten jedoch über den Ernst seines Zustandes im unklaren gelassen.

Der Wiener Professor Markus Hajek, der das Karzinom entfernen sollte, war zwar Chirurg, aber kein Kieferspezialist. Und da Freud den Mann überdies nicht sonderlich sympathisch fand, ist es seltsam, weshalb er sich keinem anderen Arzt anvertraut hatte.

Am 20. April begab sich der 66jährige Freud in die Klinik. Obgleich selbst Mediziner, war er guten Glaubens, daß es sich um eine »sehr kleine Operation« (Hajek) handle und er danach wieder nach Hause fahren könne.

Doch der Eingriff verlief nicht wie erwartet. Freud erlitt einen starken Blutverlust, so daß man sich entschloß, ihn im Krankenhaus zu behalten und seine Familie telefonisch um ein »paar Sachen für die Nacht« zu bitten.

Der Anruf versetzte die Angehörigen in Schrecken. Sie waren völlig überrascht, denn Freud hatte ihnen – wohl um sie nicht aufzuregen – verschwiegen, daß er unters Messer kommen müsse.

Frau Martha und ihre Tochter Anna eilten in die Klinik, wo sie sich von einer Krankenschwester abweisen ließen. Während der Mittagszeit seien Besuche nicht erlaubt. Um das Wohl des Patienten brauchten sie sich keine Sorgen zu machen.

Seit der Operation lag der von Medikamenten halb betäubte Freud in einem kleinen Raum, zusammen mit einem schwachsinnigen Zwerg. Plötzlich setzte die Blutung wieder ein. Er wollte läuten, doch die Klingel funktionierte nicht. Zum Glück begriff der Kretin, in welcher Gefahr sein Bettnachbar schwebte. Er stürmte aus dem Zimmer und alarmierte das Personal. Vermutlich rettete er Freud dadurch das Leben.

Bei ihrem zweiten Besuch, am Nachmittag, traf Gattin und Tochter fast der Schlag. Freud saß blutüberströmt auf einem Küchenstuhl in der Ambulanz. Niemand kümmerte sich um ihn. Jetzt ließen sich die Frauen nicht mehr abwimmeln. Sie setzten durch, daß Anna bei ihrem Vater Wache halten konnte. In der Nacht wurde dessen Zustand abermals kritisch. Anna und eine Krankenschwester riefen nach dem Spitalarzt. Doch dieser Mann kam nicht; er war einfach nicht aus dem Bett zu kriegen. Und am nächsten Morgen schleppte – ohne zu fragen – der Chirurg Hajek einen Schwarm Studenten zu dem von Schmerzen geplagten Patienten, um ihnen das Ergebnis seines Eingriffs vorzuführen. Danach wurde Freud entlassen.

Was sich in der Klinik abspielte war ein Skandal – und zwar unabhängig davon, daß es sich bei dem Patienten um einen prominen-

Das Familienfoto, aufgenommen 1876, zeigt den 20jährigen Sigmund Freud (hintere Reihe, 3. v. l.) inmitten seiner Verwandtschaft – Geschwistern, Cousinen und Vettern. Freuds Mutter Amalie stützt das Kinn auf die Hand, neben ihr sitzt Jakob Freud, ihr Mann. Der mäßig erfolgreiche Tuchhändler war vermutlich zum drittenmal verheiratet. Eine Folge: Sein Sohn Sigismund, wie er zunächst hieß, kam bereits als Onkel zur Welt. Die verworrenen Verwandtschaftsverhältnisse sollen den unersättlichen Wissensdrang des Jungen und späteren Begründers der Psychoanalyse maßgeblich ausgelöst haben.

Freuds Arbeitszimmer in der Wiener Berggasse 19. Auf seine antiken Statuetten war der Begründer der Psychoanalyse besonders stolz. Seine Sammlung wurde schließlich so umfangreich, daß er ein Verzeichnis anlegen mußte. Freuds Vorliebe für die Archäologie erklärt sich aus deren Verwandtschaft mit der Psychoanalyse. Wie die Archäologen die vergessene Geschichte der Menschheit ausgraben, so machen die Psychoanalytiker die »vergessene« Biographie ihrer Patienten wieder lebendig. Freuds Interesse am Altertum hat noch eine andere Wurzel: Während seiner Gymnasialzeit erhielt er eine klassische Bildung.

ten Gelehrten handelte. Für Kenner ärztlicher Gepflogenheiten hat der Fall noch eine zusätzliche Pointe: Sigmund Freud war selbst Arzt und Professor. Und wenn man bedenkt, wie vorsichtig Mediziner mit erkrankten Kollegen gewöhnlich umgehen, erscheint die extrem grobe Nachlässigkeit von Hajek und seinem Personal immer rätselhafter.

Eine Deutung des Geschehens versuchte Max Schur, der später Freuds ständiger Arzt wurde und über dessen »Leben und Sterben« ein Buch geschrieben hat. Schur nimmt an, daß sich in dem sonderbaren Verhalten der Ärzte und Krankenschwestern der mächtige Widerstand ausdrückte, dem die Psychoanalyse damals ausgesetzt war. Stellte also die sträflich nachlässige Behandlung eine unbewußte Gegnerschaft gegen die Lehre des Patienten dar?

Gründe für diese Vermutung gibt es. Freud war nämlich bei dem Versuch, die Neurose zu verstehen, auf die Frage gestoßen, wie die gesunde Psyche des Menschen beschaffen ist. Dabei gewann er die für alle »Normalen« befremdliche Erkenntnis: Eine exakte Abgrenzung der abnormen von der gesunden Psyche ist wissenschaftlich nicht möglich. In allen Menschen, also auch in den normalen, wirken mehr oder weniger unbewußte – verdrängte – sexuelle und aggressive Wünsche. Und da die Enthüllung dieser und anderer Wahrheiten – wie die der kindlichen Sexualität mit ihrer vielgestaltigen Neigung zur Perversion – das Anstandsgefühl vieler Zeitgenossen verletzte, könnte die fahrlässige Behandlung, die Freud in der Klinik widerfuhr, einen nicht bewußten Akt der Bestrafung und Rache darstellen. Freud selber rechnete seine Psychoanalyse zu den drei großen Kränkungen, die der Eigenliebe – dem Narzißmus – der Menschheit zugefügt worden sind.

Die erste – kosmologische – Beleidigung begann mit Kopernikus (1473–1543). Seitdem mußten sich die Menschen damit abfinden, daß ihre Erde nicht im Mittelpunkt des Alls steht. Vielmehr, so erkannten die Astronomen im Lauf der Zeit, ist der von den Menschen bewohnte Planet im Meer der Sterne so unbedeutend wie ein Sandkorn in der Wüste.

Den zweiten – biologischen – Schlag gegen die menschliche Eitelkeit landete Charles Darwin (1809–1882). Er wies die Menschen auf ihre tierische Abstammung hin und raubte ihnen so die Illusion, sie seien eine besondere Schöpfung Gottes – sein Ebenbild.

Die dritte – psychologische – Kränkung der Eigenliebe schließlich versetzte Sigmund Freud den Menschen, als er verkündete: Das großsüchtige Wesen Mensch ist nicht einmal Herr in seinem eigenen Haus.

Obgleich die Psychoanalyse stets Gegner auf den Plan rief, die ihren Rang als universal gültige Wissenschaft bezweifelten, konnte sie sich in der westlichen Welt doch durchsetzen. Heute ist Freuds Gedankengut – sein Verständnis vom Menschen – nicht nur in den Künsten, besonders in der Literatur wie den Werken von Thomas Mann (»Der Tod in Venedig«), Dramen wie denen von Tennessee Williams (»Endstation Sehnsucht«), aber auch in Filmen wie Alfred Hitchcocks Thrillern (»Ich kämpfe um Dich«, »Psycho«) aufspürbar, sondern auch in den Wissenschaften, wie in der Pädagogik und Psychosomatik, der Rechts-, Kriminal-, Geschichts- und politischen Wissenschaft. Mehr noch: Es hat das allgemeine Bewußtsein verändert. Simples Beispiel:

Die Mutter, deren Ehrgeiz nicht mehr darin besteht, ihr Kind so rasch wie möglich »sauber« zu bekommen. Ohne je eine Zeile von Freud gelesen zu haben, weiß sie doch, daß solche Dressuren die charakterliche Entwicklung ihres Sprößlings stören und aus ihm einen zwanghaft ordentlichen und bis zum Geiz sparsamen Menschen machen können. Zuweilen dämpfte Freud die Hoffnungen, die seine wachsende Gemeinde an die Psychoanalyse knüpfte. »Die Absicht, daß der Mensch glücklich sei«, erklärte er, »ist im Plan der Schöpfung nicht enthalten.« Seine Theorie sei lediglich dazu in der Lage, das Elend der Neurotiker auf das »allgemeine Unglück zurückzuschrauben«. Gleichwohl schloß er nicht aus, daß seine Lehre im Kampf gegen globale Bedrohungen einsetzbar sei – und zwar als Instrument, das den Ursprung der von den Menschen heraufbeschworenen Gefahren durchschaubarer macht.

1929, als die Atombombe noch gar nicht erfunden war, schrieb Freud in seiner berühmten Abhandlung über »Das Unbehagen in der Kultur« die ahnungsvollen Sätze:

»Die Schicksalsfrage der Menschenart scheint mir zu sein, ob und in welchem Maße es ihrer Kulturentwicklung gelingen wird, der Störung des Zusammenlebens durch den menschlichen Aggressions- und Selbstvernichtungstrieb Herr zu werden… Die Menschen haben es jetzt in der Beherrschung der Naturkräfte so weit gebracht, daß sie es mit deren Hilfe leicht haben, einander bis auf den letzten Mann auszurotten. Sie wissen das, daher ein gut Stück ihrer gegenwärtigen Unruhe, ihres Unglücks, ihrer Angststimmung.«

Freuds Worte sind im Lauf der Jahrzehnte immer aktueller geworden. Folge: Neben dem als Friedens-Kämpfer bereits populären Professor Horst-Eberhard Richter versuchen derzeit auch andere Analytiker, die Freudsche Deutungstechnik in die Politik einzubringen. »Angst«, schreiben der Hamburger Analytiker Carl Nedelmann und der Berliner Bildungs-Forscher Hellmut Becker, sei »ein Signal, das dazu auffordert, die Angst-Ursachen zu beseitigen«. Jedoch geschieht bei uns das Gegenteil. Die ängstlichen Vorstellungen würden durch Verdrängung dem Bewußtsein entzogen.

So geriet die Menschheit in Angst und Schrecken, als nach dem Zweiten Weltkrieg immer mehr Atombomben zu Testzwecken gezündet wurden. Aber als man 1963 weitere Tests unter die Erde verlegte, schien »die Bombe auch symbolisch verdrängt«. Diese »Verleugnung« trug dann wesentlich dazu bei, daß »die Aufrüstung der Bundesrepublik Deutschland zum größten thermonuklearen Waffenlager der Welt von der Öffentlichkeit kaum mehr bemerkt vonstatten gehen konnte« – so Nedelmann.[1]

Daß beim Rüstungswettlauf nicht nur Sach-, sondern auch Triebzwänge eine Rolle spielen, läßt die Auswahl zweier Daten vermuten. Am 6. August 1980 teilte der US-Präsident Jimmy Carter der Welt seine neue Strategie des Enthauptungsschlages mit. Und am 9. August 1981 erklärte Präsident Ronald Reagan, daß nunmehr die Neutronenwaffe gebaut würde. Da nach der Freudschen Lehre in der menschlichen Psyche nichts zufällig geschieht, könnte man die Wahl der Daten als einen »Wiederholungszwang« (in Form einer Drohung) deuten. Denn am 6. und 9. August 1945 fielen die Atombomben auf Hiroshima und Nagasaki.

Ein wirkungsvoller »Abwehrmechanismus«, der es Machtpolitikern erspart, sich selbst als gefährlich zu verdächtigen, ist die »Projektion«. Das heißt, jeder Mensch hat Wünsche und Gefühle, die er verabscheut und ablehnt. Und um diese Wünsche und Gefühle bei sich selbst nicht wahrnehmen zu müssen, projiziert er sie auf andere Menschen und nimmt sie dann bei ihnen wahr. Auf diese Weise hält man sich moralisch rein, während der andere zum Bösen erklärt wird. Mithin ist es möglicherweise eine »wahnhafte Verkennung«, wenn sich die Politiker der westlichen und östlichen Machtblöcke gegenseitig vorwerfen, die anderen – und nicht sie selbst – wollten einen nuklearen Krieg entfesseln. So wird der »Gegner auf die böse Rolle fixiert«. Und selbst wenn einem Politiker die Erleuchtung kommen sollte, daß die der anderen Seite angehängten Triebimpulse seine eigenen sind, ist damit nicht viel gewonnen. Denn um vor sich selbst und den Wählern das Klischee vom Freund des Friedens zu wahren, müßte er diese Einsicht rasch wieder verdrängen.

Eine »Rationalisierung« findet statt, wenn wir zum Beispiel den Kauf eines protzigen Autos mit dem Argument der größeren Sicherheit begründen – und dies auch glauben –, während das tiefere Motiv darin bestehen könnte, daß wir ein Minderwertigkeitsgefühl durch ein Statussymbol kompensieren. Das bedeutet: Rationalisierungen sind gewöhnlich schwer zu entlarven. Denn wer will schon ernsthaft behaupten, daß die Straßenlage eines Wagens nicht wichtig ist? In der Politik bieten sich Sachargumente, die für eine Rationalisierung notwendig sind, wie Sand in der Wüste an. So drehen Politiker die Rüstungsspirale mit der »begründeten« Sorge hoch, der Gegner sei militärisch überlegen.

Jedoch: Selbst wenn uns dieser Gedanke plausibel erscheint, sollten wir ihn zunächst einmal beiseite schieben und uns – wie im Fall des Autokäufers – fragen, ob es nicht noch andere, verdrängte Mo-

Die erste, »kosmologische Beleidigung«: Der Astronom Kopernikus (1473–1543) erkannte, daß unsere Erde nicht im Zentrum des Weltalls steht. Damit zertrümmerten er und seine Nachfolger die beruhigende Vorstellung, Gott habe ein besonderes Interesse an diesem Stern.

Die Karikatur zeigt Darwin als Affen. Der Engländer (1809–1882), von Sigmund Freud hoch verehrt, wies die tierische Abkunft der Menschen nach und raubte ihnen damit die Illusion, sie seien eine besondere Schöpfung Gottes. Dies war der zweite Schlag gegen die menschliche Eitelkeit. Die dritte Beleidigung landete Freud, als er verkündete, das angeblich vernunftbegabte Wesen Mensch sei nicht einmal Herr in seinem eigenen Haus.

Hellmut Becker, Bildungsforscher in Berlin, und der Hamburger Psychoanalytiker Carl Nedelmann verfaßten ein Buch, das unter anderem von den unbewußten aggressiven Triebwünschen handelt, die bei der Hochrüstung eine Rolle spielen. Beide kritisieren sie, daß sich viele Deutsche mit den sogenannten »rationalen Erklärungen« ihrer Politiker zufriedengeben, wenn es um die Stationierung von nuklearen Vernichtungswaffen in diesem unserem Lande geht.

Gottfried Wilhelm Leibniz (1646 bis 1716) entdeckte als erster, daß der Mensch Dinge wahrnimmt, die unterhalb der Schwelle seines Bewußtseins liegen. Eines seiner Argumente klingt etwas sonderbar: Wenn unser Bewußtsein zugleich der Sitz unseres Willens ist, das Bewußtsein in der Nacht aber schläft – wer sagt dem Schläfer dann, daß er aufwachen soll?

Auch Arthur Schopenhauer (1788–1860) zählt zu den philosophischen Wegbereitern Sigmund Freuds. Der Denker postulierte, Mensch und Natur würden von einem Willen beherrscht, der nichts anderes will, als zu wollen.

Friedrich Nietzsche (1844 bis 1900) hat als Philosoph auf mehr abstrakte Weise über Fragen nachgedacht, für die der Arzt Freud später praktische Erklärungen suchte. So nahm Nietzsche unter anderem die Freudsche Erkenntnis vorweg, daß sich »Instinkte« (Haß, Grausamkeit), die sich nicht nach außen entladen können, gegen die eigene Person richten.

tive gibt, die einen Politiker zur Aufstellung von Atomraketen drängen.

Die Deutschen verleugnen – das heißt, sie nehmen es gefühlsmäßig nicht wichtig –, daß sie auf einem Pulverfaß sitzen. Klaren Auges nämlich, so Becker und Nedelmann, »können wir das Furchtbare nicht aushalten. Wir dürfen es aber nicht verleugnen, weil sonst die Gefahr besteht, daß das Furchtbare geschieht«. Aus diesem Grund soll die Friedensbewegung die Argumentations-Ebene des Gegners – das Zählen von Raketen – verlassen und ein Verständnis entwikkeln, das den Einfluß des Unbewußten auf die Militärpolitik berücksichtigt. Denn »wir blicken statt auf unsere Motive nur noch auf die SS 20 und die Pershing II, als seien diese Erzeugnisse die eigentlichen Hauptfiguren auf der weltpolitischen Bühne«.

Allerdings ist die Hochrüstung kein Gespenst, sondern sie existiert tatsächlich, so daß die Angst vor den Russen (und deren Angst vor uns) zwei miteinander vermengte Ursachen hat: einen realen und einen wahnhaften Grund. Und die schwierige Aufgabe der Psychoanalyse liegt darin, den realen vom wahnhaften Grund zu trennen.

Überdies: Um Freuds Lehre politisch einzusetzen, müßten viel mehr Menschen mit ihr vertraut gemacht werden. Doch solche Art von Aufklärung zu leisten, scheuen sich die meisten Psychoanalytiker – und zwar schon deshalb, weil psychoanalytische »Enthüllungen« nicht als Erklärung begriffen, sondern als »Angriff« mißverstanden werden könnten.

Der kanadische Psychiater Henry F. Ellenberger klagt, es sei schwierig, über Freud zu schreiben, weil »sich um ihn eine Legende gebildet hat, die einem objektiven Biographen seine Aufgabe außerordentlich mühsam und undankbar macht«.[2]

Tatsächlich wird die Figur in vielen Büchern entweder überhöht oder herabgesetzt. So erklärt der Biograph Ernest Jones, Freuds grundlegende Sexualtheorie, erschienen 1905, sei als »schockierende Verderbtheit« empfunden worden, man habe »mit Entrüstung« auf die Schrift reagiert. Kurz, Freud habe sich »fast überall unbeliebt«

gemacht. Das klingt, als sei Jones' Held ein heroischer Einzelkämpfer, wenn nicht gar ein Märtyrer gewesen.

Eine spätere Prüfung hat jedoch ergeben, daß diese Darstellung so pauschal nicht stimmt. Die menschliche Sexualität war damals längst ein Objekt der seriösen Forschung und die Veröffentlichung von Artikeln und Büchern zu diesem Thema keine Seltenheit. Hinzu kommt, daß in den ersten fünf Jahren von den »Drei Abhandlungen zur Sexualtheorie« nur tausend Exemplare verkauft wurden – eine Menge, die nicht ausreicht, um sich damit »fast überall unbeliebt« zu machen. Überdies besaß Freud, was wenig bekannt ist, in dieser Zeit als Forscher auf dem Gebiet der Neurologie bereits ein hohes Ansehen.

Gleichwohl gab es viele Gelehrte, die der jungen Wissenschaft gegenüber reserviert und voreingenommen waren. Sie nahmen sich vor allem jenen Teil der Psychoanalyse vor, in dem Freud die »Unschuld« der Kinder bestritt und statt dessen die These von der »infantilen Sexualität« verfocht. Ein Kollege, der Psychologie-Professor Felix Krueger, schimpfte ihn einen »Lustlümmel«. Ein anderer brachte das böse Wort vom »Schänder der Kinderstuben« in Umlauf. Und 1910, bei einem Ärzte-Kongreß in Hamburg, schlug der einflußreiche Geheime Medizinalrat Wilhelm Weygandt mit der Faust auf den Tisch und brüllte: »Freuds Theorien gehen die Wissenschaft nichts an, sie sind vielmehr Angelegenheit der Polizei. Seine Behandlung ist etwas wie eine Massage der Geschlechtsorgane.« Doch muß man berücksichtigen, daß früher Kritik ganz allgemein viel bissiger geübt wurde, als wir das heute gewohnt sind.

Auch das als moralisch zugeknöpft geltende Bürgertum behandelte Freud nicht als Aussätzigen. Seine Praxis florierte, und der Kreis seiner Patienten gehörte durchweg der gehobenen Mittelschicht an. In den »gebildeten Kreisen« stieg er zu »notorischer Bekanntheit« auf, so daß es zu einer »Polarisierung« zwischen Freud-Verteidigern und -Gegnern kam.[3]

1906 schrieb der Wiener Neurologe Moritz Benedikt (1835–1920): »Heute findet man die Zöglinge der höheren Töchterschulen über diese Themata der sexuellen Perversitäten aufgeklärter, als wir es als junge Ärzte waren.« Dennoch gehörte es zu den Gepflogenheiten, daß Männer nur dann über sexuelle Erlebnisse redeten, wenn keine Frauen in der Nähe waren. Ein Beleg dafür ist eine Bitte an Freud, einmal einen Vortrag vor gemischtem Publikum zu halten. An die Einladung war die Bedingung geknüpft, er solle seine Rede mit unverfänglichen Beispielen beginnen und dann – bevor er zur Sache komme – eine Pause einlegen, damit die Damen den Saal verlassen könnten. Freud lehnte ab.

Im Gegensatz zu anderen Sexologen benutzte er eine kompromißlose Sprache. So wich er bei heiklen Wörtern nicht ins Lateinische aus, wie es üblich war. Mit derlei Zugeständnissen hätte er zweifellos viele seiner Leser und Zuhörer nicht so vor den Kopf gestoßen. Doch eingedenk der alten Weisheit, wonach man zuerst in den Worten und dann in der Sache selbst nachgibt, war Freud dazu nicht willens. Überdies empfand er es als sein »Schicksal«, den »Frieden der Welt zu stören«.

Ein Beispiel für eine Herabsetzung von Freuds Leistung lieferte sein Biograph Ellenberger. Er erklärte: »Vieles, was Freud zugeschrieben wird, war seinerzeit diffus vorhandene Überlieferung; seine Rolle bestand darin, diese Ideen zu kristallisieren und ihnen eine originelle Form zu geben.«

Dazu der Freiburger Medizin-Professor und Freud-Kenner Johannes Cremerius: Dieser Satz treffe für jeden großen Geist zu. Ellenberger sehe nicht, daß Freud – ähnlich wie Immanuel Kant und Karl Marx – aus eigenen und vorhandenen Gedanken ein System von enormer Sprengkraft entwickelt habe, das unter anderem ein völlig neues Instrument der Psychotherapie und der Kulturkritik enthält.

Tatsächlich steht Freuds Werk in einer geistesgeschichtlichen Tradition. Der psychoanalytische Begriff »Verdrängung« zum Beispiel geht auf den Philosophen und Pädagogen Johann Friedrich Herbart (1776–1841) zurück. Und der erste, der eine Theorie des Unbewußten schuf, war der Denker Gottfried Wilhelm Leibniz

(1646–1716). Er dachte, daß wir Dinge wahrnehmen, die unterhalb der Schwelle des Bewußtseins bleiben und trotzdem in unserem Seelenleben eine große Rolle spielen. Ende des vorigen Jahrhunderts war jedem gebildeten Menschen ein Wort wie »unbewußt« geläufig.

All das ist richtig. Ellenberger und auch andere Autoren übersehen jedoch, daß die Begriffe »Verdrängung« und »unbewußt« durch Freud einen neuen Sinn erhielten, mit dessen Hilfe man seelische Leiden verstehen kann – was die Voraussetzung dafür ist, daß man einen Menschen heilen kann.

Auch wußte Freud, daß sich über einige der von ihm behandelten Themen schon die Philosophen Arthur Schopenhauer (1788–1860) und Friedrich Nietzsche (1844–1900) den Kopf zerbrochen hatten. Aus diesem Grund, erklärte er sinngemäß, habe er den ersten Denker erst nach seinen Entdeckungen gelesen und den zweiten »gemieden«, um »unbefangen« zu bleiben.

Sogar die infantile Sexualität hat Freud nicht allein aufgedeckt. Gelehrte wie der Deutsche Max Dessoir und der Engländer Havelock Ellis verfochten damals gleichfalls die Behauptung, daß Kinder sexuelle Empfindungen haben und daß sich diese Gefühle nicht nur auf die Geschlechtsorgane beschränken, sondern auch auf die Mund-, Haut- und After-Region erstrecken – daß Kinder also, nach einem Ausdruck Freuds »polymorph pervers« sind.

Eine Entdeckung nutzt jedoch wenig, wenn man ihre Bedeutung nicht mitentdeckt. Beispiel: Das Pulver wurde vermutlich im achten Jahrhundert von den Chinesen entdeckt, seine überragende Bedeutung für den Krieg erkannte man jedoch erst rund 400 Jahre später.

Um die Bedeutung geht es auch im Prioritätenstreit zwischen Freud und seinen zeitgenössischen Forscher-Kollegen. Tatsächlich erkannten auch sie die kindliche Sexualität. Doch Freud war es, der deren fundamentale Bedeutung für die Entwicklung des Menschen entdeckte. Das gleiche gilt für das Verständnis der seelischen Erkrankung. Der grundsätzliche Unterschied zwischen Freud und anderen Wissenschaftlern liegt darin, daß sie darauf zielten, die psychisch Kranken an die Verhaltensnormen der Gesellschaft anzupassen. Freud hingegen ging es nicht um »Anpassung«, sondern um die Befreiung des Menschen. Er sah in den Neurosen eine verborgene Rebellion gegen die falschen und krankmachenden Normen der Gesellschaft. Die Neurose war für ihn der Ausdruck für die Sehnsucht des Menschen nach Freiheit und Selbstbestimmung.

Wegen dieser und anderer herausragender Erkenntnisse und Entdeckungen wird Freud neben Albert Einstein als das größte Genie unseres Jahrhunderts bezeichnet. Und sogar der besonders kritische Freud-Forscher Sulloway konstatiert: Freuds Leistungen »im Bereich der Wissenschaft vom Leben sind vielleicht nur mit (denen von) Aristoteles und Charles Darwin vergleichbar«.

Inzwischen sind viele persönliche Briefe Freuds veröffentlicht – darunter auch die an den Berliner Arzt Wilhelm Fließ, deren Herausgabe Freud vermutlich nie zugestimmt hätte. Besonders sie geben Auskunft über seinen Charakter, sein Leben und Denken und erlauben einen Einblick in seine »erstaunlichste Leistung: die Selbstanalyse« (Max Schur).

1925 schrieb Freud eine »Selbstdarstellung«. Und da er überdies die eigene Psyche zum Objekt seiner Forschung gemacht hatte, flocht er die Ergebnisse in mehrere seiner Werke ein. Doch fiel es ihm nicht leicht, private Details preiszugeben. »Man muß sich«, erklärte er, »als den einzigen Bösewicht enthüllen unter allen den Edlen, mit denen man das Leben teilt.« Die deutlichsten Spuren finden sich in seiner 1900 veröffentlichten »Traumdeutung«, deren Rang häufig mit dem des »Kapitals« von Karl Marx verglichen wird.

Unübersehbar ist die Flut von Büchern über diesen ersten Psychoanalytiker. Darunter die Biographie des englischen Freud-Schülers Ernest Jones und die des »Leibarztes« Max Schur. Beide Autoren genossen das Vertrauen Freuds und seiner Familie und erhielten Einblick in den immer noch nicht ganz veröffentlichten Nachlaß. Und obgleich sie ein von Verehrung geprägtes Bild von Freud zeichnen, ist es ihnen nach Ansicht fast aller Kritiker gelungen, die grundlegenden Werke über die Jahrhundertfigur zu verfassen.[4]

Von dem deutschen Dichterfürsten Johann Wolfgang von Goethe behauptete Freud einmal: »Wenn man der unbestrittene Liebling seiner Mutter gewesen ist, so behält man für sein Leben jenes Eroberungsgefühl, jene Zuversicht des Erfolges, welche nicht selten den Erfolg nach sich zieht.« Die Zeilen hätte er auch über sich selbst schreiben können. Denn er war Mutters liebster Schatz – zumal eine alte Frau Amalie Freud prophezeit hatte, daß ihr schwarzhaariger »kleiner Mohr«, der »goldige Sigi« einmal ein großer Mann werden würde (im Namen Sigmund steckt das Wort Sieg).

Tatsächlich besaß Freud schon als Gymnasiast ein magisches Bewußtsein künftiger Größe. Als er vom Lehrer wegen seines guten Stils gelobt wurde, riet er einem Adressaten seiner Briefe: »Bewahren Sie auf – binden Sie zusammen – hüten Sie wohl – man kann nicht wissen.«

Und 1885, als 29jähriger, tat er genau das Gegenteil. Er vernichtete zum ersten Mal seine wissenschaftlichen Aufzeichnungen und fast seine gesamte private Korrespondenz. An seine Braut Martha schrieb er, daß sich die Biographen mit ihm plagen sollten. »Ich freue mich schon, wie die sich irren.« Damals war Freud noch längst keine Berühmtheit. Und seine rumpelstilzchenhafte Freude entsprach wiederum dem kindlich anmutenden Glauben, daß er ganz gewiß eine werden würde.

Zur Welt kam Sigismund, der sich später Sigmund nannte, 1856 in dem 4500 Einwohner zählenden Städtchen Freiberg, das in Mähren in der heutigen Tschechoslowakei liegt. Vater Jakob war – vermutlich – zum drittenmal verheiratet und zwanzig Jahre älter als seine Frau. Ein Sohn aus erster Ehe hatte ihn zum Großvater befördert, so daß Sigmund bei seiner Geburt bereits im Grad eines Onkels stand, also einen Neffen hatte.

Als Tuch- und Wollhändler schien Jakob Freud vom Pech verfolgt gewesen zu sein. Neuere Forschungen haben ergeben, daß er und die Seinen in einem von zwei Zimmern eines Hauses lebten. In dem anderen Raum wohnte ein Schlosser und seine Familie. Die Werkstatt lag im Erdgeschoß.

Nach der psychoanalytischen Theorie wird der Charakter eines

Johann Wolfgang von Goethe war Freuds Lieblingsdichter. Ein Loblied auf die »Natur«, das dem »Dichterfürsten« irrtümlich zugeschrieben wurde, ließ in dem politisch engagierten Schüler Freud den Entschluß reifen, die Naturwissenschaften zu studieren und, vielleicht, etwas zur Lösung der Rätsel dieser Welt beizutragen.

Freuds kindliche Verehrung für die großen Feldherren galt vor allem dem karthagischen Schlachtenlenker Hannibal (247–183 v. Chr.). Obgleich es dem strategischen Genie möglich war, verzichtete Hannibal auf die Einnahme Roms. Die Erinnerung an diese wohl von einer unbewußten Ehrfurcht geprägten Entscheidung berührte auch das Unbewußte Freuds.

Der einflußreiche Politiker Dr. Karl Lueger war einer der übelsten Antisemiten Österreichs. Wegen seiner Haßreden gegen die Juden sah Adolf Hitler in ihm ein politisches Vorbild. Als Lueger 1897 tatsächlich das Oberhaupt von Wien wurde, stellte sich heraus, daß er seine Hetze nur dazu benutzt hatte, das Rathaus zu erobern. Er ernannte Juden zu seinen engsten Mitarbeitern.

Bei Franz Brentano hörte der Student Freud Philosophie, für die er sich zunächst nicht sonderlich interessierte. Der ehemalige Priester Brentano (1838 bis 1917), der aus der Kirche ausgetreten war und geheiratet hatte, verlor deswegen seine Professur und mußte sich als Privatdozent durchschlagen.

1885 bewarb Freud sich an der Wiener Universität. Sein Wunsch nach Ernennung zum Dozenten für Neuropathologie wurde unter anderem von Theodor Meynert, einem der berühmtesten Hirnanatomen Europas unterstützt. Später zerstritt sich Freud mit dem Professor.

Der in England lebende und aus Österreich stammende Karl R. Popper ist einer der schärfsten Kritiker der Psychoanalyse. Das heißt: Die Freudsche Theorie ist ihm nicht »hart« genug, weil sie zu viele Möglichkeiten offen läßt. Ein Analytiker könne nicht vorhersagen, ob »die Frau ins Wasser geht« oder nicht. Darauf pflegen Freudianer zu antworten: Dies sei richtig. Doch gestatte es die Psychoanalyse, geheime (unbewußte) Selbstmordabsichten der Frau aufzudecken und ihr zu helfen, damit sie nicht ins Wasser geht.

Menschen durch Eindrücke in der frühen Kindheit geformt – so auch der von Sigmund Freud, der in der drangvollen Enge mit dem kompletten Drama des Lebens – von der Zeugung bis zum Tod – konfrontiert gewesen war. Über einige Erlebnisse aus seiner frühkindlichen, der »prähistorischen« Zeit berichtete er, wenn auch oft ungenau. Bedenkt man, daß Menschen von den dunklen Seiten ihres Charakters gewöhnlich nichts wissen, geschweige denn darüber reden wollen, so ist man doppelt beeindruckt von dem Mut, mit dem Freud die Abgründe seiner Psyche ausleuchtete. Arg zugesetzt hatte ihm ein »häßliches, älteres, aber kluges Weib«, das dem Jungen viel vom lieben Gott und von den Qualen in der Hölle erzählte. Auch war sie seine »Lehrerin in sexuellen Dingen«. Zugleich brachte sie Sigmund bei, eine hohe Meinung von seinen Fähigkeiten zu entwikkeln. Bedenkt man, daß er sich später mit Kopernikus und Darwin verglich, so ist dies der Frau offenbar glänzend gelungen. Ein Diebstahl brachte die Alte schließlich ins Gefängnis. Aus der Sicht des Kindes bedeutete das: Die Frau war fort. Und diese Erfahrung, wonach es möglich ist, daß ein vertrauter Mensch plötzlich wegbleibt, weckte in dem Jungen die Angst, auch die heiß geliebte Mutter könne verschwinden.

Besonders aber machte ihm die Ankunft seines Bruders Julius zu schaffen, der ein Jahr später geboren wurde. Sigi, der »goldige«, fühlte seine Stellung als Mutters Liebling bedroht und verfolgte den Rivalen mit Todeswünschen, wie es in der Sprache der Psychoanalyse heißt. Als Julius wenige Monate nach seiner Geburt tatsächlich starb, wurde dies für Freud zu einer Quelle schwerer Schuldgefühle. Jahrzehnte später erkannte er: Die Beziehungen zum Bruder und zum Neffen, dem Komplizen bei seinen kindlichen Streichen und Grausamkeiten, »haben das Neurotische, aber auch das Intensive an allen meinen Freundschaften bestimmt«. Die Eltern zogen insgesamt sieben Kinder groß; vier von ihnen wurden später in den Konzentrationslagern der Nazis umgebracht.

In den ersten Freiberger Kinderjahren, resümiert Freud-Biograph Jones, seien in Freuds Wesensart drei Charakterzüge ausgeprägt worden, die sein weiteres Leben bestimmen sollten: Das Gefühl der eigenen Wichtigkeit und das damit verbundene Selbstvertrauen. Ein stark entwickelter Sinn für Verantwortung gegenüber den Verwandten und Freunden. Und ein unersättlicher Wissensdrang, der maßgeblich durch die komplizierten Verwandtschaftsverhältnisse ausgelöst worden war.

In der Hoffnung auf größere geschäftliche Erfolge zog Jakob Freud 1860 mit seiner Familie über Leipzig nach Wien. Auf die Reise nach Leipzig ging die langjährige Abneigung des Sohnes gegen die Eisenbahn zurück, von der er sich erst in der Selbstanalyse bis auf eine auffällige Überpünktlichkeit befreien konnte. Dazu Ernest Jones: »Es stellte sich heraus, daß sie (die Bahnfahrt) mit der Furcht vor dem Verlust der Heimat (letztlich der Mutterbrust) und mit einer panischen Angst vor dem Verhungern zusammenhing, die eine Reaktion auf irgendeine infantile Gier gewesen sein muß.« Ein Jahr später, bei einer Übernachtung während der Reise von Leipzig nach Wien, sah Freud seine Mutter nackt. Der Anblick, der sexuelle Wünsche in ihm weckte, erschütterte ihn derart, daß er sich noch als reifer Mann nur in lateinischer Sprache darüber äußerte (Jones).

Auch in der Kaiserstadt war die Familie zunächst nicht auf Rosen gebettet. Bis sie in eine größere und elegantere Wohnung ziehen konnten, lebten sie in einem von Juden bewohnten Randviertel Wiens. Freud litt an Heimweh. Er vermißte die mährischen Fichtenwälder. Sein Verhältnis zu Wien blieb lebenslang zwiespältig.

Eine tiefe Erkenntnis vermittelte ihm die Mutter, als sie einmal ihre rauhen Hände aneinanderrieb, so daß Schuppen auf den Tisch rieselten. Damit wollte sie ihrem Sigi demonstrieren: Die Menschen sind aus Erde gemacht und werden wieder zu Erde werden. Als er einmal den Sessel beschmutzte, versprach er, sobald er berühmt sei, werde er einen neuen kaufen. Solche »Wiedergutmachungs-Tendenzen« zeigen, so Jones, daß die Liebe in Freud stärker war als die Aggression, die sich in der Schmiererei ausdrückte.

Eine andere Episode, aus seinem siebten Lebensjahr, verfolgte ihn lange Zeit in seinen Träumen. Der »Topf« befand sich im Schlafzimmer der Eltern. Und obgleich es ihm in Gegenwart von Vater und Mutter verboten war, hatte er eines abends in deren Beisein sein Bedürfnis verrichtet. Vater Jakob meinte daraufhin düster, aus dem Buben werde nichts. Der Freud-Biograph Ronald Clark schreibt dazu, daß derart provozierende Kränkungen »regelmäßig in der Kindheit der Berühmten auftauchen«.[5]

Seine Leidenschaft, Bücher zu sammeln und zu besitzen, führte Freud darauf zurück, daß der Vater ihm einmal eine – seiner Ansicht nach wohl wertlose – Reisebeschreibung über Persien »zur Vernichtung« gegeben habe, doch könne dies auch eine »Deckerinnerung« sein. Darunter versteht man die paradoxe Erscheinung, daß wir uns an scheinbar unbedeutende Ereignisse aus der Kindheit – etwa an das Pflücken von Blumen auf einer Wiese – genau erinnern. Im Fall einer Deckerinnerung verdeckt das Wiesen- und Blumen-Bild eine andere Erinnerung: zum Beispiel die an sexuelle Spiele, die auf der Wiese stattgefunden haben.

Freud hat häufig und mit Nachdruck auf seine jüdische Herkunft hingewiesen. Ein Grund dafür mag eine Geschichte sein, die er im Alter von zehn oder zwölf Jahren erfuhr. Ein Christ hatte seinem Vater einmal die Pelzmütze vom Kopf geschlagen und dabei gerufen: »Jud, herunter vom Trottoir!« Daraufhin war Jakob Freud auf den Fahrweg getreten und hatte die Mütze aufgehoben. Sigmund empfand das Verhalten des verehrten Vaters als wenig heldenhaft und dachte sich zum Ausgleich eine geschichtsträchtige Szene aus. Darin schwört der große karthagische Feldherr Hannibal (247–183 v. Chr.) seinem Vater Hamilkar, an den Römern Rache zu nehmen. Hamilkar hatte den ersten Punischen Krieg gegen die Römer verloren. Diese Phantasie offenbart auch Freuds Bewunderung für große Schlachtenlenker, die er seit seiner Kindheit empfand. Sein Lieblings-General war der – angeblich jüdische – Marschall Masséna, der unter dem gleichfalls bewunderten Napoleon kämpfte.

Auch in der »großen« Wohnung, die Jakob Freud 1875 mietete, besaß nicht jedes Mitglied der Familie ein eigenes Zimmer. Ausgenommen war – natürlich – Sigmund, der das »Kabinett«, einen separaten Raum bekam. Dort stand auch die einzige Petroleumlampe, während sich die Eltern und Geschwister mit Kerzenlicht begnügen mußten. Als Schwester Anna Klavierunterricht erhielt, beschwerte sich Sigmund über den Lärm. Prompt wurde das Piano abgeschafft.

Der Junge nahm derlei Vergünstigungen ohne jeden Skrupel in Anspruch. Und die Eltern gewährten sie ihm, weil ihnen allmählich aufgegangen war, daß sie ein ungewöhnlich begabtes Kind in die Welt gesetzt hatten. Was tatsächlich in ihm steckte, bewies er schon als Schüler. Nach dem Besuch einer Privatschule kam er mit neun Jahren aufs Gymnasium, wo er fast ununterbrochen Klassenbester war. Zu den Themen, in denen er im Abitur geprüft wurde, gehörte auch Sophokles' Drama vom »König Ödipus« – jene griechische Tragödie also, die bei Freuds Entdeckung der kindlichen Inszestwünsche (der Sohn begehrt die Mutter, die Tochter den Vater) eine entscheidende Rolle spielen würde.

Bevor Sigmund die Schule verließ, besuchte er seine Heimatstadt Freiberg. Dort verliebte er sich in die 15jährige Gisela Fluß, eine wilde Schönheit mit thrakischer Adlernase und langen schwarzen Haaren. Doch bei näherer Gefühlsbetrachtung stellte sich heraus, daß Freuds Leidenschaft nicht dem Mädchen, sondern dessen Mutter galt und daß er »die Achtung« vor dieser Frau »als Freundschaft auf die Tochter übertragen« hatte.

Als Gisela Fluß später heiratete, war das Freud jedoch nicht gleichgültig. Wie sein Biograph Clark berichtet, muß es ihn arg gepeinigt haben, daß die attraktive Freundin von einst nunmehr einem anderen Mann jene Wonnen bereitete, die ihm versagt geblieben waren.

Zunächst dachte Freud daran, Jura zu studieren und in der Politik Karriere zu machen. Doch die Lehre Darwins und ein irrtümlich Goethe zugeschriebenes Loblied auf »Die Natur« weckten sein Interesse an den Naturwissenschaften, speziell an der Medizin. Arzt wollte er allerdings nicht werden. »Aus frühen Jahren«, schrieb er, »ist mir nichts von einem Bedürfnis, leidenden Menschen zu helfen, bekannt.« Um so stärker verspürte er den Drang, »etwas von den

Rätseln der Welt zu verstehen und vielleicht etwas zu ihrer Lösung beizutragen«.

Mit 17 Jahren wurde Freud Student an der Wiener Universität. Damals begann ein antisemitisches Klima die Metropole zu vergiften. Unter den mehr als 500000 Einwohnern lebten rund 40000 Juden, und vor allem aus dem Osten des Habsburger Reiches strömten immer mehr hinzu. Während sich ein Teil von ihnen dem Lebensstil der Bevölkerung anpaßte, hielten andere an ihren religiösen Bräuchen und Gewohnheiten fest und lehnten die Assimilation ab.

Angeheizt wurde der Haß gegen die Juden, als 1873 – Freuds erstem Studienjahr – nach einem Börsenkrach zahlreiche Banken und ihre Kunden Pleite machten, jedoch kein einziges der etablierten jüdischen Geldinstitute. Soviel Geschicklichkeit erweckte Neid im Volk. Besonders empörte man sich darüber, daß auf der einen Seite jüdische Politiker für die Interessen der Arbeiter kämpften und auf der anderen jüdische Geschäftsleute dem Kapital dienten. Natürlich gab es auch in der nichtjüdischen Bevölkerung Sozialisten und Kapitalisten. Aber die Tatsache ihrer Existenz wurde schlicht verdrängt.

Ein Mann, der diese Stimmung für seine Karriere auszubeuten verstand, war der Politiker Dr. Karl Lueger. Zum »schönen Karl« pilgerten die Massen, um zu hören, daß die Juden an allem schuld seien. Lange Zeit gelang es dem populären Lueger jedoch nicht, an die Spitze der Stadt zu rücken. Vor allem Kaiser Franz Joseph I., der sich um die Minderheiten in seinem Vielvölkerstaat sorgte, legte sich quer. Doch 1897 konnte der Monarch den Liebling des Volkes nicht länger bremsen. Lueger wurde Bürgermeister und »Wien die einzige Großstadt der Welt, deren Verwaltung sich in der Gewalt antisemitischer Hetzer befindet« (»Neue Freie Presse«).

Bald stellte sich jedoch heraus, daß es dem »schönen Karl« weniger um die Juden als um das Amt gegangen war. Denn nachdem er das Rathaus erobert hatte, genierte er sich nicht, wichtige Posten mit Juden zu besetzen und einen Halbjuden zu seinem Stellvertreter zu ernennen. Darauf angesprochen, erklärte er: »Wer ein Jude ist, bestimme ich.« Lueger erwies sich als ein überaus fähiger Beamter. Wenn Wien heute zu den schönsten Städten der Welt zählt, so ist das nicht zuletzt seiner Initiative zu verdanken.

Auch im Tempel der Weisheit, in der Universität, loderte der Antisemitismus. »Arische« Kommilitonen betrachteten Sigmund Freud nicht nur als den Angehörigen einer minderwertigen Rasse. Vielmehr verlangten sie von ihm, er solle sich wegen seiner Abstammung schämen. Durch derlei Aggressionen wurde der – durch das »Mützen-Erlebnis« des Vaters sensibilisierte – Student »mit dem Los vertraut, in der Opposition zu stehen und von der kompakten Majorität in Bann getan zu werden. Eine gewisse Unabhängigkeit der Urteils wurde so vorbereitet.«

Freuds Bemerkung bedeutet jedoch nicht, daß er in seiner Ausbildung behindert wurde. Im Gegenteil, er fand stets Professoren, die ihn förderten. Das Studium der Medizin betrieb er nach eigenen Angaben »recht nachlässig«, so daß er statt der üblichen fünf Jahre acht bis zum Abschluß brauchte. Denn ebenso wie die Heilkunde interessierten ihn artverwandte Fächer wie Biologie, Botanik, Zoologie und Physik. Philosophie hörte er bei Franz Brentano, einem Neffen des Dichters Clemens Brentano. Der Aristoteles-Experte war ursprünglich Priester gewesen. Doch hatte er die Soutane ausgezogen, als er an die Unfehlbarkeit des Papstes glauben sollte. Brentano bestritt, was Freud später zur Grundlage seiner Psychoanalyse machte: die Existenz des Unbewußten.

1876 schickte der Zoologe und Anatom Carl Claus den jungen Freud auf Staatskosten zweimal nach Triest, wo er in einer Versuchsstation die Geschlechtsorgane der Aale erforschte. Bis dahin hatte noch niemand ein reifes Aal-Männchen gesehen. Auch Freud gelang es nicht, die Hoden des Aals mit Sicherheit auszumachen. Dazu Biograph Jones: »Sollte der spätere Entdecker des Kastrations-Komplexes (darüber) nicht enttäuscht gewesen sein?« Immerhin, was er herausfand, reichte für eine wissenschaftliche Abhandlung – die erste, die Freud schrieb. Danach lernte und arbeitete er sechs Jahre lang im Institut des Physiologen Ernst Brücke – »der größten Autorität, die je auf mich gewirkt hat«. »Wie die meisten jungen Menschen«, schreibt Jones, »hatte Freud das Bedürfnis, an etwas zu glauben.« Und er glaubte an die Wissenschaft, deren Integrität und Unbestechlichkeit Brücke für ihn verkörperte. Von seinem Vorbild übernahm der Student, was man »preußische Disziplin« nennt. Sein Leben lang sollen ihm die »fürchterlichen blauen Augen« des Professors erschienen sein, wann immer er später einmal seine Pflicht vernachlässigte. Tatsächlich setzte Freud das Leben mit der Arbeit gleich. Arbeit war eines seiner Lieblingswörter. Für ihn leistete sogar der Träumer im Schlaf »Traumarbeit«.

Der deutsche Brücke repräsentierte in Wien die sogenannte »Helmholtzsche Schule«. Der Ehrgeiz dieser zunächst in Berlin forschenden Gelehrten war es, die Naturwissenschaften, also auch die Biologie und die Physiologie*, »in Mechanik aufzulösen«. Kraß ausgedrückt, unterschied sich für die Helmholtz-Schüler das Leben, also auch das menschliche, grundsätzlich nicht von der unbelebten Natur. Vielmehr walteten in der lebendigen Welt der Organismen dieselben Kräfte wie in der Welt der leblosen Körper – Kräfte, die sich gegenseitig anziehen oder abstoßen oder sich miteinander verbinden. Der Unterschied zwischen einer Maschine und einem Lebewesen wie dem Menschen liege lediglich darin, daß das Lebewesen fremde Stoffe wie Luft oder Nahrung in sich aufnehmen und so sein physisches »Gleichgewicht« halten kann.

Demnach bestehe eine Verbindung zwischen den seelischen Vorgängen und den physikalisch-chemischen Prozessen in unserem Körper. Das bedeutet, die seelischen Vorgänge müßten letztlich in der Sprache der Physik oder Chemie zu beschreiben sein. Freud empfand sich stets als Naturwissenschaftler, und er hat bis zuletzt angenommen, daß den psychischen Vorgängen Stoffwechselprozesse im zentralen Nervensystem zugrunde lägen. Dennoch überschreitet seine Psychoanalyse die Grenzen der klassischen Natur-

* Die Physiologie befaßt sich mit den Lebensvorgängen in den Organismen. Die Nerven- oder Neurophysiologie versucht zum Beispiel, die Prozesse im Nervensystem zu erforschen.

wissenschaften. Und es gibt Analytiker, die auf ein naturwissenschaftliches Fundament keinen Wert legen und in der Freudschen Lehre eine Geistes- und Sozialwissenschaft sehen. In diesem Fall wären die Ergebnisse der Psychoanalyse mit denen der Historiker vergleichbar, die geschichtliche Ereignisse verstehen und verständlicher machen wollen.

Wegen dieser ungeklärten Stellung behaupten Freud-Kritiker wie der Philosoph Karl R. Popper, die Psychoanalyse enthalte zweifellos einige wertvolle Erkenntnisse über die menschliche Seele, aber eine Wissenschaft sei sie deshalb noch lange nicht. Popper kreidet ihr vor allem den Mangel an Treffsicherheit an. Sinngemäß erklärt er: Mit Hilfe der Astronomie läßt sich ein zukünftiges Ereignis wie das des Sonnenaufgangs morgen früh ziemlich exakt vorhersagen. Dagegen könne der Psychoanalytiker niemals prognostizieren, »ob die Frau ins Wasser geht«. Legt man diesen strengen Maßstab zugrunde, dann hätte allerdings auch die Ökonomie einen schweren Stand. Kurz, die Geister scheiden sich bei der Antwort auf die Frage, ob naturwissenschaftliche Prinzipien allein die Kriterien der Wissenschaftlichkeit ausmachen.

»Ohne Zweifel übernahm Freud von seinem Vorbild Ernst Brücke die Grundzüge seiner Einstellung zu den Naturwissenschaften.« Und dazu gehörte »sein Glaube an die universelle Gültigkeit des Determinismus« in der Natur, den er »kompromißlos auf die seelischen Vorgänge« übertrug, erklärt James Strachey, ein Schüler Freuds, der die Werke seines Lehrers ins Englische übersetzte. Freud dachte sich, daß unser oft verworren erscheinendes Seelenleben der gleichen Gesetzmäßigkeit gehorcht wie die Natur, in der Schnee bei Hitze notwendig schmilzt. Einen originellen Beweis dafür lieferte er 1899 mit der Behauptung, seine »Traumdeutung« enthalte 2467 Fehler. Die Zahl war, wie man sagt, aus der Luft gegriffen. Sie sollte lediglich klar machen, daß in dem Werk sehr viele Fehler stecken. Weshalb er jedoch diese und keine andere Zahl nannte, erklärte Freud so:

Kurz zuvor hatte er in der Zeitung gelesen, daß ein ihm bekannter

General in den Ruhestand getreten war. Die Notiz brachte ihm in Erinnerung, daß er – Freud – seinen 24. Geburtstag im Militärarrest hatte feiern müssen, nachdem er mehrere Male nicht zum Dienst erschienen war. Damit hatte er die Ursache für die beiden ersten Zahlen aus 2467 gefunden. 1899, als er »Die Traumdeutung« vollendete, stand er im 43. Lebensjahr. Zählt man 24 und 43 zusammen, kommt man auf 67. Außerdem hatte sich der 43jährige vorgenommen, noch 24 Jahre, also bis zum 67. Lebensjahr zu arbeiten. Damit war die Ursache für die beiden letzten Zahlen aus 2467 aufgedeckt. Dazu Freud: »Es gibt nichts Willkürliches im Psychischen.«

Brückes Institut war in einer ehemaligen Waffenfabrik untergebracht und verfügte weder über einen Wasser- noch einen Gasanschluß. In diesem primitiv eingerichteten, aber hoch renommierten Laboratorium erforschte Freud unter anderem die Nerven im Rükkenmark eines Fisches – des Neunauges. Die Arbeit hatte einen weltanschaulichen Aspekt: Wenn Charles Darwins Lehre von der tierischen Abstammung stimmt und der Mensch keine Sonderschöpfung Gottes ist, dann darf sich die nervliche Beschaffenheit eines niederen Tieres auch nicht grundsätzlich von der eines höheren Tieres unterscheiden. Freuds Ergebnisse stützten die These von der allmählichen Entwicklung: Das Nervensystem der höheren Tiere ist lediglich komplizierter als das der niederen.

In diesen Jahren entdeckte Freud, daß durch Goldfärbung Nervengewebe unter dem Mikroskop sichtbarer gemacht werden konnten. Er schloß Freundschaften mit Kollegen, von denen die mit dem 14 Jahre älteren Josef Breuer wohl die wichtigste war. Noch vor Abschluß seines Studiums wurde Freud zum Militärdienst eingezogen. Er erhielt einen bequemen Posten und fand so genügend Zeit, ein Werk des englischen Ökonomen und Philosophen John Stuart Mill ins Deutsche zu übersetzen. Mill (1806–1873) hatte sich für die Gleichberechtigung der Frauen geschlagen. Dagegen thematisierte Freud die weibliche Psyche später in einer Weise, daß daraus ein bis heute andauernder Streit entbrannte.

Sein Examen bestand Freud 1880/81 ohne große Mühe. Er verfügte über ein geradezu photographisches Gedächtnis, so daß er die Fragen seiner Prüfer mit wörtlichen Zitaten aus Lehrbüchern beantwortete, die er irgendwann einmal gelesen hatte. Kurz nach der Prüfung riet ihm der »über alles verehrte Lehrer« Ernst Brücke, die wissenschaftliche Laufbahn aufzugeben. Der Professor beschäftigte bereits zwei Assistenten, und die Chance nachzurücken hätte sich nur geboten, wenn einer von ihnen gestorben wäre. Später gestand Freud, daß er sich dies heimlich gewünscht hatte.

Überdies steckte der 26jährige Doktor in einer finanziellen Klemme. Der Vater hatte aus Altersgründen seinen Beruf aufgegeben und konnte den Sohn nicht länger unterstützen. Freud entschloß sich deshalb, als Assistenzarzt beim »Allgemeinen Krankenhaus« anzufangen. Zunächst arbeitete er in der Chirurgie. Doch verließ er die Abteilung nach einem halben Jahr – angeblich weil er kein Blut sehen konnte. Nach einer Visite auf der Station für Hautkrankheiten ging er für fünf Monate in die Psychiatrie, die von Theodor H. Meynert, einem der größten Hirnanatomen Europas, geleitet wurde. In dieser Zeit sammelte Freud praktische Erfahrungen auf dem Gebiet der Geisteskrankheiten. Danach spezialisierte er sich auf die Neurologie. In diesem Fach habilitierte er sich 1885 zum Privatdozenten.

Drei Jahre zuvor – es war in seinem Elternhaus – hatte er an einem April-Abend zunächst flüchtig eine Freundin seiner Schwestern wahrgenommen, die gerade einen Apfel schälte. Entgegen seiner Gewohnheit, sofort wieder in sein Zimmer zu verschwinden, setzte er sich zu den Frauen. Das »Objekt« seiner jäh entflammten Liebe hieß Martha Bernays, war zwanzig Jahre alt, dunkeläugig, aber »nicht schön im Sinne der Maler« (Freud) und stammte aus Wandsbek bei Hamburg. Die Familie war arm, aber kultiviert. Ein Großvater von Martha leitete in den vierziger Jahren als Oberrabbiner die jüdische Gemeinde der Hansestadt und war mit dem 1856 gestorbenen Dichter Heinrich Heine verwandt gewesen. Der Vater – er brach 1879 tot auf der Straße zusammen – hatte als Sekretär des Wiener Nationalökonomen Lorenz von Stein gearbeitet.

Im Juni 1882 ließ Martha Bernays durchblicken, daß ihr Freuds »Werbung nicht unwillkommen sei« (Biograph Jones). Die beiden verlobten sich heimlich. Doch Marthas Mutter, die aus den häufigen Besuchen und Spaziergängen den richtigen Schluß zog, setzte den – vorher gefaßten – Plan durch und zog mit ihrer Tochter nach Hamburg. Das Verhältnis, so scheint es, war ihr nicht recht, der junge Mann wohl nicht reich und fromm genug.

1 *Hellmut Becker und Carl Nedelmann: »Psychoanalyse und Politik«, Frankfurt/Main, 1983*

2 *Henry F. Ellenberger: »Die Entdeckung des Unbewußten«, 2 Bände, Bern, 1973*

3 *Frank J. Sulloway: »Freud – Biologie der Seele. Jenseits der psychoanalytischen Legende«. Köln-Löwenich, 1982*

4 *Ernest Jones: »Das Leben und Werk von Sigmund Freud«, 2 Bände, Bern, 1960. Max Schur: »Sigmund Freud, Leben und Sterben«, Frankfurt/Main, 1973*

5 *Ronald W. Clark: »Sigmund Freud«, Frankfurt/Main, 1981*

Freuds Theorie über die Frauen

Nach dreißig Jahren Forschung nicht herausgefunden: »Was will das Weib?«

Freuds Theorie wird von seinen Gegnern heute noch als »phallokratisch« bekämpft. Tatsächlich beschrieb er die Frau als eine Art kastrierten Mann und machte es ihr auf diese Weise schwer, ihren (penislosen) Körper zu akzeptieren. Auch seine These, wonach nur der vaginale Orgasmus reife Befriedigung und reife Liebe bewirke, setzte alle Frauen herab, die nur über die Klitoris zum Orgasmus gelangen. Gleichwohl war Freud einer der ersten Forscher, die das Sexualleben der Frau extrem wichtig nahmen.

Die Trennung des Brautpaars dauerte mehr als drei Jahre. In dieser Zeit schrieb Freud seiner Verlobten fast täglich. Im Gegensatz zu Martha, die sich nur zögernd in ihn verliebte, machte er alle Qualen durch, die dieses Gefühl einem Menschen bereiten kann. Er wurde schon eifersüchtig, wenn die Braut auch nur den Namen eines anderen Mannes erwähnte. Als sein Verlobungsring an einer Lötstelle zerbrach, betrachtete er das als ein böses Omen: »Hast du mich am letzten Donnerstag zwischen 1/2 11 u. 1/2 12 etwa zufällig nicht lieb gehabt... oder warst Du mir gar ›untreu‹, wie die Lieder singen?« fragte er in einem Brief.

1886 heiratete er sein »süßes Prinzeßchen«. Frau Freud war bald damit beschäftigt, die sechs Kinder – drei Jungen, drei Mädchen – zu erziehen und das Hauspersonal zu dirigieren. Die Psychoanalyse, von der sie nur oberflächlich Notiz nahm, hätte sie vermutlich als et-

Kurz vor der Jahrhundertwende: die Familie Freud im Garten des Hauses Berggasse 19. Dort wohnte sie, dort betrieb Freud seine Praxis. In der oberen Reihe steht Sohn Martin neben seinem Vater. Zweite Reihe: Sohn Oliver, seine Mutter Martha und deren Schwester Minna Bernays. Darunter die Kinder Sophie, Anna und Ernst. Das sechste Kind, Mathilde, fehlt auf diesem Foto. Der Zeit entsprechend regierte Freud die Familie wie ein milder Patriarch.

was Anstößiges empfunden, wenn diese Lehre nicht von ihrem Mann entwickelt worden wäre.

Die Ehe wird als glücklich beschrieben. Der Zeit entsprechend habe Freud die Familie wie ein »milder Patriarch« regiert.

Ein rührendes Zeugnis dafür ist ein Brief, den Frau Freud nach dem Tod ihres Mannes an einen Freund, den Schweizer Analytiker Ludwig Binswanger, schrieb:

»Wie schön, lieber Dr.«, heißt es darin, »daß Sie ihn (Freud) noch in voller Manneskraft kennengelernt, er hat ja zum Schluß unendlich gelitten, so daß selbst die, welche ihn am liebsten für immer bei sich behalten hätten, seine Erlösung wünschen mußten! Und doch, wie furchtbar schwer ist es, ihn entbehren zu müssen. Ohne so viel Güte und Weisheit neben sich weiterzuleben! Ein schwacher Trost ist für mich das Bewußtsein, daß in 53 Jahren unserer Ehe kein böses Wort zwischen uns gefallen und daß ich immer getrachtet habe, ihm die Misere des Alltags aus dem Weg zu räumen. Nun hat mein Leben Sinn und Inhalt verloren...«

Das Glück dieser Ehe war nicht auf der Sexualität im engeren Sinn des Wortes gegründet. Das geht aus Andeutungen Freuds hervor, wonach bei ihm die leidenschaftlicheren Seiten des Lebens früher abgeebbt sind als bei anderen Männern. Auch vertrat er die Meinung, daß in der Ehe der befriedigende Geschlechtsverkehr nur wenige Jahre dauern würde. Und schon zur Zeit seiner Verlobung hatte er nach einem Besuch der Oper »Carmen« seiner Braut erklärt: »Das Gesindel lebt sich aus, und wir entbehren« – was allerdings eher auf Neid als auf Prüderie schließen läßt, die ihm der Sozialphilosoph Erich Fromm unterstellt.

Mit Bemerkungen wie der über das »Entbehren« riskierte es Fromm, das Freudsche Ehebett mit der Begründung der Psychoanalyse kurzzuschließen.[1] Danach muß Freud ein Abstinenzler gewesen sein, weil er »ohne seine puritanische Haltung nie und nimmer über sexuelle Dinge hätte schreiben können«. Als artiger Gatte und elitär denkender Asket konnte er sich zu den Kulturmenschen zählen, die nach seiner, Freuds, Auffassung im Liebesakt weit weniger Erfüllung finden als das gemeine, vitale Volk. Falls Freud tatsächlich ein so enthaltsamer Mann war, liegt der Grund vermutlich eher in seiner extremen Arbeitsüberlastung. Täglich, den Sonnabend eingeschlossen, behandelte er zehn bis zwölf Stunden lang Patienten. Danach schrieb er bis in die tiefe Nacht hinein an seinem voluminösen Werk – und zwar bis zur völligen geistigen und körperlichen Erschöpfung. Der Preis für diesen Einsatz war möglicherweise eine Abstinenz, die jedoch nichts mit jener »puritanischen Haltung« zu tun hat, aus der heraus, so Fromm, die Psychoanalyse geschaffen worden sei. Freuds Gedanken über die Frauen und deren Psyche sind widersprüchlich und liefern bis heute Zündstoff für erregte Debatten. Einerseits trieb Freud die sexuelle Befreiung der Frauen voran. Andererseits vermittelte er den Eindruck, sie seien »minderwertige« Wesen.

Zu seiner Zeit – es war die nach der prüden englischen Königin Viktoria genannte »viktorianische Epoche« – maß man der weiblichen Sexualität entweder keine oder nur eine geringe Bedeutung bei. Den Frauen wurde die Fähigkeit zum Orgasmus durchweg abgesprochen. Und für die sittsame Gattin gehörte es sich nicht, im Bett Lust zu empfinden. Das Vergnügen am Sex war allein den Männern vorbehalten.

Gegen diese Moral, die das mangelnde und von Vorurteilen geprägte Wissen über die Sexualität der Frau widerspiegelte, trat Freud an. Er war einer der ersten Forscher, die das weibliche Geschlechtsleben ebenso wichtig nahmen wie das männliche und dies auch verkündeten. Er sah sogar einen Zusammenhang zwischen einer besonderen Form der Neurose und dem unbefriedigten Sexualleben der Frau. Man kann sagen: Wenn Frauen heute die gleichen sexuellen Ansprüche stellen wie die Männer, so ist das nicht zuletzt Freuds Verdienst.

Dagegen wirkt das Konzept, das er von der psychosexuellen Entwicklung der Frau entwarf, »phallokratisch« – wie seine Kritiker sagen. Faßt man die wichtigsten Gedanken aus seinen Schriften zusammen, ergibt sich folgendes Bild:

1905 schrieb er seine berühmten »Drei Abhandlungen zur Sexualtheorie«. Darin setzte er die Eichel mit der Klitoris gleich und zog daraus den Schluß, daß die klitoridale Selbstbefriedigung des kleinen Mädchens denselben Charakter trägt wie die des Knaben. Doch während beim heranwachsenden Jungen die Eichel die »leitende erogene Zone« bleibt, verschiebt sie sich beim größer werdenden Mädchen von der Klitoris zur – anfangs mehr oder weniger unempfindlichen – Vagina. Das bedeutet: Bei der Frau bildet nunmehr die Scheide das Zentrum, das zum reifen Orgasmus und damit zur reifen Liebe befähigen soll.

Da Freud zufolge in jedem Menschen zugleich männliche und weibliche Anteile stecken, liegt in der Verschiebung ein zusätzlicher Gewinn: Das sich klitoridal befriedigende Mädchen verhält sich männlich. Die Frau, die den vaginalen Orgasmus erreicht, verhält sich weiblich. Mithin verändert der anatomische Ortswechsel die sexuelle Einstellung der Frau – und zwar in einem Sinn, der weit über das Verhalten während des Geschlechtsaktes hinausgeht und das ganze weibliche Liebesleben betrifft.

Der »Mythos vom vaginalen Orgasmus« hat viel Verwirrung, wenn nicht sogar Unheil angerichtet. Er erschwerte es all jenen Frauen, die nur über die Klitoris Befriedigung finden können, den eigenen Körper zu akzeptieren – was für das Selbstwertgefühl von großer Bedeutung ist. Überdies bestreiten die Physiologen unter den Freud-Kritikern, daß zwischen dem klitoridalen und dem – von vielen Frauen schwerer erreichbaren – vaginalen Orgasmus ein Unterschied besteht. Die Analytikerin Helene Deutsch meinte sogar, die Klitoris sei das eigentliche Sexualorgan der Frau, während die Vagina primär der Fortpflanzung diene. Es sei gar nicht die Aufgabe der Vagina, die Frau zum Orgasmus zu bringen.

Dennoch hat der Mythos vom vaginalen Orgasmus einen wahren Kern. Untersuchungen haben ergeben, daß die Mitwirkung des gesamten Genitalbereichs Frauen ein psychisch tieferes und damit umfassenderes Erlebnis bereitet als der Orgasmus, der allein durch die Reizung der Klitoris ausgelöst wird. Doch gibt es keinen Beweis dafür, daß Frauen, die über die Vagina zum Höhepunkt kommen, seelischer gesünder und, wie Freud annahm, zu einer reiferen Liebe fähig sind. Den vaginalen Orgasmus, so die Hamburger Analytikerin Lili Fleck, erreichten auch Frauen, die eindeutig neurotisch sind.[2]

Die »Unterlegenheit der Frau« ergab sich für Freud aus einem anatomischen Defekt. So behauptete er: »Irgendwann einmal macht das kleine (penislose) Mädchen die Entdeckung seiner organischen Minderwertigkeit« (die dann den sogenannten »Penisneid« in ihm weckt). Aber ist aus ihm erst einmal ein Weib geworden, so »anerkennt es die Tatsache seiner Kastration und damit auch die Überlegenheit des Mannes und seine eigene Minderwertigkeit, aber es sträubt sich auch gegen diesen unliebsamen Sachverhalt«. Wenn die Entwicklung gut verläuft, so Freud, verschiebt sich der Wunsch des Mädchens nach einem Penis zu dem Wunsch nach einem Kind und dann einem Mann als Träger des Penis und als Spender des Kindes. Doch bleibt der Wunsch nach einem Penis im Unbewußten der Frau erhalten, da durch die Verschiebung die Ursache des Wunsches – die Penislosigkeit – nicht beseitigt wird. So weist die Angewohnheit vieler Frauen, ihren Körper attraktiv herauszustellen und auch der Wunsch, unbedingt einen Sohn zu bekommen, auf den unbewußten Versuch hin, den »Defekt« zu kompensieren.

Wie für den Knaben ist auch für das kleine Mädchen die Mutter das erste Liebesobjekt. Doch verliert die Mutter ihren Rang, sobald die Tochter dahinterkommt, daß sie keinen Penis besitzt. Aus dieser Entwicklung entsteht, vereinfacht gesagt, bei dem Mädchen der Wunsch, der Vater möge ihr – als Ersatz für das fehlende Glied – ein Kind machen. Nach Freuds Darstellung leitet dieser inzestuöse Wunsch die weiblich-passive Entwicklung des Mädchens ein. Das bedeutet vor allem: Die Tochter identifiziert sich nicht, wie der Sohn, mit dem Vater und verinnerlicht auch nicht dessen strenges Über-Ich (Gewissen). Die viel weiblichere Einstellung zum Vater hat dann zur Folge, daß sich, so Freud, beim Mädchen jene Charakterzüge bilden, »die die Kritik seit jeher dem Weibe vorgehalten hat«. Dazu gehören unter anderem ein mangelnder Sinn für Gerechtigkeit und die Tendenz, sich bei Entscheidungen eher von zärtlichen und feindseligen Gefühlen als vom Verstand lenken zu lassen. Überdies führe der Zustand der Kastration zur Ausprägung des »weiblichen Masochismus«. Danach erlebe die Frau schmerzhafte sexuelle Akte lustvoll – so ihre Entjungferung oder das oft rohe Eindringen in ihr Genital.

Freuds Thesen blieben natürlich nicht unwidersprochen. So urteilte die Analytikerin Karen Horney (1885–1952), das Konzept enthalte eine »männliche Sicht«. Freud stelle die Frau so dar, wie die Männer sie sich wünschen. Dadurch habe er es den Frauen schwer gemacht, ihre Entwicklung als Frau zu akzeptieren. Vor allem aber führte Karen Horney vor, daß sich Freuds Schlüsse umkehren lassen. So könnten die Verherrlichung des Phallus und die großen Leistungen der Männer, zum Beispiel in den Wissenschaften, den unbewußten Versuch ausdrücken, ihre Selbstachtung zu retten, da sie zur größten aller kreativen Leistungen nicht fähig sind. Denn die geheimnisvolle Macht der Mutterschaft – das Gebären und Stillen von Kindern – besitzen sie nicht. Demnach gibt es eine Überlegenheit der Frau, von der sie jedoch nichts weiß, weil sie sich dem männlichen Herrschaftssystem angepaßt hat.

Einer historischen These zufolge gab es in grauer Vorzeit ein Matriarchat (Herrschaft der Mütter), das von den Männern gebrochen wurde, die dann ihrerseits ein Patriarchat (Väterherrschaft) errichteten. Darauf stützt sich die Frankfurter Analytikerin Marina Gambaroff. Sie erklärt: »Zumindest im Psychischen besteht ein Matriarchat vor dem Patriarchat. Die Abwehr dieses Matriarchats geht durch die Unterdrückung und Entwertung der Frau … vor sich, wie es auch in der klassischen psychoanalytischen Theorie über die weibliche Entwicklung geschieht.«[3]

Schärfer konterte der Analytiker Erich Fromm. Für ihn war die Vorstellung, wonach die Hälfte der Menschheit verkrüppelt ist, schlichtweg absurd. Derlei Ideen könnten nur von einem Mann stammen, der von »Frauen wenig verstand«, weil er ihnen »gefühlsmäßig nicht nahekam«. Freuds Theorie, die das Weib als kastrierten Mann vorstellt, sei der Ausfluß eines allgemein männlichen Bedürfnisses, »Frauen zu beherrschen«, damit die »Angst vor ihnen verborgen bliebe«. – Darüber hinaus ist Freuds Konzept auch unter Biologen stark umstritten.

An einigen Stellen seiner Werke vermittelte Freud den Eindruck, als wolle er seine These von der Minderwertigkeit der Frau relativieren. So betonte er, daß es unabhängig vom Geschlecht große Unterschiede zwischen den Menschen gebe und daß der sexuelle Faktor zwar ein starker, aber nicht der einzige sei, der die Persönlichkeit prägt. Da außerdem jeder Mensch weibliche und männliche Elemente in sich vereinige, gibt es den idealen oder ausschließlich weiblich-minderwertigen Typ in der Wirklichkeit gar nicht. Und ganz sicher dachte er nicht daran, den Männern einen wissenschaftlich verbrämten Freibrief auszustellen, der sie berechtigt, Frauen zu mißachten und sie – wie im Berufsleben – zu benachteiligen. Während heute noch viele Männer das penislose Wesen Frau als gleichwertige Kollegin nicht anerkennen, ihm die Karriere versperren und es als normal betrachten, wenn die Mitarbeiterin bei gleichwertiger Arbeit schlechter bezahlt wird, hat Freud Analytikerinnen stets hoch geschätzt und sie zu einer Zeit ausgebildet, als Frauen nur unter großen Schwierigkeiten eine Universität besuchen konnten.

Nach Ansicht des Freiburger Professors Johannes Cremerius enthalten viele Thesen, mit denen Freud die Frauen provozierte, eher politische als biologische Wahrheiten. Ein Beispiel: In seinem Essay über »Das Tabu der Virginität« (1918) schrieb Freud: »Wir schätzen es als die normale Reaktion ein, daß die Frau nach dem Koitus auf der Höhe der Befriedigung den Mann umarmend an sich preßt, sehen darin einen Ausdruck ihrer Dankbarkeit und eine Zusage dauernder Hörigkeit.«

Freud dachte, um eine dauerhafte Ehe zu führen, in der nach patriarchalischem Muster der Mann das Sagen hat, sei seitens der Frau ein gewisses Maß an sexueller Hörigkeit unentbehrlich, da sonst der Lebensbund an »polygamen Tendenzen« scheitern könnte. Den

Zustand der Hörigkeit erlange die Frau, wenn der geliebte Mann ihrer Jungfernschaft in der Hochzeitsnacht das sehnsüchtig erwartete Ende bereite. Dieses Erlebnis versetze die Frau gefühlsmäßig in die Lage, sich fremden Versuchungen zu widersetzen und dem Mann ein fortdauernder Besitz zu sein.

Für den Analytiker Cremerius bezeichnet der Satz einen gesellschaftlichen Zustand, in dem das Mann-Frau-Verhältnis so aussah. Die Männer stellten die Herrschaft dar – woran sich bis heute im Prinzip nichts geändert hat, weil die paternalistische (vaterrechtliche) Struktur unserer Gesellschaft gleich geblieben ist. Die Männer waren im Besitz aller Machtmittel: Geld, Produktionsmittel, Wahlrecht, Militär. Damals wie heute wurde der Mann idealisiert: der Held, der Begründer des Wohlstands, der Beschützer des Vaterlands usw., und noch immer geben die Mütter dieses paternalistische Ideal an ihre Töchter weiter. Im letzten Krieg hieß es in den Zeitungsanzeigen: ›Voll stolzer Trauer gebe ich bekannt, daß mein Mann (oder mein Sohn) für Führer und Vaterland gefallen ist.‹«

Ohne die Biologie zu bemühen, versteht Cremerius die Feststellung Freuds von der weiblichen Hörigkeit als »Benennung einer sozialen Wirklichkeit. In dieser Realität herrscht ein Beziehungsmuster, das das Alte Testament in dem Satz festhielt: Das Weib sei dem Manne untertan, der Gewalt über sie hat. Bis zu seinem Tod sah Freud seine Auffassung durch die Gesellschaft bestätigt. Schlimmer noch: Die Entwicklung der dreißiger Jahre führte in Deutschland zu einer einmaligen Verherrlichung des Mannes und zur Entwertung der Frau als Gebärmaschine, die – wenn sie gut genug funktionierte – das NS-Mutterkreuz erhielt«.

Gegen Ende seines Lebens bekannte Freud, daß ihm der »dunkle Kontinent«, wie er die Psyche der Frau nannte, im Grunde verschlossen geblieben sei. Seiner Schülerin, der griechischen Prinzessin Marie Bonaparte gestand er: »Die große Frage, die nie beantwortet worden ist und die ich trotz meiner dreißigjährigen Forschung der weiblichen Seele noch nicht habe beantworten können, ist: Was will das Weib?« In diesem Bekenntnis sieht der Analytiker Cremerius kein Eingeständnis persönlichen Versagens. Vielmehr drücke Freuds Erkenntnis seine Einsicht in die psychische Begrenztheit aus, die Männer grundsätzlich daran hindert, das Wesen der Frau zu begreifen.

Das kontroverse Thema »Freud und die Frauen« läßt sich vielleicht auf den Nenner bringen: Sigmund Freud hat wesentlich dazu beigetragen, das Tabu der weiblichen Sexualität zu brechen – was gar nicht hoch genug eingeschätzt werden kann. Zugleich blieb er aber auch weitgehend im männlichen Herrschafts-, im »phallischen Denken« seiner Zeit befangen.

Anfang der achtziger Jahre, als Freud im Krankenhaus arbeitete, tastete er sich mehrmals in unentdeckte Gebiete der Medizin vor. Dabei stieß er 1884 auf das Kokain, dessen Bedeutung noch nicht bekannt war. Er führte mit der Droge Experimente durch und lobte die Indianerpflanze als ein schmerzlinderndes und die Psyche anregendes Mittel. Da er nicht wußte, daß die Droge abhängig macht und er selbst auch nicht suchtkrank wurde, verfiel er dem Irrtum, das »Coca« könne beim Entzug von Morphium hilfreich sein. Sein Freund, Ernst von Fleischl-Marxow, litt an einer schweren Neuralgie und war zum Morphinisten geworden. Freud überredete ihn zu einer Kokain-Kur. Folge: Aus dem Morphinisten wurde ein Kokainsüchtiger. Neun Jahre später starb der süchtige Fleischl einen qualvollen Tod. Seltsamerweise war er derjenige Brücke-Assistent gewesen, dessen Tod sich Freud um der eigenen Karriere willen einmal gewünscht hatte. Nun empfand er Schuldgefühle, zumal er von Fleischl finanziell unterstützt worden war.

Schon vorher hatte er sich den Ruf eingehandelt, der Menschheit die »dritte Geißel« (nach Alkohol und Morphium) zu bescheren. Diesem Vorwurf hätte er sich wirkungsvoller widersetzen können, wenn ihm nicht der einzige segensreiche Effekt der Pflanze entgangen wäre. Arglos führte er seinem Kollegen Carl Koller vor, wie das Kokain Lippen und Mund unempfindlich macht. Unmittelbar nach der Demonstration setzte er sich in den Zug und fuhr zu seiner Braut nach Hamburg.

Koller brauchte nicht viel Phantasie, um sich vorzustellen, daß sich die gleiche Wirkung beim Auge erzielen läßt, das damals noch nicht zu betäuben und deshalb nicht zu operieren war. Versuche an Tieren und Menschen bestätigten Kollers Vermutung. Der Arzt wurde schlagartig berühmt und ging »als Vater der Lokalanästhesie« in die Geschichte der Medizin ein. Später behauptete Freud, seine Verlobte sei schuld daran gewesen, daß ihm der Weltruhm entgangen sei (»Ich aber habe mein damaliges Versäumnis meiner Braut nicht nachgetragen«).

1885 erhielt er ein Stipendium. Er fuhr nach Paris und arbeitete dort fünf Monate als Eleve im Hospiz Salpêtrière, einer psychiatrischen Klinik, deren Direktor der geniale Neurologe Jean Martin Charcot war. Die Begegnung mit diesem Gelehrten wurde für Freud wegweisend. Seit Freud durch seinen Kollegen Josef Breuer drei Jahre zuvor mit dem Fall des hysterischen Mädchens Bertha Pappenheim bekannt gemacht worden war, hatte ihn das Phänomen der Hysterie beschäftigt. In Paris nun rückte Charcot diese rätselhafte psychische Krankheit endgültig in das Zentrum seines Interesses.

Als er nach seiner Rückkehr vor der Wiener »Kaiserlich-Königlichen Gesellschaft der Ärzte« einen Vortrag über seine Erfahrungen in der Salpêtrière hielt, stieß er auf Ablehnung. Ein Grund: Die Kollegen waren verärgert, weil Freud ihnen mangelnde Kenntnis unterstellte und Charcot Entdeckungen auf dem Gebiet der hysterischen Krankheiten zuschrieb, die der Franzose gar nicht gemacht hatte.

An einem merkwürdigen Datum – es war der Ostersonntag 1886 – eröffnete Freud eine Praxis für Nervenleiden, die er zuerst in der Rathausgasse und von 1891 bis zu seiner Emigration 1938 in der Berggasse 19, im historischen Zentrum Wiens, betrieb. Er übernahm Breuers Hypnose-Technik zur Behandlung hysterischer Patienten, die er durch Drücken des Kopfes und schließlich durch die freie Assoziation ersetzte. Er übertrug unter anderem Vorlesungen von Charcot ins Deutsche und schrieb eine umfangreiche Abhandlung über Sprachstörungen (»Zur Auffassung der Aphasien«). Der große Wurf gelang ihm – endlich – 1891, als er gemeinsam mit dem Arzt Oskar Rie eine »Klinische Studie über die halbseitige Lähmung der Kinder« herausbrachte, die ihn als Neurologen international bekannt machte. Freud besaß also in Fachkreisen bereits einen Namen, bevor er als Psychoanalytiker auftrat.

Sieht man von der »Vorläufigen Mitteilung« ab, so geschah das erstmals 1895, als die »Studien über Hysterie« erschienen. Am Anfang dieses ersten Werkes der Psychoanalyse steht Josef Breuers Krankengeschichte der Anna O. (Bertha Pappenheim). Danach stellte Freud vier Fälle aus seiner eigenen Praxis vor. Alle Patientinnen litten unter seelischen Störungen, die durch einen »Schreckaffekt«, durch ein »psychisches Trauma« verursacht worden waren. In der Behandlung zeigte sich, daß »diese Erlebnisse dem Gedächtnis der Kranken in ihrem gewöhnlichen psychischen Zustande völlig fehlen oder nur höchst summarisch darin vorhanden sind«. Der Grund: Die traumatischen Erlebnisse wurden »nicht genügend abreagiert«.

Freud war seltsam berührt, weil sich die Krankengeschichten eher wie »Novellen« und weniger wie wissenschaftliche Abhandlungen lesen. Durch eine geistert sogar der Verdacht eines Gattenmordes. Darin geht es um eine 40jährige Schweizerin namens Fanny Moser, die in dem Buch als Emmy v. N. getarnt ist. Die Frau hatte 23jährig einen 65 Jahre alten, millionenschweren Witwer geheiratet, der vier Jahre nach der Hochzeit starb. Als sich herausstellte, daß sie die Erbin des Vermögens war, setzten die Verwandten des Toten Detektive auf sie an und ließen die Leiche exhumieren. Der Verdacht, Frau Moser habe ihren Mann vergiftet, erwies sich jedoch als falsch.

Die schrecklichen Erlebnisse – Tod des Mannes, Verfolgung durch dessen Familie – verursachten bei Frau Moser eine hysterische Furcht vor Schicksalsschlägen und fremden Menschen. Darüber hinaus litt sie noch an zahlreichen Störungen, die auf anderen traumatischen Erlebnissen beruhten. So ließ sich ein Ursprung ihrer Magersucht auf eine ekelerregende Gewohnheit ihres lungenkranken Bruders zurückführen. Bei den gemeinsamen Mahlzeiten

Der Sozialphilosoph und Psychoanalytiker Erich Fromm warf Freud unter anderem vor, er habe das penislose, kastrierte Weib zum minderwertigen Wesen deklariert und damit die Hälfte der Menschen zu Krüppeln erklärt. Fromm, ursprünglich ein Marxist, der Freudsches Gedankengut mit dem von Karl Marx vereinigte, entfernte sich später von den zentralen Aussagen der Psychoanalyse und driftete ins Spirituelle ab.

Freud gestand, daß er sich in früheren Jahren den Tod seines Freundes Max von Fleischl-Marxow gewünscht habe, um dessen Stelle als wissenschaftlicher Assistent zu bekommen. An dem – wegen einer schweren Neuralgie – morphiumsüchtig gewordenen Fleischl erprobte Freud, ob man einen Morphinisten durch die Vergabe von Kokain von seiner Sucht befreien könne. Freud selbst war nach zahlreichen Selbstversuchen nicht kokainsüchtig geworden. Der Versuch an Fleischl mißlang.

Marie Bonaparte, Prinzessin von Griechenland, gehörte zu den Lieblingsschülerinnen Freuds. Sie rettete die historisch wertvollen Briefe an seinen Freund Wilhelm Fließ vor der Vernichtung durch die Nazis – und durch Freud selbst.

Carl Koller, ein Kollege Freuds, war Spezialist für Augenkrankheiten. Er hatte schon lange vergeblich nach einem Betäubungsmittel für das empfindliche Organ gesucht. Als Freud ihm beiläufig von der betäubenden Eigenschaft des Kokains erzählte, machte Koller mit Coca-Extrakt Experimente an den Augen von Tieren, bei sich selbst und schließlich bei Freunden und Patienten. Die Versuche erwiesen sich als erfolgreich.

An Größen-Vorstellungen hat es Freud nie gemangelt. Nannte er sich in einem Atemzug mit Kopernikus und Darwin, so feierte er seinen Freund Fließ als den »Kepler der Biologie«. Fließ hatte eine seltsame Periodenlehre entwickelt und außerdem eine Beziehung zwischen der Nase und dem Genital entdeckt.

Ab Mitte der neunziger Jahre geriet der Außenseiter Sigmund Freud zunehmend in eine Isolation. Die Kollegen schnitten ihn. Sein einziger Freund war der Berliner Arzt Wilhelm Fließ, den er »mein einziges Publikum« nannte und mit dem er 17 Jahre lang korrespondierte.

spuckte der Bruder von Bett aus über den Teller hinweg in eine offene Schale, die auf dem Tisch stand. Und ihr Stottern und Schnalzen entsprang Ereignissen, bei denen sie sich fest vorgenommen hatte, ruhig zu bleiben. Einmal sollte sie die – durch ein Gewitter aufgescheuchten – Pferde durch Zurufe nicht noch mehr erschrekken. Ein anderes Mal hatte sie sich vorgenommen, den Schlaf ihres kranken Kindes nicht zu stören. Die selbstauferlegte Stille löste jedoch »Kontrastvorstellungen« in ihr aus, die sich durch Stottern und Schnalzen äußerten. Einen solchen »Gegenwillen« kann man bei vielen Menschen beobachten – und zwar dann, wenn sie nicht sicher sind, ob ihnen ein Vorhaben gelingt.

Der therapeutische Erfolg war, so Freud, »im ganzen ein recht beträchtlicher, aber kein dauernder«. Und als Grund für das Fortbestehen der krankhaften Ängste (Phobien) gab er die Enthaltsamkeit seiner Patientin an. Sexuelle Abstinenz, erklärte er, sei einer der häufigsten Anlässe zur Angstneigung – (eine Auffassung, die er später fallen ließ). Damals teilte er die Neurosen in Aktual- und Psychoneurosen ein. Bei den ersten liegen die Ursachen im gegenwärtigen, bei den zweiten im früheren Sexualleben, die »verdrängt«, dem Bewußtsein entzogen worden sind.

Freud stellte in dem Werk Begriffe vor, die er fortan weiterentwickelte und die heute zum festen Inventar der Psychoanalyse gehören, so den Ausdruck »Widerstand«. Darunter versteht man alle Worte und Handlungen, mit denen der Patient sich selbst und dem Analytiker den Zugang zum Unbewußten verhindert. Im Kern stellt der Widerstand den Wunsch dar, die in der Kindheit verdrängten unangenehmen Erlebnisse und Gefühle im Unbewußten zu belassen, weil deren Aufdeckung in der Regel Unlust, psychische Schmerzen, Angst, Schuld- oder Schamgefühle bereitet.

In den »Studien« erörterte er erstmals den Begriff der »Übertragung«, unter dem man die Wiederholung eines früheren Beziehungsmusters in einer gegenwärtigen Situation versteht. »Es sind Neuauflagen, Nachbildungen von Regungen und Phantasien«, die während der Analyse erweckt werden, wie er später, 1905, schrieb.

Generell bedeutet das, man erlebt einem Menschen gegenüber Gefühle, die gar nicht zu ihm passen, sondern die sich auf eine ganz andere Person beziehen. So werden häufig unbewußte, kindliche Wünsche gegenüber der Mutter oder dem Vater später auf den Ehepartner übertragen, ohne daß damit die Erinnerung an die Eltern verbunden ist. Das heißt: Die Übertragung geschieht unbewußt.

Die Übertragung gehört zu den Voraussetzungen einer erfolgreichen Therapie. Der Patient überträgt seine infantilen Gefühle auf den Analytiker und macht so die Suche nach deren wahrem Charakter möglich. Bei diesem Vorgang löst der Kranke beim Analytiker bewußte und unbewußte Reaktionen aus, die unter dem Begriff »Gegenübertragung« zusammengefaßt sind. Eine solche Gegenübertragung kann zum Beispiel aus Ärger, Ungeduld oder Zu- und Abneigung des Analytikers bestehen. Deutlicher: Der Arzt muß unterscheiden können zwischen Gefühlen, die er in die Analyse-Stunde mitgebracht hat und solchen, die der Patient in ihm erweckt. Im zweiten Fall kann er durch die Analyse seines Gefühls Klarheit gewinnen, wie die Affekte des Patienten beschaffen sind, die seine – des Arztes – Gefühle hervorrufen. Aus diesem Grund forderte Freud, jeder Kandidat, der als Psychoanalytiker praktizieren wolle, müsse sich während seiner Ausbildung einer »Lehranalyse« unterziehen. Auf diese Weise würden ihm seine unbewußten Gefühle bewußt, so daß er als Analytiker besser mit ihnen umgehen könne.

1895 verfaßte Freud einen »Entwurf«, in dem er versuchte, eine naturwissenschaftlich begründete Psychologie zu entwickeln. Dabei operierte er unter anderem mit dem physikalischen Prinzip, wonach die leblosen Körper – eine Kugel etwa – im Zustand der Trägheit verharren, solange nicht äußere Kräfte auf sie einwirken. Diesem Prinzip entsprechend verhalten sich auch die Neuronen in unserem Nervensystem. Sie sind bestrebt, sich einer durch Reize verursachten Erregung sofort zu entledigen, indem sie die Erregung an die Muskeln weitergeben, wo sie dann abreagiert wird. Die Tendenz zur Trägheit (»Niveau O«) gelingt jedoch nicht so vollkommen wie bei den leblosen Körpern. Der Grund: Die »Not des Lebens«. Eine

Erregung, die sich in Hungergefühlen äußert, läßt sich nur durch Zufuhr von Nahrung beseitigen. Das heißt, die Neuronen sind nicht fähig, diese Erregung auf Null zu reduzieren. Vielmehr müssen sie sich die Erregungen gefallen lassen, bis wir in Aktion treten und essen. Unter solchen Bedingungen kann man deshalb auch nur davon sprechen, daß die Neuronen bestrebt sind, die Quantität der Erregung auf einem möglichst niedrigen Niveau zu halten und sich gegen eine Steigerung zu wehren – sie also »konstant zu halten«. Freud hoffte damals, er habe durchschaut, wie unsere Psyche funktioniert: nämlich nach Art einer Maschine. Aber bald sah er ein, daß sein Maschinen-Modell von der Seele unzulänglich war. Wichtige Phänomene, wie das der Verdrängung peinlicher Gedanken, ließen sich damit nicht erklären. Schließlich gab er die Arbeit am »Entwurf einer Psychologie« auf. Doch diskutierte er viele Ideen daraus in seinen späteren Werken.

In den neunziger Jahren fühlte Freud sich elend. Vor allem litt er unter Herzbeschwerden. Die Krankheit verschärfte sich, weil er hoffnungslos nikotinsüchtig war. Er paffte selbst dann noch seine geliebten Zigarren, als der Krebs seinen Mund befallen hatte. In einem Brief unterlief ihm das, was wir heute eine »Freudsche Fehlleistung« nennen. Statt »Rauchlust« schrieb er »Rauflust« – woraus man schließen kann, daß die Sucht etwas mit unbewußten aggressiven Impulsen zu tun hatte. Überdies plagten ihn Anfälle von Todesangst. Er kombinierte zwanghaft bestimmte Zahlen, um auf diese Weise sein Sterbedatum zu ermitteln.

Während er seine Praxis ausbaute, quälten ihn finanzielle Sorgen. Die Zahl seiner Patienten schwankte, und viele von ihnen besaßen nicht das Geld, um ihn angemessen zu bezahlen. So kam es vor, daß er zu einem Kranken gerufen wurde, der ihm nicht einmal die Kosten für die Droschke ersetzen konnte. Möglicherweise blieben Patienten nicht nur aus finanziellen Gründen weg, sondern auch, weil sie sich nicht richtig behandelt fühlten. Denn als Forscher, wie er sich verstand, hatte Freud mehr ein wissenschaftliches als ein therapeutisches Interesse an Krankheiten. Jedenfalls muß er sich oft die bange Frage gestellt haben, wie er das Geld herbeischaffen sollte, um der großen Familie die bürgerliche Existenz – mit Dienstboten und ausgedehnten Ferien – zu sichern.

Hin und wieder erhielt er Beifall. So wurde er 1896 auf dem Internationalen Kongreß für Psychologie in München als »eine der hervorragendsten Autoritäten auf dem Gebiet der Hysterie« bezeichnet. Gleichwohl fühlte Freud sich völlig isoliert. »In Wien wurde ich gemieden, das Ausland nahm von mir keine Kenntnis.« In dieser »splendid isolation«, dieser heroischen Einsamkeit, wie er die Zeit später nannte, schloß er Freundschaft mit dem Berliner Arzt Wilhelm Fließ, der über Jahre hinweg sein »einziges Publikum« sein sollte.

Bei einem Besuch Wiens hatte Fließ Vorlesungen des Dozenten Sigmund Freud gehört. Die Begegnung führte zu einer Korrespondenz, die im November 1887 begann und im Juli 1904 abbrach. In seinen Briefen machte Freud den anfangs als »verehrten Freund und Kollegen« und später als »teuren Wilhelm« bezeichneten Fließ zum Zeugen seiner wissenschaftlichen Entwicklung und seiner privaten Misere. Überdies benutzte er den Arzt als eine Art Ersatz-Analytiker. Freud brauchte ein Gegenüber, bei dem er sich über seine quälende Selbstanalyse – dem »notwendigen Zwischenstück« seiner Forschung (Freud) – aussprechen konnte.[4]

Freuds Briefe hatten ein verschlungenes Schicksal. Nach dem Tod von Fließ (1928) übergab dessen Witwe sie an einen Berliner Buchhändler, der sie 1936 an die in Paris lebende Freud-Schülerin Prinzessin Marie Bonaparte verkaufte. Freud erfuhr von dem Geschäft und verlangte die Vernichtung der Briefe. Wegen der darin enthaltenen Intimitäten wollte er »davon nichts zur Kenntnis der sogenannten Nachwelt kommen lassen«. Doch die Prinzessin rückte die historisch bedeutsamen Dokumente aus den Anfängen der Psychoanalyse nicht heraus. Als sie kurz vor dem Einmarsch der Deutschen Paris verlassen mußte (1940), deponierte sie die Briefe in der dänischen Gesandtschaft. Und nachdem »die Briefe alle diese Gefahren überstanden hatten, trotzten sie auch noch den Minen im Ärmelkanal und gelangten, für den Fall einer Schiffskatastrophe in wasserdichtes, schwimmfähiges Material eingepackt, unversehrt nach London« (so der Freud-Biograph Ernest Jones). 1950 wurde ein Teil der Briefe in zensierter Form veröffentlicht. 1985 erschien die ungekürzte Ausgabe. Den Fließschen Teil der Korrespondenz hat Freud vermutlich irgendwann einmal vernichtet. In den Freud-Biographien wird Wilhelm Fließ, ein Spezialist für Nasen- und Ohrenkrankheiten, durchweg als phantasiebegabter, jedoch wissenschaftlich nicht sonderlich ernstzunehmender Mann vorgestellt. In Fachkreisen sind seine Theorien umstritten. So behauptete er, daß die »verantwortlichen Stellen« für viele körperliche und psychische Beschwerden in der Nase lägen. Betäube man die entsprechenden Stellen in der Nase, so würden die Störungen zumindest zeitweilig verschwinden. Freud war von dieser Entdeckung so angetan, daß er wegen seines schlechten Gesundheitszustands Eingriffe an seiner Nase vornehmen ließ – angeblich mit Erfolg.

Besonderen Wert maß Fließ der Beobachtung bei, wonach die Nasenschleimhaut der Frau während der Menstruation anschwillt. Demnach müßte es eine Beziehung zwischen der Nase und dem weiblichen Genital geben. 28 Tage nach dem Beginn der Menstruation fängt normalerweise die nächste an. Zieht man von den 28 Tagen fünf Tage ab – so lange dauert die Blutung in den meisten Fällen – kommt man auf 23 Tage. Aus diesen beiden Zahlen schuf Fließ eine ins Kosmische übergreifende, komplizierte Zyklenlehre, in der die Zahl 28 für das weibliche und die Zahl 23 für das männliche Geschlecht steht. Dabei unterstellte der Arzt, daß Männer und Frauen bisexuell veranlagt sind und infolge ihrer Doppelgeschlechtlichkeit beiden Sexualzyklen unterworfen sind – allerdings mit unterschiedlicher Betonung.

Rund zehn Jahre lang betrachtet Freud seinen Freund als einen »Kepler der Biologie« – eine Überschätzung, die den Biographen bis heute Rätsel aufgibt. Der Analytiker Ernst Kris nimmt an, Freuds Enthusiasmus für diesen Mann habe einem »inneren Bedürfnis« entsprochen. Freud sah in Fließ einen Bundesgenossen im Kampf gegen die etablierten Wissenschaften, und aus diesem Grund war er vermutlich unfähig, die okkultistisch anmutenden Thesen seines Mitstreiters kritisch zu prüfen. Andere Biographen weisen darauf hin, daß Freud die mathematischen Kenntnisse fehlten, um die Brüchigkeit der Fließschen Zahlentheorie zu durchschauen. Tatsächlich beklagte Freud mehrmals, daß er den Fließschen Berechnungen nicht gewachsen sei.

Außerdem fühlte sich Freud wohl durch mehrere Gemeinsamkeiten mit dem Freund verbunden. Beide Männer waren Juden und Außenseiter. Beide maßen sie der Sexualität des Menschen eine entscheidende Bedeutung bei. Alles in allem: Freud muß empfunden haben, daß nur ein Pionier, wie er selbst einer war, ihn verstehen und seine Zuversicht stärken könne. Wie sehr er auf die Ermunterungen des Freundes angewiesen war, lassen Sätze wie diese erkennen: »Nektar und Ambrosia sind mir Dein Lob.« Oder: »Was danke ich Dir alles an Trost, Verständnis, Anregung in meiner Einsamkeit, an Lebensinhalt.«

Sein Blick für den Freund blieb auch getrübt, als Fließ ihn in eine Affäre verstrickte. Freud war von der Fließschen Theorie, wonach die Nase der verantwortliche Ort für viele Leiden ist, derart überzeugt, daß er dem Gefährten eine Patientin überantwortete. Emma Eckstein litt unter anderem an schmerzhaften Menstruationsbeschwerden, die Freud als hysterische Symptome deutete. Fließ, so beschlossen die beiden Männer, sollte die Frau an der Nase operieren. Doch der Arzt war kein geübter Chirurg und vergaß bei dem Eingriff, einen fünfzig Zentimeter langen Gazestreifen aus Emma Ecksteins Nasenhöhle zu entfernen. Entdeckt und beseitigt wurde der Fehler von einem anderen Chirurgen, den Freud hinzuzog, als sich der Zustand der Patientin lebensgefährlich verschlechterte. Während der Nachbehandlung traten erneut Komplikationen auf, und angeblich war Emma Eckstein für den Rest ihres Lebens von einer eingefallenen Nasenseite gezeichnet.

Statt Fließ wegen seiner großen Fahrlässigkeit Vorwürfe zu machen, spielte Freud wohl aus Angst vor einem Streit den Vorfall als

Malheur herunter. Er versicherte Fließ, daß »Du für mich der Arzt bleibst..., dem man vertrauensvoll sein Leben und das der Seinigen in die Hände legt«. Die Verharmlosung des Kunstfehlers fiel Freud um so leichter, als Emma Ecksein weiterhin seine Patientin blieb. Vermutlich behandelte sie unter seiner Anleitung später selbst kranke Menschen nach der psychoanalytischen Methode.

Die innere Loslösung von Fließ begann erst, als Freud seine Bemühungen zurückstellte, die Psychoanalyse in den Naturwissenschaften zu verankern und statt dessen den sozialen Gesichtspunkt – die Biographie des Patienten – in den Vordergrund seiner Überlegungen rückte. Dieser allmählich vollzogene Schritt relativierte die Beziehung zu dem »Biologen« Wilhelm Fließ. 1904 zerbrach die Freundschaft. Der äußere Anlaß war eine unvorsichtige »Äußerung«. Freud hatte Fließens Entdeckung der Bisexualität des Menschen nicht für sich behalten. Eine der Folgen war, daß der Philosoph Otto Weininger die These aufgriff und sie als erster an die Öffentlichkeit brachte. Allem Anschein nach verübte Freud die Indiskretion unbewußt, um zu verhindern, daß Fließ als der Entdecker der Bisexualität in die Geschichte der Biologie einging. In der Antwort auf den letzten Brief Fließens vom 27. Juli 1904 gestand Freud jedenfalls, er habe Fließ »diese Originalität zu entwenden« versucht.

In den neunziger Jahren wurde Freud von Patienten aufgesucht, die ihm erzählten, sie seien als Kinder von Erwachsenen – Eltern, älteren Geschwistern, Spielgefährten – sexuell attackiert worden. Aufgrund dieser Berichte entwickelte er eine »Verführungstheorie«, mit der er den Ursprung seelischer Krankheiten erklären wollte. Kurze Zeit später merkte er jedoch, daß seine Patienten die Verführung oft gar nicht wirklich, sondern nur in der Phantasie erlebt hatten. Freud war zunächst ratlos und hätte »gerne die ganze Arbeit im Stiche gelassen«. Doch dann erkannte er, daß solche Phantasien eine »psychische Realität« haben und ebenso gewürdigt werden müssen wie die tatsächlichen Ereignisse. Vermutlich war Freud erleichtert, als er die Verführungstheorie aufgab. Denn er selbst verdächtigte schon seinen 1896 gestorbenen Vater, er habe ihn, den Sohn, mißbraucht. Immerhin brachte ihn die Verführungstheorie auf den Weg, die kindliche Sexualität samt der zentralen Bedeutung des »Ödipuskomplexes« zu entdecken.

In dieser Zeit richtete Freud seine Aufmerksamkeit auch auf die Träume, die seine Patienten und er selbst hatten. Er fand heraus, daß Träume häufig in verschlüsselter Form über Ereignisse berichten, die von den Menschen ins Unbewußte verdrängt worden sind und daß »die Traumdeutung die via regia – der Köngisweg – zur Kenntnis des Unbewußten im Seelenleben« sei. Die Ergebnisse seiner Forschung veröffentlichte er im November 1899 in seinem berühmtesten Werk, dem er den Titel »Die Traumdeutung« gab. Angeblich um die säkulare Bedeutung des Buches herauszustellen, wurde sein Erscheinungsjahr auf das Jahr 1900 vordatiert.

In der »Traumdeutung« erörterte Freud, wie wir uns den psychischen Apparat des Menschen vorstellen können: nämlich topisch (örtlich). Aus heutiger Sicht lassen sich seine Beschreibungen des sogenannten »ersten topischen Modells« ungefähr so zusammenfassen:

Freud nahm an, daß der psychische Apparat in drei Systeme gegliedert ist, die unterschiedliche Eigenschaften und Funktionen haben und in einer bestimmten Anordnung zueinander stehen. Die Systeme nannte er: Unbewußt, Vorbewußt und Bewußt. Notwendig wurde die Aufteilung, um die Frage zu klären, nach welchen Prinzipien ein im Unbewußten befindliches Element – eine Vorstellung – dem Bewußtsein zugänglich wird. Dabei stellte Freud fest, daß die drei Systeme beim Transport einer Vorstellung nicht harmonisch – wie etwa Zahnräder – zusammenarbeiten, sondern daß im System Vorbewußt eine Kraft (»Zensur«) wirkt, die bestimmten – mit den Anforderungen der Wirklichkeit nicht zu vereinbarenden – Wünschen Widerstand entgegensetzt.

Das System Unbewußt enthält also seelische Elemente wie Phantasien, Erlebnisse, Gefühle, die dem Bewußtsein unzugänglich sind. Diese Elemente müssen zuerst vorbewußt werden. Doch bestimmte Vorstellungen werden von der Zensur des Vorbewußten abgewiesen. Ist aber eine Vorstellung zu mächtig und die Zensur zu schwach, dann kann diese Vorstellung in verschlüsselter Form ins Bewußtsein gelangen – zum Beispiel als Traum, als Fehlleistung (etwa als unbeabsichtigter Versprecher) oder als neurotisches Symptom, das wir als psychisches oder körperliches Leiden wahrnehmen. Beispiel: Bertha Pappenheims Schlangen-Halluzinationen, ihr Husten, ihre Lähmungen.

Das seelische Geschehen im Unbewußten verläuft nach dem »Primärvorgang«, der die Tendenz hat, triebhafte Wünsche sofort zu befriedigen – so wie ein Säugling, der keinerlei Nahrungsaufschub duldet, wenn er hungrig ist. Im Unbewußten herrscht nämlich das »Lustprinzip«, das auf unmittelbare und volle Befriedigung drängt. Die unbewußten Vorstellungen (Phantasien) sind vor allem an Bilder gebunden.

Das System Vorbewußt enthält jene Vorstellungen, die wir ins Bewußtsein heben können, sobald wir unsere Aufmerksamkeit darauf richten. Wenn die im Vorbewußten wirkende Zensur es einer Vorstellung erlaubt, das System Unbewußt zu verlassen, so verwandelt sich die ursprünglich bildhafte in eine an Worte gebundene Vorstellung. Das Vorbewußte funktioniert nach dem »Sekundärvorgang«. Im Gegensatz zum Unbewußten, wo die triebhaften Wünsche auf unverzügliche Befriedigung drängen, kann das Vorbewußte die Triebwünsche zeitweilig oder sogar auf unbestimmte Zeit hinauszögern. Der Grund: Im Vorbewußten herrscht das »Realitätsprinzip«, das die Triebwünsche mit der Realität des Gewissens, der Vernunft und der äußeren Verhältnisse in Einklang bringt. Während der hungrige Säugling sofort gesättigt werden will, halten wir uns gewöhnlich an zeitlich festgesetzte Mahlzeiten.

Das System Bewußt hat die Aufgabe wahrzunehmen, was innerhalb und außerhalb der Seele geschieht. Überdies steuert es das Verhalten der Menschen, die – zum Beispiel – tagtäglich bewußt danach streben, Unangenehmes zu vermeiden und sich Lust innerhalb der Grenzen des Erlaubten zu verschaffen.

Kurz: Eine bildhafte Vorstellung des Systems Unbewußt muß –

wenn sie nicht von der Zensur abgewiesen wird – vom System Vorbewußt durch Wortvorstellungen ersetzt werden. Und sie gelangt ins Bewußtsein, wenn wir sie mit Aufmerksamkeit besetzen. Dabei gibt es Ausnahmen wie neurotische Symptome (Beispiel: Bertha Pappenheim), Tricks, verbale Fehlleistungen (Versprecher) oder Träume.

Beim Traum unterschied Freud zweierlei: Den manifesten und den latenten Inhalt des Traums. Unter dem manifesten Inhalt versteht man das oft befremdliche Geschehen, wie es der Träumer erlebt bzw. erzählt. Der latente Inhalt birgt die Traumgedanken, die im Traumgeschehen versteckt sind. Bei der Traumdeutung werden die latenten (verborgenen) Traumgedanken anhand des Traumgeschehens und dem, was dem Träumer zu seinem Traum einfällt, erschlossen. Das Traumgeschehen geht von Erlebnissen des Tages, sogenannten Tagesresten, und körperlichen Empfindungen aus, wodurch nicht-bewußte Wünsche angeregt werden.

Die Funktion des Traums besteht darin, diese ins Unbewußte verdrängten Wünsche in Form einer Halluzination zu erfüllen. Später schränkte Freud diese Behauptung ein und erklärte, daß der Traum der Versuch einer Wunscherfüllung sei. Das heißt: Die Wunscherfüllung kann auch mißlingen – etwa wenn der Träumer einen schweren Schock erlitten hat, wie es im Krieg häufig der Fall ist. Der Soldat, dem ein Bein weggeschossen wurde, wird – statt vom Wettlauf zu träumen – immer wieder in die traumatische Situation zurückversetzt.

In seinem berühmten Traum von »Irmas Injektion« – darin kommt der Wunsch vor, für die Schmerzen der Patientin nicht verantwortlich zu sein – wies Freud nach, daß jedes Detail eines Traums sinnvoll und deutbar ist. Und wie überraschend die Ergebnisse einer Deutung sein können, machte er unter anderem am Traum eines Mannes klar:

Der Träumer sieht zwischen zwei stattlichen Palästen ein Häuschen stehen, dessen Tore geschlossen sind. Meine Frau, berichtet er, führt mich ein Stück der Straße zu dem Häuschen hin, drückt die

Tür ein, und dann schlüpfe ich rasch und leicht in das Innere eines schräg aufsteigenden Hofes.

Das Öffnen verschlossener Türen und das Eindringen in enge Räume gehört zur gängigen Symbolik von Koitus-Träumen und drückt den Wunsch aus, in eine Scheide zu »schlüpfen«. Die beiden Paläste rechts und links neben dem Häuschen stellen Pobacken dar, so daß es sich in diesem Traum um einen Koitus von hinten handelt. Der schräg aufsteigende Hof steht für das Innere des weiblichen Geschlechts.

Bei der Deutung stellte sich heraus, daß die Frau des Träumers die Hunde-Stellung ablehnte, so daß ihre Hilfe, die sie im Traum leistet – sie führt ihren Mann zum Häuschen zwischen den Palästen (= Pobacken) und drückt die Tür ein –, eine Wunscherfüllung darstellt, die von der Frau in Wirklichkeit nicht gewährt wurde.

Aus dem Gespräch mit dem Mann ging dann hervor, daß am Tag vor dem Traum ein hübsches Mädchen aus Prag im Haushalt des Träumers angefangen hatte und daß der Mann sich dachte, das junge Ding werde sich gegen eine Annäherung nicht allzu sehr sträuben. Gleichfalls wurde klar: Das Häuschen zwischen den zwei Palästen stammte aus einer Erinnerung des Träumers an den Hradschin in Prag – eben jener Stadt, aus der das Mädchen kam.

Die »Traumarbeit« besteht zum ersten aus einer »Verschiebung«. So wird die Vorstellung der Pobacken durch zwei Paläste ersetzt. Zum zweiten geschieht eine »Verdichtung«, wobei verschiedene Vorstellungen durch ein Bild symbolisiert werden. In dem Traum weisen das Häuschen und die beiden Paläste auf Prag, auf das Dienstmädchen und auf eine Scheide und zwei Pobacken hin. Zum dritten werden durch die Traumarbeit die Bilder zu einer – in sich zusammenhängenden – Szene umgearbeitet. Das heißt, unabhängig von seinem versteckten Sinn beschreibt der Koitus-Traum dennoch eine verständliche und erzählbare Situation. – Bei jedem Traum wird vergleichbare Arbeit geleistet.

Wie Karl Marx nach der Veröffentlichung des ersten Bandes seines Werks »Das Kapital«, so war auch Sigmund Freud maßlos enttäuscht, daß seine »Traumdeutung« nicht sofort in aller Munde war. Er hielt es nämlich für möglich, daß seine Traumlehre »die bisherige Psychologie getötet« habe. Verbittert verglich er einmal den damaligen Papst unter den Psychologen, Wilhelm Wundt, der offensichtlich ohne das Werk auskam, mit dem Riesen aus dem »Rasenden Roland«. Dem Riesen wird im Kampfgetümmel der Kopf abgeschlagen. Dennoch kämpft er weiter. Er ist nämlich viel zu sehr beschäftigt, um die Enthauptung zu bemerken.

In den ersten sechs Jahren wurden nur 351 Exemplare der »Traumdeutung« verkauft, und die Kritiken, die in den Zeitungen erschienen, ließen sich lange Zeit an den Fingern abzählen. Offenbar machte Freud sich nicht klar, daß sich Werke dieses Formats nur sehr langsam durchsetzen. Ein Grund: Gewöhnlich gibt es nur wenige Wissenschaftler, die Verstand und Zeit genug haben, ein so revolutionäres und anspruchsvolles Buch angemessen zu besprechen.

Inzwischen ist das Werk zum »Klassiker« geworden. Und wenn wir es heute lesen, so verletzen uns weniger die unbewußten sexuellen Wünsche, die darin beschrieben sind. Eher erschrecken uns die mit den sexuellen Wünschen verknüpften Aggressionen, die in uns stecken und die Freud in seinem Traum-Buch analysiert. Beispiel:

Eine ältere, unter Angstzuständen leidende Dame entsinnt sich im Traum zweier Maikäfer, die sie in eine Schachtel gesteckt hatte. Falls sie die Tiere nicht in Freiheit setzt, ersticken sie. Die Träumerin öffnet die Schachtel, die Käfer sind matt. Einer fliegt durch das geöffnete Fenster ins Freie hinaus, der andere wird vom Fensterflügel zerquetscht, während die Frau auf Verlangen einer unbestimmten Person das Fenster schließt.

Die Analyse dieses Traums sowie die Gedanken, die der Patientin dazu einfallen, fördern zutage, daß der Ehemann verreist ist und die 14jährige Tochter im Bett des Vaters schläft. Veranlaßt wurde der Traum zum einen durch eine Bemerkung des Mädchens über eine Motte, die in ein Wasserglas gefallen war. Die Mutter versäumte es, das Tier aus dem Wasser zu fischen. Zum anderen hatte die Patientin am Abend eine Geschichte gelesen, in der Jungen eine Katze in siedendes Wasser werfen. Die Zuckungen des Tiers gingen der Frau nicht aus dem Sinn.

Derart auf Tierquälerei gelenkt, fällt der Frau bei der Beschäftigung mit dem Traum ein, daß ihre Tochter früher besonders grausam gegen Tiere war. Das Mädchen riß Käfern und Schmetterlingen die Flügel aus und spießte sie auf. Es verlangte sogar Arsenik, um gefangene Schmetterlinge zu vergiften.

Heute, beteuert die Dame, würde ihr Kind vor derlei Grausamkeiten zurückschrecken. Vor Jahren, als die Tochter noch Tiere quälte, habe sie, die Mutter, eine Maikäferplage erlebt. Die Kinder zerquetschten die Tiere. Und einmal beobachtete die Frau sogar einen Menschen, der den Maikäfern die Flügel ausriß und ihre Leiber aß. Die Patientin war im Mai geboren und hatte im Mai geheiratet. Der im Traum von Käfern symbolisierte Monat besitzt also für die Patientin eine besondere Bedeutung.

Das Verlangen der Tochter nach Arsenik bringt sie auf den Gedanken, daß Arsenikpillen die Jugendkraft wiedergeben. Zur »Freiheit«, die sie im Traum den Maikäfern gibt, kommt der – an den Ehemann gebundenen – Gattin ein Zitat in den Sinn: »Zur Liebe kann ich dich nicht zwingen, doch die Freiheit geb' ich dir nicht« (Mozarts »Zauberflöte«). Und zu den Maikäfern »Verliebt ja wie ein Käfer bist du mir« (Kleists »Käthchen von Heilbronn«). Auch fallen ihr die Wörter »böse Lust« ein (Wagners »Tannhäuser«).

Während der Analyse macht die Frau sich Sorgen, daß ihrem Mann auf seiner Reise etwas zustoßen könnte. Zugleich beklagt sie dessen »Greisenhaftigkeit«. Kurz vor ihrem Maikäfer-Traum sei sie einmal von einem gegen den Gatten gerichteten »unzensierten« Impuls erschreckt worden, der besagte: Häng dich auf! Der Anlaß: Sie hatte irgendwo gelesen, daß Männer, die am Galgen hängen, eine Erektion bekommen. »Häng dich auf« bedeutete also: Verschaffe dir eine Erektion um jeden Preis.

Auch in dieser verkürzten Darstellung wird klar, daß der wesentliche Inhalt des Traums sowie die dazugehörenden Einfälle der Patientin die »schreckenerregende Verkleidung« (Freud) eines verdrängten Wunsches sind. Im Traum zerquetscht die Frau beim Schließen des Fensters einen Käfer. Schon vorher hatte sie erfahren, daß zerquetschte Käfer zur Herstellung potenzfördernder Mittel (»Spanische Fliege«) verwendet werden. Mithin erfüllt der Tod des Tiers symbolisch den Wunsch der Frau, ihr Mann möge wieder in Schwung kommen. Überdies offenbart das Schließen des Fensters einen ständigen Zwist zwischen den Eheleuten, bei dem es ums Schlafen bei frischer Luft geht. Und die im Traum den Käfern zugeschriebene Mattigkeit stellt sich als die der Träumerin heraus.

Die Dame war entsetzt von der Analyse. Sie hatte nicht die geringste Ahnung besessen, daß in ihrem Unbewußten ein beänstigendes Maß an verdrängten sexuellen und aggressiven Wünschen steckte. Das gleiche gilt aber mehr oder weniger auch für uns. Denn unter der zerbrechlichen Oberfläche unserer Vernunft befinden sich ähnlich beklemmende Abgründe, wie Freud sie bei seiner Patientin aufgedeckt hat.

1 *Erich Fromm: »Sigmund Freuds Sendung«, Ullstein Verlag, Berlin, 1961*

2 *Lili Fleck: »Weiblicher Orgasmus – Die sexuelle Entwicklung der Frau psychoanalytisch gesehen«, S. Fischer Verlag, Frankfurt/Main, 1985*

3 *Marina Gambaroff: »Utopie der Treue«, Rowohlt Verlag, Reinbek bei Hamburg, 1984*

4 *»Sigmund Freud: Briefe an Wilhelm Fließ 1887–1904«. Ungekürzte Ausgabe, S. Fischer Verlag, 1985*

Sigmund Freuds Ruhm wächst

Der Aufstand der Söhne gegen den mächtigen »Über-Vater«

Die Psychoanalyse zieht immer mehr Menschen an, die Freuds Schüler werden wollen – oder seine Patienten. Sein aufregendster Fall ist wohl der des »Rattenmannes«. Der Zwangsneurotiker, ein junger, hochgebildeter Jurist, leidet unter der Vorstellung, daß sich Ratten in die Körper zwei ihm nahestehender Menschen fressen würden, falls er eine geringe Geldschuld nicht rechtzeitig begleiche. Saul Bellow, Schriftsteller und Nobelpreisträger, meinte zu der Darstellung des Falles, er lasse alles hinter sich, was Dichtern je eingefallen sei.

Wie die Altertumsforschung die »begrabene« Geschichte der Völker, so macht die Psychoanalyse die »vergessene« Biographie des einzelnen Menschen wieder lebendig. Die Verwandtschaft der beiden Wissenschaften erklärt Freuds leidenschaftliches Interesse an der Archäologie.

Schon als Gymnasiast war seine große Sehnsucht Rom gewesen. Doch als er sich 1897, im Alter von 41 Jahren, auf der Reise dorthin befand, stellte sich ihm ein »geheimnisvolles Tabu« entgegen. In Trasimeno, etwa zweihundert Kilometer vor der Ewigen Stadt, »sagte die innere Stimme in ihm: Bis hierher und nicht weiter« (Biograph Jones). Vordergründig fürchtete Freud die Hitze, die in Rom herrschte.

Die wahren Gründe, die ihn daran hinderten, das Ziel seiner Wünsche zu erreichen, lagen jedoch tiefer. Eine Deutung besagt, daß Sigmund Freud sich, wie schon erwähnt, mit dem karthagischen Feldherrn Hannibal identifizierte. Der Schlachtenlenker hatte 217 v. Chr. beim Trasimenischen See die Römer geschlagen. Nach seinem glänzenden Sieg befiel ihn eine »Hemmung«. Statt nach Rom zu marschieren und die »Mutter der Städte« in Besitz zu nehmen, bezog er Quartier in Apulien. Daraus folgt: Das »geheimnisvolle Tabu«, das Freud zurückhielt, bestand zum Teil in dem Verbot, jene Stätte zu betreten, die zu erobern dem verehrten Hannibal nicht gelungen war. Und es bedurfte noch vier Jahre strenger Selbstanalyse, bis Freud es am 2. September 1901 schaffte, »Einzug in Rom« zu halten.

Bei einer anderen Reise, die er gemeinsam mit seinem jüngsten Bruder Alexander 1904 unternahm, meldete sich die »innere Stimme« erneut. Das Ziel war zunächst Korfu gewesen. Doch während eines Aufenthalts in Triest empfahl ihnen ein Geschäftsmann, die Insel wegen der Hitze zu meiden und statt dessen nach Athen zu fahren.

Der Vorschlag versetzte die beiden seltsamerweise in eine »üble Laune«. Dennoch befolgten sie ihn. Als Freud dann auf der Akropolis, Athens berühmtem Tempel-Berg, stand, dachte er: »Also existiert das alles wirklich so, wie wir es auf der Schule gelernt haben?!« Zugleich hatte er das Gefühl, als steckte eine zweite Person in ihm, die über die Bemerkung staunte. Denn diese zweite Person hatte keinerlei Zweifel an der Existenz der Akropolis.

Was sich damals in seinem Innern abspielte, beschrieb Freud Jahrzehnte später in einem Brief an den französischen Dichter Romain Rolland. Sowohl die Verstimmung in Triest als auch der Zweifel auf der Akropolis waren »ein Fall von Unglauben«, der auch häufig eintritt, »wenn man von einer glückbringenden Nachricht überrascht wird«. Der Unglaube deutet auf ein Schuldgefühl hin, das uns sagt: Du bist dieses Glücks nicht würdig.

Ähnliche Regungen sind aufspürbar in dem, was Freud »die Überlegenheit der Söhne« nannte. In der Kindheit haben sie den Vater zunächst verehrt, dann aber abgewertet. Die Überheblichkeit

1885 arbeitete Sigmund Freud fünf Monate lang im Pariser Hospiz Salpêtrière, einer psychiatrischen Klinik, die in einer ehemaligen Munitionsfabrik untergebracht war. Leiter der Klinik war Jean Martin Charcot, den Freud für einen der größten Ärzte der Zeit hielt. Auf dem Bild erklärt Charcot seinen Kollegen den Fall einer Hysterikerin. Charcot war es, der in Freud den Entschluß reifen ließ, sich die Erforschung seelischer Leiden zur Lebensaufgabe zu machen.

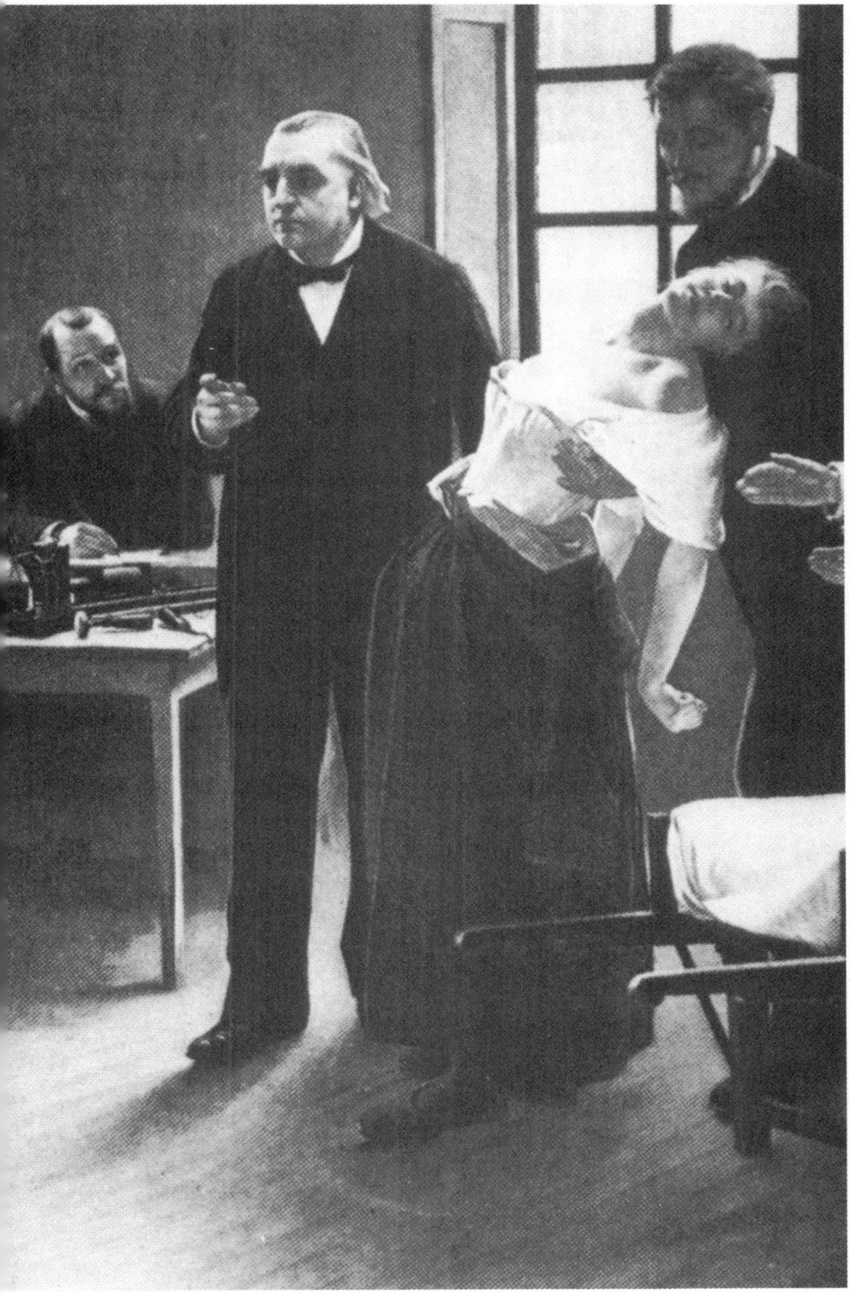

begründete ein schlechtes Gewissen, das ihnen später gleichsam verbietet, es »weiter als der Vater« zu bringen. Übertreffen sie ihn, zum Beispiel beruflich, so knüpft sich an die Befriedigung darüber ein Schuldgefühl an. Das heißt, der Ehrgeiz der Söhne liegt darin, es besser als der Vater zu machen. Doch hinter ihrer Überlegenheit lauert ein Gefühl, das ihnen sagt: An deinem Erfolg ist etwas Unrechtes. Bei Freud drückte sich dieses Gefühl in einem Zweifel an der Existenz der Akropolis aus. Sein Vater hatte nie das Geld besessen, es »so weit« – nämlich bis Athen – zu bringen.

Weit hatte Freud es damals auch insofern gebracht, als er 1902 außerordentlicher Professor geworden war und sich in dieser Zeit die ersten Anhänger um ihn scharten, die ihn aus seiner Isolation befreiten.

Schon fünf Jahre vorher hatten prominente Gelehrte, darunter der Psychiater Richard von Krafft-Ebing, Freud zur Beförderung vorgeschlagen. Trotzdem wurde er immer wieder übergangen. Als Gründe werden in den Biographien durchweg Freuds jüdische Herkunft und sein Ruf als »Sexologe« genannt. Zwar lehrten an der Wiener Universität viele jüdische Professoren, und es arbeiteten dort auch Sexualforscher. Aber beides zusammen war wohl zuviel. Ein Teil der Schuld an der Verzögerung traf Freud auch selbst. Denn lange Zeit hatte er sich nicht sonderlich um die Professur bemüht. Zuletzt setzte sich Marie Ferstl, Gattin eines Diplomaten, für die Ernennung ein. Dabei soll die Stiftung eines Bildes – Emil Orliks »Kirche von Auscha« – eine Rolle gespielt haben. Als es dann »Glückwünsche und Blumenspenden regnete«, schrieb Freud an seinen Berliner Freund Wilhelm Fließ, sei es ihm vorgekommen, »als sei die Rolle der Sexualität plötzlich von Sr. Majestät amtlich anerkannt, die Bedeutung des Traumes vom Ministerrat bestätigt und die Notwendigkeit einer psychoanalytischen Therapie der Hysterie mit 2/3 Majorität im Parlament durchgedrungen«.

Der »Kreis«, der sich damals um ihn bildete, nahm bald den Charakter einer privaten Akademie an. Er nannte sich zunächst »Psychologische Mittwoch-Gesellschaft« und ab 1906 »Wiener Psychoanalytische Vereinigung«. Schon vier Jahre später, auf einem Kongreß in Nürnberg, wurde die »Internationale Psychoanalytische Vereinigung« gegründet, deren Mitglieder dann ein weltweites Netz von »Ortsgruppen« schufen. Diese zumeist praktizierenden Analytiker betrachteten sich – wie die Marxisten – als eine »Bewegung«, obgleich dieser Ausdruck gewöhnlich nur im Zusammenhang mit Massen (Arbeiter- oder Jugendbewegung) benutzt wird.

Der Kreis, der zunächst in Freuds rauchgeschwängertem Wartezimmer diskutierte, war bunt gemischt. Neben Ärzten wie dem Internisten und Psychiater Paul Federn nahmen an der Runde auch Vertreter anderer Berufe teil. Hans Sachs zum Beispiel war Jurist, Theodor Reik Literaturwissenschaftler, Viktor Tausk Journalist, David Bach Musikkritiker, und der Schriftsteller Fritz Wittels, der die erste Biographie über Freud schrieb, ließ sich erst zum Mediziner ausbilden, nachdem er die Psychoanalyse entdeckt hatte. Die markanteste Frau war Lou Andreas-Salomé (1861–1937), die für die Gleichberechtigung focht und durch ihre Freundschaften mit Nietzsche, Rilke und Freud berühmt wurde.

Ab 1904 erfuhr die Psychoanalyse eine bedeutsame Aufwertung. Der Schweizer Psychiater Eugen Bleuler, eine international anerkannte Kapazität und Leiter der Zürcher Nervenklinik »Burghölzli«, wandte die Freudsche Methode erstmals bei Menschen an, die an einer Psychose litten, worunter man Geisteskrankheiten wie die Schizophrenie versteht. Ein wesentlicher Unterschied zwischen einer Neurose und einer Psychose liegt darin, daß der Neurotiker im allgemeinen den Kontakt zur Realität behält und sich den Forderungen seiner Umwelt anpassen kann. Beim Psychotiker hingegen ist die Beziehung zur Wirklichkeit zerbrochen; er lebt in einer selbstgeschaffenen, wahnhaften Realität. – Bleulers Oberarzt war Carl Gustav Jung, dessen Persönlichkeit Freud derart faszinierte, daß er den neunzehn Jahre jüngeren Gelehrten bald nicht nur als seinen Freund, sondern auch als seinen »Kronprinzen« betrachtete.

Freuds Leben ging nun ganz in seiner ärztlichen Tätigkeit und der Ausformung und Verbreitung seiner Theorie auf. Er schrieb bis in die Nacht hinein wissenschaftliche Abhandlungen und beantwortete die zahlreichen Briefe, die er täglich erhielt. Zu den wenigen Vergnügungen, die er sich gönnte, gehörten der wöchentliche Tarock-Abend* und das Sammeln von Pilzen während der ausgedehnten Sommerferien.

Er brachte das populäre Werk »Zur Psychopathologie des Alltagslebens« heraus, in dem er unter anderem analysierte, was man heute »Freudsche Fehlleistungen« nennt. Dazu gehören Versprecher wie der des Mannes, der eine fremde Frau auf der Straße mit den Worten anspricht: »Wenn Sie gestatten, möchte ich Sie begleitdigen.« Offenbar wünscht er, sie zu begleiten, fürchtet aber zugleich, sie zu beleidigen und sich eine Abfuhr zu holen. Begleit-digen ist also das Produkt zweier sich widerstreitender Gefühle. In einer anderen Schrift aus dieser Zeit zeigt Freud auf, wie das Unbewußte auch die fröhliche Seite unseres Daseins dirigiert: »Der Witz und seine Beziehung zum Unbewußten.«

1905 erschienen die »Drei Abhandlungen zur Sexualtheorie« – ein schmales Werk, das Freud mehrmals verbesserte und ergänzte und das, wie »Die Traumdeutung«, als sein »monumentalster und originellster Beitrag zum menschlichen Wissen« gilt – so der englische Herausgeber der Freud-Werke, James Strachey.

Die Schrift fördert Freuds »schlechten Ruf«. Und noch heute befremdet sie sicher viele Leser. Der Autor verwischt in den »Drei Abhandlungen« nämlich die Grenze zwischen dem »normalen« und dem »abartigen« Menschen. Perversionen, erklärte Freud, seien »allen Menschen angeboren«, und viele dieser Abweichungen würden von den Normalen in abgeschwächter Form auch praktiziert.

Die wichtigste Erkenntnis des Werks besteht darin, daß das Kind in seiner sexuellen Entwicklung drei Phasen durchläuft. Diese Stufen-Theorie wurde später verfeinert. Heute läßt sie sich etwa so zusammenfassen[1]:

1. Orale Phase. Im ersten Lebensjahr sind die Zentren des kindli-

* Tarock ist ein Kartenspiel.

chen Luststrebens die Mundschleimhaut und die Haut der Körperoberfläche. Sie bilden die führenden »erogenen Zonen«. Sowohl das Saugen an der Mutterbrust als auch das Lutschen am Daumen bezeichnet man als »autoerotische« Tätigkeiten. Das heißt, der Säugling bezieht seinen Lustgewinn zunächst aus sich selbst, da er sich als Einheit mit der Mutter erlebt.

Doch die Erfahrung lehrt ihn, daß er nicht bei jedem Schrei sofort gestillt wird und so Lustgewinn erlangt. Er spürt: Er ist von etwas Fremdem abhängig. Dadurch kommt es zu einer ersten Unterscheidung zwischen Ich und Du.

Sobald die Einheit von Mutter und Kind zerbrochen ist, strebt der Säugling danach, sich der Mutter, von der er abhängig ist, zu versichern. Auffälligste Merkmale: seine Saug- und Beißbewegungen. Dabei treffen sich zwei gegensätzliche Tendenzen. Die eine – libidinöse – hat zum Ziel, die Mutterbrust, also das Befriedigung spendende Objekt, zu erhalten (Beginn der »Objektliebe«). Die destruktive Tendenz drängt den Säugling, sich die Brust einzuverleiben, um ihrer ganz sicher zu sein. Je häufiger dem Baby die Brust vorenthalten wird, um so stärker entwickelt sich diese Triebregung. Dazu Freud: Aus ähnlichen Motiven pflegen auch Kannibalen gerade ihre höchstgeschätzten Opfer zu verzehren, jene Feinde, die sie »zum Fressen lieb« haben. Indem der Kannibale seinen Feind verzehrt, will er sich das, was er an ihm liebt – nämlich seine bewunderungswürdigen Fähigkeiten – aneignen. Auf Vorschlag seines Schülers Karl Abraham nannte Freud diese spätere orale Phase das »kannibalische« Stadium. Obgleich das Kind die Einverleibung noch nicht als Zerstörung des Objekts erlebt, erfährt es dennoch dunkel, daß ihm bei zu heftigem Beißen die Mutter die Brust entzieht. Psychoanalytiker gehen deshalb davon aus, daß sich bereits in dieser Phase Ansätze zu Konflikten und Schuldgefühlen bilden.

2. Die anal-sadistische Phase. Um das zweite Lebensjahr zentrieren sich die sexuellen Bestrebungen (Libido) auf die »anale Zone«. Die Sexualität wird noch nicht männlich bzw. weiblich erlebt. Durch die erstarkende Muskulatur ist es dem Kind möglich, seinen

Bemächtigungstrieb zu mobilisieren. Es läuft, hüpft, klettert mit dem Triebziel, ein Objekt (Person, Spielzeug usw.) in Besitz zu nehmen, aber auch das Objekt zu untersuchen, fallen zu lassen, wegzuwerfen, zu schlagen, zu quetschen, kurz, es zu beherrschen oder zu zerstören. Die destruktiven Tätigkeiten werden als sadistisch beschrieben. Richtet sich der Sadismus gegen die eigene Person, spricht man von Masochismus. Er entsteht, wenn das Kind seine Wut nicht an einem fremden Objekt auslassen darf, sondern nur an sich selbst. Es wirft sich zum Beispiel nieder und schlägt seinen Kopf auf den Boden.

Durch willkürliches Öffnen und Schließen des Aftermuskels kann das Kind sich Lust verschaffen. Diesen Gewinn verspüren auch viele Erwachsene. Ihr Lustempfinden beim Stuhlgang ist ein Relikt aus der analen Phase.

Die Rolle des Darminhalts ist vieldeutig. Das Kind empfindet den Stuhl zunächst als Teil seines Körpers (wie die Mutter in der oralen Phase). Seine libidinösen Bestrebungen gehen dahin, das Objekt zu besitzen, also den Kot zurückzuhalten. Die destruktive, zerstörerische Tendenz hingegen drängt, den Darminhalt auszustoßen. Beide Betätigungen tragen einen »autoerotischen Charakter«, und die Bedeutung dieser Handlungen wächst, je mehr das Kind die Mutter als enttäuschend (kühl, lieblos) wahrnimmt.

1924 unterteilte der Freud-Schüler Abraham die anal-sadistische Phase in zwei Stufen. Auf der ersten herrschen die ablehnenden, zerstörerischen Tendenzen vor. Der Kot wird gleichsam rücksichtslos ausgestoßen. Auf der zweiten Stufe hütet das Kind den Darminhalt wie einen Schatz und beginnt, sich lustvoll dafür zu interessieren. Es spürt: Wenn ich den Kot zurückhalte (Trotz), wird die Mutter willfährig, und ich kann sie beherrschen. Ich erlange ihre Zuwendung aber auch, wenn ich ihr meinen Schatz – den Darminhalt – schenke.

Menschen, deren Triebkräfte in stärkerem Maße auf der anal-sadistischen Stufe festgehalten sind, neigen nachweisbar zu übertriebener Sauberkeit, Ordnung, Sparsamkeit und Eigensinn. Die Sauberkeit wendet sich gegen die lustvolle Beschäftigung mit dem Unsauberen, also ursprünglich mit dem Kot. Fällt ein Erwachsener durch Sparsamkeit und erst recht durch Geiz auf, so ist dies auf die infantile Tendenz zurückzuführen, den Darminhalt als Schatz zu bewahren. Die Neigung zu Eigensinn und Trotz deuten auf das frühkindliche Verhalten hin, sich mit Hilfe (Manipulation) des Darminhalts gegen die übermächtige Umwelt zu behaupten. Somit ist der Sexualtrieb die treibende Kraft all dieser Eigenschaften.

3. Die phallisch-narzißtische Phase. Um das dritte Lebensjahr wird das Geschlechtsteil zur führenden erogenen Zone. Für Jungen und Mädchen besteht die Befriedigung der sexuellen Erregung in der Onanie. Der Knabe reizt das Glied, das Mädchen die Klitoris, die als ein verstümmeltes männliches Organ gesehen wird.

Der Junge treibt die Wertschätzung seines Glieds so hoch, daß es sein Selbstwertgefühl bestimmt. In seiner Phantasie besitzen weibliche Personen gleichfalls ein Glied.

Das Mädchen nimmt bald wahr, daß es bei einem Vergleich der Organe schlecht abschneidet. In ihm entsteht das Verlangen, auch einen Penis zu haben (Penisneid). Dadurch kommt es zu einer »Identifikation« mit dem Jungen. Das Mädchen entwickelt eine »phallische Rivalität«, die sich zum Beispiel darin ausdrückt, daß es beim Spielen dem Knaben überlegen sein will. »Narzißtisch« wird diese Phase genannt, weil die Liebe dem eigenen Körper gilt, besonders dem Genital.

Nach Freuds Auffassung ist diese dritte Stufe der psychosexuellen Entwicklung des Kindes die komplizierteste. Denn nunmehr spielt sich jenes Drama ab, das unter dem Schlagwort »Ödipuskomplex« bekannt ist. Auf dieses Geschehen stieß Freud während seiner Selbstanalyse, in der er seine infantile Liebe zur Mutter und den Haß (Todeswünsche) gegen den Vater aufdeckte. Auf Grund von Analysen, die er bei seinen Patienten vornahm, kam er dann zu der grundsätzlichen Einsicht, daß »die Eltern im Kinder-Seelenleben aller späteren Psychoneurotiker die Hauptrolle spielen« (»Die Traumdeutung«).

Schon als Schüler hatte er sich für die Tragödie »König Ödipus« von Sophokles interessiert. Der Inhalt des Schauspiels besagt, daß Ödipus drei Tage nach der Geburt ausgesetzt wurde. Ein Orakel hatte prophezeit, daß er irgendwann seinen Vater töten und seine Mutter heiraten würde. Genau das passiert. Ödipus, nunmehr ein Mann, erschlägt bei einem Handgemenge einen Greis – allerdings ohne zu wissen, daß der Alte sein Vater ist. Danach heiratet er seine Mutter Iokaste.

Freud fragte sich, weshalb dieses eher unappetitliche Mord- und Inzest-Drama über mehr als zweitausend Jahre hinweg die Menschen ergreift. Antwort: Weil das Schicksal des Ödipus »auch das unsrige hätte werden können«. Der Dichter Sophokles ließ gleichsam ein alle Kinder betreffendes Ereignis von Erwachsenen spielen. Gegen diese Auslegung wird häufig der Einwand erhoben, Ödipus habe nicht ahnen können, daß der Mann, den er erschlug, sein Vater, und die Frau, die er heiratete, seine Mutter war. Doch kommt es darauf nicht an. Wer es nämlich wußte, war Sophokles, der Verfasser des Stücks. Vermutlich beruht sein Drama auf einem »uralten Traumstoff« (Freud). Einmal heißt es nämlich: »Denn viele Menschen sahen auch in Träumen sich zugesellt der Mutter.«

Die Schwierigkeit, den Ödipuskomplex zu verstehen, liegt darin, daß er dem Bewußtsein nicht erhalten bleibt. Dazu Freud: Auf einen unvorbereiteten Patienten wirkte die Beschreibung des infantilen Konflikts so, als würde man einem Mann auf der Straße erklären, er sehe die Dinge auf dem Kopf stehend.

Der Ödipuskomplex bildet ein verwirrendes Geschehen, das von den sexuellen und aggressiven Impulsen des Kindes gegen die Eltern vorangetrieben wird. Wichtigste Erfahrung: Jungen und Mädchen begreifen allmählich, daß es zwei verschiedene Geschlechter gibt. Und gemäß dieser Erkenntnis wird die Onanie nunmehr von Phantasien über das andere Geschlecht begleitet.

Zunächst aber entwickeln Knaben und Mädchen das Verlangen, ausschließlich von der Mutter geliebt zu werden. Zugleich regen sich in ihnen altersentsprechende eifersüchtige Vernichtungs- und

Todeswünsche dem Rivalen – also dem Vater – gegenüber. Dadurch kommt es zu einem Konflikt: Das Kind fürchtet sich davor, daß der Nebenbuhler sich rächt, und diese Furcht geht einher mit dem Wunsch, von dem Rivalen (Vater) geliebt zu werden.[2]

Beim Jungen entsteht eine mehr unbewußte Kastrationsangst. Sie ist einerseits eine Folge der inzestuösen Wünsche an die Mutter und andererseits eine Folge der Bedrohung durch den Rivalen. Der übermächtige Vater, so fürchtet er, könne ihm wegen seiner Wünsche das Glied abschneiden oder es durch eine Verletzung gleichsam außer Gefecht setzen. Aus der Furcht heraus, diesen Maßstab seines Selbstwertgefühls zu verlieren, hebt er zum Teil die inzestuösen Wünsche an die Mutter auf, indem er sein Verlangen in einen Verzicht umzuarbeiten sucht; zum Teil verdrängt er sie. Die Lösung des ödipalen Konflikts besteht darin, daß der Junge nicht mehr an die Stelle des Vaters treten will, sondern ihn zu seinem Vorbild erhebt.

In dieser Phase entwickelt er aber auch einen eifersüchtigen Zorn auf die Mutter, weil sie seinen Wunsch nach ausschließlichem Besitz ablehnt. Er wünscht, sie zu töten, und statt von ihr will er nun vom Vater geliebt werden. Dieser weibliche Wunsch erweckt jedoch neue Kastrationsängste. Denn er hat gelernt: Frau sein heißt ohne Penis sein. So hebt er auch diesen Wunsch zum Teil auf, indem er ihn psychisch verarbeitet, zum Teil durch Verzicht, zum Teil durch Verdrängung.

Beim Mädchen besteht der Wunsch, bei der Mutter den Mann zu spielen. Die Erkenntnis, daß es dazu körperlich nicht ausgerüstet ist, lassen Gefühle des Zorns, der Eifersucht und der Minderwertigkeit in ihm aufsteigen. Die Tochter wendet sich daraufhin dem Vater zu, um ihm die Mutter zu ersetzen. Da diese Wünsche vom Vater enttäuscht werden, ist sie – wie der Sohn – gezwungen, ihr Verlangen aufzugeben, was wiederum durch Verzicht und Verdrängung geschieht. Hat sie dann die Einsicht gewonnen, daß der Vater sie weder beherrschen noch befruchten will, wendet sie sich auch wieder der Mutter zu. – Die Art, wie Kinder den Ödipuskonflikt verarbeiten, ist wegweisend für alle Konflikte, die das Leben bereithält.

Ist die ödipale Phase abgeschlossen (etwa im fünften Lebensjahr), beginnt die sogenannte Latenzzeit, womit eine mehrjährige Pause in der sexuellen Entwicklung gemeint ist. Das Kind hört auf, sich selbst zu befriedigen, und lernt fortan, sich wie ein Erwachsener zu verhalten. Es hat begriffen, daß der Wunsch, die Mutter nur zu lieben und den Vater nur zu hassen (und umgekehrt) von den Eltern nicht geduldet wird. Und diese Anerkennung (Verinnerlichung) des Inzest- und Mord-Tabus – also des Verbots, mit einem Elternteil weder tatsächliche noch phantasierte sexuelle Beziehungen zu haben und den anderen umzubringen – bedeutet für das Kind den Eintritt in die zivilisierte Gesellschaft. Zugleich ist seine charakterliche Entwicklung in ihren Grundzügen abgeschlossen.

Der Perverse ist bei diesem Prozeß gleichsam auf der Strecke geblieben. Er hat sich in einer bestimmten Phase nicht weiterentwikkelt und ist auf diese Phase »fixiert«. Das heißt, er hat ein infantiles sexuelles Element wie die Schau- oder Zeigelust, das beim normalen Geschlechtsverkehr häufig eine Nebenrolle spielt, zum ausschließlichen Ziel seiner Triebbefriedigung erhoben. Für Freud war der Perverse eine Art positiver Neurotiker. Während er nämlich seinen Triebwunsch zu verwirklichen trachtet, versucht der Neurotiker, ihn mit Hilfe von Ekel, Scham und Entrüstung zu verdrängen. Und da die meisten Menschen in Maßen neurotisch und pervers zugleich sind, könnte man sie als Mischtypen bezeichnen. Perversionen können sich auf ein Liebesobjekt (Partner) oder auf einen Zweck (sich in der Öffentlichkeit nackt zu zeigen) beziehen.

Im Ödipuskomplex machte Freud die Stätte aus, auf der sich die Neurosen bilden. Als später andere Forscher die prä-ödipalen – besonders die orale – Phasen genauer untersuchten, verlor der Ödipuskomplex für viele Analytiker seinen einzigartigen Rang. Eine Rolle spielt er aber auch dann, wenn sich die Neurose auf eine frühere Phase gründet. Denn ein Kind, das seine Konflikte auf der ersten, oralen Stufe nicht bewältigt, ist auch nicht in der Lage, jene Konflikte positiv durchzustehen, die es in den darauffolgenden Phasen vorfindet.

Wie mächtig der Ödipuskomplex in einem Menschen wirken kann, demonstrierte Freud an einer anderen berühmten Bühnenfigur: dem »Hamlet« von Shakespeare. Zu Beginn der Handlung erfährt der neurotische Dänenprinz, daß sein Vater umgebracht wurde und daß der Mörder, seine, Hamlets, Mutter geheiratet hat. Statt nun umgehend den Degen zu ziehen, schiebt er den Entschluß, die Tat zu rächen, vor sich her. Freud erklärte das seltsame Zögern des sonst nicht gerade zimperlichen Königssohns mit dessen unbewußten ödipalen Wünschen. Das heißt, Hamlet fällt es schwer, den Täter zu bestrafen. Denn der Mörder hatte realisiert, was verdrängt in ihm, Hamlet, steckte: den infantilen Wunsch, den Vater zu töten und die Mutter zu heiraten.

Unter dem Titel »Freud bei der Arbeit über die Schulter geschaut« hat der Freiburger Analytiker Johannes Cremerius Aussagen von Schülern und Patienten zusammengefaßt und kommentiert, die in der Berggasse 19 auf dem Diwan gelegen haben. Der Aufsatz trägt als Motto ein Zitat von Bert Brecht: »Prinzipien halten sich am Leben durch ihre Verletzung.« Der Satz soll auf den Widerspruch vorbereiten, der zwischen Freuds Umgang mit Klienten und den strengen Regeln herrscht, die er für Psychoanalytiker entwickelte.

Nach seiner Theorie soll der Arzt dem Patienten gegenüber anonym und neutral bleiben, also nichts von sich erzählen, da sonst seine »Spiegelfunktion« zerstört wird. Das heißt, der Analytiker »spiegelt« die Personen wider, mit denen sich der Analysand auseinandersetzt. Wenn – krasses Beispiel – der Vater des Kranken ein strammer Militarist war und der Patient weiß, daß der Analytiker ein Pazifist und empfindsamer Erzieher seiner Kinder ist, dann wird es dem Analysanden schwerer fallen, im Analytiker den Vater zu »sehen«. Weiß der Patient hingegen nichts über seinen Arzt, kann er ihm leichter die väterlichen Eigenschaften unterstellen, die ihn dann zu einer Wiederbelebung seiner verdrängten Gefühle provozieren.

Im Gegensatz zu dieser von ihm erfundenen Regel gab sich Freud seinen Patienten gegenüber oft »familiär«. Unbekümmert erzählte er über sich, seine Familie, über Bücher, Reisen und Kollegen, die ihm Ärger bereiteten. Einem armen Klienten steckte er Geld fürs Essen zu, einem anderen sang er, weil es zur Deutung paßte, zwei Strophen aus Mozarts Oper »Don Giovanni« vor. Besonders gern zeigte er seine archäologische Kunstsammlung. Einige Analysanden kritisierten seine »Entlarvungswut«, die wohl mit daran schuld war, daß seine berühmte Patientin »Dora« die Analyse abbrach. Er konfrontierte das Mädchen mit seinen Deutungen zu einem Zeitpunkt, als Dora diese Wahrheiten weder verstehen noch akzeptieren konnte. – Freud analysierte seine Klienten jeden Werktag eine Stunde. Und keine Kur dauerte länger als 200 Stunden – was nach heutigem Maßstab sehr kurz ist.

Als Arzt war er einerseits an seine Schweigepflicht gebunden. Andererseits mußte er seine Lehre durch konkrete Beispiele belegen. Genauer: Er war gezwungen zu beweisen, daß zum Beispiel seine Theorie vom Ödipuskomplex nicht nur aus freischwebenden Gedanken bestand, sondern auf Erfahrungen beruhte, die er mit sich selbst und seinen Patienten gemacht hatte. Er befand sich mithin in einem Konflikt zwischen dem ärztlichen Gebot der Schweigepflicht und einem Beweiszwang der Öffentlichkeit gegenüber. Resultat: Freud berichtete nur über wenige Fälle aus seiner Praxis. Denn er befürchtete, daß er trotz veränderter Details wie Namen und Orte die Anonymität seiner Patienten preisgeben könnte.

Für Aufregung sorgte er 1905, als er eine Darstellung über den Fall der – bereits erwähnten – 18jährigen Dora herausbrachte. Im Vorwort erklärte er, daß während der Analyse »sexuelle Beziehungen mit aller Freimütigkeit erörtert« und »die Organe und Funktionen des Geschlechtslebens bei ihrem richtigen Namen genannt« worden seien. Zugleich verwahrte er sich gegen Kritik, indem er auf die Publikationen der Frauenärzte hinwies. Überdies konstatierte er: Nicht die Gespräche zwischen dem Mädchen und ihm seien pervers gewesen. Vielmehr sei der Leser pervers, dem die Schrift als Mittel zur Aufreizung und Befriedigung sexueller Gelüste diene.

Das Grundgeschehen des Falls könnte von einem Dichter wie Thomas Mann erfunden worden sein. Freud sah das auch so. Doch insgesamt gesehen war die »Handlung« viel zu vertrackt für einen literarischen Stoff – was ihm bewies, daß das Leben komplizierter als die Kunst ist.

Nach Ansicht des Biographen Ernest Jones war »Dora ein unangenehmes Geschöpf, das ständig die Rache vor die Liebe stellte«. Sie litt an einer Hysterie, die sich in Atemnot, Husten- und Ohnmachtsanfällen ausdrückte. Überdies spielte sie mit dem Gedanken, sich das Leben zu nehmen.

Während der Behandlung stellte sich heraus, daß Dora in ein delikates Beziehungsgeflecht verwickelt war. Ihre Eltern führten eine unglückliche Ehe. Der Vater, ein Industrieller, hielt sich eine Geliebte. Diese Frau K. war mit einem Mann verheiratet, der Dora nachstellte und sie verführen wollte. Dora und Frau K. wiederum pflegten eine Freundschaft, die in ihrer Tendenz homosexuelle Züge trug. Die Analyse, die sich auf die Deutung zweier Träume stützte, erbrachte schließlich: Dora hatte Herrn K. zwar abgewiesen, doch unbewußt wünschte sie sich sexuellen Kontakt zu allen drei Personen: zu Herrn und Frau K. und zu ihrem Vater.

Abgesehen davon, daß Freud mit dieser Erkenntnis vorschnell herausrückte, sah er sein Versagen darin, daß es ihm nicht gelungen war, »der Übertragung rechtzeitig Herr zu werden«. Natürlich spielte Doras Rachsucht eine Rolle, als sie die Behandlung nach nur elf Wochen abbrach. Doch fühlte sie sich von ihm wohl auch nicht richtig behandelt. Die Abhandlung über den Fall Dora bezeichnete Freud als »Bruchstück einer Hysterie-Analyse«.

Wie ihre Eltern, so führte auch Dora später eine unglückliche Ehe. Die Liebschaften ihres Sohnes verfolgte sie mit der gleichen Eifersucht, die sie vorher bei dem Verhältnis zwischen ihrem Vater und Frau K. empfunden hatte. Als sie von der Veröffentlichung ihres Falls erfuhr, war sie stolz darauf, berühmt zu sein.

Im Alter von 42 Jahren mußte sie wegen Übelkeit, Schwindelanfällen und anderen neurotischen Symptomen erneut zum Arzt. Diesmal übernahm der Analytiker Felix Deutsch die Behandlung. Er bezeichnete die Patientin als »eine der abstoßendsten Hyste-

Der französische Dichter Romain Rolland, Nobelpreisträger von 1915, verfolgte Freuds Schriften mit wachsendem Interesse. Als Dank schrieb Freud ihm einen Brief, den er später – umgearbeitet – als Essay herausgab: »Eine Erinnerungsstörung auf der Akropolis«.

Lou Andreas-Salomé stammte aus Rußland und gehörte zum engeren Kreis um Freud. Nach Lous »bewegendem Optimismus« und ihrem »tröstlichen Wort« sehnte sich der bedrückte Freud vor allem in den düsteren Jahren des Ersten Weltkrieges.

Lange stand die Psychoanalyse in dem Ruch, sich vor allem um die Wehwehchen feiner Damen zu kümmern. Das änderte sich 1904, als der Schweizer Psychiater Eugen Bleuler, ein Mann von Weltruf, das Freudsche Heilverfahren an Psychotikern ausprobierte.

Thomas Mann gehörte zu den größten Verehrern Sigmund Freuds und brachte viele psychoanalytische Erkenntnisse in seine Werke ein. Manns Vortrag über »Freud und die Zukunft«, 1936 zum 80. Geburtstag des großen Mannes gehalten, stieß auf Ablehnung – wozu Freud bemerkte, daß die Aufrichtigkeit aus der Welt noch nicht ganz verschwunden sei.

Der griechische Dichter Sophokles, der von etwa 497 bis 406 lebte, schrieb das Drama vom »König Ödipus«, dessen tragischer Verlauf eine zentrale Rolle in der Freudschen Theorie spielen würde. Das antike Stück berührt vor allem die unbewußten Inzest- und Mordwünsche, die Kinder zwischen dem dritten und dem fünften Lebensjahr beherrschen.

Eine Analyse Freuds, die nach elf Wochen unglücklich zu Ende ging und über die er 1905 einen Bericht veröffentlichte, war der Fall der 18jährigen Dora. Rund zwanzig Jahre später behandelte der Analytiker Felix Deutsch die neurotische Frau erneut. Er bezeichnete sie als »eine der abstoßendsten Hysterica«, die ihm je begegnet seien.

Nach 1910 kam es zu einem Aufstand der Söhne gegen den übermächtigen Vater Sigmund Freud. Eine Schlüsselfigur war Alfred Adler, der nicht länger im Schatten des Patriarchen leben wollte und eine eigene, die sogenannte »Individualpsychologie« begründete.

Als schwere Kränkung empfand es Sigmund Freud, daß Carl Gustav Jung ihn verließ. Er hatte den Schweizer zu seinem Nachfolger erkoren und gehofft, der »Arier« Jung würde der Psychoanalyse den Ruch nehmen, eine jüdische Wissenschaft zu sein. Jung entwickelte nach der Trennung eine »Analytische Psychologie«.

Unter den großen Praktikern und Theoretikern der Russischen Revolution von 1917 war der Adler-Freund Leo Trotzki der einzige, der Freuds Lehre schätzte. Sinngemäß erklärte er: Freud habe den Deckel von dem Boden aufgehoben, den man poetisch die Seele nennt. Und was habe sich erwiesen? Unser Verstand sei nur ein Teilchen im Reich jener finsteren Kräfte, die uns beherrschen.

rica«, die ihm je begegnet seien. Viele Jahre später erfuhr Deutsch von Doras Tod in New York.

Nach dem unglücklichen Ende der Analyse des Mädchens bemühte sich Freud um ein tieferes Verständnis des Begriffs der »Übertragung«. Grundsätzlich ist damit gemeint, daß in der Übertragung vergangene psychische Erlebnisse in der »aktuellen Beziehung zur Person des Arztes wieder lebendig« werden. Dabei läßt der Patient unbewußt den Arzt die Rollen der geliebten und gefürchteten Elternfiguren spielen. Die Übertragung findet nicht nur in der exklusiven Arzt-Patient-Beziehung statt, sondern spielt in allen Gefühlsbeziehungen eine Rolle, die Menschen zu Menschen haben.

Eine Besonderheit in der Arzt-Patient-Beziehung bleibt jedoch: Anders als im Normalfall werden die Übertragungen der Gefühle auf den Arzt immer wieder vernichtet. Das heißt: Durch die Analyse der Übertragung macht der Arzt seinem Patienten deutlich, daß nicht er, sondern ganz andere Personen das Ziel sind, auf die der Analysand seine Liebe und seinen Haß richtet. Deshalb ist die Übertragung »das mächtigste Hilfsmittel« bei der Entwirrung und Heilung neurotischer Leiden.

Zehn Jahre nach der Dora-Analyse beschrieb Freud den Begriff der »Übertragungsneurose«. Dabei zentriert sich das gesamte pathologische Verhalten des Patienten auf seine Beziehung zum Analytiker. Die Entstehung der Übertragungsneurose wird günstig beurteilt, weil jetzt die Neurose des Patienten, die ihn in die Behandlung geführt hat, sich in der Übertragung zum Analytiker in Szene setzt. Der Vorteil für die Therapie liegt darin, daß die neurotische Krankheit des Patienten in der Übertragungsneurose für den Arzt erkennbar und dem therapeutischen Verständnis zugänglich wird.

Der Fall des fünfjährigen »kleinen Hans« mutet seltsam an, weil Freud den Jungen gar nicht behandelt und nur einmal zu Gesicht bekommen hat. Statt dessen führte der – in der Psychoanalyse bewanderte – Vater des Kindes die Kur durch; der Arzt blieb im Hintergrund und beschränkte sich darauf, die Analyse zu leiten und zu kontrollieren. Im heutigen Ausbildungs-Vokabular: Freud übernahm die Supervision.

Die Angstneurose des »kleines Hans« ist leicht zu begreifen, da viele Menschen sich vor Tieren fürchten, auch wenn diese – wie Spinnen oder Mäuse – völlig ungefährlich sind. Ihre Angst (Phobie) ist »unangemessen«. Hans litt unter der Phobie, ein Pferd würde ihn beißen. Und weil Pferde 1908 zum Straßenbild gehörten, war der Junge nicht aus dem Haus zu kriegen.

Das Frage- und Antwortspiel zwischen dem Vater und dem – für sein Alter frühreifen – Sohn ergab, daß sich Hans intensiv mit seinem Geschlecht beschäftigte. Der »Wiwimacher« des jüngeren Schwesterchens, so dachte er, würde noch wachsen; das gleiche erhoffte er sich von seinem Glied. In seiner Ungeduld phantasierte er einmal, ein Installateur würde ihm das winzige Ding abschrauben und durch ein größeres ersetzen. Er hatte nämlich herausgefunden, daß sein Wiwimacher im Vergleich zu dem des Vaters besorgniserregend klein war. Und ganz schrecklich fiel der Vergleich zwischen seinem Penis und dem eines Pferdes aus. Da er die Mutter ganz für sich haben wollte, hätte seine Angst dem Vater – also dem Rivalen – gelten müssen. Doch Hans »verschob« seine Phobie auf die Pferde, die ein noch größeres Glied besaßen als der Vater.

Die Heilung des Jungen bedeutete für die Psychoanalyse einen Triumph. Denn in diesem Fall wurde die Theorie von der infantilen Sexualität und ihren oft dramatischen Folgen durch ein Kind de facto bestätigt. Dennoch hat Freud sich für die Therapie seelisch gestörter Jungen und Mädchen nicht sonderlich interessiert – und zwar auch dann noch nicht, als seine Tochter Anna die Möglichkeiten der Kinderanalyse erforschte und durch die Techniken, die sie entwickelte, weltberühmt wurde.

Der »kleine Hans« gab später seinen richtigen Namen preis: Herbert Graf (1903–1973), der als Opernregisseur eine steile Karriere gemacht hatte. Als junger Mann fand er mehr zufällig im Zimmer seines Vaters Freuds »Analyse der Phobie eines fünfjährigen Knaben«. Die Gespräche mit dem Vater und auch den einmaligen Besuch bei dem Doktor hatte er völlig vergessen. Doch auf Grund einiger Daten, die der Professor unverändert gelassen hatte, begriff er, daß er der Held der Studie war. »In einem Zustand größter Aufregung rief ich den großen Doktor in der Berggasse an und stellte mich ihm als der ›kleine Hans‹ vor.« Freud, der ihm wie ein »bärtiger griechischer Philosoph« erschien, umarmte ihn warm und sagte, »er könne sich keine bessere Rechtfertigung seiner Theorie vorstellen, als den gesunden, glücklichen Neunzehnjährigen zu sehen, der ich geworden war«.

Mit dem Begriff der Angst beschäftigte sich Freud sein Leben lang. So sprach er von der »automatischen Angst«. Sie entsteht, wenn wir eine als gefährlich empfundene traumatische Situation erleben. Dabei wird unsere Psyche durch einen Ansturm angsteinflößender Reize überwältigt, so daß wir uns der Gefahr nicht mehr gewachsen fühlen. Ihren Ursprung hat diese Angst in der frühen Kindheit, in der das Ich noch zu hilflos und unreif ist, um mit Gefahren selbständig fertig zu werden. So drückt sich eine unbewältigte Angst vor dem Vater beim Erwachsenen als Angst vor dem gefürchteten Chef aus.

»Das »Angstsignal« nimmt in abgeschwächter Form die automatische Angst vorweg. Das bedeutet, wir stellen uns eine noch nicht eingetretene Gefahr vor, und die dabei produzierte Angst versetzt uns in die Lage, Maßnahmen – wie die Flucht – zu ergreifen. So geht man dem gefürchteten Chef aus dem Weg.

Freud dachte, daß Kinder auf jeder Altersstufe spezifische Angst-Bedingungen vorfinden. In den ersten Lebensjahren leidet das – auf die Mutter angewiesene – Kind unter Verlust-Ängsten. Diese Ängste müssen im Laufe der Entwicklung, in der das Ich erstarkt, abgebaut werden. Aber das gelingt nicht immer. Viele Menschen können auch als Erwachsene die Angst vor einem möglichen Liebesverlust nicht überwinden – was sich dann häufig in einer übertriebenen Eifersucht äußert. Freud: Diese Menschen »werden nie unabhängig von der Liebe anderer Personen und setzen in diesem Punkt ihr infantiles Verhalten fort«.

Wird die Kastrations-Angst (etwa im dritten Lebensjahr) nicht überwunden, kann sie sich beim erwachsenen Mann in Potenzstörungen wiederholen. Eine Angst, die nach dem Ende der ödipalen Situation (etwa im fünften Lebensjahr) auftritt, muß jedoch beibehalten werden. Es ist die Angst des Gewissens, die dafür sorgt, daß wir uns an die sozialen Spielregeln halten und nicht aus der Gesellschaft ausgeschlossen werden.

1910 begann Freud mit der Analyse eines jungen russischen Adeligen, der zuvor erfolglos von namhaften Psychiatern behandelt worden war. Die Ärzte hatten den »Fall« mit wechselnden Diagnosen belegt. Eine davon lautete: manisch-depressives Irresein. Freud kam zu der Auffassung, daß der Gutsherrensohn an den Folgen einer Zwangsneurose litt, die von selbst, jedoch schlecht ausgeheilt war. Der Patient war völlig hilflos. Er konnte sich nicht einmal allein anziehen.

In die Geschichte der Psychoanalyse ging er als der »Wolfsmann« ein. Die Idee, ihn so zu benennen, beruht auf einem Traum aus seiner Kindheit. Darin sah er vor dem Fenster, das sich von selbst öffnete, sechs oder sieben Wölfe in einem Nußbaum sitzen. Aus Angst, von ihnen gefressen zu werden, schrie er auf – und erwachte. Das Traum-Erlebnis war der Anlaß für eine Wolfsphobie, aber auch für andere neurotische Ängste.

Der Traum forderte Freuds ganze Deutungskunst. Eine Rolle dabei spielte eine Illustration zu dem Märchen »Der Wolf und die sieben Geißlein«, die einen Wolf in aufrechter Pose zeigte. Es stellte sich heraus, daß der Wolfsmann im Alter von anderthalb Jahren beobachtet hatte, wie der Vater in der gleichen Stellung seine tierähnlich gebückte Frau begattete. Dieses unbegreifliche Erlebnis war vom Unbewußten des Kindes aufbewahrt worden und hatte sich im Traum des etwa vierjährigen Jungen in verschlüsselter Form gemeldet. Der gefährliche Wolf war der Vater.

Die Kur des Wolfsmannes dauerte vier Jahre, was damals als ungewöhnlich lange galt. Durch die russische Revolution verlor er sein Vermögen. Die Therapie ermöglichte es ihm, ein Studium erfolgreich abzuschließen und als Angestellter einer Wiener Versicherung sein Brot zu verdienen. Gesund im reinen Sinn des Wortes wurde er nicht. Immer wieder mußte er die Hilfe von Psychoanalytikern in Anspruch nehmen.

Er starb 1979. Sieben Jahre zuvor war er durch die Veröffentlichung seiner »Erinnerungen« in die Schlagzeilen geraten.[3] Denn sein Buch warf die Frage nach dem Nutzen oder Heileffekt der Psychoanalyse auf. In einem Krankenbericht, der den »Erinnerungen« beigefügt wurde, heißt es: »Es kann kein Zweifel bestehen, daß die Analyse Freuds den Wolfsmann vor einer verkrüppelten Existenz bewahrt hat, und Dr. Brunswicks (eine Freud-Schülerin) erneute Analyse überwand eine schwere akute Krise; beide zusammen machten es dem Wolfsmann möglich, ein langes und erträglich gesundes Leben zu führen.«

In vielen Zeitungen wurde dieses Resultat am Aufwand gemessen und als zu gering bezeichnet. Schuld daran sind die hochgespannten Erwartungen, die das therapeutische Instrument Psychoanalyse bei Laien weckt. Fachleute hingegen betrachten es als Erfolg, wenn ein stark gestörter Patient so weit geheilt wird, daß er einigermaßen existenz-, also arbeits-, liebes- und genußfähig ist. Auf den »Wolfsmann« trifft dies mehr oder weniger zu.

Freuds aufregendster Fall war wohl der des »Rattenmannes«, den er 1907 analysierte. Nach der Lektüre des Krankenberichts über diesen »Zwangsneurotiker« meinte der Literatur-Nobelpreisträger Saul Bellow, die Darstellung lasse selbst die Geschichten von Dostojewski, dem größten Psychologen unter den Dichtern, hinter sich. Doch ist der Fall des Rattenmannes viel zu verworren, als daß man den Bericht wie eine Story lesen könnte. Zwar liegt auch beim Rattenmann der Kern der Neurose im Ödipuskomplex, doch zeigt gerade dieser Fall, wie mächtig auch jene Anteile sein können, die in früheren Phasen – wie der anal-sadistischen – wurzeln. Der Rattenmann war ein 29jähriger Jurist und stammte aus einer angesehenen Wiener Familie. Er erinnerte sich, daß er schon in seiner frühen Kindheit den Wunsch in sich verspürt habe, nackte Frauen – wie die

Dienstmädchen im Haus – zu beobachten. Die Folge dieses Verlangens waren entsetzliche Gewissensqualen, eine Furcht vor Strafe und Vergeltung. Seine Auflehnung gegen die als sündhaft empfundenen Wünsche bestand in der Vorstellung: Wenn ich meine Lüsternheit nicht unterdrücke, muß mein Vater sterben. Seit jenen Tagen in seinem vierten Lebensjahr wurde der Rattenmann von immer neuen Zwangsgedanken heimgesucht – so von dem Impuls, sich mit dem Rasiermesser den Hals aufzuschneiden. Unerträglich war sein Leiden geworden, als er – ein paar Monate vor der Behandlung – während einer Waffenübung von einer orientalischen Folter erfuhr. Dabei wird dem Deliquenten ein Topf mit Ratten auf das Gesäß gebunden, die sich in den After des Opfers bohren. Die akute Zwangsbefürchtung des Rattenmannes bestand darin, daß diese Tortur zwei Menschen drohe: seinem Vater und einer Dame, die er verehrte.

Die Analyse des Rattenmannes ist schon deshalb interessant, weil alle Menschen mehr oder weniger von Zwängen geplagt werden. Weit verbreitet ist der Kontrollzwang. Obgleich schon unterwegs, eilen wir noch einmal in die Wohnung zurück und prüfen, ob wir auch wirklich den Wasserhahn zugedreht haben. Mehr verspottet als bedauert wird die putzwütige Frau. An ihrem Sauberkeitswahn läßt sich die Besonderheit der Zwangsneurose gut erklären. Eine hysterische Persönlichkeit (Bertha Pappenheim) versucht, ihre Konflikte über ein körperliches Leiden oder ein theatralisches Gebaren auszudrücken und sich so ein Ventil für ihr seelisches Leiden zu schaffen. Derlei Auswege läßt die Zwangsneurose nicht zu. Um mit seinen peinlichen Triebwünschen fertig zu werden, muß der Zwangsneurotiker Maßnahmen ergreifen, wobei er häufig den Wunsch durch sein Gegenteil abwehrt.

Demnach ist die »Reinlichkeit« der putzwütigen Frau nicht echt. Vielmehr bekämpft sie durch den ständigen Gebrauch des Schrubbers eine unbewußte Lust am Schmutz (Triebwunsch). Genauer, die in der anal-sadistischen Phase lustvoll genossenen Schmierereien mit Kot und anderem Schmutz leben als verdrängte Phantasien machtvoll im Putzteufel fort. Das gleiche gilt für den Kontrollzwang. Der Gedanke, die Wohnung könnte überschwemmt werden, deutet auf eine unbewußte sadistische Lust hin, die wir als Kinder beim Zerstören von Objekten wie Spielzeug erlebt haben und die wir als Erwachsene durch Kontrolle – also das Gegenteil – abwehren. Reichen solche Gegenstrategien nicht aus, so ist der Kranke gezwungen, wirksamere Maßnahmen zu ersinnen. Der Rattenmann bekämpfte seine Befürchtung, wonach dem Vater und der verehrten Dame die orientalische Folter drohte, mit einer scheinbar unverständlichen Idee. Während des Manövers war ein Päckchen für ihn angekommen, und einer der Kameraden hatte – angeblich – den Betrag für die Nachnahme vorgestreckt. Daraufhin kombinierte der Rattenmann: Wenn ich dem (schwer auffindbaren) Gläubiger das Geld nicht umgehend erstatte, wird am Vater und an der Dame die Folter vollstreckt.

Der Gedanke erscheint um so unsinniger, als der Vater längst auf dem Friedhof lag. Dennoch ist er von der gleichen Art wie die abergläubische Vorstellung: Wenn Freitag auf den 13. fällt, geschieht ein Unglück. Datum und Unglück haben nämlich genausowenig miteinander zu tun wie die Folter und die Geldschuld.

Beide Male sind die Verknüpfungen logisch falsch und weisen auf das magische Denken in unserer Kindheit hin. Damals war es uns ganz selbstverständlich, daß eine böse Hexe den Königssohn in einen Frosch verzaubern kann. Das heißt, ein Teil unserer Psyche hat die Entwicklung vom infantil-magischen zum logischen, erwachsenen Denken nicht richtig mitgemacht. Und so kommt es auch, daß Erwachsene, die intensiv an einen Menschen gedacht haben und ihm dann leibhaftig begegnen, den Eindruck haben, der Gedanke habe die Begegnung bewirkt. Das gleiche geschieht in den Märchen, in denen »das (reine) Wünschen noch hilft«.

Der Rattenmann hatte Freud gegenüber die »Befürchtung« geäußert, daß den beiden Personen die Folter drohe. Die Deutung, dies sei ein unbewußter Wunsch, lehnte er zunächst entrüstet ab. Statt dessen behauptete er, für die Dame und besonders für den Vater nichts als Liebe zu empfinden. Freuds Antwort lautete sinngemäß:

Man empfindet Menschen gegenüber Zu- und Abneigungen. Man liebt ihre guten und haßt ihre schlechten Seiten. Fehlen diese »gemischten Gefühle« und leuchtet an deren Stelle die »reine Liebe«, so ist dies ein Zeichen dafür, daß die Abneigung – der Haß – verdrängt worden ist. Oder anders: Ohne die Verdrängung des Hasses wäre die große Liebe des Rattenmannes nicht möglich gewesen.

Der Patient hielt jedoch lange Zeit daran fest, daß es sich bei der Folter um eine »Befürchtung« handelte – was wesentlich harmloser als »Wunsch« klingt. Diese Abschwächung ist charakteristisch für den Zwangsneurotiker – und nicht nur für ihn. Denn auch einen normalen Menschen kann die Zwangsbefürchtung durchzucken, die reiche Tante könnte unter ein Auto geraten. Auch er versteht seine Sorge dann nicht als den Wunsch, endlich zu erben.

Der Grund für die Abschwächung: Im Gegensatz zur hysterischen Persönlichkeit, der die sexuellen und feindseligen Wünsche nicht bewußt sind, schwirren sie dem Zwangsneurotiker mehr oder weniger entstellt durchs Bewußtsein. Doch begreift er die Bedeutung seiner Gedanken nicht, weil er ihnen – ohne es zu wissen – den Anstrich der Belanglosigkeit gibt.

Konkret: Freuds Patient setzte den Wunsch, der Vater und die Dame mögen die Folter erleiden, zu einer Befürchtung herab. Denn als Wunsch wäre ihm die Idee unerträglich gewesen. Doch indem er dem Gedanken das Gefühl des Wunsches entriß und ihn mit einem ganz anderen Gefühl – nämlich dem der Furcht – besetzte, konnte er ohne jedes Entsetzen über die Folter sprechen. Das gleiche gilt für den Erben, den die »Sorge« durchzuckt, die reiche Tante könnte verunglücken.

Die Analyse des Rattenmannes dauerte elf Monate. Dann hatte Freud die große Zwangsbefürchtung bis hin zu ihren Wurzeln, die in der kindlichen Sexualität lagen, aufgedeckt und den Kranken von seinem Delirium befreit. Das »neue« Leben des jungen Mannes währte nur kurz. Er fiel im Ersten Weltkrieg.

Zwischen 1911 und 1913 ereignete sich, was Biograph Jones die »dramatische Episode in Freuds Leben« bezeichnete. Zwei seiner begabtesten Schüler, der Wiener Alfred Adler und der Schweizer Carl Gustav Jung, fielen von ihrem großen Lehrmeister ab und ermunterten andere »Schüler«, das gleiche zu tun.

Sachlich gesehen, wollten die Abtrünnigen die zentrale Bedeutung des Sexualtriebs für die Entwicklung des Menschen nicht mehr anerkennen – was eine Entwertung der Freudschen Libido-Theorie bedeutete. Doch spielte auch das ödipale Motiv des »Vater-Mordes« eine Rolle, wonach die Söhne gegen die Herrschaft des allgewaltigen Partriarchen rebellieren. So bekannte Adler: »Glauben Sie (Freud) denn, daß es ein Vergnügen für mich ist, mein ganzes Leben lang in Ihrem Schatten zu stehen?« Sowohl Adler als auch Jung gingen eigene Wege. Sie gründeten analytische Schulen, die jedoch nicht so erfolgreich waren wie die Freudsche Bewegung.

Alfred Adler (1870–1937) war ein engagierter Sozialist, der den russischen Revolutionär Leo Trotzki zu seinen Freunden zählte. In seiner psychologischen Lehre stellte Adler Begriffe wie »Minderwertigkeit« und »Aggression« heraus. Minderwertig kann ein Organ sein, etwa ein kranker Magen. Auf diese tatsächliche Minderwertigkeit kann man auf verschiedene Weise reagieren, zum Beispiel mit einem Minderwertigkeitsgefühl. Mit diesem komplexen Begriff hat sich Adler lange beschäftigt. So dachte er, daß sich kleine Kinder gegenüber großen Erwachsenen ohnmächtig vorkommen müssen. Und dieses Gefühl sei so stark, daß die Menschen quasi ihr Leben damit zubringen, den in der Kindheit begründeten Minderwertigkeitskomplex zu kompensieren – so auch durch Strebertum, Herabsetzung anderer Menschen oder Intrigen. Das Ziel der Menschen besteht also vorrangig darin, Überlegenheit zu erlangen. Ihr Charakter wird von einem Trieb beherrscht, den der Philosoph Friedrich Nietzsche als den »Willen zur Macht« beschrieb. Sogar im Bett, erklärte Adler sinngemäß, spiele das Machtstreben mit seinem Oben und Unten eine dominierendere Rolle als die sexuelle Lust. Die »Individualpsychologie« Adlers sieht im Menschen ein weit weniger kompliziertes Wesen als die Psychoanalyse. Beachtung fand die Lehre vor allem bei Pädagogen.

Wie Adler glaubte auch der Pastorensohn Jung (1875–1961), die Psychoanalyse nehme den Sexualtrieb übertrieben wichtig. Statt dessen sprach er von einer allgemeinen seelischen Energie, die das Wesen Mensch vorantreibe. Überdies stellte er neben das individuelle das »kollektive Unbewußte« und prägte den Begriff des »Archetypus«.

Jung war die Geschichte eines schizophrenen Patienten zu Ohren gekommen, der »gesehen« hatte, wie die Sonne mit ihrem Phallus den Wind erzeugte. Da dieses Bild in Mythen auftaucht, die der Kranke unmöglich kennen konnte, zog Jung – nach weiteren Forschungen – den Schluß: In den ältesten Mythen und Märchen gibt es Urbilder, universale Motive und Symbole, die uns auch in den Phantasien, Träumen, Delirien und Wahnideen heutiger Menschen begegnen. Das heißt, in jedem Menschen muß ein Element stecken, das uns die Produktion solcher Urbilder möglich macht. Dieses Element bezeichnete er als »Archetypus«. Es werden also nicht die Urbilder vererbt, sondern die Archetypen, mit deren Hilfe die Urbilder entstehen.

Die Urbilder haben ihren Sitz im »kollektiven Unbewußten«. Von dort aus beeinflussen sie, ohne daß wir es merken, Gefühl und Verstand. Ein schillerndes Urbild im Unbewußten des Mannes ist die Figur der Anima. Der Begriff besagt unter anderem, daß jeder Mann das Bild der idealen Frau in sich trägt – und zwar »nicht das Bild *dieser* bestimmten Frau, sondern *einer* bestimmten Frau«. Und dieses Frauenbild in uns ist der genetische Niederschlag aller Erfahrungen, die unsere Ahnen seit frühesten Zeiten mit weiblichen Wesen gemacht haben und von denen die Mythen und Märchen berichten. Praktisch bedeutet das: Eine Beziehung zu einer Frau kann zerbrechen, weil sie zu stark vom unbewußten Anima-Bild des Mannes abweicht. Und daß die Verbindung überhaupt zustande kam, liegt möglicherweise daran, daß er sie irrtümlich mit Eigenschaften seiner Anima-Gestalt ausgestattet hat, welche die real existierende Geliebte überhaupt nicht besitzt. Die Gestalt der Anima wird auch sichtbar, wenn ein Mann, was häufig vorkommt, zwar die Frauen, aber nicht den Typ wechselt. (Für Frauen gilt in etwa das gleiche. Sie tragen die Gestalt des »Animus« in sich.) Jung war ein unerhört gelehrter Mann, der mit seinem Wissen den Leser geradezu erschlägt. Nach seinem Bruch mit Freud nannte er seine Lehre, die auch eine »aufdeckende Methode« enthält, »Analytische Psychologie«.

Besonders die allmähliche Abkehr Jungs belastete Freud. Er hatte ihn nicht nur als seinen Erben angesehen, der sein Werk fortführen sollte, sondern auch die Hoffnung gehegt, der »Germane« könne ihm helfen, das Vorurteil der »Arier« gegenüber der »jüdischen« Psychoanalyse abzubauen. Nach 1933 geschah das Gegenteil. Hitler war an die Macht gekommen, und Jung äußerte sich in einer Weise über die Juden und die Psychoanalyse, daß er bis heute im Ruf eines Antisemiten steht. Schon lange vor dem Bruch war die Beziehung der beiden Denker zwiespältig. Die Freundschaft, analysierte der Freud-Experte Kurt R. Eissler, bedeutete für Jung eine homosexuelle Gefahr, die er durch Ekelgefühle abwehrte. Der Schweizer war als Knabe von einem Mann mißbraucht worden, den er – wie später Freud – schwärmerisch verehrt hatte. Offensichtlich befürchtete er eine Wiederholung des Erlebnisses – was einen Wunsch danach ausdrücken könnte. Überdies empfand der Pastorensohn seinem Vater gegenüber zunächst zärtliche Gefühle, die dann in Verachtung umschlugen. Und diese Gefühlswandlung – Idealisierung am Anfang, Haß und Feindseligkeit am Ende – wiederholte sich nun in seinem Verhältnis zu der Vaterfigur Freud.

So warf der auf geistige Unabhängigkeit drängende Schüler der übermächtigen Autorität Freud vor, er könne keine Kritik vertragen. Tatsächlich neigte der Begründer der Psychoanalyse dazu, andersdenkende Kollegen wie Kranke zu behandeln. Doch seine Briefe an Jung bezeugen, daß er sich ihm gegenüber lange Zeit in rührender Geduld und Nachsicht übte.

Zweimal fiel er in Gegenwart von Jung in Ohnmacht. Der Konflikt, der hinter den Anfällen steckte, ist äußerst komplex. Und auch über die äußeren Anlässe gibt es verschiedene Deutungen. Die beiden aufschlußreichsten lassen sich etwa so zusammenfassen:

1909 fuhren die Freunde nach Amerika. Bevor sie in Bremen an Bord gingen, besuchten sie ein Lokal, das »Essighaus«. Dort verführte Freud den vom Trinker zum Abstinenzler bekehrten Jung, Wein zu trinken. Das Gespräch drehte sich dann um prähistorische Menschenskelette, die nahe der Hansestadt entdeckt worden waren. Jung, der sich in der Frühgeschichte auskannte, dozierte über die Funde so lange, bis Freud ihn fragte, ob er, Jung, seinen, Freuds, Tod wünsche. Danach fiel Freud in Ohnmacht.

Der zweite Schwächeanfall ereignete sich 1912 bei einem Kongreß in München. Während eines Spaziergangs sprachen die beiden Männer über ein Mißverständnis, bei dem es um einen rechtzeitig oder zu spät abgeschickten Brief ging. Wie zuvor beim Alkohol gewann Freud auch diesmal. Am Mittagstisch, wo sie nicht mehr allein waren, kam das Gespräch auf den ägyptischen Pharao Amenhotep IV. (Echnaton), der dreizehnhundert Jahre vor Christus die Sonne zum einzigen Gott erhob und damit die monotheistische Religion begründete. Zugleich ließ der König aus allen Inschriften den Namen seines Vaters auskratzen. Jung hielt den Religionsstifter für ein Genie; die Tilgung des väterlichen Namens sei »nicht die Hauptsache«. Daraufhin fiel Freud erneut in Ohnmacht.

Beide Anfälle ereigneten sich, nachdem Freud einen kleinen Sieg über Jung errungen hatte, so daß man die Ohnmacht als Preis oder Strafe betrachten kann. Überdies war jedesmal vom Tod die Rede. Und vor allem in München mag Freud empfunden haben, man wolle ihn – wie den Vater Amenhoteps – auslöschen. Jedenfalls schrieb er kurze Zeit später in einem Brief: »Sie (die aufsässigen Mitglieder der Vereinigung) können es alle kaum erwarten, aber ich kann ihnen antworten wie Mark Twain in einem ähnlichen Fall: ›Nachrichten von meinem Tod stark übertrieben‹.«

Der Streit und die Austritte beunruhigten Freud derart, daß er der Gründung eines »Komitees« zustimmte. Wie die Paladine im Reich Karls des Großen sollten einige auserwählte Schüler in der psychoanalytischen Bewegung für Zucht und Ordnung sorgen. Dieses Krisenkabinett »zum Schutze meiner Schöpfung« (Freud) bestand zwölf Jahre. Seine Besonderheit: Es handelte sich um eine Art Geheimbund, von dessen Existenz zumindest offiziell niemand etwas wußte. Freud selbst war sich über die »knabenhafte Romantik«, die das »Komitee« dadurch bekam, durchaus im klaren. Jedem der auf ihn eingeschworenen Mitglieder schenkte er eine antike griechische Gemme, »die wir dann in goldene Ringe fassen ließen« (Biograph Ernest Jones).

1 *Siehe auch: »Die Krankheitslehre der Psychoanalyse«, herausgegeben von Wolfgang Loch, S. Hirzel Verlag, Stuttgart, 1977, der der Darstellung in den Grundzügen folgt.*

2 *Siehe auch: Charles Brenner: »Grundzüge der Psychoanalyse«, S. Fischer Verlag, Frankfurt/Main, 1976*

3 *»Der Wolfsmann – Erinnerungen, Berichte, Diagnosen«, Frankfurt/Main, 1972*

Sigmund Freud und die Philosophie

Neben Karl Marx der einflußreichste Denker des zwanzigsten Jahrhunderts

Im Alter nahm Freuds Interesse an philosophischen Fragen zu. Besonders beschäftigte ihn die Kultur, für die das Triebwesen Mensch nicht geeignet sei. Beweis: Die zahllosen Verbote in Form von Gesetzen. – Obgleich der Krebs weiterhin seinen Mund zerfraß, paffte Freud seine geliebten Zigarren und war unerhört produktiv. Die Frage nach dem »Sinn« des Lebens und des Sterbens hielt er für krankhaft.

Als 1914 die Österreicher – wie alle beteiligten Völker – den Ausbruch des Ersten Weltkrieges bejubelten, ließ auch Sigmund Freud sich von den Wogen der Begeisterung mitreißen. »Meine ganze Libido«, schrieb er, »gehört Österreich-Ungarn.« Geradezu beglückt verfolgte er den Einmarsch der deutschen Truppen in Frankreich und beklagte, daß sein geliebtes England auf der »unrechten Seite« stehe.

Freud gehörte nicht zu jenen Ärzten, die ihren Patienten großzügig die militärische Untauglichkeit attestierten. Von seinen drei Söhnen kämpften zwei in den Schützengräben. Freud bangte um sie und träumte, es würde ihnen etwas zustoßen. Aber die unerbittliche Wahrhaftigkeit zwang den 58jährigen Vater, die Befürchtung als einen unbewußten Wunsch, als einen Neid auf die Jugend seiner Kinder zu entlarven.

Nur wenige Wissenschaftler, darunter der in Berlin lebende Albert Einstein, protestierten damals gegen den Krieg. Und es ist schon verwunderlich, daß sich Freud nicht auf die Seite dieser kleinen Gruppe radikaler Pazifisten schlug. Biograph Jones deutete die Euphorie seines Helden als ein »Wiederaufleben der militärischen Begeisterung seiner Kindheit«. Und Max Schur, der spätere Leibarzt des Analytikers, betonte, daß »Freuds patriotische Stimmung schnell zu verfliegen begann«.

Tatsächlich war der Enthusiasmus des sonst so skeptischen Mannes schon nach wenigen Monaten merklich abgekühlt. In der Zeit danach empörte er sich aber weniger über den Krieg. Vielmehr »enttäuschte« ihn die brutale Art, mit der sich die Menschen niedermetzelten. Er war entsetzt über die Dauer und Verwilderung des Totentanzes, für die er Österreichs Feinde verantwortlich machte.

Die Motive, die Menschen zu den Waffen greifen lassen, erörterte er in seinem 1915 vollendeten Essay »Zeitgemäßes über Krieg und Tod« – der wohl tiefsinnigsten Analyse des Phänomens, daß sich Völker, die ein und derselben Kultur angehören, gegenseitig umbringen.

Der Kulturstaat, erklärte Freud unter anderem, mache seinen Bürgern »überstrenge Vorschriften« und verbiete ihnen zum Beispiel, »sich der außerordentlichen Vorteile zu bedienen, die der Gebrauch von Lüge und Betrug im Wettkampf mit dem Mitmenschen schafft«. Doch fordere der Staat mit seiner Kultur der Verbote (in Form von Gesetzen) und des Gehorsams die »weitgehende Selbstbeschränkung« und damit den »weitgehenden Verzicht auf Triebbefriedigung« nicht etwa, um das Unrecht abzuschaffen. Er untersage vielmehr den Gebrauch des Unrechts, um es – wie Tabak und Salz – für sich zu monopolisieren. Den Einwand, der Staat könne auf verabscheuungswürdige Mittel wie die des Krieges nicht verzichten, »weil er sich dadurch in Nachteil setze«, ließ Freud nicht gelten. Denn der einzelne Bürger verzichte ja auch darauf, sich durch »brutale Machtbetätigung« Vorteile zu verschaffen.

Der Druck, den die Gesetze und Normen des Kulturstaates auf die Menschen ausüben, verbilde deren Charakter. Das heißt: Der

Bücherverbrennung in Berlin 1933. Wie die Werke von Heinrich Mann, Arnold Zweig, Albert Einstein und anderen Dichtern und Denkern, so wurden auch die Schriften Freuds ein Opfer des Feuers, das die Nazis angezündet hatten. Dies sollte ein Bekenntnis »für den Adel der menschlichen Seele und gegen die seelenzerstörende Überschätzung des Sexuallebens eines gewissen Sigmund Freud« sein. Freud reagierte ironisch: Immerhin befinde er sich mit Mann, Zweig und Einstein in bester Gesellschaft. Überdies stelle die Bücherverbrennung einen Fortschritt dar. Im Mittelalter hätte man ihn selbst verbrannt. Freud sollte sich täuschen: Vier seiner Schwestern und viele seiner Schüler starben in den KZs oder wurden von den Nazis umgebracht.

Gasvergifteter Soldat im Ersten Weltkrieg. Noch bevor die heimtückische Waffe erfunden worden war, hatte sich Sigmund Freud über die Länge und zunehmende Brutalisierung des Krieges beklagt. Im Gegensatz zu Albert Einstein und anderen Geistesgrößen war Freud seltsamerweise kein radikaler Pazifist. Als 1914 der Krieg ausbrach, ließ er sich sogar vom allgemeinen Jubel anstecken. Merkwürdig ist auch, daß seine Verehrung Männern wie Hannibal und Napoleon galt, die Tausende von Soldaten in den Tod geschickt hatten. Gleichwohl enthält Freuds schon 1915 vollendete Schrift »Zeitgemäßes über Krieg und Tod« die tiefsinnigsten Gedanken zu der Frage, wie es kommen kann, daß sich Völker, die derselben Kultur angehören, gegenseitig umbringen.

Bürger ist genötigt, »dauernd im Sinne von Vorschriften zu reagieren«, die nicht Ausdruck seiner Triebneigung sind. Wer so lebt, »darf objektiv als Heuchler bezeichnet werden. Es gibt also ungleich mehr Kulturheuchler als wirklich kulturelle Menschen.« Man müsse deshalb den Standpunkt diskutieren, ob nicht zur Aufrechterhaltung der Kultur ein gewisses Maß an Kulturheuchelei unerläßlich sei.

Das ergibt: Gemessen an unseren Triebneigungen, sind wir für die von uns geschaffene Kultur mehr oder weniger ungeeignet. Und da wir bewußt oder unbewußt unter der Kultur des Gehorsams leiden, eröffnet uns der Krieg die Möglichkeit, uns für eine Weile dem kulturellen Druck zu entziehen und den unterdrückten Trieben »Befriedigung zu gönnen«. In Wirklichkeit, resümierte Freud, seien wir (die im Krieg stehenden Völker) gar nicht so tief gesunken, weil wir (als heuchlerische Kulturvölker) gar nicht so hoch gestiegen waren.

Weshalb uns der Krieg Triebbefriedigung verschafft, erklärte Freud aus unserem »Verhältnis zum Tod«. »Im Unbewußten«, behauptete er, »sei jeder von seiner eigenen Unsterblichkeit überzeugt«. Wenn wir uns den eigenen Tod vorstellten, so wären wir daran nur als »Zuschauer« beteiligt. Dagegen beseitigen wir in »unseren unbewußten Regungen täglich und stündlich alle, die uns im Weg stehen, die uns beleidigt und geschädigt haben«. Die Floskel, »hol' ihn der Teufel«, sei der Ausdruck eines ernsthaften und kraftvollen Todeswunsches in unserem Unbewußten. Beurteilt man uns also nach unseren Wunschregungen, so muß man uns wie die Ur-Menschen für »eine Rotte von Mördern« halten. Der Krieg brauche mithin lediglich unsere kulturellen Auflagerungen abzustreifen, und schon komme der morddurstige Vorzeitmensch in uns hoch. Freud dachte sich: Wir müssen uns klar machen, daß wir unbewußt immerzu den Tod anderer Menschen wünschen und deshalb trotz aller Kultur letztlich Barbaren geblieben sind. Haben wir dies erst einmal erkannt, dann ist zwar von unserer Selbstachtung nicht mehr viel übriggeblieben, aber es entsteht die Chance, das Leben auf Erden wahrhaftiger und erträglicher zu gestalten. Oder anders: Die Einsicht, daß wir im Unbewußten allesamt zu Mord und Totschlag neigen, könnte uns – vielleicht – zu größerer Vorsicht in der Politik verhelfen.

Die Verzweiflung, die das maßlose, aggressive Verhalten der Menschen in ihm auslöste, gehörte fortan zu den Grundtönen, die in seinen Werken anklingen. Hatte er die philosophischen Grundlagen seines Denkens bis dahin eher als unwichtig abgetan, so verwandelte er sich nun selbst in einen Philosophen. Heute zählt man ihn – wie Arthur Schopenhauer – zu den »großen Pessimisten«, die im Gegensatz zu den zukünftigen »Optimisten« – wie Karl Marx – nichts Frohlockendes zu berichten haben.

Gegen Ende des Krieges wußte Freud oft nicht, wie er die Seinen über den Tag bringen sollte. Die Praxis ging schlecht, und die Lebensmittel wurden knapp. Fleisch, das Freud besonders gern aß, gab es überhaupt nicht mehr. Der Kampf ums Dasein strapazierte die Bevölkerung derart, daß viele Bürger die tiefgreifenden politischen Veränderungen des Jahres 1918 nur oberflächlich wahrnahmen. Denn kaum schwiegen die Waffen, löste sich das ehemals mächtige und glorreiche Habsburger Reich auf. So wurde Freuds Heimat Mähren Teil eines neuen Staates, der Tschechoslowakei. Im November 1918 dankte Kaiser Karl I. ab, und das geschrumpfte Österreich gab sich eine demokratische Verfassung.

Wie vor der Jahrhundertwende hatte Freud sich während des Krieges einsam gefühlt. Seine Anhänger dienten entweder in der Armee oder saßen im feindlichen Ausland. Zunächst war es hin und wieder möglich, über neutrale Staaten Briefe zu wechseln. Doch zuletzt blieb jede Nachricht aus. Und so wußte er auch nicht, welchem Schicksal seine Lehre im Ausland ausgesetzt war. In England zum Beispiel konnte sich die Bevölkerung schon über einen Menschen erregen, der sich bewundernd über deutsche Komponisten wie Beethoven oder Brahms ausließ. Das gleiche galt zunächst auch für Freud und seine Psychoanalyse. In dem Haß gegen die Lehre des Österreichers steckt eine ironische Pointe. Jahre zuvor wollte Freud mit Hilfe seines »Kronprinzen« Carl Gustav Jung die hauptsächlich von Juden betriebene Psychoanalyse gleichsam arisieren, um sie von antisemitischen Vorurteilen zu befreien und so rascher zu internationalem Ansehen zu bringen. Dieser Plan hatte seine treuen jüdischen Schüler tief gekränkt, so daß viele von ihnen auch deswegen aufatmeten, als die Freundschaft zwischen Freud und Jung zerbrach. Als dann der Krieg ausbrach, wurde die – immer noch jüdische – Psychoanalyse als ein typisch germanisches Geistesprodukt betrachtet, das nur destruktiv und dekadent sein konnte.

Doch im Verlauf des Krieges konnten die Militärärzte auf beiden Seiten der Front nicht mehr übersehen, daß sich Freuds analytische Methode als ein nützliches Instrument erwies, um die seelischen Zusammenbrüche von Frontsoldaten (»Granatenschocks«) zu lindern. Vor allem diesem Erfolg verdankte es die Psychoanalyse, daß sie in den Feindesländern den Ersten Weltkrieg überstand. Doch davon erfuhr Freud erst 1919, als die Postzensur aufgehoben wurde und die Briefe von Ernest Jones durch das wieder geöffnete »Fenster zum Käfig Österreich« (Freud) gelangten. Ein Jahr später fand in Den Haag bereits ein Kongreß statt, auf dem die Psychoanalytiker aus den zuvor noch verfeindeten Staaten zusammentrafen.

Freuds Söhne kehrten wohlbehalten aus dem Krieg zurück. Und 1919 suchten zwar genug Patienten die Praxis in der Berggasse auf, zumal sich herumgesprochen hatte, daß Freud zu einer weltberühmten Persönlichkeit geworden und für den Nobelpreis vorgeschlagen worden war (den er nie bekam). Dennoch hatte die Familie kaum genug zum Leben. Die Hungersnot und die galoppierende Inflation brachten Freud schließlich dazu, einen Rat seines Getreuen Jones zu prüfen: die Auswanderung nach England. Erst als den im Ausland lebenden Verwandten und Freunden klar wurde, welchen Bedrängnissen die Familie ausgesetzt war, und sie Lebensmittelpakete zu schicken begannen, schlug sich Freud den Gedanken an die Emigration wieder aus dem Kopf.

Unter den vielen Wohltätern befand sich ein Mann, der als Forscher wenig Bedeutung hat, dafür aber um so mehr mit seinem Herzen der Psychoanalyse zugetan war. Max Eitingon, 1881 in Rußland geboren, hatte wegen eines schweren Sprachfehlers das Abitur nicht machen können. Doch gelang es ihm später, Medizin zu studieren. Er besaß einen ungewöhnlichen Sinn für Geld und Geschäfte und stellte große Teile seines Vermögens der »Sache« (Freud) zur Verfügung. So gründete und finanzierte er 1920 das Berliner Psychoanalytische Institut, an dem Analytiker ausgebildet und Menschen behandelt wurden, die man heute die »Unterprivilegierten« nennt. Außerdem rettete Eitingon ein Jahr später den »Internationalen Psychoanalytischen Verlag« vor dem Bankrott. Freud, der vom kommerziellen Instinkt seines Freundes fasziniert war, übergab ihm schließlich den »Ring« – was die Aufnahme in den inneren Kreis der Vereinigung, in das geheime »Komitee«, bedeutete. Eitingon floh später vor den Nazis nach Palästina und rief in Jerusalem ein Institut nach dem Berliner Vorbild ins Leben. Er starb 1943.

Freuds Plan, nach England auszuwandern, verrät zugleich seine Abneigung gegenüber Amerika. Obgleich seine Lehre in den USA hoch geachtet war und man ihn dort gern aufgenommen hätte, kam das Land für ihn als zweite Heimat nicht in Frage. Seit seinem Besuch im Jahre 1909 argwöhnte er, die Amerikaner seien ein oberflächliches Volk, und seine Theorie werde in der Neuen Welt zwar in die Breite, aber nicht in die Tiefe gehen. Dabei übersah er, daß die Breitenwirkung günstig für die Tiefenwirkung sein kann. Denn je mehr Menschen überhaupt von einer Wissenschaft Notiz nehmen, um so mehr bleiben sozusagen an ihr hängen. Doch abgesehen davon sorgten die nach 1933 von den Nazis vertriebenen Analytiker dafür, daß die USA bis heute in der psychoanalytischen Forschung führend sind.

Mit fortschreitender Erkenntnis sah Freud sich gezwungen, seine Theorie auch begrifflich auf den jeweils neuesten Stand zu bringen. Zu einer großen Revision kam es ab 1920, als er seine Trieblehre und das sogenannte topische (örtliche) Modell veränderte. Hatte er im ersten topischen Modell die menschliche Psyche in die Systeme Unbewußt, Vorbewußt und Bewußt aufgeteilt, so stellte er im zweiten

Modell – in der »Strukturtheorie« – die Begriffe »Es – Ich – Über-Ich« heraus. Pauschal gesagt lag der Grund für die Neuerung darin, daß das zweite Modell eine wesentlich differenziertere Darstellung des Wechselspiels zwischen den drei seelischen Instanzen zuläßt, wobei besonders der Begriff des »Ich« das Verständnis für die Ursachen seelischer Leiden erweiterte.

Der Ausdruck »Es« taucht bereits in den Schriften des Philosophen Friedrich Nietzsche auf. Freud übernahm ihn jedoch von dem Arzt Georg Groddeck und veränderte zugleich den Inhalt des Begriffs.

Das »Es«, so Freud, ist der Triebpol, der dem Ich Antrieb und Energie gibt, wobei in der Energie aggressive und sexuelle (libidinöse) Elemente vermischt sind. Die Energien des Es streben nach sofortiger Abfuhr (Primärvorgang). Das heißt, das Es will seine sexuellen und aggressiven Triebe unverzüglich befriedigen.

Das »Ich« umfaßt die psychischen Funktionen, die unsere Beziehung zur Umwelt regeln. Es enthält unter anderem die uns bewußten Gedanken und Gefühle, ist gleichsam der Sitz unserer Sprache, sorgt für die Beherrschung der Motorik (Bewegung) und prüft die Realität, so daß wir in einer Situation angemessen reagieren.

Zugleich ist das Ich für die Steuerung und Beherrschung der Triebenergien verantwortlich. Gewöhnlich nehmen wir an, daß das Ich alle psychischen Funktionen bewußt ausübt. In Wirklichkeit aber arbeitet auch das Ich unbewußt – und zwar dann, wenn es einen aus dem Es drängenden Triebimpuls abwehrt. Die von Freud genau beschriebene »Abwehr« sorgt dafür, daß wir – vereinfacht gesagt – mit uns selbst und der Umwelt in Einklang leben können. Denn in der Abwehr wehrt sich unser Ich gegen das Bewußtwerden unserer verbotenen sexuellen und aggressiven Wünsche. Beispiel: der Wunsch nach Befriedigung unerlaubter sadistischer, masochistischer und inzestuöser Triebregungen.

Das Ziel der Abwehr ist mithin der Verzicht auf eine Triebbefriedigung, die uns andernfalls mit unserem Gewissen, den Mitmenschen oder gar dem Gesetz in Konflikt gebracht hätte. Eine der vielen Möglichkeiten der Abwehr ist die »Verdrängung«. Sie besagt, daß etwas, das uns einmal bewußt war, nun nicht mehr gegenwärtig ist und nur gegen einen inneren Widerstand erinnert werden kann.

Freuds bedeutende Entdeckung besteht vor allem darin, daß uns die Abwehr nicht bewußt ist. Genauer: Sowohl die verdrängten Triebwünsche als auch die Abwehr, die unser Ich leistet, sind unbewußt.

Diese Erkenntnis erklärt ein besonderes Phänomen der psychoanalytischen Therapie: Der Patient sucht Hilfe und Heilung. Aber ein Teil seines Ich wehrt sich unbewußt mit allen Kräften dagegen, weil es sich vor der – für die Heilung erforderlichen – Aufdeckung der sexuellen und feindseligen Wünsche ängstigt. Bis Freud diese Einsicht gewonnen hatte, vertraten die Ärzte die irrige Auffassung, daß Patient und Arzt gemeinsam an der Heilung arbeiten. Inzwischen hat auch die mit den körperlichen Krankheiten befaßte Medizin erkannt, daß viele Patienten genau das Gegenteil tun. Sie arbeiten gegen den Arzt und seine Therapie – und zwar ohne es zu wissen.

Das »Über-Ich« spielt vor allem die Rolle des strengen und strafenden Richters. Es kontrolliert, ob wir uns an die – von den Eltern und anderen Personen vermittelten und von uns verinnerlichten – Ge- und Verbote halten und ahndet deren Übertretung in Form von Schuldgefühlen. Überdies gehört zum Über-Ich das »Ich-Ideal«. Unter diesem Begriff versteht man die Vorstellung beziehungsweise die Bestrebung, wie wir gern sein möchten (edel, erfolgreich, umschwärmt usw.).

Die Aufgabe des Ich liegt darin, zwischen den Forderungen des Über-Ich und denen der Umwelt sowie den aus dem Es drängenden Triebwünschen zu vermitteln. Jedes Produkt seelischer Tätigkeit wird als das Ergebnis der Wechselwirkung von Es, Ich und Über-Ich betrachtet.

Beispiel: Ginge es nach dem aus unserem Es drängenden Wut-Impuls, so würden wir einen rücksichtslosen Autofahrer vielleicht so schneiden, daß er gegen die Leitplanke rast (Todeswunsch).

Doch mit Hilfe des Über-Ich hemmt das Ich den Impuls und erspart uns so Schuldgefühle und Strafe, die uns als Verursacher des Unfalls quälen würden. Der Einklang von Es, Ich und Über-Ich könnte sich vom Hupen bis zu einer Drohgebärde wie dem Zeigen der Faust ausdrücken.

Das Über-Ich entsteht aus dem Ödipus-Komplex. Genauer aus dem Verzicht des Kindes, mit dem einen Elternteil inzestuös zu verkehren und den als Rivalen empfundenen anderen Elternteil zu beseitigen. Fortan weitet sich das Über-Ich durch Erziehung, Religion und Moral zu einer strengen und mächtigen Instanz aus, die – wenn sie besonders streng ist – das nach Lust strebende Individuum in zahllose Leiden stürzt. So kennen wir alle das »schlechte Gewissen«, das Selbstvorwürfe und den Wunsch nach Selbstbestrafung hervorruft. Mit dem Vokabular des zweiten Struktur-Modells formulierte Sigmund Freud die Quintessenz seiner Philosophie: »Wo Es war, soll Ich werden.«

Dreimal war Freud auch genötigt, seine Triebtheorie zu verändern. Grundsätzlich ist die Quelle eines Triebes ein körperlicher Reiz. Und das Ziel des Triebes besteht darin, den Reiz oder Spannungszustand aufzuheben. So drängt beim Sexualakt der Trieb darauf, das Triebziel – die Befriedigung – zu erreichen und so die Summe der Erregung gleichsam auf Null zu drücken.

Zunächst sprach Freud von zwei Triebarten, die unser gesamtes Triebleben beherrschen: den Sexualtrieben und den Selbsterhaltungs- und Ichtrieben, die auf die Befriedigung der nicht-sexuellen Bedürfnisse wie Essen und Trinken ausgerichtet sind. Danach neigte er zu der Auffassung, es gebe nur einen, den Sexualtrieb, und das, was er die Ichtriebe genannt hatte, seien so etwas wie dessen Abkömmlinge. Dabei muß man wissen, daß Freud den Begriff der Sexualität weit auslegte, ungefähr so, wie wir das Wort »lieben« verstehen, das wir auch außerhalb des Schlafzimmers verwenden, um unsere zärtlichen Regungen gegenüber Menschen, Tieren oder Gegenständen auszudrücken.

Der abgerundete und schlüssig klingende Begriff des Sexualtriebs brach ihm gleichsam auseinander, als Freud sich vor dem Ersten Weltkrieg mit dem Phänomen des Narzißmus zu beschäftigen begann. Zum Wesen des Sexualtriebs gehört, daß der körperliche Reiz oder Spannungszustand mit Hilfe eines anderen – vorhandenen oder phantasierten – Objekts abreagiert wird. Dagegen teilt die narzißtische Persönlichkeit das Schicksal jenes mythischen Jünglings, der dazu verurteilt war, ausschließlich sich selbst zu lieben. Das bedeutet, das narzißtische Individuum richtet seine gesamten sexuellen Bestrebungen (Libido) auf den eigenen Leib und liebkost ihn bis hin zur Befriedigung, so wie der normal Liebende seinen Partner.

Freud unterschied deshalb zwischen einer Objekt- und einer Ichlibido. Da wir nun alle mehr oder weniger narzißtisch veranlagte Wesen sind, läßt sich mit dem Begriffspaar auch unser Liebesleben beschreiben. Dabei gilt die ökonomische Regel: Je stärker wir unser Ich mit Libido (sexueller Energie) besetzen und sie dort »verbrauchen«, um so mehr »verarmt« die Objektlibido, also die Liebe zum anderen Menschen. Das erkannte auch Wilhelm Busch, als er über den von Zahnschmerzen geplagten Dichter reimte: »Einzig in der engen Höhle des Backenzahnes weilt die Seele.« Anhand dieser Zeile zeigte Freud auf, daß der Kranke seine nach außen gerichteten Interessen, einschließlich seiner sexuellen, so lange aufhebt und auf sein Ich lenkt, bis er wieder gesund ist.

Freud beobachtete den Narzißmus unter anderem beim Geisteskranken, der sein Ich aufbläht und sich etwa für Napoleon hält. Nach Ansicht des Analytikers hat dieser Kranke seine Libido zugunsten seines Größenwahns von anderen Personen abgezogen und behandelt sie nur noch wie Marionetten oder Befehlsempfänger. Neuere Forschungen haben ergeben, daß derlei Fälle verwickelter sind. Danach liegt dem schizophrenen Größenwahn das Gefühl der eigenen Wertlosigkeit zugrunde. Das heißt, der Geisteskranke sehnt sich in den tiefsten Schichten seines Unbewußten nach Beziehungen zu anderen Menschen. Doch zerstört ihn die Furcht, er sei es nicht wert, geliebt zu werden. Mithin ist sein Größenwahn eine »Abwehr« gegen das Gefühl der eigenen Wertlosigkeit.

Eine andere Form des Narzißmus drückt sich in der Selbstüberschätzung aus, die – so Freud – Kindern und Naturvölkern eigen ist. Beide glauben sie an die »Allmacht der Gedanken« und an die »Zauberkraft der Worte« und überschätzen deren Einfluß auf die Wirklichkeit. Im Märchen besitzen Hexen und gute Feen die magische Kraft, ohne jede Mühe die Welt zu verändern. Das Kind glaubt an solche Kräfte, um sich gegen die eigenen Ohnmachtsgefühle zu behaupten.

Narzißtisch verhält sich schließlich auch der eingebildete Kranke (Hypochonder), der nicht fähig ist, Interesse für die Umwelt aufzubringen, weil er sich nur noch mit dem Gesundheitszustand seines Körpers beschäftigt. Seine oft von Verzweiflung und Depressionen begleitete Selbstbeobachtung kann ihn aber letztlich auch nicht vor Krankheiten schützen. Denn für ihn gilt – wie für alle Menschen – eine tiefe Erkenntnis Freuds, die besagt: Man muß lieben, um nicht krank zu werden. Und man wird krank, wenn man nicht lieben kann.

Gewöhnlich ist die erste Person, die der Säugling als Liebesobjekt erlebt, die ihn nährende und pflegende Mutter. Sie spielt später, bei der Wahl des Partners, bewußt oder unbewußt die Rolle des Vorbilds. Doch gibt es noch eine zweite Art der Objektwahl, bei der nicht die Mutter, sondern die eigene Person – wie sie ist oder wie man sie sich wünscht – als Vorbild dient und die deshalb »narzißtisch« genannt wird.

Im ersten Fall wählt man den Partner, weil man bei ihm vor allem Schutz und Geborgenheit finden möchte. Im zweiten Fall könnte bei der Wahl der Wunsch ausschlaggebend sein, die eigene Person zu ergänzen. So tendieren unansehnliche Männer dazu, sich mit einer schönen Frau zu schmücken. Dabei ist die Libido weniger auf den Partner als auf das eigene Ich gerichtet. Denn die attraktive Gattin verschafft dem Mann die Möglichkeit, sich mehr zu lieben oder, salopper ausgedrückt, sich als einen tollen, unwiderstehlichen Typ zu fühlen.

Allerdings sind, so Freud, weniger die Männer als vielmehr die

Frauen narzißtisch veranlagt. Besonders die Schönen unter ihnen wollen ihren Partner nicht lieben, sondern von ihm geliebt werden – was dann ihre Selbstliebe vermehrt. Da solche Frauen ihre Libido auf die eigene Person gerichtet haben und deshalb nur eine geringe Objektlibido entwickeln können, wirken sie besonders kühl. Und gerade diese Eigenschaft, die nicht selten durch eine sorgfältige Verschönerung des Körpers (elegante Kleider, teure Parfums) gesteigert wird, macht das narzißtische Weib für Männer häufig begehrenswert. Denn nach Freud neigen Männer mehr zur Partner- als zur Selbstliebe. Folge: Die narzißtische Frau verstärkt durch ihre katzenhafte Unzugänglichkeit die männliche Objektlibido, wobei die Ichlibido der Männer entsprechend abnimmt.

Mit seiner letzten Umarbeitung seiner Trieblehre stürzte Freud die Psychoanalytiker in eine Verwirrung, mit der sie bis heute nicht fertig geworden sind. Selbst Ernest Jones, sein treuester Knappe, »schüttelte den Kopf«, wie Freud prophezeit hatte, als er kurz nach dem Ersten Weltkrieg seine große Abhandlung »Jenseits des Lustprinzips« zu Papier brachte.

Der Essay ist die bedeutsamste »metapsychologische Schrift« des genialen Mannes. Unter dem Begriff »Metapsychologie« versteht man, verkürzt gesagt, eine Theorie, die über die konkrete Erfahrung hinausgeht und über die Funktionsweise des Unbewußten spekuliert.

Freud, der den Ausdruck Metapsychologie dem philosophischen Begriff »Metaphysik« entlehnte und so darauf anspielen wollte, daß sich auch die Psychologie mit sogenannten letzten, der Naturwissenschaft entzogenen Dingen befaßt, bezeichnete seine Wortschöpfung als eine »Betrachtungsweise«. Und in diesem Sinn wollte er seine Schrift »Jenseits des Lustprinzips« verstanden wissen.

Kurz nach Ende des Krieges traf Freud ein doppelter Verlust. Anton von Freund, ein Industrieller aus Budapest, hatte sowohl den »Internationalen Psychoanalytischen Verlag« als auch die psychoanalytische Bewegung großzügig unterstützt. Der Fabrikant war an einem bösartigen Krebs operiert worden. Um mit der Angst vor einem Rückfall fertig zu werden, bat er Freud um eine Analyse. Die Behandlung verbesserte die seelische Verfassung von Freund, so daß sich auch der Analytiker Hoffnungen machte, die neu gewonnene psychische Kraft könnte helfen, die mögliche Bildung von Metastasen zu verhindern. Doch bald mußte Freud zusehen, wie sein Gönner vom Krebs gleichsam aufgefressen wurde und qualvoll starb. Nach seinem Tod vernichtete die Inflation die beträchtliche Spende, so daß das bereits erwähnte Finanzgenie Eitingon einspringen mußte, um den Verlag vor dem Bankrott zu bewahren.

Kurz danach holte das Schicksal zu einem zweiten Schlag aus, der die Familie Freud in lähmende Trauer versetzte. 1920 grassierte in Europa die Grippe, die angeblich mehr Menschen hinwegraffte als der Erste Weltkrieg. Eins ihrer Opfer wurde die 27jährige, in Hamburg verheiratete Freud-Tochter Sophie. Als ihr Vater vom Tod seines Lieblingskindes erfuhr, schrieb er seinem Freund und Mitstreiter Sándor Ferenczi einen verzweifelten Brief:

»Da ich im tiefsten ungläubig bin, habe ich niemanden zu beschuldigen und weiß, daß es keinen Ort gibt, wo man seine Klage anbringen kann. Ganz tief unten wittere ich das Gefühl einer tiefen, nicht verwindbaren narzißtischen Kränkung. Meine Frau und Annerl (Anna, die Schwester Sophies) sind im menschlichen Sinne schwer erschüttert.«

Über Freuds Empfindungen läßt sich allenfalls spekulieren. Möglicherweise dachte er, Frau Freud und ihre Tochter Anna hätten einen über alles geliebten Menschen verloren. Er hingegen liebte die schöne, fragile Sophie auf eine narzißtische Weise. Sie ergänzte oder bereicherte seine Persönlichkeit und vermehrte so seine Eigenliebe. Das könnte bedeuten: Mutter und Tochter Anna trauerten um die Gestorbene, ohne ihr Selbstwertgefühl zu vermindern. Denn sie hatten ihre Liebe auf das Kind gerichtet. Freud hingegen liebte Sophie – vielleicht – auf die narzißtische Weise, nämlich als Teil seiner Person. Wenn dies so wäre, müßte er den Tod der Tochter als einen Anschlag auf sein Selbstwertgefühl, als eine Herabsetzung und Kränkung empfunden haben.

Unter Analytikern ist die Ansicht verbreitet, daß privater Schmerz und die Schrecken des Krieges Freud dazu brachten, eine völlig neue Trieblehre zu entwickeln. Gegen diese Unterstellung wehrte sich der Autor. Er habe stets darauf geachtet, persönliche Empfindungen aus seiner wissenschaftlichen Arbeit herauszuhalten.

In »Jenseits des Lustprinzips« wiederholte Freud zunächst seine Auffassung, daß die seelischen Vorgänge vom Lustprinzip bestimmt werden. Das heißt, das Lustprinzip zielt darauf ab, Lust zu erlangen und Unlust zu vermeiden. Die Wörter Lust und Unlust irritieren, weil wir im Deutschen bereits die sexuelle Erregung als Lust bezeichnen. Freud nannte diesen Zustand »Vorlust«. Die Erregung wird zur Qual (Unlust), wenn wir sie nicht kurzfristig lustvoll befriedigen können.

Freud erkannte, daß das Lustprinzip und die Vermeidung von Unlust nicht in jedem Fall greifen. Analytiker hatten beobachtet, daß Frontsoldaten, die »Kriegszitterer« des Ersten Weltkrieges, wie auch Opfer von Eisenbahn-Unglücken zwanghaft ihre schrecklichen, traumatischen Erlebnisse wiederholten – sei es in ihren Träumen, sei es in ihrem Denken und Reden. Und auch Freuds Patienten brachten das Thema immer wieder auf traumatische Ereignisse, die sie erlebt oder phantasiert hatten und von denen sie, sich zwanghaft wiederholend, berichteten.

Inspiriert wurde Freud jedoch durch ein Spiel seines Enkels Ernst Wolfgang, dem Sohn seiner Tochter Sophie. Das Spiel des 18 Monate alten Kindes bestand darin, eine Spule, um die ein Faden gewikkelt war, wiederholt über den verdeckten Rand seines Bettchens zu werfen, so daß die Spule verschwand. Das »Fortsein-Spiel« stellte die schmerzlich empfundene Abwesenheit der Mutter dar. Da Freuds Enkel die Spule während des Spiels aus dem Bett wieder hervorzog, könnte dies eine Wunscherfüllung symbolisieren: die Rückkehr der Mutter. Doch kam der Beobachter Freud auch zu dem für ihn näherliegenden Schluß, daß die entscheidende Aussage des Spiels im Verschwinden der Spule lag und einen Rache-Impuls ausdrückte: »Ja, geh nur fort (Mutter), ich brauch' dich nicht, ich schick' dich selber weg.«

Nach dieser Deutung würde der Rückzug des Spielzeugs nicht zum eigentlichen Spiel gehören. Die zurückgewonnene Spule diente dem Kind dazu, die Spule (= Mutter) aus aggressiven Impulsen heraus immer wieder wegzuwerfen. Das heißt, im Spiel ließ das Kind die Mutter verschwinden, die Mutter ging nicht von sich aus. »So macht sich das Kind zum Herrn der Situation« (Freud). Dies stellte einen Lustgewinn dar, jedoch innerhalb einer viel größeren psychischen Kraft. Und diese Kraft nannte Freud den »Wiederholungszwang«.

Die Dominanz des Wiederholungszwangs über das Lustprinzip ließ in Freud den grundsätzlichen Gedanken keimen, daß es »im Seelenleben einen Wiederholungszwang gibt, der sich über das Lustprinzip hinaussetzt«. Und während er die neue Idee weiter verfolgte, drängte sich ihm der Eindruck auf, er sei »dem Charakter der Triebe, vielleicht allen organischen Lebens überhaupt auf die Spur gekommen«. Auf Grund des Wiederholungszwangs, den er als triebhaft definierte, zog er den riskanten Schluß, der Wiederholungszwang sei ein dem »belebten Organismus innewohnender Drang zur Wiederherstellung eines früheren Zustands«. Im Klartext: Alles Leben, einschließlich des menschlichen, strebt letztlich nicht nach Lust, sondern nach der Erlösung von quälenden Reizzuständen – strebt also dorthin, wo es hergekommen ist: zum Nichts oder, wie die Buddhisten sagen, ins Nirwana, wo aller Haß und alle Gier ein Ende haben.

Demnach wäre das Leben eine Art Krebsgeschwulst der toten Materie, eine Wucherung, die irgendwann einmal durch eine unerklärliche Spannung entstanden ist. Und diese Erregung, die wir Leben nennen, trachtet die Materie »abzugleichen«, um den ursprünglichen Zustand wiederherzustellen. Freud: »Das Leblose war früher als das Lebende.«

Diese Erkenntnis brachte Freud dazu, einen »Todestrieb« anzunehmen, der mit den Lebenstrieben in unserer Psyche einen erbar-

Sigmund Freud war im Gegensatz zu Albert Einstein kein radikaler Pazifist. Später fragte der Physiker den Psychoanalytiker, ob es eine Möglichkeit gebe, die Menschen so friedlich zu stimmen, daß es keine Kriege mehr gäbe. Der pessimistische Freud äußerte ein paar tröstliche Gedanken, die Einsteins Verzweiflung eher verstärkten, als sie zu beschwichtigen.

Karl Marx und Sigmund Freud haben unser Jahrhundert am stärksten geprägt. Im Gegensatz zu dem Ökonomen und Philosophen, der die Befreiung der unterdrückten Menschen vorhersagte, hatte der Psychoanalytiker keine frohe Botschaft zu verkünden.

Max Eitingon, ein Finanzgenie, rettete die Psychoanalytische Bewegung mehrmals vor dem Bankrott. Er gründete 1920 das Berliner Psychoanalytische Institut, an dem auch mittellose Kranke analysiert wurden. Dadurch verlor die Psychoanalyse etwas von ihrem Ruf, sie helfe nur zahlungskräftigen Neurotikern.

Lenin, die Nummer Eins der russischen Revolution von 1917, wollte seine Landsleute zwar von der sexualfeindlichen Moral der Zarenzeit befreien, lehnte jedoch Freuds Lehre ab. Sie sei ein »Lendenschurz«, mit der Freud das sexuell anomale Bürgertum vor seiner eigenen, strengen Moral zu rechtfertigen versuche.

Der Philosoph Theodor W. Adorno fragte sich, wie ein Mensch psychisch beschaffen sein muß, der einer Katastrophenpolitik (wie der Adolf Hitlers) folgt, statt das Naheliegendste zu tun: die eigenen Interessen und, vor allem, die eigene Haut zu retten.

Der Philosoph Max Horkheimer warnte bereits 1949, daß der gesellschaftskritische Kern der Psychoanalyse verlorengehen könne und daß Freuds Lehre zu einem therapeutischen Dienstleistungs-Unternehmen verkümmern würde.

mungslosen Kampf führt, wobei die selbsterhaltenden Lebenstriebe (Eros) letztlich die schwächeren sind.

Der dämonische Todestrieb hat zwei Gesichter. Als Destruktionstrieb wendet er sich gegen das eigene Leben. Doch um der Selbsterhaltung willen ist unsere Psyche in der Lage, die eigene Zerstörung zu bremsen, indem sie den Todestrieb nach außen wendet und auf unsere Mitmenschen lenkt. In diesem Fall tritt der Todestrieb als Aggressionstrieb auf. Der Vorgang erinnerte Freud an einen politischen Trick. Ein Herrscher, dessen Staat im Innern von Unruhen bedroht ist, lenkt diese Kräfte ab, indem er gegen das Ausland einen Krieg anzettelt.

Selbst der ergebene Jones bezeichnete den Gedankengang seines Lehrmeisters als eine »weitausholende Spekulation«. Und auch die plausibler klingende Seite des Todestriebes – der Aggressionstrieb – wird bis heute von vielen Analytikern abgelehnt. Aggression, so die vorherrschende Ansicht, sei die Folge unerfüllter (frustrierter) Wünsche.

Doch Freud, den Anfangs starke Zweifel geplagt hatten – »vieles ist reichlich dunkel« – wurde immer sicherer. Schließlich wunderte er sich, daß er die »Allgegenwart der nicht-erotischen Aggression und Destruktion«, also des Todestriebes, »übersehen und versäumen konnte, ihr die gebührende Stellung in der Deutung des Lebens einzuräumen«.

Folgt man dennoch der Annahme, privater Schmerz habe Freud zu seiner Auffassung gebracht, so müßte ein weiteres tragisches Ereignis ihn darin bestärkt haben. Das »Spulen-Kind« Ernst Wolfgang hatte einen Bruder, Heinz Rudolf (»Heinele«). Dieser Lieblingsenkel Freuds starb 1923, drei Jahre nach dem Tod seiner Mutter Sophie. Nach Informationen von Ernest Jones war dies »die einzige Gelegenheit, bei der man Freud je hat Tränen vergießen sehen«. »Im Grunde ist mir alles entwertet« (Freud). Nach dem Tod Heineles konnte Freud keinen Menschen mehr liebgewinnen, sondern nur noch »alte Bindungen aufrechterhalten« (Jones).

Einige Analytiker versuchten, Freuds Triebtheorie aus dem Charakter des Autors heraus zu begreifen. So schrieb sein Leibarzt Max Schur, daß Freud sich zwanghaft mit seinem Tod beschäftigt und deshalb nach einer vernünftigen Erklärung gesucht habe, die es ihm erlaubte, mit der Realität des Todes besser fertig zu werden.

Lange Zeit vermieden es die Psychoanalytiker, das heikle Thema »Todestrieb« ins Zentrum wissenschaftlicher Diskussionen zu rükken. Erst die unfaßbaren Greuel des Zweiten Weltkrieges und das darauf folgende Zeitalter der Atombombe und der Naturzerstörung sorgten dafür, daß Freuds These als Erklärung für einen schier aberwitzigen Welt-Zustand ernst genommen wurde.

Zu den Forschern, die den Einfluß des Unbewußten auf den nuklearen Rüstungswettlauf und die damit verbundene Drohung einer globalen Vernichtung untersucht haben, gehört der in Israel lebende Psychoanalytiker Martin Wangh. Der Professor macht auf ein merkwürdiges Phänomen aufmerksam: Als die amerikanischen Studenten in den sechziger Jahren gegen den – weit entfernten – Vietnamkrieg, die Rassendiskriminierung und später auch gegen die Umweltverschmutzung auf die Barrikaden gingen, »übersahen« sie die viel größere Bedrohung, nämlich die der nuklearen Weltvernichtung. Nach Professor Wanghs Beobachtung hatte diese Ignoranz folgenden Grund: Die Angst der rebellierenden Studenten war primär durch die nukleare Bedrohung verursacht worden. Dieser Gefahr fühlten sich die jungen Menschen jedoch so hilflos wie ein Säugling ausgeliefert. Deshalb »verschoben« sie ihre Angst unbewußt auf andere Ziele wie den Vietnamkrieg. Eine solche Verschiebung gelingt dann am besten, wenn der Einsatz gegen die andere Bedrohung sinnvoll erscheint.

Durch die Verschiebung, so fand der damals in den USA tätige Wangh heraus, fanden die Studenten einen Weg, ihre Angst besser zu bewältigen – so in Form von Demonstrationen, die sich dann tatsächlich als wirkungsvoll erwiesen und zu einem schnelleren Ende des Vietnamkrieges beitrugen. Zugleich blieb den Rebellen die Ohnmacht erspart, die sie bei einem Protest gegen die weltweite nukleare Rüstung erlebt hätten.

Auf den Punkt gebracht: Der bewußte Protest gegen den Vietnamkrieg war ein unbewußter Protest gegen die Möglichkeit einer Vernichtung, wie sie 1945 in Hiroshima und Nagasaki vorgezeichnet worden war. Durch die Verschiebung wurde die Angst jedoch nicht beseitigt, weil ja ihre Ursache – die nukleare Bedrohung – erhalten blieb.

Möglicherweise handelt es sich auch bei der bundesdeutschen Öko-Bewegung um eine solche Verschiebung von Angst. Denn gegen die Gefahr der Weltvernichtung ist die Bedrohung der Natur das geringere Problem. Offensichtlich sorgen sich die Deutschen aber mehr um das Waldsterben als um die Hochrüstung. Auch in diesem Fall würde nach Wangh gelten: Die Verschiebung ist erfolgreich, weil der Kampf der Öko-Bewegung um die Erhaltung der Natur wichtig und sinnvoll ist.

Solche Erklärungen schickt der Analytiker voraus, bevor er auf das Thema Hochrüstung und Todestrieb zu sprechen kommt. Kriege, so Wangh, wurden früher nach dem Muster der ödipalen Rivalität geführt. Das heißt, wie ein Kind den einen Elternteil zu erobern trachtet und gegenüber dem anderen Elternteil Vernichtungsphantasien hegt, so waren auch die Kriegsvölker auf Unterwerfung des Gegners aus, um ein Land zu erobern und an sich zu reißen. Doch trotz allen Hasses blieb bei den kriegführenden Menschen die Möglichkeit der Versöhnung erhalten – solange dem Gegner die Menschlichkeit nicht abgesprochen wurde.

Im Zeitalter der Atombombe funktioniert das Muster der ödipalen Rivalität nicht mehr, weil es keinen Sieger mehr geben wird. Was greift, ist nach Wangh vielmehr der Todestrieb, der als Selbstvernichtungstrieb auf die Auslöschung des eigenen Lebens zielt und als Aggressionstrieb von der eigenen Person abgelenkt und auf einen Gegner gerichtet werden kann. Mit anderen Worten: Wir erhalten unser Leben, indem wir die selbstzerstörerische Destruktion nach außen lenken.

Das Kunststück, das unsere Psyche unbewußt zu leisten hat, besteht darin, wenigstens zeitweilig, bis zu unserem natürlichen Tod, die Balance zwischen den auf Erhalt der Person zielenden Lebenstrieben und dem Todestrieb zu halten. Nach Wangh sorgt dieses Triebgleichgewicht, biologisch gesehen, für die Erhaltung der Art. In unserer Zeit aber hat sich die Balance zugunsten des Todestriebs verschoben – was, so Wangh, unter anderem in dem durchweg aggressiven Verhalten sichtbar wird, das West- und Ostblock täglich vorführen. Eine besondere Rolle bei dieser vom Todestrieb geprägten Welt- und damit Selbstvernichtungs-Politik spielen die sogenannten kleinen Kriege, wie sie in Afrika und Asien ausgetragen werden. Psychoanalytisch gesehen, stellen sie ein Ventil dar, das für eine Entlastung des Aggressionsstaus sorgt und uns so den großen nuklearen Krieg bislang erspart hat.

Die vom Todestrieb beherrschte nukleare Politik löst in den Massen etwas aus, was Wangh den »narzißtischen Rückzug« nennt. Da er nicht weiß, ob er morgen noch lebt, steigt die Neigung des einzelnen Menschen, sich nur noch um sich selbst zu kümmern, das Leben zu genießen und möglichst schnell alle Vergnügungen zu konsumieren. Nach Ansicht Professor Wanghs würde die Psychoanalyse schon viel erreichen, wenn sie den Menschen begreiflich macht, daß sie der Narzißmus in eine Rolle drängt, in der sie ihrem eigenen Untergang wie Zuschauer beiwohnen. Denn mit dem Rückzug auf sich selbst kann die nukleare Gefahr ebensowenig gebannt werden wie mit der Flucht in die Religion, in die Droge oder in eine heilsversprechende Sekte.

Ein hoffnungsvolles Beispiel, die Politik des Todestriebs zu bekämpfen, gibt nach Wanghs Überzeugung die Friedensbewegung. Nach seinen psychoanalytischen Thesen hat sie den narzißtischen Rückzug verweigert und das Ausmaß der »Dehumanisierung« des Menschen durch die nukleare Aufrüstung begriffen. Sie ist fähig, die Gefahr intellektuell zu erkennen und auch gefühlsmäßig – also »angstvoll« – zu erleben. Und diese Angst, die die Mitglieder der Friedensbewegung bei sich »zulassen«, gibt ihnen die Kraft, gegen die Bedrohung vorzugehen und die Ablehnung vieler Menschen zu erdulden, die sich in kleinlichen Beschuldigungen ausdrückt – wie der, daß die Blockierung einer Zufahrtsstraße zu einem Raketendepot gegen die Straßenverkehrsordnung verstoße.

Gleichfalls nach dem Ersten Weltkrieg beschäftigte sich Freud mit einem Phänomen, das unser Jahrhundert kennzeichnet: der Masse. Genauer, er untersuchte, was in der Psyche eines Individuums vor sich geht, wenn es als Massenmensch auftritt. Was er herausfand, veröffentlichte er 1921 in seiner Studie »Massenpsychologie und Ich-Analyse«. Darin stellte er unter Berücksichtigung der bereits vorhandenen Literatur fest, daß das Individuum in der Masse unter Bedingungen komme, die seine Intelligenz, sein Wissen und sein Verantwortungsgefühl mindern und ihm zugleich gestatten, seine brutalen, aggressiven Triebregungen auszuleben. Wie beim Primitiven würden durch die Masse der kritische Verstand des einzelnen Menschen ge- und seine Instinkte enthemmt. Eine Masse charakterisiere sich dadurch, daß sich alle Mitglieder auf dem gleichen geistigen und emotionalen Niveau träfen.

Massen, so Freud, seien aber auch zu hohen sittlichen Leistungen wie Uneigennützigkeit oder Hingabe an ein Ideal fähig. Der persönliche Vorteil – die Triebfeder des Individuums – sei bei Massen nur selten vorherrschend.

Nach einer weit verbreiteten und auch wissenschaftlich gestützten Ansicht werden Massen durch das Prestige eines Führers und die gegenseitige Beeinflussung (Suggestion) zusammengehalten. Überdies, heißt es weiter, treibe die Angst vor der Isolation die Menschen dazu, sich Massen anzuschließen. Diese Auffassung fand Freud nicht korrekt. Er betonte vielmehr, daß die Liebe – also letztlich der Sexualtrieb – den Menschen mit der Masse ebenso verbindet wie mit einem einzelnen Liebesobjekt. Wenn ein Mensch in der Masse seine Eigenart aufgibt und sich von anderen etwas suggerieren läßt, so tue er dies, »weil ein Bedürfnis bei ihm besteht, eher im Einvernehmen mit ihnen als im Gegensatz zu ihnen zu sein, also vielleicht doch ›ihnen zuliebe‹.«

Diese Liebe sei auch in zwei hochorganisierten »künstlichen Massen« zu finden: der Kirche und dem Heer. In der Kirche sei Jesus das

Oberhaupt, das alle, die an ihn glauben, gleichermaßen liebt. Der Glaube, von Jesus genauso geliebt zu werden wie der Nächste, vermittele den Frommen das familiäre Gefühl, sie seien alle Brüder in Christo. Ähnliches gelte auch für die Armee, in der der Feldherr oder dessen nachgeordnete Befehlsgeber die Rolle des Vaters spielten und die Kameradschaft der Soldaten untereinander stifteten. Die lieblose Behandlung durch den Führer könne in der Armee die Tendenz zur Zersetzung, zur Panik und Auflösung steigern. Folge: Das die Masse der Soldaten einigende Band zerreißt, und jeden einzelnen ergreift der Wunsch, nur noch die eigene Haut zu retten. Libidinöse Bindungen, bemerkte Freud, hielten auch die sozialistischen Massenbewegungen zusammen.

Um den psychischen Zustand einer Masse zu beschreiben, stellte Freud den Begriff des »Ich-Ideals« heraus, den er unter anderem über die Verliebtheit erklärte. Bezeichnend für die Verliebtheit sei die schwärmerische Überschätzung des geliebten Objekts. Das heißt, dem heftig verliebten Menschen kommt der kritische Blick abhanden. Statt dessen ist er bestrebt, das geliebte Objekt zu idealisieren und sich ihm willenlos zu unterwerfen. In der Liebesverblendung sei das Gewissen in einer Weise eingeschränkt, daß man zugunsten des geliebten Objekts sogar zum reuelosen Verbrecher werden könne. Das geliebte Objekt von Massen sei in der Regel ein Führer. Doch kann auch eine Idee, eine Ideologie Massen beherrschen.

Bei manchen Formen der Liebeswahl diene das Objekt dazu, das eigene, nicht erreichte »Ich-Ideal« zu ersetzen. In diesem Fall wird das geliebte Objekt als jenes vollkommene Wesen empfunden, das man selbst sein möchte. Das Objekt erscheint also als großartig, während das eigene Ich als kümmerlich, winzig erlebt wird.

Die Ersetzung des Ich-Ideals durch ein als vollkommen empfundenes Objekt ist für die Bindung innerhalb der meisten Massen gewöhnlich von entscheidender Bedeutung. Denn die Mitglieder dieser Massen können sich untereinander identifizieren, weil sie »ein und dasselbe Objekt (den Führer, das Vorbild) an die Stelle ihres

Ich-Ideals gesetzt« haben. – Freud beschäftigte sich in seiner Studie mit dem einzelnen Massenmenschen und zeigte, daß die am Individuum orientierte Psychoanalyse zugleich eine Massen- oder Sozialpsychologie ist.

Schon bald nach der Geburt der Psychoanalyse wurden nicht nur sozial engagierte Frauen und Männer auf sie aufmerksam, sondern auch Theoretiker des Marxismus. Sie versuchten fortan, Freuds Lehre oder Elemente daraus mit der Theorie von Karl Marx zu verbinden. Dabei ging es unter anderem um die Frage, wie weit die ökonomischen und psychologischen Erkenntnisse, mit denen Marx und Freud die Konflikte der Gesellschaft und des Individuums erklärten, sich ergänzen und decken. Marx sah die bestimmende Triebkraft des Menschen in der Notwendigkeit der gesellschaftlichen Produktion, also in der Erzeugung von Gütern (wie Nahrung, Kleidung, Behausung). Die Produktion von Gütern wird aber nicht zum Selbstzweck betrieben, sondern entspringt einem biologischen Bedürfnis. Das heißt, das Bedürfnis ist dem Menschen ein wesenseigener, innerlich treibender Grund für die Produktion von Gütern. Diese Definition des Bedürfnisses läßt sich – zum Beispiel – mit Freuds weitgespanntem Begriff der sexuellen Energie (Libido) in einen Zusammenhang bringen, die Freud als die bestimmende Triebkraft des Menschen entdeckt hatte.

Das Bemühen, aus Einsichten von Marx und Freud (sowie von anderen Denkern) eine kritische Gesellschaftstheorie zu entwikkeln, fand bislang nur im Westen statt – vor allem im Umkreis der »Frankfurter Schule«, die mit den Namen weltbekannter Philosophen wie Max Horkheimer, Theodor W. Adorno und Erich Fromm verbunden ist. Denn in den Staaten des Ostblocks wird der »Freudismus« unterdrückt. Die Verdammung geht auf Lenin zurück. Die Nummer Eins der russischen Revolution von 1917 urteilte über die Psychoanalyse wie ein Kleinbürger. Lenin rückte sie in die Nähe der Pornographie und verdächtigte Freud, er wolle mit seiner Lehre die versteckten sexuellen Perversionen des Bürgertums vor der strengen bürgerlichen Moral rechtfertigen.

Die Konzepte, die auf den Gedanken von Marx und Freud fußen, füllen inzwischen ganze Bibliotheken. In den Schriften wird zum Beispiel folgendes Problem reflektiert, das sich etwa so umschreiben läßt: Der Aufstieg des Nationalsozialismus läßt sich ökonomisch, unter anderem durch die Wirtschaftskatastrophen der zwanziger Jahre, verstehen. Eine weitergehende Auffassung besagt jedoch, daß auf Grund der wirtschaftlichen Misere bei den Deutschen Persönlichkeitsstrukturen hervortraten, die unter anderem die Sozialphilosophen Erich Fromm und Theodor W. Adorno unter dem Begriff des »autoritären Charakters« beschrieben haben.[1]

Der autoritäre Charaktertyp, kann man sagen, leidet unter einer Ich-Schwäche, die sich besonders in einem sado-masochistischen Macht- bzw. Ohnmachtgefühl äußert. Wirtschaftlich, politisch und damit existentiell verunsichert, unterwirft sich dieser Mensch in masochistischer Weise einem autoritären System, das sein schwaches Ich stärkt. Das heißt, das System gibt ihm Gelegenheit, sich mit dessen bis zum Sadismus gehender Machtausübung zu identifizieren, und läßt ihn den mit der Macht verbundenen Pomp erleben. Man braucht nur an die erhebenden Gefühle zu denken, welche die Menschen ergriffen, wenn die Nazi-Partei auf ihren Parteitagen den Glanz und auch die Gefährlichkeit ihrer Macht demonstrierte.

Der Gewinn der Unterwerfung unter die Macht solcher Regime liegt darin, daß der autoritäre Charaktertyp seine eigene Ohnmacht »vergißt«. Der Preis dafür besteht in dem Verrat an seinem Ich und dessen gesunden Bestrebungen. So nimmt die autoritäre Persönlichkeit, die ihr Ich einem mörderischen und selbstmörderischen System übergibt, Krieg und sogar den eigenen Tod in Kauf. – Schon diese kurze Erklärung deutet an, weshalb sich die Massen »anstatt rationale Interessen und vor allem das der Erhaltung des eigenen Lebens zu verfolgen, sich der Katastrophenpolitik überantworteten« (Adorno).

Aber auch in den westlichen Demokratien unterwirft sich der autoritäre Charaktertyp institutionellen Gewalten. Er akzeptiert, daß das vom Kapitalismus geforderte Leistungsprinzip seine Arbeitskraft über die eigenen Schaffensgrenzen und über die Grenzen der notwendigen Produktion von Gütern hinaus strapaziert. Das heißt, das am Profit orientierte Leistungsprinzip absorbiert seinen Protest gegen die besonders in den Fabriken herrschenden ruinösen Arbeitsbedingungen, die sowohl die psychische als auch die physische Gesundheit vieler arbeitender Menschen beschädigen, wenn nicht sogar zerstören. Deutlicher: Statt sich aufzulehnen, wird gemurrt und geklagt. Überdies machen sich die Arbeiter (Produzenten) kaum klar, ob das, was sie produzieren, gesellschaftlich sinnvoll ist. Das gilt nicht nur für Bomben und Panzer, sondern für den gesamten Überfluß an Waren, die angeblich notwendig sind, um das Glück der Konsumenten zu vermehren.

Wie Freud bemerkte, werden die Charakterstrukturen des Kindes schon in den ersten Lebensjahren verfestigt. Die darin enthaltenen Elemente wie Angst vor Autoritäten (Vater) und Rivalitätsgefühle gegenüber den Geschwistern werden von den Betrieben im Sinn der Ausbeutung ausgenutzt. Das ist um so leichter, weil viele Firmen die Struktur einer Familie aufweisen: mit dem Chef als autoritärem Vater und den Kollegen als rivalisierenden Geschwistern – eine Organisation, die der erwachsene Erwerbstätige als unmündiges Kind im Elternhaus erlebt hat. Entsprechend unreif sind seine Gefühle, die er als Furcht vor dem Chef und als Konkurrenzängste gegenüber den Kollegen empfindet.

Er denkt haßerfüllt über Minderheiten, die er für seine wirtschaftliche Benachteiligung (konkrete oder mögliche Arbeitslosigkeit) verantwortlich macht. Und wie am Arbeitsplatz, verhält er sich auch privat wie ein Untertan, so, wenn er es mit der Polizei, dem Gericht und Behörden zu tun hat. Der Blick in die Zeitung weckt seinen latenten Militarismus. Denn auch als Zivilist erlebt er reale wie mögliche Kriege nicht als Dramen der Vernichtung und – vielleicht – der Selbstvernichtung, sondern er nimmt im Geist zustimmend und begeistert daran teil. Er heroisiert den Krieg und phantasiert, alles besser machen zu können, damit ihm seine reduzierte Männlichkeit im Arbeits- und Familienleben nicht bewußt wird.

Sowohl in den faschistischen Regimes wie auch in den Staaten, die sich eine formale Demokratie geschaffen haben, wurde die autoritäre Struktur dem Charakter des Kindes von den Eltern eingepflanzt. Denn die Familie ist eine Art Agentur der Gesellschaft (Fromm). Das besagt, sie gibt die herrschenden Gedanken, die zugleich die Gedanken der Herrschenden sind (Marx), an das Über-Ich des Kindes zwecks Verinnerlichung weiter. Die Gedanken der Herrschenden wiederum werden in den autoritären Systemen rabiater durchgesetzt, während sie in den westlichen Demokratien durch eine ebenso subtil operierende wie gewalttätige Propaganda-, Reklame- und Kulturindustrie verbreitet werden. Deren Aufgabe besteht darin, die unbewußt resignierten Menschen zu trösten und sie darüber hinwegzutäuschen, daß sie zu fügsamen Wesen verkleinert sind, die keinen Blick mehr für den Lauf der Weltgeschichte, die »Odyssee des Fortschritts« (Adorno) haben. Dieser Apparat, der die Menschen ihren eigenen Untergang auf möglichst freundliche und sanfte Art erleben läßt, hat deren Psyche in einer Weise im Griff, daß er sogar noch über die Horoskope in den Zeitungen Anweisungen zu Vorsicht, Fleiß und Anpassung gegenüber der Herrschaft erteilt.

Der Sozialphilosoph Erich Fromm verglich die Theorien von Karl Marx und Sigmund Freud, indem er auf eine Gemeinsamkeit hinwies: ihren therapeutischen Charakter.[2]

Karl Marx versuchte, durch eine Analyse des kapitalistischen Wirtschaftssystems der elendsten Klasse, den lohnabhängigen Arbeitern, bewußt zu machen, daß sie litten und worunter sie litten – so unter der Ausbeutung und der Unterdrückung durch die Kapitalisten. Dabei entlarvte Marx die bürgerliche Ideologie (Politik, Recht, Religion, Moral usw.) als ein Instrument, das vor allem dazu dient, das Denken und Fühlen der Menschen im Sinn der herrschenden Klasse zu beeinflussen. Durch diese Beeinflussung würde bei den Arbeitern die Illusion erzeugt, daß das kapitalistische System rechtens sei. Der therapeutische Effekt der marxistischen Theorie liegt in der Zerstörung dieser Illusion, die den Arbeitern die wahren

Ursachen ihres Leidens verschleiert. Im Zuge der Zerstörung dieser Illusion, so dachte Karl Marx, würde das revolutionäre Potential im Proletariat wachsen und das Ziel des Klassenkampfes – die Aufhebung des Privateigentums an den Produktionsmitteln sowie die Befreiung von Ausbeutung und Knechtschaft – erreicht werden.

»Freuds Heilmethode«, erklärte Fromm, »war im Grunde ähnlich.« Die Aufgabe des Psychoanalytikers bestehe darin, dem Patienten die wahren, aber unbewußten Ursachen seines Leidens bewußt zu machen. Dieser Prozeß geht einher mit der Zerstörung der bewußten, aber zumeist falschen Vorstellung, die der Kranke hinsichtlich seines psychischen Leidens hat. Die Aufdeckung der wahren Ursachen ist die Voraussetzung für deren Beseitigung und damit für die Befreiung des Menschen von seinem Leiden. Nach Karl Marx nehmen die von ökonomischen und sozialen Zwängen befreiten Menschen die Gestaltung der Geschichte selbst in die Hand. Das Ziel der Psychoanalyse läßt sich mit Freuds berühmtem Satz beschreiben: »Wo Es war, soll Ich werden.«

Gleichwohl war Freud kein Marxist. Er kannte das Werk von Marx nicht und besaß, wie er selbst sagte, nur eine »Laienmeinung«, die er sich in Gesprächen gebildet hatte. Immerhin traute er dem Marxismus zu, daß er sich zu einer »wirklichen Gesellschaftskunde« entwickeln könnte. Dazu müsse, erklärte er sinngemäß, die marxistische Theorie durch psychologische Erkenntnisse ergänzt werden. Diese Forderung ergab sich für Freud, weil er die von den Marxisten postulierte »Alleinherrschaft des ökonomischen Moments« bestritt. Zwar räumte er ein, daß man mit der Abschaffung des Privateigentums an den Produktionsmitteln der menschlichen Aggressionslust eines ihrer Werkzeuge entziehe. Doch habe das Eigentum die Aggression nicht geschaffen. Denn nach Freuds Lehre empfindet schon ein Kind, das vom Kapitalismus nichts weiß, Aggressionen. Aus der Sicht des Kindes nämlich bedeutet es ein großes Unrecht, daß ihm der ödipale Wunsch, einen Elternteil zu besitzen, verwehrt bleibt. Die Folge dieser Frustration ist der Haß gegenüber dem anderen Elternteil, der sich ihm als siegreicher Rivale darstellt.

Freud hat sich nur an wenigen Stellen seines Werks über den Marxismus geäußert, so 1932 in der »Neuen Folge der Vorlesungen zur Einführung in die Psychoanalyse«. Dabei fällt auf, daß er zwischen der Theorie von Marx und dem damals von Stalin betriebenen pervertierten Marxismus keinen Unterschied machte. Als liberal gesinnten Bürger störte ihn vor allem das »Denkverbot« in der UdSSR, das »ebenso unerbittlich ist wie seinerzeit das der Religion«. Die Bolschewisten würden jeden Zweifel an ihrer Lehre ebenso ahnden wie einst die katholische Kirche die Ketzerei, obgleich die Schriften von Marx nicht »freier von Widersprüchen und Dunkelheiten sein sollen« als die Bibel.

Dennoch enthält seine Kritik Spuren von Bewunderung. Es gebe »Männer der Tat, unerschütterlich in ihren Überzeugungen, unzugänglich dem Zweifel, unempfindlich für die Leiden Anderer, wenn sie ihren Absichten im Wege sind. Solchen Männern verdanken wir es, daß der großartige Versuch einer solchen Neuordnung jetzt in Rußland wirklich durchgeführt wird. In einer Zeit, da große Nationen verkünden, sie erwarten ihr Heil nur vom Festhalten an der christlichen Frömmigkeit, wirkt die Umwälzung in Rußland – trotz aller unerfreulichen Einzelzüge – doch wie die Botschaft einer besseren Zukunft«. Allerdings gebe es keinen Wink, wie der Versuch ausgehen werde. Überdies betonte Freud, daß er und seinesgleichen »dieses Experiment« nicht unternommen hätten.

Sechs Jahre später, in seinem Moses-Essay, veruteilte er den sowjetischen Sozialismus schärfer. Doch blieb – wohl angesichts des Hitler-Regimes – in seiner Ablehnung ein Rest von Unentschlossenheit. »Wir finden mit Erstaunen, daß der Fortschritt ein Bündnis mit der Barbarei geschlossen hat. In Sowjetrußland hat man es unternommen, etwa 100 Millionen in der Unterdrückung festgehaltene Menschen zu besseren Lebensformen zu erheben. Man war verwegen genug, ihnen das ›Rauschgift‹ der Religion zu entziehen, und so weise, ihnen ein verständiges Maß an sexueller Freiheit zu geben, aber dabei unterwarf man sie dem grausamsten Zwang und raubte ihnen jede Möglichkeit der Denkfreiheit.«

1923 entdeckten die Ärzte, daß sich in Freuds Mundhöhle ein Krebs gebildet hatte. Der Psychoanalytiker war 66 Jahre alt; er sollte noch 16 Jahre leben. Denn den Chirurgen, die ihn 33 Mal operierten, gelang es immer wieder, die »Krankheit zum Tode« aufzuhalten. Freuds Leibarzt Max Schur, der den Kranken ständig beobachtete, hat über das Martyrium des großen Mannes einen detaillierten Bericht verfaßt. Auf dieses Krankheitsjournal stützte sich der Freiburger Analytiker Professor Johannes Cremerius, als er in einem einfühlsamen Essay die »Identität von Denken, Leben und Sterben Freuds« beschrieb. Anders ausgedrückt: Cremerius stellte dar, wie sich dieser illusionslose Mensch während seines »langen Sterbens« treu blieb. So hielt Freud auch in den dunkelsten Stunden ganz selbstverständlich an seiner Überzeugung fest, daß die Religion mit ihrer Verheißung auf ein Weiterleben im Jenseits eine Täuschung ist. Seiner Schülerin, Marie Bonaparte, schrieb er: »Sie werden mich nach meinem Tode in Ihrer freundlichen Erinnerung fortleben lassen, die einzige Art begrenzter Unsterblichkeit, die ich anerkenne.«

Zugleich weist Cremerius auf eine »seltsame Parallelität« hin. Während der Krebs Freuds Mund zerstörte, vernichteten die Nazis sein Lebenswerk, diffamierten sie die Psychoanalyse als eine Ausgeburt schmutziger jüdischer Phantasie, die es auszumerzen galt. Schon 1934 erklärte Freud, teils hoffend, teils resigniert, dem Schriftsteller Arnold Zweig: »Wahrscheinlich wird meine Zeit noch kommen, aber – für jetzt ist sie vorüber.«

Wenige Monate nach der ersten Operation (1923) wurde eine zweite, radikalere erforderlich, der die Trennwand zwischen der Mund- und Nasenhöhle zum Opfer fiel. Der Eingriff stellte den Chirurgen, Professor Hans Pichler, vor derart schwierige Probleme, daß er vorher an einer Leiche ausprobieren mußte, ob die Operation überhaupt möglich war.

Tatsächlich schaffte es Pichler, seinen Patienten von dem Karzinom zu befreien. Doch die nun fehlende Trennwand mußte durch eine Prothese ersetzt werden, die sich als ein »Ungeheuer« (Schur) erwies. Denn es gelang keinem der Experten, einen zufriedenstellenden, exakt sitzenden Ersatz herzustellen. Die Folge: In Freuds Mund bildeten sich ständig neue Entzündungen, Geschwüre und Wucherungen. Fortan führte er einen schmerzensreichen Kampf gegen die Prothese. Sie erschwerte ihm das Essen. Sprach er, war er oft kaum zu verstehen. Dennoch gab Freud gegen alle Warnungen seiner Ärzte das Rauchen nicht auf. Folgt man Cremerius, so war ihm der Preis zu hoch. Seine Nikotinsucht hatte bewirkt, daß er ohne Zigarre nicht arbeiten konnte. Und so entschied er sich, weiter zu rauchen, um produktiv zu bleiben. Aus demselben Grund weigerte er sich, Tabletten einzunehmen, die zwar seine Schmerzen gemildert, dafür aber seinen Verstand vernebelt hätten. Zeitweilig saß die Prothese so schlecht, daß Freud den Kiefer nicht bewegen konnte und mit einer Wäscheklammer sein Gebiß aufstoßen mußte, um sich eine Zigarre zwischen die Zähne schieben zu können.

Nach der geglückten Operation (1923) glaubte er, das Leben werde ihm noch »für eine Weile das Gnadenbrot schenken«. In diesen Jahren setzte er vor allem seine Analyse der Kultur, besonders der Religion fort. Begonnen hatte er damit bereits 1910, als er den Versuch unternahm, die Psychoanalyse auf eine andere Wissenschaft anzuwenden: die Anthropologie, die sich mit dem Menschen, der Entstehung und Entwicklung seiner biologischen und seelischen Eigenschaften sowie seines kulturellen und sozialen Verhaltens beschäftigt.

In seiner Schrift »Totem und Tabu« verfolgte Freud den Gedanken, daß der von ihm entdeckte Ödipuskomplex in grauer Vorzeit, also am Anfang der Geschichte, die Menschen dazu brachte, Gewissen, Moral, Recht, kurz, die ersten kulturellen Normen zu bilden. »... unter den kühnen und umwälzenden Beiträgen Sigmund Freuds zur Erkenntnis des Menschlichen«, schrieb Thomas Mann, habe dieses »Meisterstück« auf ihn »den stärksten und nachhaltigsten Eindruck gemacht«. Anthropologen urteilen durchweg skeptischer, da viele Behauptungen, die der Essay enthält, nicht durch Tatsachen gedeckt sind. Freud sah diesen Nachteil selbst und sprach deshalb auch davon, daß sein »Totem und Tabu« nur »mehr oder weniger

Unter Josef Stalin wurde die Psychoanalyse unterdrückt. Obgleich Freud mit sozialistischen Ideen wenig im Sinn hatte und vor allem das Verbot der Meinungsfreiheit kritisierte, enthielt seine Ablehnung doch Spuren von Bewunderung für das russische Experiment.

Der belgische Anthropologe Claude Lévi-Strauss (»Das wilde Denken«) bestätigte durch seine Forschungen unter Naturvölkern Freuds Behauptung, der Ödipuskomplex sei eine allen Völkern eigene Erscheinung. Dessen wesentliches Element nämlich ist das Inzesttabu. Lévi-Strauss nannte dieses Verbot das minimale und universale Gesetz, damit aus Natur Kultur werde.

Zu den großen Schriftstellern, die von der Psychoanalyse profitierten, gehörte auch Arnold Zweig. Als dessen Bücher zusammen mit den Schriften Freuds 1933 von den Nazis verbrannt wurden, bemerkte der Psychoanalytiker ironisch: Er befinde sich in bester Gesellschaft.

Neben seinem Bruder Thomas gehörte auch Heinrich Mann zu den Verehrern Sigmund Freuds. Daß sich die Künstler so für ihn und die Psychoanalyse interessierten, beglückte Freud und half ihm darüber hinwegzukommen, daß seine Theorie unter Medizinern weitgehend auf Ablehnung stieß.

Als die Nazis 1938 Österreich annektierten und anfingen, die Juden zu verfolgen, begann eine hektische, diplomatische Aktivität, um Dr. Freud und die Seinen in Sicherheit zu bringen. Der amerikanische Präsident Franklin D. Roosevelt ließ die Hitler-Regierung wissen, daß eine Ausreise Freuds und seiner Familie auf die US-Regierung einen günstigen Eindruck machen würde.

Der Naturforscher Jean Baptiste Lamarck (1744–1829) vertrat die Auffassung, daß erworbene Eigenschaften durch Fortpflanzung übertragen werden. Diese These war zur Zeit Freuds bereits widerlegt. Dennoch hielt der Begründer der Psychoanalyse an ihr fest, weil das ödipale Geschehen in einem dreijährigen Kind zu komplex ist, als daß es sich aus dessen geringen individuellen Erfahrungen erklären ließe. Die moderne Psychoanalyse hat inzwischen eine andere Erklärung für dieses Phänomen gefunden und lehnt den Lamarckismus ab.

nahe an die schwierig zu rekonstruierende Wirklichkeit« – gemeint ist der Beginn der menschlichen Geschichte – »herangerückt sein könnte«. Seine Gedanken stützten sich auf Berichte von Forschern, die das Leben der »Wilden« – wie das der Ureinwohner Australiens – studiert hatten. Diese Naturvölker, die weder Ackerbau noch Viehzucht kennen, seien gleichsam »direkte Abkömmlinge« jener Menschen, die in der Frühzeit als Jäger und Sammler von Kräutern und Wurzeln durch die Wälder streiften.

Eine Gottesreligion wie unsere christliche besaßen diese Vorfahren nicht. Statt dessen hatten sie ein »System des Totemismus« entwickelt. Ein Totem war häufig ein Tier, das der Clan als eine Art Schutzgeist verehrte.

Freud verstand unter tabu einerseits »heilig« und »geweiht«, andererseits »unheimlich«, »gefährlich«, »verboten« und »unrein«. Unter die Bezeichnung tabu fällt auch die magische Kraft, die von einer Person, einem Häuptling oder Priester, ausgeht. Frauen sind gewöhnlich während der Menstruation tabu (unrein).

Handelt es sich bei dem Totem um ein Känguruh, so sind alle Känguruhs tabu und dürfen nicht getötet werden. Der Psychologe Wilhelm Wundt nannte das Tabu den ältesten ungeschriebenen Gesetzeskodex der Menschheit.

Eines der strengsten Tabus drückt sich im Inzestverbot aus, das sich nicht – wie bei uns – auf die Bluts-, sondern auf die Totemverwandtschaft bezieht. So darf ein Mann, dessen Sippe das Totem Känguruh hat, nur mit einer Frau sexuell verkehren, deren Clan ein anderes Totem verehrt – wie das Emu (Straußvogel). Heiratet er sie, nehmen die Kinder das Totem der Mutter an. Daraus folgt, daß der Sohn mit der Mutter keine geschlechtlichen Beziehungen haben darf (wohl aber der Vater mit der Tochter). Da ein Tabuverbot stets ein Begehren voraussetzt, liegt der Schluß nahe: Der ödipale Inzestwunsch ist im Seelenleben der »Wilden« ebenso vorhanden wie bei unseren Kindern, die im abendländischen Kulturkreis heranwachsen, wo die Befriedigung von Inzestwünschen durch verbietende Instanzen wie die Eltern oder die Gesetze untersagt ist.

In einem Kapitel seines Buches wies Freud auch auf die auffällige Übereinstimmung zwischen den Tabus der Naturvölker und den Zwangsverboten der Neurotiker hin. Ein Beispiel dafür ist das Verbot der Berührung, das sogar eine geistige Berührung (durch Gedanken) einschließen kann. So darf der Häuptling vom Stamm der Maori (Neuseeland) mit seinem geheiligten Atem kein Feuer anfachen. Denn die Kraft seines Hauches würde sich auf die Speisen übertragen, die auf dem Feuer gekocht werden. Dies hätte zur Folge, daß alle Personen, die von den Speisen essen, sterben müßten.

Ähnliche Ideen hatte auch eine Patientin Freuds, die jede körperliche und geistige Berührung mit einer ehemaligen Freundin zwanghaft vermied. Als ihr Mann einen Gebrauchsgegenstand nach Hause brachte, den er in der »Hirschgasse« erworben hatte, verlangte sie dessen Entfernung. Das Stück würde den Raum »unmöglich« (tabu) machen. Der Grund: Die Freundin, mit der sie nicht mehr in Berührung kommen wollte, hieß »Hirsch«. In beiden Fällen liegt eine völlig unsinnig erscheinende »Übertragung« oder »Verschiebung« eines Verbots vor. Bei den Maori ist es verboten, Speisen zu essen, wenn die Häuptling seine magische Kraft mit seinem Atem auf sie übertragen hat. Bei Freuds Zwangsneurotikerin wird das Verbot, die Freundin zu sehen oder auch nur an ihren Namen zu denken, auf einen Gegenstand übertragen, der in einer Straße gleichen Namens gekauft wurde.

Tabu und Verbot drücken jedoch zugleich eine »Ambivalenz« aus. Das heißt, sowohl bei den Naturvölkern als auch bei den Neurotikern besteht der unbewußte Wunsch, das Tabu bzw. das selbstauferlegte Verbot zu übertreten, denn andernfalls wären die extremen Maßnahmen nicht nötig, die verhindern sollen, daß das Tabu beziehungsweise das Verbot verletzt wird.

Mehr noch aber ging es Freud um die Erhellung des aus dem Totemismus abgeleiteten »Inzesttabus«, das den universalen Charakter des Ödipuskomplexes begreiflich macht. Dies gelang ihm, indem er einerseits den Gedanken von Charles Darwin aufnahm, wonach die Menschen ursprünglich – wie die höheren Affen – in kleinen

Horden zusammenlebten und vom stärksten »Männchen« total beherrscht wurden, und indem Freud andererseits das Totemtier als ein Symbol beschrieb, das den »Urvater« darstellt. Dieser eifersüchtige Mann, so die Kernaussage, hat seine Stärke dazu benutzt, ein Regime voll primitiver Willkür zu errichten, die sich vor allem darin ausdrückte, daß den männlichen Mitgliedern der Horde – den »Söhnen« – der sexuelle Verkehr mit den Frauen der Gruppe verboten wurde. Wer es trotzdem versuchte, wurde von ihm kastriert, verjagt oder erschlagen.

Die »Söhne« reagierten mit zwiespältigen Gefühlen auf ihren Über-Vater: mit Haß, weil er das alleinige Recht auf Beischlaf für sich beanspruchte und so die sexuellen Wünsche der Söhne unterdrückte, und mit Bewunderung, weil sie so machtvollkommen sein wollten wie er (Wunsch nach Identifizierung).

Jedoch überwog der Haß. Die Brüder rotteten sich zusammen und töteten das tyrannische Oberhaupt – was eine unübersehbare Parallele zu den ödipalen Wünschen unserer Kinder darstellt.

Der Vatermord bewirkte, daß sich die Söhne zunächst entzweiten. Ein Kampf aller gegen alle entbrannte, weil jeder – wie vorher der Vater – die Frauen für sich allein haben wollte. Doch angesichts der Vernichtung, die ihrer Sippe drohte, beschlossen sie, sich nicht gegenseitig umzubringen und gemeinsam auf die begehrten Frauen zu verzichten. So retteten sie durch die Errichtung eines Mord- und Inzestverbots ihre Organisation vor dem Untergang und führten zugleich das Gebot der Exogamie, der Heirat mit Frauen außerhalb des Stamms, ein. Das bedeutet: Die Söhne schlossen eine Art »Gesellschaftsvertrag«, indem sie sich um der sozialen Ordnung willen zu einem Triebverzicht bereit erklärten und sich alle die gleichen Rechte zugestanden. Freuds berühmter Satz, wonach Kultur Triebverzicht bedeute, spiegelt sich in dem Ereignis eindrucksvoll wider.

Zugleich aber stieg in den Söhnen ein Schuldgefühl gegenüber dem ermordeten Vater auf. Liebe und Bewunderung nahmen zu, so daß »der Tote nun stärker wurde, als der Lebende gewesen war«.

Sein strenges Beischlafverbot mit den Frauen der eigenen Horde, dessentwegen er getötet worden war, verstand sich jetzt von selbst. In der Psychoanalyse nennt man dies den »nachträglichen Gehorsam«. Die Söhne widerriefen den Mord gleichsam, indem sie sich einen Ersatzvater – das Totemtier – schufen und dessen Tötung bei Strafe verboten (tabuisierten). Da sie überdies dem Totem den Charakter eines »Schutzgeistes« gaben, gelang es ihnen, die Schuldgefühle gegenüber dem ermordeten Vater zu beschwichtigen. Denn »hätte der Vater uns so behandelt wie das Totem, wir wären nie in die Versuchung gekommen, ihn zu töten«.

Der Triumph über den Vater wurde jedoch nicht vergessen. Denn bei den regelmäßig wiederkehrenden »Totemfesten« brach die Sippe das Tabu, schlachtete ein Totemtier und verzehrte es. Freud nahm an, daß der Mord am Urvater kein einmaliges Ereignis war, sondern daß er sich über Jahrtausende hinweg ungezählte Male wiederholt hat.

In seinem Essay stellte der Psychoanalytiker auch zahlreiche Übereinstimmungen zwischen dem Totemismus und den Religionen fest. Nach seiner Auffassung besteht die »Erbsünde« in dem Mord am – später als Gott verehrten – Urvater. Dieses Verbrechen wurde dann durch ein ranggleiches Opfer – nämlich den Kreuzestod des Sohnes – gesühnt. Jesus büßte aber nicht nur für den Vatermord, sondern verdrängte zugleich den als Gott verehrten toten Urvater und setzte sich, zum Teil wenigstens, an dessen Stelle – was der Wunsch eines jeden vom Ödipuskomplex geplagten Sohnes ist.

Mit der Entthronung löste Jesus die tyrannische Vater-Religion des Alten Testaments ab und ersetzte sie durch eine Sohnes-Religion, die auf dem Prinzip der Nächstenliebe und Vergebung gründet. Der christlichen Kommunion haftet demnach eine ähnliche Bedeutung an wie den Totemfeiern, bei denen der Verzehr des – den Vater symbolisierenden – Totemtiers ausnahmsweise erlaubt ist. Nur essen und trinken die Christen nicht das Fleisch und Blut des Vaters, sondern das des Sohnes. Und indem sie sich mit dem Sohn identifizieren, so spekulierte Freud, nehmen sie »im Grunde eine neuerliche Beseitigung des Vaters« vor. Faßt man die Gedanken zusammen, dann sind sowohl der Totemismus als auch die späteren Gottes-Religionen aus einem Schuldgefühl der Söhne gegenüber dem von ihnen getöteten Vater hervorgegangen. Das schlechte Gewissen, das nach der Tat entstand, bewirkte Reue und Gehorsam gegenüber dem Toten. Und diese Gefühle führten zum Verzicht auf eine Wiederholung des Mordes und zum Verzicht auf den Inzest. Damit waren die beiden grundlegenden Voraussetzungen für die Entwicklung einer Kultur erfüllt. Oder, wie der belgische Ethnologe und Anthropologe Claude Lévi-Strauss (»Die traurigen Tropen«) sagt: Das Inzestverbot sei jenes minimale und universale Gesetz, damit aus Natur Kultur werde. Freud hat nie einen »Wilden« analysiert. Dafür inspirierte seine Schrift »Totem und Tabu« Psychoanalytiker, Naturvölker aufzusuchen und sich an Ort und Stelle mit deren Seelenleben zu beschäftigen. Auf diese Weise erhielten sie unter anderem Aufschluß darüber, welche Rolle die unterschiedlichen Kulturen bei der Entstehung der Neurosen spielen.

1927, als krebskranker Mann, führte Freud seine Gedanken über die Religion fort. In »Die Zukunft einer Illusion« verglich er den religiösen Menschen mit einem kleinen Kind, das sich dem übermächtigen Vater ausgeliefert fühlt. Wie der Dreijährige seinen Erzeuger, so fürchtet auch der gläubige Erwachsene den Gott-Vater und versucht, wie das Kind, ihn zugleich für sich zu gewinnen und damit Schutz zu bekommen. Die neurotische Beziehung des Kindes zum Vater wird demnach in der Beziehung zu Gott wiederholt (»Wiederholungszwang«). Denn beide Male taucht das »Motiv der Vatersehnsucht auf, das identisch (ist) mit dem Bedürfnis nach Schutz gegen die Folgen der menschlichen Ohnmacht«.

Obgleich sich die Religionen und ihre Vorform, der Totemismus, als nützlich erwiesen haben, um fundamentale Wünsche wie Mord und Inzest zu verdrängen, ist es ihnen, so Freud, im Grunde nicht gelungen, die Menschen zu verbessern. Dies könne, wenn überhaupt, nur die Wahrheit, die Vernunft, wie sie die Wissenschaft verkörpert. Auf den Punkt gebracht: Für den Atheisten Freud war die

Religion eine im Ödipuskomplex begründete Neurose, bei der sich die Beziehung des ohnmächtigen Kindes zum übermächtigen Vater zwanghaft wiederholt. Doch im Gegensatz zum Vater, der tatsächlich existiert und Schutz gewährt, ist Gott ein Wunschgebilde und die auf ihn begründete Religion eine »Illusion«, von der Freund wünschte, sie möge keine Zukunft haben. Aus diesem Grund trat Freud für die Abschaffung der religiösen Erziehung ein: »Wer sich einmal dazu gebracht hat, all die Absurditäten, die die religiösen Lehren ihm zutragen, ohne Kritik hinzunehmen, und selbst die Widersprüche zwischen ihnen zu übersehen, dessen Denkschwäche braucht nicht arg zu verwundern.«

Aufgabe der Psychoanalyse wäre es mithin, die neurotischen Motive der Religion aufzudecken und abzubauen, um so der Vernunft den Weg zur Macht zu ebnen. Da es sich aber bei der Religion um einen Massenwahn handelt, gelingt es ihr, vielen Menschen die individuelle Neurose zu ersparen. Das heißt, der Zerfall des Glaubens, wie er in unserer Zeit zu beobachten ist, beschert uns weniger einen Sieg der Vernunft als vielmehr eine Zunahme der individuellen Neurosen. Überdies zeigen die mit ihren Leiden alleingelassenen Individuen die neurotische Tendenz, sich einen anderen Über-Vater zu schaffen: Im schlimmsten Fall einen Adolf Hitler.

Seinen letzten Sommerurlaub außerhalb Wiens verbrachte Freud 1930 am Grundlsee im Salzkammergut. Dort erreichte ihn die Nachricht von der Verleihung des Goethepreises. Da er in seinem Leben nicht gerade mit Ehrungen überhäuft worden war und auch diese bedeutende Auszeichnung ziemlich spät kam, hielt sich seine Freude in Grenzen. Eine gute Prothese, die ihm das Sprechen erleichtert hätte, wäre ihm wohl lieber gewesen. So schickte er seine Tochter Anna nach Frankfurt am Main, wo sie während eines Festakts die von ihrem Vater verfaßte Dankesrede vorlas. Das Preisgeld, zehntausend Mark, brauchte Freud dann, um den Schaden auszugleichen, den er sich mit der Ehrung eingehandelt hatte. Denn die Wahl stieß unter anderem bei vielen Journalisten auf Kritik. Die Zeitungsleute gaben ihrer Ablehnung einen infamen Ausdruck: Sie bedauerten in ihren Blättern, wie sterbenskrank der Preisträger Freud sei. Die Folge: Die Zahl der Patienten, auf die Freud finanziell angewiesen war, ging spürbar zurück. Rückblickend, 1935, schrieb er allerdings, die Ehrung sei der »Höhepunkt meines bürgerlichen Lebens« gewesen. – In das Jahr 1930 fiel auch ein trauriges Ereignis: Freuds Mutter starb, im biblischen Alter von 95 Jahren.

Während Journalisten, die der Psychoanalyse gegenüber feindselig gesinnt waren, öffentlich sein baldiges Ableben befürchteten – das heißt, es wünschten –, nahm Freuds Leiden tatsächlich eine katastrophale Wendung. In seinem Mund bildete sich ein neuer bösartiger Tumor, der ihm endgültig klar machte, daß sein Leben in Wirklichkeit ein »langes Sterben« war. Damals, 1931, fragte er seinen Chirurgen Hans Pichler, ob es nicht besser sei, den Wettlauf mit dem Tumor aufzugeben. Pichler war dagegen und entfernte das Karzinom. Danach mußte Freud sich innerhalb von sieben Monaten noch vier Nachoperationen unterziehen.

Die Religion hatte er als »Illusion« entlarvt. Und auch die philosophische Frage nach dem Sinn des Lebens war ihm fremd. Abgesehen vom Lustprinzip, das auf den unmittelbaren Gewinn von Lust und die Vermeidung von Unlust aus sei, könne er keinen Sinn, vor allem keinen »höheren Sinn« in unserem Dasein entdecken – so seine Antwort. Zugleich aber forderte er die »Herrschaft des Ich«, die nur gelingt, wenn wir die Triebe »sublimieren«, also in den Dienst der Vernunft stellen. So gesehen hat unser Leben doch mehr Sinn, als Freud auf Grund des Lustprinzips postulierte.

In diesem »Sinn«, erklärte der Analytiker Johannes Cremerius, verhielt sich der kranke, von Schmerzen gepeinigte Mann, während er auf den Tod zulebte. Sinn besaß für Freud das Dasein so lange, wie seine geistige Kraft ausreichte. Und dieser Sinn lag, »kurz und profan gesagt, darin, das weiter zu tun, was er schon immer getan und für Sinn gehalten hatte und was durch ein äußeres Ereignis wie diese Krankheit nicht verändert werden konnte« (Cremerius). Das heißt, Freud blieb sich treu, indem er weiterhin seinen Pflichten, dem »Handwerk des Lebens« nachging.

Doch gab es auch Stunden, in denen ihn die »überlegene Indifferenz« (Gleichgültigkeit) gegenüber seinem Leiden verließ. Dann bangte er darum, daß ihm nicht mehr genug Zeit verbleiben würde, neue und wichtige Gedanken zu Papier zu bringen.

Dennoch, so Cremerius, sei Freud kein »Held« gewesen. Wörter wie »Tapferkeit« oder »heroisches Sterben« wollte er nicht hören. Vielmehr lebte Freud in der »Tradition des Stoizismus«, einer von dem griechischen Philosophen Zenon (335–263 v. Chr.) begründeten Lehre, die unter anderem den unbedingten Gehorsam gegenüber den Gesetzen der Natur verlangte. Danach bedeutete eine unheilbare, den Geist zerstörende Krankheit, daß die Natur das Leben als beendet betrachtet. In diesem Fall steht der Freitod mit dem Willen der Natur in Einklang. Den Gedanken an die »stoische Pflicht« gegenüber der Natur, ein von ihr für sinnlos erklärtes Leben durch eigene Hand zu beenden, trug Freud während seiner Krankheit in sich.

War er 1930 durch den Goethepreis geehrt worden, so mußte er drei Jahre später erleben, wie die Nazis in Deutschland ihre Bücherverbrennungen inszenierten. Neben den Werken von Heinrich Mann, Albert Einstein, Arnold Zweig und anderen Dichtern und Denkern warf man auch Freuds Schriften auf den Scheiterhaufen. »Gegen die seelenzerstörende Überschätzung des Sexuallebens – und für den Adel der menschlichen Seele – übergebe ich den Flammen die Schriften eines gewissen Sigmund Freud« – so der Kommentar. Immerhin, so empfand der nunmehr Verfemte, »brenne ich in bester Gesellschaft«. Überdies sei die Bücherverbrennung ein Fortschritt. Im Mittelalter hätte man ihn selbst auf den Scheiterhaufen geworfen. Er sollte sich täuschen. Vier seiner Schwestern und auch viele seiner Schüler starben in den Konzentrationslagern oder wurden von den Nazis umgebracht.

Ein Opfer der Flammen wurden auch Exemplare von Freuds bedeutsamer Abhandlung über das »Unbehagen in der Kultur«, die er 1930 veröffentlicht hatte. Unter »Kultur« verstand er »die ganze Summe der Leistungen und Einrichtungen«, durch die wir uns

»vom Leben unserer tierischen Ahnen entfernt« haben. Dabei dachte er vor allem an die »Regelung der Beziehungen der Menschen untereinander«.

Gewöhnlich betrachten wir die Kultur als ein kostbares Gut und trauen ihr zu, daß sie die Menschen vollkommener macht. Freud jedoch dachte, daß das kulturelle Über-Ich und dessen verlängerter Arm, das Gewissen, unser Inneres so bewachen wie der Feind eine eroberte Stadt. Sinngemäß erklärte er: Die vornehmliche Aufgabe der Kultur bestehe darin, Gesellschaft zu stiften und zu fördern. Und aus diesem Grund habe sie eine Ethik oder Moral entwikkelt, die den Menschen ein hohes Maß an Triebverzicht abfordert – was einem mehr oder weniger großen Verzicht auf Glück gleichkommt.

Nach Freud ringen in unserer Seele zwei Bestrebungen: Die eine zielt darauf, in einer Gemeinschaft zu leben. Die andere hingegen entspringt dem Lustprinzip. Ließen wir dem Lustprinzip freien Lauf, so würden wir die Mitmenschen schnellstens zu Objekten herabwürdigen, würden sie, zum Beispiel, ohne sie zu fragen, sexuell gebrauchen, ihre Arbeitskraft ohne Entschädigung ausnutzen oder ihnen aus Neid Hab und Gut wegnehmen. Das in uns stekkende Lustprinzip erweist sich mithin als unvereinbar mit dem Wunsch, in Gemeinschaft zu leben. Deshalb haben wir eine Kultur der Verbote und des Gehorsams geschaffen, die unsere sexuellen und aggressiven Wünsche weitgehend beschränkt. Eine solche Kultur aber muß die Menschen zwangsläufig unglücklich machen.

Unter »Glück« verstand Freud, im engeren Sinn, die Befriedigung aufgestauter Bedürfnisse, wie wir sie im Geschlechtsakt erleben. Nach dieser Definition ist Glück nur kurzfristig möglich. Denn jede Fortdauer einer vom Lustprinzip ersehnten Situation, bringe, so Freud, nicht mehr als ein laues Behagen. Der Mensch sei nun einmal so eingerichtet, daß er den »Kontrast« genießen kann, den »Zustand« aber nur sehr wenig. Das erkannte schon Goethe, als er schrieb: »Nichts ist schwerer zu ertragen als eine Reihe von schönen Tagen.«

Unsere Kultur mit ihren geschriebenen und ungeschriebenen Gesetzen verbietet aber nicht nur die verwerfliche Tat, sondern sie bestraft schon den Gedanken daran – und zwar in Form des »schlechten Gewissens«. Außerdem arbeitet sie, um die Gemeinschaft zusammenzuhalten, mit übertriebenen Vorsichtsmaßregeln. So liegt es ganz in ihrem Sinn, wenn wir die kindliche Sexualität verpönen. Denn, so Freud, eine Eindämmung der sexuellen Gelüste der Erwachsenen gelingt nur, wenn ihr in der Kindheit vorgearbeitet werde. Freud: Von vornherein wird »die Objektwahl auf das gegenteilige Geschlecht eingeengt, die meisten außergenitalen Befriedigungen als Perversionen untersagt«. Auf diese Weise schafft es die Kultur, das Geschlechtsleben der Menschen gleichzuschalten und Individuen mit einer anderen Veranlagung – wie die Homosexuellen – vom Geschlechtsgenuß abzuschneiden, was eine »schwere Ungerechtigkeit« bedeutet.

Während der Normalbürger den von der Kultur geforderten sexuellen Triebverzicht leistet, gelingt es, wie Freud schreibt, einer Minderheit von Geistesmenschen, den Verzicht in eine Ersatzbefriedigung umzukehren, den Sexualtrieb zu »sublimieren«. Das geschieht, indem er von seinem ursprünglichen Sexualobjekt abgelenkt und auf ein anderes, nicht-sexuelles Objekt verschoben wird. Zeugnisse für eine besonders geglückte Verschiebung beziehungsweise Sublimierung sind nach Freud künstlerische und wissenschaftliche Werke.

Wie so viele Begriffe der Psychoanalyse ist auch der Ausdruck »Sublimierung« nicht klar umrissen. So weiß man nicht genau, wie eine geistige Tätigkeit beschaffen sein muß, damit man von einer Sublimierung sprechen kann.

Wie mächtig das Lustprinzip in uns wirkt, läßt sich an der Zahl der Verbote in unseren Gesetzesbüchern ablesen. Ihr Zweck ist es, die Gesellschaft vor den sexuellen und feindseligen Wünschen des einzelnen zu schützen.

Bei seiner Analyse der Kultur entdeckte Freud einen Effekt, der das Dilemma des Triebverzichts verschärft. Das Über-Ich, das in

Gestalt der kulturellen Gesellschaft auftritt, weist dem Gewissen des einzelnen Menschen die Funktion zu, dessen Gedanken und Handlungen zu zensieren. Es sorgt also primär die Instanz des eigenen Gewissens dafür, daß wir – unser Ich – schon bei einem bösen Wunsch ein Schuldgefühl verspüren. Der springende Punkt: Die Entsagung, die wir den Trieben auferlegen, führt nicht dazu, daß wir uns mit dem eigenen Gewissen versöhnen. Im Gegenteil, da mit jedem Triebverzicht die Versuchung wächst, die verbotenen Wünsche zu verwirklichen, wird unser Gewissen von Mal zu Mal strenger.

Diese und andere Gedanken brachten Freud zu der Einsicht: Die beiden Bestrebungen des Menschen – die nach Triebbefriedigung beziehungsweise individuellem Glück und die nach menschlichem Anschluß – stehen im Kampf miteinander. Und deshalb müssen auch die Prozesse der individuellen und der kulturellen Entwicklung einander feindlich gegenüberstehen und sich gegenseitig ihren Einfluß streitig machen.

Folgt man der Neurosenlehre, so werden die Menschen krank, weil sie – als Kinder – ihre sexuellen und feindseligen Wünsche ins Unbewußte verdrängt haben. Ähnliches gilt aber auch, wenn, so Freuds Kritik, eine auf strengsten Verboten aufgebaute Kultur die Menschen zwingt, unentwegt ihre Triebimpulse zu unterdrücken. Dieses Phänomen empfanden einige von Freuds Nachfolgern als so bedeutsam, daß sie es – wie der Sozialphilosoph Erich Fromm – zu einem zentralen Thema der Psychoanalyse erhoben. Sie sprechen von einer neurotischen Gesellschaft, deren Eigentümlichkeit sich darin ausdrückt, daß sie ihre Krankheit nicht zur Kenntnis nimmt und nur jene Menschen als krank bezeichnet, deren Neurose von der ihren abweicht.

1932 fragte Albert Einstein den Begründer der Psychoanalyse in einem Brief, ob man die Menschen vom Verhängnis des Krieges befreien könne. Der Physiker dachte, am Krieg sei nur eine Minderheit – etwa die Waffenhersteller – interessiert. Weshalb sei es dann aber möglich, daß sich die Masse »bis zur Raserei und Selbstaufopferung entflammen läßt«. »Im Menschen«, vermutete Einstein, »lebt ein Bedürfnis zu hassen und zu vernichten.« Frage: »Gibt es eine Möglichkeit, die psychische Entwicklung der Menschen so zu leiten, daß sie den Psychosen des Hasses und des Vernichtens gegenüber widerstandsfähiger werden?«

Freuds Antwort fiel pessimistisch aus. Er wies auf den im Menschen wirkenden Todestrieb hin, der entweder die eigene Person oder – durch ein Ablenkungsmanöver – sogenannte Feinde vernichtet. Das Lebewesen Mensch bewahre mithin sein eigenes Leben dadurch, daß es fremdes zerstört. So gesehen müßte der Bau von Atombomben vorrangig als ein Selbstmord-Unternehmen und die aggressive Drohung mit der Waffe gegen den Feind als Ablenkung gedeutet werden. Bedenkt man, daß ein nuklearer Krieg eher durch Zufall als durch einen bewußt geplanten Angriff ausgelöst werden könnte, gewinnt Freuds Gedanke ein erschreckendes Maß an Glaubwürdigkeit. Danach verhalten wir uns wie ein Selbstmordkandidat, der darauf wartet, daß ihm der Zufall die »Arbeit« abnimmt, und der deshalb auch nichts unternimmt, um sich vor einem solchen Zufall zu schützen.

In seiner Antwort bat Freud den Physiker »um Verzeihung, wenn meine Ausführungen Sie enttäuscht haben«. Tatsächlich sprach er von »der Erstarkung des Intellekts, der das Triebleben zu beherrschen beginnt«. Doch wirft man einen Blick auf die Geschichte unseres Jahrhunderts, stellt man fest, daß das Gegenteil eingetreten ist und daß der Todestrieb die Vernunft immer mehr zerstört hat. Daß die Völker aus der blutigen Geschichte lernen und unverzüglich darangehen würden, eine »Diktatur der Vernunft« zu errichten, die eine »vollkommene und widerstandsfähige Einigung der Menschen gegen den Krieg« erzwingt – daran mochte Freud selbst nicht recht glauben. »Ungern«, schrieb er, »denkt man an die Mühlen, die so langsam mahlen, daß man verhungern könnte, ehe man das Mehl bekommt.«

Im Mai 1936 feierte Freud seinen achtzigsten Geburtstag. Thomas Mann, der wie fast alle Künstler der Zeit die Erkenntnisse der

Psychoanalyse in sein Werk einbrachte, hielt die Festansprache. Und im September desselben Jahres konnte das Ehepaar Freud seine »Goldene Hochzeit« anzeigen.

Zwei Jahre später überschlugen sich dann die politischen Ereignisse. Die Nazis zogen in Österreich ein. SA-Männer durchsuchten Freuds Haus und die Büros des Psychoanalytischen Verlages. Angesichts der Gefahr, in der die Familie schwebte, begann eine fieberhafte diplomatische Aktivität, um Freud und seine Angehörigen ins Ausland zu bringen. In die »Angelegenheit« schaltete sich sogar der US-Präsident Franklin Delano Roosevelt ein. Er hatte erfahren, daß Marie Bonaparte, Prinzessin von Griechenland, ihren Lehrer Sigmund Freud zu sich nach Paris holen wollte. Roosevelt wies daraufhin seinen Botschafter in Berlin an, der Hitler-Regierung mitzuteilen, daß »in Anbetracht der hervorragenden Stellung Dr. Freuds in der Welt der Wissenschaft« die Genehmigung seiner Ausreise »einen sehr günstigen Eindruck in diesem Land (USA) und auf Seiten der Regierung erwecken« würde.

Doch Freud sträubte sich zunächst, sein geliebtes und gehaßtes Wien, in dem er 79 Jahre gelebt hatte, zu verlassen. Dem herbeigeeilten Ernest Jones erklärte er, ein Soldat müsse auch auf seinem Posten bleiben, wenn Gefahr drohe. Darauf zitierte der spätere Biograph einen Offizier, der beim Untergang der »Titanic« durch einen Zufall gerettet worden war. Als er bei einem Verhör gefragt wurde, weshalb er das Schiff verlassen habe, antwortete der Offizier: »Ich habe das Schiff nicht verlassen, es hat mich verlassen.«

Im Juni 1938 emigrierte Freud schließlich nach England. Dort wurde seine Ankunft von der Presse stürmisch begrüßt, und er wunderte sich, daß sein Name sogar den Taxifahrern ein Begriff war. In einem ruhigen Stadtteil Londons bezog er ein Haus mit Garten, von dem er sagte, es sei »zu gut für jemanden, der es nicht lange bewohnen werde«. Eine besondere Genugtuung empfand er, als die »Royal Society« ihn bat, sich in ihr Ehrenregister einzutragen. Damit stand sein Name in einem Buch, das die Signaturen von weltverändernden Geistern wie Isaac Newton und Charles Darwin enthielt.

Auch nach seiner letzten großen Operation im September 1938 analysierte Freud noch Patienten, schrieb über klinische Probleme der Psychoanalyse und betrieb die vollständige Herausgabe seines Alterswerks »Der Mann Moses und die monotheistische Religion«. Diese letzte große Schrift hatte er 1934 begonnen, und zwei von drei Teilen waren bereits veröffentlicht. In England »wagte« er es dann, »das letzte Stück meiner Arbeit vor die Öffentlichkeit zu bringen«.

Psychologisch gesehen, erschien das Werk zur denkbar ungünstigsten Zeit. Während die Nazis Jagd auf die Juden machten, griff Freud in seinem Essay die – bereits bekannte – Behauptung auf, wonach Moses kein Jude, sondern ein Ägypter gewesen sein soll. Mit anderen Worten: Zu einem Datum, da sich viele der verfolgten Juden an ihre Religion klammerten, »stahl« Freud ihnen sozusagen ihren größten Helden.

Als er noch in Wien lebte, hatte Freud gezögert, die Arbeit überhaupt erscheinen zu lassen. Dabei spielten jedoch andere Gründe eine Rolle. Zum einen fürchtete er, die »Fachleute würden es zu leicht« haben, den Essay als »Hirngespinst des Outsiders zu zerfetzen«. Wohl um sich davor zu schützen, bezeichnete er das Werk zunächst als einen »historischen Roman«. Gleichwohl gibt es bis heute seitens der Orientalisten und Bibelforscher viele Einwände gegen die Studie. Zum anderen wurde vor der Machtergreifung der Nazis in Österreich (1938) die Politik des Landes von der katholischen Kirche beeinflußt. Ein Pater namens Schmidt, der viel zu sagen hatte und selbst Religionsforscher war, machte damals aus seinem Abscheu gegenüber der Freudschen Lehre keinen Hehl, so daß eine Veröffentlichung des ketzerischen Moses-Werks ein Verbot der Psychoanalyse hätte nach sich ziehen können. Doch setzte sich Freud schließlich über seine Bedenken hinweg und ließ die beiden ersten Teile in der psychoanalytischen Zeitschrift »Imago« abdrukken. Den dritten Teil des Werks, das ihn »wie ein unerlöster Geist quälte«, gab er dann in England frei.

In dem Buch stellte Freud die Frage nach dem besonderen Charakter des jüdischen Volkes, das sich von Gott »auserwählt« fühlte, während sich – umgekehrt – andere Völker einen Gott wählen. In dieser »Auserwähltheit« sah Freud auch ein Motiv für den Antisemitismus. Die Juden nehmen bei Gott gleichsam die Stelle ein, die der Lieblingssohn beim Vater innehat. Und wie Vaters Lieblingssohn, so zieht auch Gottes Lieblingsvolk die Eifersucht der anderen Brüder beziehungsweise Völker auf sich. So wird, zu einem kleinen Teil wenigstens, erklärlich, weshalb die Juden über Jahrtausende hinweg Verfolgung und Mord erleiden mußten.

Freud stellte, wie gesagt, den Schöpfer des jüdischen Volkes als einen vornehmen Ägypter vor. Tatsächlich ist Moses ein ägyptischer Name. Doch reicht das als Beweis für die Behauptung nicht aus. Überzeugender klingt ein anderes Argument: In den Mythen, die von der »Geburt der Helden« berichten, gibt es eine Art Grundmuster. Danach wird der Heros zumeist als Königssohn geboren, ausgesetzt und von Tieren oder armen Leuten (Hirten) gefunden und großgezogen. Später erfährt der Held die Wahrheit über seine hohe Herkunft. Er bricht auf, rächt sich am Vater und wird schließlich selber ein erfolgreicher Herrscher.

Freud ging nun davon aus, daß die Bibel die Geschichte des Moses entgegen dem Grundmuster erzählt. Ist nach dem Schema der Sagen die erste Familie vornehm und die zweite gering, so verhält es sich im Buch der Bücher genau umgekehrt. Der Knabe wird von einer armen Familie ausgesetzt und von einer königlichen aufgenommen. Der Verdacht, den Freud zu erhärten versuchte, bestand darin, daß im Fall Moses die Aussetzungs-Sage irgendwann einmal vor die historische Wahrheit gespannt worden ist. Das bedeutet: Die erste – jüdische – Familie wurde nachträglich erfunden, und nur die zweite – ägyptische – Königsfamilie hat tatsächlich existiert. Diese Manipulation, die aus dem Ägypter Moses einen Sohn jüdischer Eltern macht, läßt sich psychologisch plausibel begründen: Der Held eines Volkes darf nämlich kein Fremdling sein, sondern er muß – und das gebietet der Stolz – aus dem eigenen Volk stammen.

Von dieser mehr durch Scharfsinn als durch Tatsachen gestützten Annahme ausgehend, beschrieb Freud den Lebensweg des Moses und des jüdischen Volkes – und zwar im Sinne der psychoanalytischen Theorie. Im 14. Jahrhundert vor Christus – Ägypten war ein mächtiges Imperium – versuchte der Pharao Echnaton, die Religion vom einzigen Gott »Aton« durchzusetzen. Die neue Religion stieß jedoch nicht nur deshalb auf Widerstand, weil die Ägypter an die Verehrung vieler Götter gewöhnt waren. Vielmehr verwarf die Aton-Religion die – für dieses Volk extrem wichtige – Idee eines Weiterlebens nach dem Tod.

Nach dem Tod des Echnaton setzte die Reaktion ein. Die Ägypter kehrten zur alten Vielgötter-Religion zurück. Und in dieser Situation soll, so Freud, Moses das Forum der Geschichte betreten haben. Als Anhänger der neuen, monotheistischen Religion unternahm er den heldenhaften Versuch, ein neues Reich zu gründen und so den Glauben an den einzigen Gott zu retten. Das Volk, das er sich für dieses Vorhaben »auserwählte«, fand er in einer ägyptischen Provinz, in der sich mehrere semitische Stämme niedergelassen hatten. Mit »starker Hand« organisierte er deren Auswanderung, die sich nach Freuds Ansicht »in vollem Gegensatz zur biblischen Tradition ohne Verfolgung vollzog«.

Doch das tumbe Volk, das bis zu seinem Auszug unter ägyptischer Herrschaft dahinvegetiert hatte, konnte der grandiosen Idee vom einzigen Gott lange Zeit nichts abgewinnen. Denn die vergeistigte Religion mit ihren strengen Gesetzen forderte einen extremen Triebverzicht, den die – durch die Wüste irrenden – Menschen nicht zu leisten vermochten. Nach mehreren empörten Protesten, die in der Bibel als »Tanz um das goldene Kalb« beschrieben werden, »nahmen die wilden Semiten das Schicksal in ihre Hand und räumten«, so Freud, »den Tyrannen (Moses) aus dem Wege«. Der Mord an der großen Vaterfigur Moses entspricht jenem Verbrechen, das in grauer Vorzeit die Söhne an ihrem Über-Vater begangen haben. Und wie dieser Brüder-Clan konnten auch die Semiten ihre Tat nicht vergessen. Zwar verehrten sie seit Jahrhunderten den Vulkangott Jahve. Doch Schuldgefühle und Reue bewirkten, daß sie den Gott Jahve in jenen einzigen und universalen Gott umformten, den ihnen der Ägypter Moses gestiftet hatte. Dieser einzige Gott, so verkündeten die Propheten, verlange eine neue soziale Ordnung; im Glauben an ihn sollten die Menschen ein Leben in Wahrheit und Gerechtigkeit führen – also ein Dasein voller Triebverzichte.

In der Analyse der extrem verschlungenen Moses-Sage leuchtete zum letzten Mal Freuds alles durchdringender Verstand auf. Dabei brachte er, dem Thema entsprechend, mehr plausible Erklärungen als konkrete Beweise vor. Aus diesem Grund betonte er immer wieder, daß er sich auf einem wissenschaftlich unsicheren Boden bewege und daß das Wahrscheinliche nicht unbedingt wahr zu sein und das Wahre nicht unbedingt wahrscheinlich zu klingen brauche. Wenn er sich dennoch mit der Gestalt des Moses auseinandersetzte, so auch deshalb, weil er in dem großen Menschheits-Umformer sein Vorbild sah.

Gegen Ende des Essays erörterte Freud auch die heikle Frage, auf welche Weise sich Erinnerungen – wie die an den Mord des Urvaters – über Jahrtausende hinweg erhalten können. Dabei stützte er sich auf den Naturforscher Jean Baptiste Lamarck (1744-1829). Der Franzose vertrat die Auffassung, daß erworbene Eigenschaften durch Fortpflanzung übertragen werden. Nach Ansicht moderner Genetiker sind hingegen weder erworbene Eigenschaften (wie Edelmut oder der Hang zur Kriminalität) noch die Gedanken an Erlebnisse vererbbar. Konkret: Wir wissen über die Zeit des Moses nur auf Grund von schriftlichen oder bildhaften Darstellungen Bescheid. Für die These, Erinnerungs-Inhalte würden über die Fortpflanzung transportiert, fehlt den Biologen bis heute der Beweis.

Freud mußte aber schon deshalb an Lamarcks Vererbungslehre festhalten, weil er sonst mit einer wichtigen Beobachtung aus seiner Praxis nicht zurechtgekommen wäre. Danach ist das ödipale Geschehen, das im Kind vor sich geht, viel zu komplex, als daß es sich allein aus der individuellen Erfahrung eines dreijährigen Jungen oder Mädchens erklären ließe. Das heißt, das Kind entfernt sich bei seinen Reaktionen vom Selbsterlebten, so daß sein Verhalten erst »durch die Beziehung auf das Erleben früherer Geschlechter begreiflich« wird. Mithin müsse man zumindest »den Fortbestand solcher Erinnerungsspuren in der archaischen Erbschaft annehmen«. Die heutige Psychoanalyse verneint diesen Gedanken des genetischen Erbes und spricht statt dessen von alten, meist unbewußt überlieferten gesellschaftlichen Verhaltensmustern, die den Charakter des Kindes bestimmen. Beispiel: der Ödipuskomplex.

Die letzten Monate lebte Freud »in einer humorvollen Allianz mit seiner Krankheit« (Cremerius). Er sprach von seinem »lieben, alten Karzinom«. Und als seine Kiefer-Wunde eine Stück Knochen abstieß, wartete er darauf »wie ein hungriger Hund«. Am 1. September 1939 brach der Zweite Weltkrieg aus. Der Arzt Max Schur fragte ihn, ob dies »der letzte Krieg« sei. Freuds Antwort: »Mein letzter Krieg.«

Am 23. September waren seine Kräfte aufgezehrt. Er erinnerte Schur an ein altes Versprechen, ihn »nicht im Stich zu lassen, wenn es soweit ist. Das ist jetzt nur noch Quälerei und hat keinen Sinn mehr.« Schur gab ihm eine Dosis Morphium. Um drei Uhr früh starb Freud, wie er gelebt hatte – ohne Pathos und im Einklang mit seinem Denken. Denn die »Herrschaft des Ichs«, um die es in seiner Lehre geht, gab Sigmund Freud auch in seiner letzten Stunde nicht aus der Hand. Cremerius: »Er war es, der dem Tod die Türe öffnete.«

1 *Erich Fromm: »Die Furcht vor der Freiheit«, Steinberg Verlag, Zürich, 1945*
Theodor W. Adorno: »Studien zum autoritären Charakter«, Suhrkamp-Verlag, Frankfurt/Main, 1973

2 *Erich Fromm: »Haben oder Sein – die seelischen Grundlagen einer neuen Gesellschaft«, Deutsche Verlagsanstalt, Stuttgart, 1976*

»Meine Tochter, meine Antigone«

Die Freud-Tochter Anna machte sich als Mitbegründerin der psychoanalytischen Behandlung von Kindern einen Namen

Anna Freud, selbst als Forscherin tätig, pflegte ab 1923 ihren krebskranken Vater bis zu dessen Tod 1939. Überdies wurde sie das »Sprachrohr« des sprechbehinderten Freud, der sie zärtlich »meine Antigone« nannte. Im Nachhinein klingt der Name wie eine düstere Vorhersage. Wie Antigone ihrem blinden Vater Ödipus, so folgte Anna dem sterbenskranken Freud in die Verbannung.

Als Kind war sie ebenso unersättlich wie ehrgeizig gewesen. Sie wollte nicht nur alles haben, was sie bei anderen Jungen und Mädchen sah, sondern auch alles besser machen als ihre meist älteren Spielgefährten. Vor allem aber hatte sie sich immer wieder die Erfüllung zweier Wünsche ausgemalt: schöne Kleider und viele Kinder zu besitzen.

Als junge Frau hingegen wirkte sie bescheiden. Sie war ärmlich gekleidet und hatte zur Zeit ihrer Analyse weder Ehemann noch eigene Kinder. Sie arbeitete als Erzieherin. Doch fehlte ihr der Wunsch, besser als die Kollegen zu sein. Den kindlichen Drang zu konkurrieren hatte sie verloren. Kurz: Das Kind war in der erwachsenen Frau nicht mehr wiederzuerkennen.

Solche Verwandlungen sind keine Seltenheit. Als Ursache dafür wird gewöhnlich die Verdrängung ausgemacht. Beispiel: Weil die

Eltern es verbieten, verdrängt ihr Kind den Wunsch, sich nackt zu präsentieren. Die Zeigelust (Exhibitionismus) kann sich dann im Wunsch nach schönen Kleidern wieder bemerkbar machen. Doch auch dieser Wunsch stößt bei den Eltern häufig auf Ablehnung, so daß das Kind ihn gleichfalls verdrängen muß, wenn es sich die Liebe der Großen bewahren will. Und im Zuge dieser Verdrängung kann es dann zu einer entgegengesetzten Verhaltensweise kommen. Statt der schönen bevorzugt das Kind fortan alte und häßliche Kleider. Anstelle des gierigen »Will auch!« tritt Anspruchslosigkeit. Die Psychoanalyse nennt solche Prozesse, bei denen ein verdrängter Wunsch durch sein Gegenteil ausgedrückt wird, »Reaktionsbildungen«.

Die Analytikerin, auf deren Couch die bescheidene Pädagogin lag, merkte jedoch bald, daß Begriffe wie »Verdrängung« und »Reaktionsbildung« nicht ausreichten, um das Verhalten der Patientin zu erklären. Zwar lehnte die Erzieherin die Sexualität ab – jedoch nur bei sich selbst. Das Liebesleben ihrer Freundinnen hingegen verfolgte sie mit »positivem Interesse«. Obgleich selbst ärmlich gekleidet, half sie ihnen, sich herauszuputzen, damit sie ihren Partnern begehrenswert erschienen. Und wenn sie sich – bei aller Zurückhaltung – doch einmal in einen Mann verliebte, so entwickelte sie einen starken Ehrgeiz für dessen Karriere – ein Gefühl, das sie für ihr eigenes berufliches Fortkommen nicht aufzubringen vermochte. Man kann sagen: Die Patientin führte ein von Wünschen entleertes Leben und setzte ihre Energie nur dann ein, wenn es um die Wünsche anderer Menschen ging.

Begreiflicher wird diese Verhaltensweise, wenn wir uns selbst beobachten. So sind wir gewöhnlich gehemmt, wenn wir eine Gehaltserhöhung fordern, während uns der Einsatz für die Gehaltserhöhung eines Kollegen leicht fällt. Grund: Mit Hilfe des Über-Ich (Eltern, Gewissen) haben wir in der Kindheit gelernt, unsere maßlosen (Trieb-)Wünsche zu verdrängen. Doch die ins Unbewußte verdrängten Wünsche nach »immer mehr« verschaffen sich trotzdem Befriedigung. Dies gelingt, indem wir den Wunsch nach mehr Geld

Anna Freud, die von 1895 bis 1982 lebte, gehörte zu den Mitbegründern der »Kinderanalyse« und führte viele Erkenntnisse aus der Lehre ihres Vaters in die Pädagogik ein. Überdies war sie das »Sprachrohr« des seit 1923 an Mundhöhlenkrebs erkrankten Freud, dem seitdem das Sprechen immer schwerer fiel. Ihr berühmtestes Buch verfaßte Anna Freud 1935: »Das Ich und die Abwehrmechanismen«.

Wo immer Adolf Hitler auftauchte – wie hier bei den Saar-Bauern –, wurde er von den Massen stürmisch bejubelt. Bei der Begeisterung für diesen »Führer« spielte vermutlich auch ein Phänomen eine Rolle, das man die »Identifikation mit dem Aggressor« nennt. Um der Bedrohung, die Hitler und seine Schergen verkörperten, entgehen zu können, identifizierten sich viele Deutsche mit ihm und seiner Ideologie. Diese Identifizierung erfolgte unbewußt und hatte nichts mit der Begeisterung zu tun, die wir zum Beispiel um eines Vorteils willen einem anderen Menschen vorheucheln. Die Identifikation mit dem Aggressor gehört zu den »Abwehrmechanismen«, die vor allem von Anna Freud erforscht wurden.

Bauernschaft
der Baar

London 1941. In der durch deutsche Bombenangriffe stark zerstörten Stadt versammelte Anna Freud Kriegswaisen und durch den Terror gestörte Kinder um sich, die sie psychoanalytisch behandelte und betreute. Nach dem Krieg errichtete sie ein Zentrum (Anna Freud: »Mein Lebenswerk«), in dem Kinder analysiert, Väter und Mütter beraten, sowie Lehre und vor allem Forschung betrieben wurden. Dazu gehörte die direkte Beobachtung von Säuglingen und Kleinkindern. Anna Freud ist es zu verdanken, daß sich die »Kinderanalyse« zu einem eigenständigen Zweig innerhalb der Psychoanalyse entwickeln konnte.

auf den Kollegen verschieben. Ist dann die Gehaltserhöhung durchgesetzt, so empfinden wir zwar keinen »Selbstgenuß«, doch immerhin einen »Mitgenuß«.

Diese Form der Triebbefriedigung wird in der Psychoanalyse eine »altruistische Abtretung« genannt. Dabei setzen wir die Energie, die der Verwirklichung eigener Wünsche gelten sollte, für eine andere Person ein.

Die Geschichte der Erzieherin steht in Anna Freuds Buch »Das Ich und die Abwehrmechanismen«.[1] Folgt man der Ansicht von Uwe Henrik Peters, dem Kölner Professor für Psychiatrie und Neurologie, einem kenntnisreichen Biographen der berühmten Freud-Tochter, so handelt es sich bei der Erzieherin um Anna Freud selbst.[2]

Demnach müßte sich eine Episode, die Frau Freud der Pädagogin andichtete, in Wirklichkeit so abgespielt haben: Als 13jährige verliebte sich Anna in den Freund ihrer älteren Schwester Sophie.

Doch ihre Hoffnung, der Freier würde sie wenigstens gelegentlich einmal vorziehen, erfüllte sich nicht. Eines Abends tauchte das Objekt ihrer Liebe unangemeldet auf – jedoch nicht um sie, sondern um die hübschere Sophie abzuholen. Offensichtlich hatte Anna im ersten Moment ihren Wunsch mit der Wirklichkeit verwechselt. Nach einer anfangs »lähmenden Enttäuschung«, begann sie dann, ihre Schwester »schön« zu machen. Und darüber geriet sie »in die glücklichste Stimmung« und vergaß vollkommen, daß nicht ihr, sondern der Rivalin das »Vergnügen bevorsteht«. Denn sie hat »ihren eigenen Liebeswunsch und ihre Gefallsucht auf die Konkurrentin projiziert und genießt die Erfüllung in Identifizierung mit dem Neidobjekt«, also der Schwester.

Lange Zeit war die Psychoanalyse vornehmlich eine »Triebpsychologie«. Als Sigmund Freud dann 1923 in seinem Buch »Das Ich und das Es« sein zweites Modell des psychischen Apparats vorstellte, wurde aus der Trieb- eine »Ichpsychologie«. Freud zeigte in seinem zweiten Modell »Es – Ich – Über-Ich« auf, daß das Ich sowohl vom Über-Ich (elterliche und gesellschaftliche Normen, das eigene Gewissen) und der Realität des Alltags als auch von den aus dem Es drängenden Triebregungen abhängig ist. Das derart gefesselte Ich kämpft gleichsam darum, die Forderungen des Über-Ich und die der Realität mit den Forderungen des Es in Einklang zu bringen und so Konflikte zu lösen und Gefühle wie Angst, Unlust, Scham usw. zu vermeiden. Der Kampf gegen die aus dem Es drängenden Triebwünsche führt unser Ich zum Teil bewußt, zum Teil unbewußt.

Nachdem Freud das Modell des psychischen Apparats abgewandelt hatte, folgte ein Wandel der Behandlungsmethode. Galt es bis dahin, die unbewußten Triebwünsche bewußt zu machen, so ging es jetzt darum, das Ich des Patienten so zu verändern, daß es die unbewußte Abwehrtätigkeit des Ich sowohl gegen die Triebe als auch gegen das Über-Ich erkennen lernt, so daß die Person einen reiferen, realitätsgerechteren Umgang mit der Umwelt findet.

Eine Waffe in dem Bemühen, zwischen den Ansprüchen des Über-Ich und denen der Realität einerseits und den Triebregungen andererseits zu vermitteln, bilden die im unbewußten Teil des Ich tätigen »Abwehrmechanismen«. Dazu gehört die oben beschriebene »altruistische Abtretung«. Der Wunsch, den Freund der Schwester zu besitzen, wurde abgewehrt – und zwar dergestalt, daß Anna ihn auf ihre Schwester übertrug und sich so einen Konflikt mit ihr und eine Kränkung durch den sie abweisenden Jungen ersparte.

Anna Freud machte sich nicht nur als Erforscherin des Ich einen Namen. Zu Weltruhm kam sie vielmehr als Mitbegründerin der Kinderanalyse. Sie entwickelte Techniken für die Heilung seelisch kranker Kinder und versuchte zugleich, das Gedankengut der Psychoanalyse in die Pädagogik einzubringen. Überdies trat sie als »Sprachrohr« für ihren ab 1923 an Mundhöhlenkrebs leidenden Vater auf und wurde nach Sigmund Freuds Tod (1939) dessen Sachverwalterin.

Zur Welt kam das jüngste der sechs Freud-Kinder 1895 – also in dem Jahr, als das erste Buch der Psychoanalyse, die »Studien über Hysterie«, erschien. Freud, der seine Söhne und Töchter liebevoll

»Fratzen« oder »Gesindel« nannte, hatte sich wohl einen weiteren Jungen gewünscht. Zumindest wäre ihm die Geburt eines »Wilhelm« ein Telegramm an den Berliner Freund Wilhelm Fließ wert gewesen, dessen Vorname das Kind erhalten sollte. So schickte er nur einen Brief, in dem er Fließ mitteilte, daß sich am 3. Dezember ein »komplettes Frauenzimmerchen in die Ordination gedrängt« habe.

Anna wuchs in einer Familie mit bürgerlichem Lebensstil auf, mit Köchin, Dienst- und Kindermädchen sowie einer Erzieherin, die sich um die älteren Geschwister kümmerte. Im Alter von 19 Monaten hatte Anna einen Traum, in dem sie sich in Besitz von Erdbeeren brachte, die ihr tags zuvor wegen einer Magenverstimmung vorenthalten worden waren. Diese im Schlaf phantasierte Wunscherfüllung nahm Freud in seine »Traumdeutung« auf.

Das »Annerl« entwickelte sich, so Peters, zu einem »Spaßvogel«. Vergnügt beobachtete der Vater, wie Anna »geradezu schön vor Schlimmheit« wurde. In Briefen rühmte er ihre Fähigkeit, sich originell auszudrücken. So nannte die Dreijährige eine von Freud erworbene Statuette treffend »ein altes Kind«.

1901 kam sie auf die Volksschule, danach auf das private Cottage-Lyzeum, wo sie nach Auskunft einer Klassenkameradin eine »Leuchte« war. 1911, als 15jährige, erhielt sie das »Zeugnis der Reife«.

Obgleich sie der Vater in seinen Briefen häufiger als die anderen Kinder erwähnte, war Anna doch nicht seine Lieblingstochter. Den ersten Platz nahm die zwei Jahre ältere Sophie ein, der Freuds Liebe einfach zufiel, während Anna sie sich – zum Beispiel durch drollige Auftritte – erwerben mußte.

Einen Hinweis darauf, wie sehr sich Freud mit der Liebe seiner Töchter beschäftigte, gibt er in einem Aufsatz, der 1913 unter dem Titel »Das Motiv der Kästchenwahl« erschien. Ganz allgemein geht es darin um ein mythologisches beziehungsweise literarisches Phänomen, wonach ein Mann, der zwischen drei Frauen wählen kann, sich stets für die jüngste entscheidet. In Shakespeares Drama »König

Lear« wird dieses Motiv variiert. Der alte Lear beschließt, sein Reich unter seine drei Töchter aufzuteilen – und zwar entsprechend dem Maß ihrer Vaterliebe. Im Gegensatz zu den beiden älteren Töchtern, die sich in ihren Liebesbeteuerungen überschlagen, bleibt Cordelia, die jüngste, stumm, obgleich sie die größte Liebe für den Vater empfindet. Lear aber mißversteht ihr Schweigen.

Dazu Biograph Peters: »Wie in ›König Lear‹ wäre es also die jüngste seiner drei Töchter, Anna, die ihn stumm, aber am meisten liebte, während er sich von den beiden ältesten irrtümlicherweise am meisten geliebt fühlte.« Überdies wertete Freud die Stummheit als ein Symbol des Todes. Der auf die sechzig zugehende Begründer der Psychoanalyse erlebte damals, wie die beiden älteren Töchter heirateten und das Haus verließen, so daß er einen Teil seiner Gefühle von ihnen abzog und auf Anna konzentrierte. Zugleich mag sie ihm wie eine »Todesgöttin« erschienen sein. Denn beim Auszug der erwachsenen Kinder und angesichts der Jugend des jüngsten drängt sich vielen Eltern erstmals der Gedanke auf, daß sie sich mit ihrer Vergänglichkeit vertraut machen müssen.

Doch sprach Freud nicht von seiner Cordelia, sondern er nannte Anna später seine »Antigone« – ein Name, der im Nachhinein wie eine düstere Prophezeiung klingt. Wie Antigone ihrem blinden Vater Ödipus, so folgte auch Anna 1938 dem todkranken Freud in die Verbannung.

Nach Schulabschluß unternahm Anna zwei Reisen. Die erste führte sie nach Meran und diente offensichtlich dem Zweck, das unterernährt wirkende Mädchen auf ein ordentliches Gewicht zu bringen. Brieflich mahnte sie der Vater, das Stricken zu unterlassen. Der Grund: Sie litt an einer leichten Rückgratverkrümmung. Ob sie den Rat auch nur vorübergehend befolgt hat, ist nicht bekannt. Anna Freud strickte Zeit ihres Lebens, und ihr Rücken blieb gekrümmt.

Das Ziel der zweiten Reise war England, wo Anna Verwandte besuchte. Kaum war sie dort angekommen, brach der Erste Weltkrieg aus. Unter dem Schutz des österreichischen Gesandten gelang ihr über Gibraltar und Genua die Rückkehr nach Wien.

Dann begann ihre Ausbildung als Volksschullehrerin. In diesem Beruf sammelte sie fünf Jahre lang Erfahrungen im Umgang mit Kindern. Und spätestens ab 1915 fing sie an, sich ernsthaft mit der Lehre ihres Vaters zu befassen. Auf ihre Frage hin klärte sie der in Karlsbad kurende Freud brieflich über den Begriff der »Übertragung« auf: »Übertragung ist ein technischer Ausdruck, der die Übertragung der beim Patienten latenten zärtlichen oder feindseligen Gefühle auf den Arzt bedeutet.«

Damals gab es noch keine Institute, an denen Psychoanalytiker ausgebildet wurden. Wer den Beruf ausüben wollte, mußte sich sein Wissen anlesen und sich auf eigene Kosten von einem Psychoanalytiker in die Freudsche Lehre einweisen lassen. Erwünscht waren allerdings Kenntnisse auf dem Gebiet der Psychiatrie.

Anna hörte Freuds »Vorlesungen zur Einführung in die Psychoanalyse«, die er samstagabends von 19 bis 21 Uhr hielt. Zugleich durfte sie als Gast an der Wiener Psychiatrischen Klinik arbeiten. Und zwischen 1918 und 1921 geschah dann etwas, worüber sich Analytiker heute noch aufregen. Freud unterzog seine Tochter einer Lehranalyse. Der Analytiker Paul Roazen warf ihm deswegen den Gebrauch von »Sonderrechten« vor, »die er bei jedem anderen Analytiker wahrscheinlich scharf verurteilt hätte«. Tatsächlich äußerte Freud Bedenken, als ein Kollege ihn fragte, ob er den eigenen Sohn analysieren könne. Das war allerdings 15 Jahre später.

Der springende Punkt bei einer Analyse der eigenen Kinder liegt vor allem darin, daß der Analytiker kein »leeres Blatt« ist, in das der Patient seine Übertragungs-Phantasien eintragen kann. Oder anders: Da die Vater-Tochter-Beziehung in der Analyse nicht aufgehoben werden kann, besteht die Gefahr, daß sich beide in die Probleme noch tiefer verstricken, statt sie aufzulösen. Das gilt besonders für die Behandlung des Ödipuskomplexes, zu dem die Inzestwünsche einer etwa dreijährigen Tochter an den Vater gehören. Überdies kann die »Ablösung« nicht gelingen. Am Ende einer erfolgreichen Analyse sollen die Beziehungen, die der Patient auf den Analytiker übertragen hat, beseitigt sein. Nach einer Analyse der eigenen Tochter (oder des Sohnes) bleibt das erwachsene Kind jedoch an den Vater gebunden. Eine nicht aufgelöste Abhängigkeit Anna Freuds von ihrem Vater drückte sich möglicherweise darin aus, daß sie die Psychoanalyse exakt auf der vom Vater gelegten Spur vorantrieb. Zu Freuds Verteidigung muß man jedoch sagen, daß man damals die Lehranalyse anders verstand als heute. Sie diente dem Zweck, daß der angehende Analytiker die Wahrheit der psychoanalytischen Theorie an sich selbst erlebte. Sie war im doppelten Sinn eine »Lehr-Analyse«, die den Kandidaten erfahrener machen sollte.

Ein Beispiel dafür, wie Freud die Lehranalyse lange Zeit handhabte, zeigen die Analysen seiner Freunde Max Eitingon, 1907, und Sándor Ferenczi, 1914. Bei gemeinsamen Spaziergängen erklärte Freud, unter anderem anhand von Träumen seines Begleiters, die Kernstücke der psychoanalytischen Theorie. Diese »Lehrzeit« dauerte einige Monate.

Erst 1925 setzte der Berliner Analytiker Karl Abraham auf dem Kongreß in Bad Homburg durch, daß die Lehranalyse fortan zu den »Pflichten« gehöre und sie eine Form haben müsse, die der Analyse von Patienten gleicht. Nur so, argumentierte er, könne der Analytiker das Unbewußte seiner – späteren – Patienten richtig verstehen.

Daß Anna Freud noch 1921 einen »Vaterkomplex« mit sich herumtrug, macht ein Vorfall am Mittagstisch deutlich. Der im Heranschaffen von Geld begabte Max Eitingon hatte der hungrigen und frierenden Familie Freud dreitausend schwedische Kronen geschenkt. Als Freud während der kargen Mahlzeit die Nachricht verkündete, geriet Anna in Rage und zog empört ihre Zusage zurück, Eitingon in Berlin zu besuchen. Offensichtlich konnte sie es nicht ertragen, daß Freud in der Rolle des Ernährers versagte.

1922 wurde sie in die »Wiener Psychoanalytische Vereinigung« aufgenommen, und ein Jahr später eröffnete die ehemalige Lehrerin im Haus ihres Vaters eine Praxis. Zu ihren ersten Patienten gehörte ein neurotisches Mädchen, das seine Mutter fast stranguliert hätte, als es sie in wärmende Schals einpackte. Die Polizei mußte die Frau wieder auswickeln – ein Fall von zwanghafter Überfürsorge.

Annas Leben veränderte sich, als ihr Vater 1923 an Krebs erkrankte. Der Freud-Biograph Ernest Jones schreibt darüber: »Von Beginn seiner Krankheit bis zum Ende seines Lebens weigerte sich Freud, eine andere Pflegerin als seine Tochter Anna um sich zu haben. Er schloß mit ihr gleich zu Anfang einen Pakt, daß kein Gefühl zur Schau getragen werden dürfe; alles Nötige sollte sachlich, ohne emotionale Beteiligung, wie es für den Chirurgen charakteristisch ist, ausgeführt werden. Diese Haltung, ihre Tapferkeit und Festigkeit ermöglichten es ihr, selbst in den qualvollsten Situationen nicht von der Abmachung abzugehen.«

War Anna bis dahin eine bevorzugte Begleiterin ihres Vaters, wenn er zu den psychoanalytischen Kongressen reiste, so fuhr sie fortan allein dorthin und las vor, was der sprechbehinderte Freud sagen wollte. Als »Stellvertreterin« fielen ihr bald wichtige Funktionen in der internationalen Organisation, der »psychoanalytischen Bewegung«, zu.

Obgleich der Krebs erkannt war und die Ärzte protestierten, ließen sich Vater und Tochter eine letzte große Reise nicht nehmen. Ziel war das geliebte Rom. Im Nachtzug, hinter Verona, wurde Anna erstmals deutlich, was ihr bevorstand. Aus Freuds Mund ergoß sich plötzlich ein Blutstrom. Vermutlich hatte sich ein Stück Gewebe gelöst. Anna gelang es, die Blutung zu stoppen. Später waren sie und der Leibarzt Max Schur die einzigen Menschen, die Freud die Prothese einsetzen konnten – das nie passende »Ungeheuer«, das die fehlende Trennwand zwischen Mund und Nase ersetzte. Noch enger rückte Anna an ihren Vater heran, als er 1923 in eine schwere Depression fiel. Sein vierjähriger Enkel und Liebling Heinele, Sohn der 1920 gestorbenen Sophie, erkrankte an einer Hirnhautentzündung, die er nicht überlebte. Freud: »Ich mache meine Arbeit notgedrungen, im Grunde ist mir alles entwertet.«

Trotz ihrer Rolle als Pflegerin und Sekretärin ihres Vaters gab Anna Freud jedoch nie ihren Wunsch auf, seelisch kranken Kindern zu helfen.

Die erste »Kinderanalyse« fand 1909 statt, als unter Freuds Kontrolle ein Vater seinen fünfjährigen Sohn, den »kleinen Hans«, von einer Phobie (Angst) vor Pferden heilte. Trotz dieses Erfolgs hatte Freud den Gedanken, Kinder zu analysieren, nicht aufgegriffen.

Als Anna Freud diese Aufgabe übernahm, sprach alle Welt von der »Montessori-Pädagogik«. Maria Montessori (1870-1953) war die erste Frau, die in Italien den Titel einer Doktorin der Medizin trug. In Irrenanstalten hatte sie geistesschwache Kinder kennengelernt. Unter dem Eindruck dieser wie aufgespießte Schmetterlinge auf ihren Bänken hockenden Geschöpfe beschloß sie 1907, im Elendsviertel San Lorenzo bei Rom ihr erstes »Kinderhaus« zu gründen. Ihre Erziehungsmethode war zwar nicht »antiautoritär«, jedoch frei von Gewalt und Angst. Die verwahrlosten Kinder, dachte die Doktorin, wollen ebenso wie die aus den gutsituierten Familien selbständige und von der Gesellschaft geachtete Menschen werden. Natürlich beschnitt auch Frau Montessori die Freiheit der Kinder und brachte ihnen Manieren, Bildung und Sinn für Ordnung und Hygiene bei. Doch geschah dies stets mit »Respekt« vor dem Kind. Die Ärztin, die ihre Ideen gut zu verkaufen wußte, brachte eine Bewegung in Gang. Heute gibt es von Italien bis Indien Montessori-Kindergärten und -Schulen.

Freud sah in der Montessori-Methode einen großen pädagogischen Fortschritt. Doch gelang es nicht, diese Form der Erziehung im Sinn der Psychoanalyse zu korrigieren. Denn die Italienerin bestritt energisch die zentrale Bedeutung der infantilen Sexualität für die Entwicklung des Menschen. Umgekehrt fiel es den Kinderanalytikern leicht, Ideen der »freien Pädagogik« zu übernehmen, da trotz erheblicher Differenzen sowohl die Montessori-Methode als auch die Psychoanalyse die Selbstbestimmung des Menschen zum Ziel haben.

Anna Freud war nicht die einzige Begründerin der Kinderanalyse. Konkurrenz machte ihr vor allem die gleichfalls aus Österreich stammende Melanie Klein. Eine Vorläuferin war die heute vergessene Hermine von Hug-Hellmuth. Ihr setzte der Anna Freud-Biograph Peters in seinem Buch ein kleines Denkmal. Die wohlhabende

Heilpädagogin machte subtile Beobachtungen an ihrem Neffen, der – unehelich geboren – in der Tante »Herman« den Vater sah. Als »Herr-Mann« sei sie sogar zweimal ein Mann – eine Bemerkung, die ausdrückt, wie stark der Wunsch des Kindes nach einem Vater war.

Dem Jungen wurde von der Mutter kaum ein Wunsch abgeschlagen. Als die Mutter 1915 starb, übernahm Frau von Hug-Hellmuth die Erziehung. Der Neffe bestahl sie, so daß sie ihn in ein Kinderheim geben mußte. Ständig forderte er Geld von ihr und bedrohte sie, wenn sie nicht nachgab. Am 9. September 1924 drang der 18 Jahre alte Junge in ihre Wohnung ein. Die Tante überraschte ihn. Vermutlich geriet daraufhin der Neffe in Panik und erwürgte die 53jährige Frau.

Einen Namen hatte sich die Heilpädagogin mit einem »Tagebuch eines halbwüchsigen Mädchens« gemacht, das 1919 erschien und unter anderem das »allmähliche Erwachen der Sexualität« einer Tochter aus höherem Haus beschreibt. Dazu der Anna Freud-Biograph Peters: »Es ist von vornherein geargwöhnt worden, daß Herausgeberin und Verfasserin des Tagesbuches nicht zwei verschiedene Personen seien«, sondern Frau Hug-Hellmuth ihre eigenen Erlebnisse dargestellt habe. Aus diesem Grund sei die dritte Auflage des Tagebuchs zurückgezogen worden. Frau Hug-Hellmuth, so Peters, entwickelte keine Technik der Kinderanalyse, sondern stellte eine Art Katalog psychoanalytischer Erkenntnisse zusammen, die für die Pädagogen wertvoll waren.

Auf Betreiben der Analytikerin Helene Deutsch wurde 1924 in Wien ein »Lehrinstitut« gegründet, in dem Erzieher und Lehrer eine psychoanalytische Ausbildung erhalten konnten. Eine ähnliche Einrichtung gab es bereits in Berlin. Da die Kandidaten kein medizinisches Studium absolviert hatten, die Ausbildungsbedingungen jedoch inzwischen verschärft worden waren, führte man für sie die Bezeichnung »Laienanalytiker« ein. Diese Wortschöpfung entsprang – wie bereits erwähnt – einem Streit zwischen Sigmund Freud und der »Amerikanischen Psychoanalytischen Vereinigung«. Während die Amerikaner nur Ärzte als Analytiker zulassen wollten, kämpfte Freud darum, daß Interessenten unabhängig von ihrer Vorbildung weiterhin Psychoanalytiker werden durften. »Laienanalytiker« wie die Volksschullehrerin Anna Freud war also jemand, der keine ärztliche Vorbildung besaß.

Bis heute ist das Problem, ob außer Ärzten auch Vertreter anderer Berufe – Pädagogen, Pfarrer, Juristen oder auch Hausfrauen – Psychoanalytiker werden dürfen, nicht aus der Welt. In der Bundesrepublik müssen die Kandidaten, wenn nicht Medizin, so wenigstens Psychologie studiert haben, um von einem der offiziellen Institute für die Weiterbildung zum Psychoanalytiker aufgenommen zu werden.

Sigmund Freud, der bei seinen Anhängern mehr auf Eignung als auf Vorbildung achtete, beschäftigte sich häufig mit der Frage der »Laienanalyse«. Er befürchtete, daß »die Psychoanalyse von der Medizin verschluckt« werden könnte. Dem von ihm geschätzten Schweizer Pfarrer und Analytiker Oskar Pfister erklärte er besorgt: Er wolle die Analyse sowohl vor den Medizinern als auch vor den Priestern schützen und sie einem »Stand von weltlichen Seelsorgern (übergeben), die Ärzte nicht zu sein brauchen und Priester nicht sein dürfen«. Dieser Stand existiert bis heute noch nicht.

Auf die Vorlesungen, die Anna Freud 1927/1928 im Wiener Lehrinstitut hielt, gründete sich ihr Buch über die »Einführung in die Technik der Kinderanalyse«.[3] Neben theoretischen Abhandlungen zeigt das Werk auch, mit welchen kindlichen Störungen Analytiker konfrontiert werden. So berichtete Frau Freud, wie es ihr nach einer Behandlung von fünf Monaten endlich gelang, mit einem neunjährigen Mädchen über dessen Selbstbefriedigung und die damit verbundenen Schuldgefühle zu sprechen. Das Mädchen spürte während der Onanie starke Hitzegefühle, so daß sich eine Furcht vor Feuer und eine Abneigung gegen wärmende Kleidung entwickelt hatte. Ein Traum, in dem sich die Schülerin für ihre verbotenen Gelüste bestrafte, handelt von einem defekten Ofen, den sie »falsch« anzündet und zur Explosion bringt. Die Kinderfrau hält sie daraufhin über das Feuer, so daß sie verbrennt.

Das »Herumarbeiten« am Ofen, erklärte Anna Freud, stehe offenbar für das Herumarbeiten am eigenen Körper. Das Wort »falsch« drückt die Kritik an diesem Tun aus. Die Explosion symbolisiert den Orgasmus, die Verbrennung durch die Kinderfrau stellt die Bestrafung dar.

Da Anna Freud nicht näher auf die Behandlung der Schülerin einging, läßt sich über den Fall nur theoretisch spekulieren. Im fünften Lebensjahr etwa erlebt das Kind den »Untergang des Ödipuskomplexes«. In der Latenzzeit, die darauf folgt und die bis zur Pubertät (ca. 13. Lebensjahr) dauert, nimmt die sexuelle Aktivität ab. In dieser Periode gewinnt das Über-Ich rapide an Macht. So werden die schon verinnerlichten Forderungen und Verbote der Eltern und Lehrer ernster genommen. Mißachtungen der häuslichen und gesellschaftlichen Regeln beschwören stärker als vorher Schuldgefühle und ein schlechtes Gewissen herauf.

Bei Anna Freuds Patientin verbot vermutlich ein extrem strenges Über-Ich (Gewissen), daß sie sich selbst befriedigte. Wäre sie dabei erwischt worden, hätte man sie sicher gescholten oder geschlagen. Die Bestrafung der heimlichen Onanie fand hingegen im Traum statt.

Entsprechend der Freudschen Theorie, wonach der Traum eine Wunscherfüllung ist, drückt der des Mädchens zwei Wünsche aus: den nach Lustbefriedigung in einem gewaltigen Orgasmus (Explosion des Ofens) und den des Über-Ich nach Bestrafung (Tod im Feuer). Wegen der starken Kontrolle des Über-Ich gelang es dem Mädchen wahrscheinlich nicht, im wachen Zustand zu einem befriedigenden Orgasmus zu kommen. Erst der Traum »erfüllte« diesen Wunsch und ließ die Erfüllung des zweiten – die Bestrafung – sofort folgen.

Die Aufgabe der Analytikerin bestand wohl vornehmlich darin, dem Über-Ich der Patientin etwas von seiner Strenge zu nehmen. Denn je radikaler das Gewissen etwas verbietet, um so größer wird der Drang, das Verbot zu übertreten. Wird das Verbot dann verletzt, nimmt das Über-Ich (Gewissen) an Strenge zu. Dies wiederum verschärft die Verlockung, das Verbotene zu tun, so daß der ganze Vorgang allmählich einen zwanghaften Charakter annimmt. Dies scheint bei der Patientin der Fall gewesen zu sein.

Der einzige grundsätzliche Unterschied zwischen einer Kinder- und einer Erwachsenen-Analyse besteht Anna Freud zufolge darin, daß man ein Kind nicht einfach auf die Couch legen und frei assoziieren lassen kann. Zwar haben Kinder viel Sinn für Träume und Phantasien, doch je jünger sie sind, um so weniger fällt ihnen dazu ein. Genauer: Dem Kind fehlt das ausreichende Verständnis dafür, mittels der freien Gedanken-Assoziation eine Beziehung zwischen seinen Träumen und Phantasien und seinen unbewußten Konflikten herzustellen. Als Ersatz für die freie Assoziation lassen die Analytiker ihre kleinen Patienten unter anderem malen und zeichnen. Denn in den von ihnen frei gewählten Themen, die sie in den Bildern darstellen, drücken die Kinder noch am deutlichsten aus, was in ihrer Seele vorgeht.

Doch gibt es noch andere Schwierigkeiten. Im Gegensatz zu den Erwachsenen, die einen Leidensdruck verspüren und freiwillig einen Analytiker aufsuchen, fühlen sich viele neurotische Kinder wohl und werden von ihren entnervten Eltern zum Therapeuten gebracht. Anders als beim Erwachsenen muß dem Kind die Einsicht in die Krankheit erst vermittelt werden.

Von Nachteil ist auch, daß der Analytiker dem neurotischen Kind oft Grenzen setzen muß. Das heißt, bei der Analyse eines Erwachsenen ist der Patient gehalten, seine perversesten und feindseligsten Wünsche preiszugeben. Doch bleibt es bei den Worten. Kinder aber wollen ihre Phantasien häufig in Aktionen wie »Doktorspiele« umsetzen. Das notwendige Verbot, Triebwünsche auf diese Weise während der Behandlung auszuleben, kann dann dazu führen, daß sich das Kind vom Analytiker zurückzieht und überhaupt nichts mehr von seinem Innenleben preisgibt. Anna Freud sah das Dilemma des Kinderanalytikers darin, daß er als Therapeut gestatten und als Erzieher verbieten muß.

Probleme ergeben sich auch, wenn es in der Therapie zu einer

Krise zwischen dem Kind und seinem Analytiker kommt. In dieser Situation neigen die Eltern dazu, die Behandlung ihres Sprößlings abzubrechen. Sie machen sich Sorgen und wollen nicht glauben, daß gerade in einer gespannten Beziehung des Kindes zum Analytiker die unbewußten Konflikte aufgedeckt und die Heilung gefördert werden kann.

Ein hohes Maß an Vertrauen ist auch deshalb notwendig, weil sich Kinder oft ein Vergnügen daraus machen, Eltern und Analytiker gegeneinander auszuspielen. Und selbst wenn das Kind geheilt ist, besteht die Gefahr eines Rückschlags, da sich das – an der kindlichen Neurose beteiligte – Verhalten der Eltern gewöhnlich nicht geändert hat. Aus diesem Grund muß der Kinderanalytiker die Bezugspersonen in die Therapie einbeziehen und sie darüber aufklären, auf welche Weise die Beziehung zwischen ihnen und dem Kind gestört ist.

Wie schwierig es sein kann, ein Kind mit der psychoanalytischen Methode zu heilen, demonstrierte Anna Freud am Fall des sechsjährigen »Teufelsmädchens«, das an einer Zwangsneurose litt.

Es war, »ein stilles, schwieriges, unerfreuliches Wesen« und kam in der Schule nicht mit. In der Therapie aber bewies es »höchste Intelligenz« und »schärfste Logik«. Nachdem es sich an Anna Freud gewöhnt hatte, fragte das Kind: »Ich habe einen Teufel in mir. Kann man den herausnehmen?«

Während der Therapie erkannte die Analytikerin, daß in dem Mädchen ein tiefer, unbewußter Haß gegen die Mutter steckte. Ihren Ursprung hatte die Wut im ödipalen Konflikt. Im Kampf um den Vater war die Mutter Siegerin geblieben.

Wegen seines bösen Benehmens ängstigte sich das Kind, die Liebe der – zugleich gehaßten – Mutter zu verlieren. Um »brav« zu werden, trennte, so Anna Freud, die Tochter ihren »Haß und mit ihm ihr ganzes, aus analen und sadistischen Handlungen und Phantasien bestehendes Sexualleben von sich ab« und schuf sich einen »Teufel«, dem fortan die bösen Eigenschaften gehörten. Dabei versuchte das Kind mit aller Kraft, diese andere Person (Teufel) in der Verdrängung zu halten – was nicht immer gelang. Beispiel: die Zerstörung von Möbeln, die dann Reue und Angst zur Folge hatte. Außerdem besaß der in dem Mädchen steckende Teufel eine Vorliebe für Kot, worauf das Kind mit einer übertriebenen Reinlichkeit reagierte. Den größten Spaß fand der böse Geist daran, anderen Menschen die Köpfe abzuschlagen, so daß sich die Kleine morgens zu den Betten ihrer Geschwister schlich, um nachzusehen, ob sie noch lebten. Kurz: Durch das Bemühen, brav und geliebt zu werden, verdeckte sie ihre destruktiven Impulse vor sich und der Familie.

Frau Freuds Deutung, daß die »Schlimmheit« des Mädchens im Haß gegen die Mutter begründet sei, wies die Patientin zunächst entschieden von sich. Doch gelang es, ihr durch die Erklärung von Träumen ein Verständnis für ihre verdrängten Gefühle zu vermitteln. Ein Traum handelte von einem Spielzeug, einem Hasen, der »schrecklich zu weinen angefangen« hat, als sie (das Mädchen) das Haus verließ. Sie bekam Mitleid. »Und darum glaube ich, jetzt mache ich den Hasen immer nach, und darum weine ich auch so wie er.«

Die Analyse ergab, daß sie im Traum die Mutter darstellte und »den Hasen behandelte, wie sie von der Mutter behandelt worden war«. Dieser und andere Träume enthielten Vorwürfe gegen die Mutter, von der sie sich vernachlässigt fühlte.

Bei der Behandlung des Kindes stellte sich ein unerwarteter Effekt ein. Damit es brav sein konnte, brachte das Mädchen alle Energien auf, um den Teufel in sich unter Verschluß zu halten. Um nun die zwanghafte Unterdrückung zu behandeln, ermunterte Anna Freud ihre Patientin, den Teufel sprechen zu lassen. Das Mädchen zögerte zunächst. Da aber die Analytikerin seine Worte ohne Mißbilligung aufnahm, schwelgte das Kind bald in analen und sadistischen Phantasien, mit denen es auch zu Hause – es wohnte bei Pflegeeltern – nicht zurückhielt. Es warf mit obszönen Worten um sich, so daß der Familie beim Essen der Appetit verging. Das bedeutet: Frau Freud hatte die Zwangsneurotikerin in ein perverses Kind verwandelt. Die energische Aufforderung, außerhalb der Analyse auf

Freuds Lieblingstochter, Sophie Halberstadt, wurde 1920 das Opfer einer Grippe-Epidemie, die angeblich mehr Menschen hinwegraffte als der Erste Weltkrieg. Anna Freud setzte in ihrem Klassiker »Das Ich und die Abwehrmechanismen« der schönen Schwester ein literarisches Denkmal, das sie mit einer psychoanalytischen Erkenntnis verknüpfte.

Karl Abraham lernte Freud 1907 kennen. Drei Jahre später gründete er die Berliner Psychoanalytische Gesellschaft. Auf ihn gehen die strengen Ausbildungsbedingungen zurück, denen die Kandidaten der Psychoanalyse noch heute ausgesetzt sind.

Maria Montessori propagierte und praktizierte eine Kindererziehung ohne Angst und Gewalt. Eine Vereinigung ihrer Theorie mit der Freudschen Lehre schien der Italienerin vor allem deshalb nicht möglich, weil die Psychoanalyse die Sexualität des Kindes stark betont.

Die Analytikerin Helene Deutsch gründete 1924 in Wien ein Lehrinstitut, dessen Direktorin sie wurde. In dieser Einrichtung, der zweiten nach dem Berliner Institut, übernahm Anna Freud das Sekretariat.

Die aus Wien stammende und nach England ausgewanderte Melanie Klein und Anna Freud sind die beiden maßgeblichen Begründerinnen der Psychoanalyse für Kinder. Doch gab es zwischen den Frauen erhebliche Differenzen, was die Behandlung gestörter Kinder anging.

Die Tür des Hauses Berggasse 19, in dem Sigmund Freud bis zu seiner Vertreibung durch die Nazis praktizierte und mit seiner Familie wohnte. Nach 33 Jahren des Exils betrat Anna Freud erstmals wieder das Gebäude. Aus der verwahrlosten Wohnung ließ sie eine Erinnerungsstätte für ihren Vater herrichten und steuerte dazu dessen Wartezimmer bei.

das »Vergnügen« zu verzichten, führte dann dazu, daß aus dem perversen wieder ein zwangsneurotisches, gehemmtes Kind wurde. Der Erfolg der Analyse, der sich schließlich einstellte, bestand darin, daß das Mädchen zwischen den beiden Extremen die Mitte halten, daß es wie ein normales Kind in Grenzen gut und böse sein konnte.

Obgleich sich Anna Freud sowohl als Kinderanalytikerin wie auch als Pädagogin empfand und ab 1932 in einer Stelle für Erziehungsberatung ihre Erfahrungen mit Kindern bereicherte, verfaßte sie keine geschlossene Theorie der »psychoanalytischen Kindererziehung«. Viele Einsichten, die sie in ihrem Buch »Wege und Irrwege in der Kinderentwicklung«[4] zusammenfaßte, sind jedoch längst in das Bewußtsein pädagogisch aufgeklärter Eltern und Erzieher eingedrungen. Beispiele:

– Die Beobachtung des Koitus (»Urszene«) kann auf kleine Kinder eine traumatische Wirkung haben. Denn sie mißverstehen ihn gewöhnlich als einen brutalen Angriff des Vaters auf die Mutter.

– Das Schlafen mit der Mutter oder dem Vater in einem Bett fördert die unbewußten inzestuösen Wünsche – was den ödipalen Konflikt verschärft. Kurz: Das Sexualleben der Eltern soll den Kindern verborgen bleiben – eine Erkenntnis, die wie die erste die Bedeutung des Kinderzimmers unterstreicht.

– Wer sein Kind nicht früh genug aufklärt und sich scheut, die sexuelle Neugier seines Sprößlings durch altersentsprechende Erklärungen zu befriedigen, muß damit rechnen, daß die Neugier grundsätzlich verloren geht und das Kind in der Schule versagt. Denn seine ersten Forschungen betreibt es im Bereich der Sexualität.

– Das Verbot der kindlichen Onanie und dessen Folge – die Verdrängung der Sexualität – können zu Impotenz und Frigidität führen. Und gleichfalls kann es zu Störungen kommen, wenn die Eltern für die Aggressionen ihres Kindes nicht die nötige Toleranz aufbringen. – Diese und andere Beispiele, die Anna Freud aufführte, zielen auf »die Vermeidung elterlicher Strenge«, die häufig schuld daran ist, wenn das Kind unter einem quälenden Über-Ich leidet.

1925 tauchte in Wien die Amerikanerin Dorothy Burlingham auf, um sich als Psychoanalytikerin ausbilden zu lassen. Sie stammte aus einer reichen Familie und hatte ihren wahrscheinlich geistig gestörten Mann verlassen. Sie brachte vier Kinder mit.

Freud nahm sie in Analyse. Danach wurde sie zur Vertrauten der Familie und zog schließlich samt Anhang in die Berggasse 19. Zwischen ihr und Anna Freud entwickelte sich eine lebenslange Freundschaft. Anna kümmerte sich um die Kinder, die sie »mit fester Hand analytisch großzieht« (Sigmund Freud). Dorothy Burlingham war eine Frau von puritanischer Gesinnung und duldete keinerlei Zweifel an dem, was Vater und Tochter Freud verkündeten.[5] 1938 folgte sie der Familie in die Emigration nach London, wo sie bis zu ihrem Tode 1979 mit Anna Freud zusammenarbeitete. Doch bei der Geburt des gewichtigen Werkes über das »Ich und die Abwehrmechanismen« (1935) stand Anna Freud eine andere Freundin, Lou Andreas-Salomé, mit Rat und Kritik zur Seite.

Die Abwehrmechanismen verfolgen das Ziel, Angst zu verringern oder zu beseitigen. Ein typisches Beispiel dafür ist die bereits erwähnte »altruistische Abtretung«. Ein anderer Abwehrtyp, den Frau Freud erforschte, ist die »Identifikation mit dem Angreifer«. Die Autorin erklärte den Begriff unter anderem anhand eines einfachen Falls. Er handelt von einem kleinen Mädchen, das sich aus Angst vor Gespenstern weigert, ein dunkles Vorzimmer der Wohnung zu betreten. Eines Tages aber ist die Angst verschwunden.

Das Kind läuft durch den Raum und macht dabei seltsame Bewegungen. Später verrät es dem Bruder: »Du brauchst dich im Vorzimmer nicht zu fürchten. Du mußt nur spielen, daß du selbst der Geist (der Angreifer) bist, der dir begegnen könnte.« Die seltsamen Bewegungen des Mädchens waren mithin die des Gespenstes.

Unter Erwachsenen erfolgt die »Identifikation mit dem Agressor« nicht wesentlich komplizierter. Um der Angst vor dem Chef zu entgehen, identifiziert man sich unbewußt mit seinen Wünschen und seiner Kritik und vertritt diese Haltung auch gegenüber den

Kollegen. Dieser Abwehrtyp in unserem Ich ist also nicht zu verwechseln mit dem üblichen Gehorsam, den wir bewußt und oft widerwillig leisten. Nach Anna Freuds Auffassung entsteht die »Identifikation mit dem Aggressor« in der frühen Kindheit, in der wir den Vater als omnipotente und bedrohliche Person erleben und aus Angst vor Konflikten mit ihm seine Denk- und Handlungsweise übernehmen.

Vermutlich spielte diese Form der Abwehr auch im komplizierten Verhältnis vieler Deutscher zum Nationalsozialismus eine Rolle. Die Menschen ersparten sich die Bedrohung durch den Aggressor, der unter anderem in Gestalt der Gestapo auftrat, indem sie sich mit der Ideologie und der Person Hitlers identifizierten.

In ihrem Klassiker beschrieb Anna Freud auch die Psyche pubertierender Jugendlicher, bei denen Trieb- und Verstandeskraft zunehmen. Im Alter von etwa 13 bis 19 Jahren entwickeln junge Menschen gewöhnlich hohe Ideale und legen zugleich einen ausgeprägten Egoismus an den Tag. Sie beklagen den Hunger in der Welt, doch sind sie nur selten bereit, ihr Taschengeld für die Ärmsten herzugeben. Oder sie schwärmen von Liebe und Treue, während sie ihre Liebespartner oft schneller wechseln als das Hemd.

Psychoanalytisch gesehen handelt es sich bei dem intellektuellen Interesse, das sich besonders in Diskussionen über moralische Werte äußert, »gar nicht um Intellektualität im gewöhnlichen Sinne«. Wenn der Jugendliche etwa über Liebe oder die Berufswahl nachdenkt und sich als großen Forscher oder Manager sieht, so will er nicht – wie der Erwachsene – »eine Richtschnur für sein Handeln finden«. Vielmehr haben seine Gedanken die Beschaffenheit von Tagträumen und stellen eine Abwehr dar. Das heißt, der junge Mensch ist schon zufrieden, wenn er nur denkt, grübelt und sich in Gesprächen ereifert. Eine Anweisung für sein Verhalten bedeuten seine Worte nicht. Abgewehrt wird durch die tagträumerischen Gedanken das Gefühl, das ihn auffordert, wirklich zu handeln.

Überdies machte Anna Freud bei ihrer Pubertäts-Beschreibung auf einen anderen psychischen Vorgang aufmerksam. Jugendliche legen sich häufig eine Weltanschauung zurecht, die auf den Umsturz der politischen Verhältnisse zielt. Solche Forderungen an die Außenwelt entsprechen den umstürzlerischen Ereignissen, die sich während der Pubertät in der Innenwelt des Menschen abspielen. Gemeint ist das nach der Latenzzeit ausbrechende Triebverlangen. Die Idealvorstellungen von einer besseren Welt, in der die Menschen in Liebe und Freundschaft zusammenleben, sind nach Anna Freud oft nichts anderes »als eine Spiegelung der Besorgnis des (jugendlichen) ›Ichs‹, das spürt, wie wenig haltbar alle seine neuen und stürmischen Objektbeziehungen geworden sind«.

Am 13. März 1938 besetzten die Nazis Hitlers Geburtsland und schlossen es an das »Reich« an. Schon neun Tage später wurde Anna Freud von der Gestapo verhört. Da sie von den Folterungen wußte, hatte sich die 43jährige Veronal eingesteckt. Doch der amerikanische Geschäftsträger in Wien, John Cooper Wiley, bekam sie noch am selben Tag wieder frei.

In diesen Monaten dachte Anna Freud an Selbstmord. Ihren Vater fragte sie: »Wäre es nicht besser, wenn wir uns selbst umbrächten?« »Warum?« erwiderte der todkranke Freud. »Weil sie es von uns erwarten?«

Anfang Juni gelang die Emigration nach England. Im Londoner Stadtteil Hampstead bezog die Familie ein geräumiges Haus. Und Anna, von der Freud sagte, sie sei das beste Stück an ihm, kümmerte sich nun ganz um den dahinsiechenden großen Mann. Freud starb am 23. September 1939, 15 Monate nach seiner Vertreibung aus Wien.

In der Diskussion um die Kinderanalyse hielt sich Anna Freud zurück. Ihre Konkurrentin Melanie Klein war schon 1926 nach England übergesiedelt und genoß als Mitbegründerin der Kinderpsychoanalyse hohes Ansehen. Sie hatte eine Kindertherapie entwikkelt, deren wichtigstes Element einfaches Spielzeug ist. Diese Spieltherapie ermöglicht es den Kindern, im Spiel darzustellen, was Erwachsene in Worten schildern. So drückt in Melanie Kleins Augen ein Kind seine Agressionen gegenüber Erwachsenen aus, wenn es seine Spielfiguren umstößt.

Frau Klein gründete in England eine einflußreiche »Schule«, deren Mitglieder sich als Konkurrenten zur »kontinentalen Schule« der Kinderanalytikerin Anna Freud begriffen. Ein Unterschied der beiden Denkrichtungen ergibt sich bereits daraus, daß Anna Freud erst Kinder jenseits des sechsten Lebensjahrs für analysierbar hielt, während Melanie Klein behauptete, man könne auch jüngere – einer klaren Sprache noch nicht mächtige – Kinder behandeln. Melanie Klein »verstieß« mit ihrer Theorie gegen mehrere wichtige Grundsätze der Freudschen Lehre, so daß eine Auseinandersetzung zwischen den beiden Analytikerinnen unweigerlich das Klima in der »Britischen Psychoanalytischen Gesellschaft« vergiftet hätte.

Dazu kam es erst nach dem Krieg. Denn die Bombenangriffe auf England stellten Anna Freud vor eine neue, aufreibende Aufgabe. Die Zerstörung der englischen Städte durch deutsche Bombenflugzeuge hatte viele Kinder zu Waisen und Obdachlosen gemacht. Um diesen Geschöpfen zu helfen, rief Anna Freud gemeinsam mit ihrer Freundin Dorothy Burlingham 1940 das Kinderheim »Hampstead Nurseries« ins Leben, wo die an traumatischen Kriegserlebnissen leidenden Kinder psychoanalytisch betreut wurden. Über ihre Erfahrungen mit »Kriegskindern« schrieben die beiden Frauen die Studie »Heimatlose Kinder«[6]. In dem Beitrag, der den stärksten Eindruck hinterläßt, tritt jedoch die in Deutschland geborene Sophie Dann als Anna Freuds Ko-Autorin auf.

Zusammen mit ihrer Schwester hatte Frau Dann nach Kriegsende für ein Jahr die Betreuung von sechs jüdischen Kindern übernommen, die aus dem Konzentrationslager Theresienstadt befreit und nach England gebracht worden waren. Ihre Eltern hatten in den Gaskammern der Nazis den Tod gefunden. Bei der Einlieferung der Kinder in das KZ war keines älter als zwölf Monate.

Anfangs konnten die nunmehr dreijährigen Jungen und Mädchen an ihrer neuen Umgebung keine Freude finden. Sie waren ruhelos und zerstörten ihr Spielzeug, mit dem sich zu vergnügen sie nicht gelernt hatten. Den ihnen stets freundlich zugewandten Betreuerinnen begegneten sie mit Gleichgültigkeit oder gar mit feindseligen Gefühlen. Im KZ waren sie von erschöpften, verängstigten und rasch wechselnden Insassen notdürftig gepflegt worden, so daß sie von Erwachsenen nicht viel erwarteten. Aus diesem Grund rivalisierten sie auch nicht um die Gunst ihrer neuen Ersatzmütter. Die unter Geschwistern übliche Eifersucht war ihnen unbekannt. Wurde ein Kind besonders beschenkt, so fanden die anderen die Bevorzugung in Ordnung.

Statt dessen besaßen sie ein ausgeprägtes Gruppen-Gefühl. Sie gerieten sofort in Aufruhr, wenn ein Kind – zum Beispiel wegen Krankheit – von ihnen getrennt wurde. Stieß ein Kind seinen Teller von sich, hörten die anderen gleichfalls auf zu essen. Hatte ein Kind den Teller leer gegessen und fühlte sich noch hungrig, gaben ihm die anderen bereitwillig etwas von ihrem Essen ab.

Ängste, die von KZ-Erlebnissen herrührten, zeigten die Jungen und Mädchen beim Anblick von geschlossenen Lastwagen und Hunden. Ein Wächter in Theresienstadt soll einen Wachhund besessen haben – das einzige Tier, das die Kinder kannten und vor dem sie sich fürchteten. Und die Autos riefen Erinnerungen an die Ängste der erwachsenen KZ-Häftlinge wach, die wußten, daß in den Lastwagen Menschen vergast wurden.

Eine Erkenntnis der Psychoanalyse besagt, daß eine Bezugsperson – in der Regel die Mutter – mit ihren bewußten und unbewußten Ängsten den Säugling beeinflußt. Überraschenderweise litten die Kinder aber nicht unter jenen schweren Angstzuständen, die man bei ihnen vermutet hatte. Anna Freud deutete die relative Unversehrtheit unter anderem mit dem Mangel an Gefühlskontakten, der zwischen den Kindern und ihren Betreuerinnen im KZ geherrscht hatte. Dadurch prägten sich den Säuglingen die Ängste der Erwachsenen nicht ein. Jedenfalls gelang es allen sechs Kindern, »ihre Ängste zu meistern und soziales Verhalten zu lernen.« Anna Freud hat ihnen auch später beigestanden und vor allem versucht, »sie sicher durch die schwierige Zeit der Pubertät zu leiten« (Biograph Peters).

Denn in dieser Phase zeigten die Kinder Symptome, die eine Behandlung erforderlich machten.

1947 organisierte Anna Freud ein Institut, das die Ausbildung von Kinderanalytikern ermöglichte. Die Gründung war insofern bedeutsam, als damit die Kinderanalyse endgültig zu einer selbständigen Disziplin innerhalb der Psychoanalyse aufgewertet wurde.

Aus dieser Schule ging 1952 die »Hampstead Child Therapy Course and Clinic« hervor – ein Zentrum, in dem Kinder analysiert, Mütter und Väter beraten sowie Forschung und Lehre betrieben werden. Diese Institution – Anna Freuds Lebenswerk – hat dazu beigetragen, die Kritik an der Psychoanalyse als einer spekulativen Wissenschaft abzubauen. Denn durch die direkte Beobachtung von Säuglingen und Kleinkindern wurden viele von Freuds umstürzlerischen Thesen durch Tatsachen – und nicht wie in der Erwachsenen-Analyse durch Rekonstruktion – bestätigt.

Anna Freuds Ruhm wuchs weltweit. Als 1971 per Umfrage unter amerikanischen Psychiatern und Psychoanalytikern die »hervorragendsten Kollegen« ermittelt wurden, belegte sie den ersten Platz. Achtmal wurde ihr der Titel eines Ehrendoktors verliehen. Und es wirft schon ein trübes Licht auf unsere akademische Welt, daß sich erst 1981 eine westdeutsche Universität – es war die Frankfurter – entschloß, die von den Nazis verfolgte Gelehrte gleichfalls mit diesem Titel zu ehren.

1971, also 33 Jahre nach ihrer Vertreibung, betrat Anna Freud erstmals wieder heimatlichen Boden. Äußerer Anlaß war ein Kongreß. Welche Gefühle sie bewegten, als sie das alte Gebäude in der Berggasse 19 – die Wirkungsstätte ihres Vaters und das Haus ihrer Kindheit – betrat, hat sie nicht verraten. Energisch setzte sie sich dafür ein, daß die lange Zeit verwahrloste Wohnung in eine Erinnerungsstätte umgestaltet wurde. Dazu stiftete sie das Mobiliar des ehemaligen Wartezimmers der Freudschen Praxis, das die Familie bei ihrer Ausweisung 1938 mitnehmen durfte. Bis an ihr Lebensende war Anna Freud aktiv, führte Analysen durch, empfing Besucher aus aller Welt und hütete das geistige Erbe ihres Vaters. Dabei setzte sie sich Vorwürfen aus, weil sie viele unveröffentlichte Manuskripte und Briefe ihres Vaters nicht herausgab.

Kurz vor ihrem Tod stieß die Kinderanalytikerin auf zahlreiche »neue Erkenntnisse«, so daß ihr Biograph Peters sogar von »einer grundlegend neuen Konzeption« spricht. Die Ausarbeitung ihrer Einsichten zu einer Theorie war ihr jedoch nicht mehr vergönnt. Sie starb am 8. Oktober 1982 im Alter von fast 87 Jahren.

Zu den Kandidaten, die sich bei Anna Freud einer Lehranalyse unterzogen, gehörte der 1902 bei Frankfurt/Main geborene Erik H. Erikson. Seine dänischen Eltern trennten sich, als die Mutter mit ihm schwanger war. Drei Jahre nach der Geburt wurde Erik krank, und die Mutter suchte mit ihm den jüdischen Arzt Dr. Theodor Homburger auf. Er machte das Kind gesund und heiratete später die Mutter. Erik Erikson benutzte den Namen Homburger als seinen zweiten Vornamen: Erik Homburger Erikson. In den folgenden Jahren wuchs er in Karlsruhe auf. Die Mutter versammelte Künstler, vornehmlich aus dem Schwarzwald, um sich, und die Begegnung mit diesen Menschen ließ in dem Jungen den Wunsch keimen, Maler und Holzschnitzer zu werden. Zugleich prägte sich ein Bild in ihm ein, das ihn in seinen künstlerischen Ambitionen irritierte. Er sah die Mütter, die im Wartezimmer seines Vaters ängstlich oder zuversichtlich darauf hofften, der bärtige Doktor möge ihren Kindern helfen.

Die ungewöhnliche Familiengeschichte löste in Erik die Phantasie aus, ein »Findelkind und Sohn viel besserer Eltern« zu sein. Er erfand, was man in der Psychoanalyse einen »Familienroman« nennt. Nach Abschluß der Schule besuchte er die Kunstakademie. Dann zog es ihn nach Italien, wo er das freie Leben eines Bohèmiens führte. Nach diesem »Moratorium« (Aufschub) vermittelten ihm Ende der zwanziger Jahre Freunde die Bekanntschaft mit Anna Freud – und auch mit Sigmund Freud, der legendären Gestalt, dem großen Zerstörer menschlicher Illusionen. Das Selbstbewußtsein, zum Kreis der Freudianer zu zählen, führte er nach eigenen Angaben auf seine Erfahrungen als Stiefsohn zurück. Er nahm an, »ich würde dort akzeptiert, wo ich nicht ganz dazugehörte«. Im Gegensatz zu vielen Freud-Anhängern, die sich in der Kunst lediglich als psychoanalytische Theoretiker hervortaten, empfand sich Erikson als Künstler und Psychoanalytiker. Seine ersten Erkenntnisse sammelte er im Umgang mit Kindern. Seine Zuneigung zu ihnen hatte ihm wohl sein Vater, der Kinderarzt, eingepflanzt. Als Maler besaß Erikson viel Sinn für die körperlichen Bewegungen wie auch für die Bilder, mit denen die jungen Patienten ihre Konflikte ausdrückten.

Während der Zeit in Wien unterhielt sich Erikson nur selten mit dem Begründer der Psychoanalyse. Freud litt unter seiner »höllischen Prothese«, die ihm das Sprechen zur Qual machte. Von einem seiner Lehrer, dem Analytiker Paul Federn, hörte Erikson zum erstenmal den Begriff der »Identität«. Heute ist dieser Ausdruck zu einem billigen Schlagwort degeneriert. Doch für Erikson, der den Begriff in seinen künftigen Arbeiten auslotete, wurde »Identität« zu einem komplexen Terminus, mit dem sich sowohl psychische als auch soziale Sachverhalte aufschlüsseln lassen. Ein Aspekt der Identität besagt, daß sie vom Menschen als ein subjektives Gefühl empfunden wird. Zugleich besitzt sie aber auch einen objektiven Charakter. Denn Identität drückt sich zum einen darin aus, daß das Individuum sich selbst und seinen Überzeugungen treu bleibt – und zwar kontinuierlich. Diese Kontinuität teilt es mit einer Gemeinschaft, die sich demselben Weltbild und dessen Werten verpflichtet fühlt. Mithin ist die Gemeinschaft, zum Beispiel ein Volk, für den sozialen Teil der Identitätsbildung verantwortlich. Denn sie sollte der Jugend die Vorstellung vom geistigen und ideellen Zusammenhang der Welt überliefern und ihnen zugleich vorleben, daß sich Differenzen innerhalb des – die Gemeinschaft zusammenhaltenden – Weltbilds miteinander versöhnen lassen. Das heißt, eine Gesellschaft muß fähig sein, den subjektiven »Prozeß der Identitätsbildung« ihrer Mitglieder zu bestätigen, wodurch die Individuen in die Lage versetzt werden, sich mit den als objektiv geltenden Werten der Gesellschaft zu identifizieren. Bricht dieses Wechselspiel auseinander, kommt es zu Erneuerungen, zu Reformen und Revolutionen.

Gemäß dieser Einsicht entwickelte Erikson eine analytische Betrachtungsweise, die das Individuum im Kontext der kulturellen Geschichte seines Landes oder Volkes begreift. Eine Fülle von Beobachtungen sammelte er nach seiner Emigration in die USA. Dort war gerade die kostspielige Umerziehung der Indianer im Gange, die dazu geführt hat, daß ihnen sowohl das Recht auf Bewahrung ihrer Eigenart wie auch das Recht, sich in das amerikanische Volk einzugliedern, verwehrt worden ist. Erikson erhielt den Auftrag zu untersuchen, wie die einst den Büffeln folgenden Indianer mit ihrer erzwungenen Seßhaftigkeit in den Reservaten psychisch fertig wurden. Dabei gewann er auch Einsichten, die dem der modernen Industrie-Menschen etwas sagen. So dürfen bereits die Kinder vom Stamm der Yurok nicht in den Fluß urinieren, in dem der Lachs – das wichtigste Nahrungsmittel – schwimmt. Das Verbot stützt sich auf ein tieferes Verständnis für chemische Zusammenhänge. Während wir alle möglichen chemischen Stoffe kombinieren und zu umweltbelastenden Produkten verarbeiten, sind die Yurok-Indianer vorsichtiger. Urin ist für sie kein schädlicher Stoff, aber er ist von anderer Herkunft als Wasser. Und das bedeutet, daß sich beide gegenseitig ausschließen.

Die Überlegenheit der Yurok im Umgang mit der Natur führt Erikson aber nicht so sehr auf deren Vernunft zurück. Das Leben des Stamms wird nämlich weitgehend von Vermeidungs-Strategien – wie der, das Wasser nicht zu verunreinigen – bestimmt. Solche Strategien entwickeln auch zivilisierte Patienten mit analer Fixierung. Sie neigen zu zwanghaften Ritualisierungen von Handlungen (wie ständiges Waschen der Hände), Streit und Geiz.

Erikson veröffentlichte seine psychoanalytischen Studien in dem Klassiker »Kindheit und Gesellschaft«.[7] Dabei ging es ihm darum aufzuzeigen, wie das Indianerkind schon bald nach der Geburt auf den Eintritt in das kulturelle Gefüge des Stammes erzieherisch vorbereitet wird. Das »Knuffen« am Kopf, welches das kleine Sioux-Kind mit wütendem Geschrei beantwortet, zielt zum Beispiel darauf, in ihm jene lebensnotwendige Eigenschaft zu fördern, die wir aus der Geschichte der Indianer Amerikas kennen: die hitzige Bereitschaft, Feinde – Tiere wie Menschen – erbarmungslos zu töten.

Der Analytiker, der an mehreren bedeutenden amerikanischen Hochschulen lehrte, erweiterte wie Anna Freud die auf die Kindheit konzentrierte Psychoanalyse. Er spricht von acht Entwicklungsphasen, die der Mensch innerhalb seines Lebenszyklus' durchläuft. In jeder dieser kritischen Phasen erwachsen dem Ich eine Reihe von Ich-Eigenschaften, die ihm helfen, selbständig die Welt – die »sozialen Institutionen« – mit sich in Einklang zu bringen.

In der ersten, oralen Phase des Menschen bildet sich etwas, was Erikson »Urvertrauen gegen Urmißtrauen« nennt. Urvertrauen entsteht in der geglückten Mutter-Kind-Beziehung. Die Mutter hilft dem Säugling, das Trauma der Geburt zu überwinden, indem sie ihn regelmäßig nährt, schlafen läßt und die Entleerung des Darms nicht behindert. So wird die »äußere« Mutter allmählich zu einer »inneren« Gewißheit. Das wachsende Vertrauen in diese (oder eine andere Person mit gleicher Funktion) macht es dem Kind möglich, auf deren vorübergehende Abwesenheit ohne übermäßige Wut zu reagieren. Es weiß, die Mutter ist zuverlässig. Das Erleben des Konstanten, Kontinuierlichen und Gleichartigen der Erscheinungen (Personen und Gegenstände) liefere dem Kind ein rudimentäres Gefühl von »Ich-Identität«. Das Kind wird sich dunkel bewußt, daß seine innere Welt mit ihren erinnerten und in die Zukunft weisenden Bildern und Empfindungen in einer zuverlässigen Beziehung zur äußeren Welt vertrauter, zuverlässiger und wiederkehrender Personen und Dinge steht. Wird diese Beziehung gestört, kann sich ein Urmißtrauen entwickeln. Das Kind fühlt sich nicht mehr grundsätzlich eins mit der Welt, sondern empfindet sie als feindselig – ein Eindruck, der sich beim Erwachsenen in Liebes-, Vertrauens- und Glaubenskrisen äußert. Das Urvertrauen muß dem Kind in einer Weise vermittelt werden, daß es ein Leben lang erhalten bleibt, zumal es schon in jungen Jahren die Erfahrung macht, in einem »verlorenen Paradies« zu leben.

Die zweite Phase bezeichnet Erikson: »Autonomie gegen Scham

und Zweifel«. Das Kind entwickelt auf seinem Weg zur Autonomie zwei Grundhaltungen: das Festhalten und das Loslassen. Das Festhalten könne in ein zerstörendes und grausames Besitz- und Zwangsverhalten ausarten, aber auch in ein Verhalten der Sorge und Fürsorge. Ebenso doppelschneidig sei das Loslassen, das zum böswilligen Freisetzen zerstörerischer Kräfte werden könne – oder zum entspannten Sein-Lassen. Die Produkte des Darms sind für das Kind weder fremd noch schlecht. Solche »Werte« mißt es dem Darminhalt erst bei, wenn es – in der analen Phase – darum gehe, ob es sein Produkt freiwillig hergibt oder ob man es ihm unter Zwang wegnimmt. Im ersten Fall stellt die Ausscheidung ein Stück Autonomie dar, im zweiten Fall ein Stück Fremdbestimmung. Das Kind spürt, daß ihm sein Körper nicht gehört.

Das Hinterteil ist dem Kind unsichtbar. Dieser Nachteil wird während der Ausscheidung als bedrohlich empfunden. Denn im Gegensatz zum Kind können andere Menschen seinen Po und dessen Produkte genau beobachten. Derart den Blicken anderer Menschen ausgesetzt, schämt sich das Kind. Es fürchtet sich vor der Kritik, seine Produkte nicht richtig, nicht rechtzeitig oder an der falschen Stelle abzuliefern. Dadurch steigt der Zweifel in ihm auf, den Erikson den Bruder der Scham nennt. Menschen, die in der Kindheit nicht gelernt haben, Autonomie im Hinblick auf das Ausscheiden ihrer Darmprodukte zu entwickeln, zweifeln auch später an den Produkten, die sie – etwa im Beruf – herstellen, also letztlich »hinter sich lassen«. Ihr mangelndes Selbstvertrauen äußert sich in der Furcht vor der Kritik anderer Menschen.

Die dritte Phase stellt Erikson unter den Titel »Initiative gegen Schuldgefühl«. Auf der ödipalen Stufe entwickelt sich das Kind auf Grund seiner erstarkenden Muskulatur einerseits zum »Macher«. Es erobert aktiv die Umwelt, sein Urteil gewinnt an Sicherheit. Kurz, seine Initiative wächst. Andererseits wird es sich seiner biologischen und auch der sozialen Grenzen bewußt. Es ist klein und darf nicht alles. Gleichwohl, der Angriff, das Sich-Heranmachen an etwas, wird als Vergnügen erlebt. Erikson unterscheidet dabei zwischen zwei Akzenten, wobei der eine beim Knaben, der andere beim Mädchen ausgeprägter ist. Der Junge bevorzugt die phallisch-eindringende Verhaltensweise, das Mädchen die des Bekommens, wobei das Bekommen auch die Form eines aggressiven Wegnehmens einschließt. Die geistige und körperliche Beweglichkeit des Kindes in dieser Phase führt auch zu Handlungen, die von der Umwelt für böse erklärt und mit Strafe bedroht werden. Das Kind will seine Rivalen ausschalten. Die Eifersucht auf den einen Elternteil und auf die Geschwister, bei der es um den Besitz des anderen Elternteils geht, verschärft sich dramatisch. Die Folge der unvermeidlichen Niederlage sind Angst und Schuldgefühle. Fortan wird das Kind in einem Zwiespalt zwischen Initiative und Angst und Schuldgefühlen leben müssen. Es wird seine Handlungen im Hinblick auf die möglichen Konsequenzen im Vorhinein abzuwägen lernen. So findet es einen Mittelweg zwischen ungebärdiger Initiative und bedrückenden Schuldgefühlen.

In der vierten Phase stellt Erikson »Leistung und Minderwertigkeit« gegenüber. Das Kind hat die Latenzzeit erreicht, es muß die Schule besuchen. Seine überschäumende Phantasie wird gezähmt, seine Fähigkeiten werden in Kanäle gelenkt, die es später in die Berufswelt führen wird. Um der Anerkennung willen ist das Kind bereit, das zu leisten, was von ihm verlangt wird. Aber es ist nicht das, was es selbst möchte. So gibt es viel von seiner eigenen Kreativität auf, um die Liebe der Bezugspersonen zu erhalten. Die Gefahr dieser Phase, so Erikson, liegt in der Bildung eines Gefühls der Unzulänglichkeit und Minderwertigkeit. Wenn das Kind den Anforderungen der Schule nicht gerecht wird, gibt es leicht die Hoffnung auf, sich mit den Großen identifizieren zu können. Denn sie, die Erwachsenen, verfügen über Fähigkeiten, die dem Kind fehlen. So verliert es sein Selbstvertrauen und fühlt sich minderwertig. Es droht, in eine vorschulische Phase der Unzulänglichkeit zurückzufallen. Eine andere Gefahr liegt darin, daß das Kind seine so entstandenen Minderwertigkeitsgefühle nicht durch einen Rückzug in die vorschulische Phase, sondern durch einen übertriebenen Fleiß abwehrt.

Dieser Fleiß erwächst aber nicht aus ihm selbst, aus der Lust an der Leistung. Vielmehr leistet es etwas, um den Ansprüchen der Eltern, Lehrer und anderen Personen gerecht zu werden. Die Folge ist, daß der Fleiß nicht befriedigt und dem Kind kein sinnhaft erfülltes Leben schenkt. Eine große Bedrohung wächst schließlich aus der Beschränkung auf die Arbeit. Diese Einengung des Lebenshorizonts macht aus dem Menschen einen Automaten, einen Sklaven, der sich um so leichter von anderen Menschen ausbeuten läßt.

Fünfte Phase: »Identität gegen Rollenkonfusion«. Mädchen wie Jungen werden sich zunehmend bewußt, daß die Zeit ihrer Kindheit zu Ende geht und die der Jugend beginnt. Zum Wachstum des Körpers kommt die geschlechtliche Reife hinzu. Sie verändert den Menschen nicht nur physisch, sondern auch seelisch, so daß Erikson diese Phase der Entwicklung als eine psychische Revolution bezeichnet. Der Jugendliche vergleicht nunmehr das Bild, das er von sich selbst hat, mit dem, das sich andere von ihm machen. Die Kämpfe, die er als Kind innerhalb der Familie ausgetragen hat, werden jetzt noch einmal ausgefochten. Menschen, die ihn gar nicht darum gebeten haben, teilt er in Freunde und Feinde ein. Den einen möchte er gleichen, die anderen verachtet er. Jugendliche, die starke Zweifel an ihrer sexuellen Identität hegen, provozieren nicht selten »kriminelle oder sexuelle oder ausgesprochen psychotische Zwischenfälle«. Um sich selbst zusammenzuhalten, überidentifizieren sie sich mit Cliquen- und Massenhelden. In Gruppen oder Clans organisiert, tendieren sie dazu, Menschen mit anderen Vorstellungen, anderen politischen Ideen oder einem abweichenden Geschmack den Eintritt zu verwehren. Diese Intoleranz begreift Erikson als eine Abwehr gegen ein Gefühl der Identitätsverwirrung. Zwischen Kindheit und Erwachsensein beunruhigt den jungen Menschen die Frage der Berufswahl. Er muß einen Beruf finden, der seine Identität – seine »angesammelte Zuversicht« – nicht beschädigt oder gar zerstört.

In der sechsten Phase steht »Intimität gegen Isolierung«. Erikson denkt, daß nur ein Mensch mit einem starken Gefühl der Identität, der Übereinstimmung mit sich selbst, fähig ist, seine Identität mit der eines Partners zu verschmelzen. Das heißt, echte Bindungen und Verpflichtungen einzugehen und sich ohne das Gefühl des Ich-Verlusts einem Partner hinzugeben, so in der geschlechtlichen Vereinigung. Wenn der junge Mensch aus Angst vor einem Ich-Verlust der Intimität ausweicht, so führe dies zu einem Gefühl tiefster Vereinsamung, zu einer gänzlichen Beschäftigung mit sich selbst, zu einem Verlust der Umwelt. Die soziale Bedeutung einer reifen Genitalität faßte Erikson in sechs Punkten zusammen: 1) Wechselseitiger Orgasmus 2) mit einem geliebten Partner 3) des anderen Geschlechts 4) mit dem man wechselseitiges Vertrauen teilen will und kann 5) und mit dem man imstande und willens ist, die Lebenskreise der a) Arbeit b) Zeugung c) Erholung in Einklang zu bringen, um 6) der Nachkommenschaft ebenfalls alle Stadien einer befriedigenden Entwicklung zu sichern. Diese Beschreibung nennt Erikson zwar eine »Utopie«, die dennoch als Fernziel von jedem Menschen angestrebt werden solle. Denn nur auf diese Weise könne der Mensch der sozialen Bedeutung der Sexualität gerecht werden.

Siebte Phase: »Zeugende Fähigkeit gegen Stagnation«. Der reife Mensch, konstatiert Erikson, habe ein Bedürfnis danach, daß man ihn braucht. Dieser Wunsch kommt in seiner zeugenden Fähigkeit zum Ausdruck, die im psychosexuellen Entwicklungsplan des Individuums und im psychosozialen Plan der Gesellschaft eine wesentliche Rolle spielt. Wem das reale Bedürfnis, Kinder zu zeugen, fremd ist, entwickle häufig ein Bedürfnis nach Pseudo-Intimität, das mit Stagnation und Verarmung der Persönlichkeit verbunden sei. Diese Menschen beginnen dann, sich selbst zu verwöhnen, als wären sie ihr eigenes Kind. Den mangelnden Glauben an den Sinn der Zeugung deutet Erikson als einen Mangel an »Vertrauen in die menschliche Spezies«, das ein Kind als ein willkommenes Pfand der Gemeinschaft erscheinen lasse. Viele Menschen bleiben jedoch kinderlos. Gleichwohl können auch sie einen wertvollen Beitrag zur Heranbildung der nächsten Generation leisten. Beispiel: Der enthaltsame, karitativ tätige Mönch.

Die achte Phase – »Ich-Integrität gegen Verzweiflung« – ist eine Synthese aller vorangegangenen Phasen. »Nur derjenige«, schreibt Erikson, »der die Sorge für Dinge und Menschen in irgendeiner Weise auf sich genommen hat und sich den Triumphen und Enttäuschungen angepaßt hat, die damit zusammenhängen, daß man nolens volens zum Ursprung anderer Menschenwesen und Schöpfer von Dingen und Ideen geworden ist – nur ein solcher Mensch kann allmählich die Frucht dieser sieben Phasen ernten. Ich weiß kein besseres Wort dafür als »Ich-Integrität«. Das heißt, der Mensch hat es geschafft, sich in seiner Familie, seinem Volk und seinem Zeitalter zu integrieren und deren Wertordnung grundsätzlich anzuerkennen. Er hat seine spezielle, sinngebende Lebensform gefunden, die ihm die Kraft gibt, den Stachel des Todes nicht länger zu fürchten. Denn nur ein sinnloses Leben läßt den Tod als sinnlos erscheinen. Aus dieser Erkenntnis heraus setzt Erikson dem integren Menschen das verzweifelte Individuum entgegen, das von »tausend kleinen Verdrüssen« gequält wird. Der Mangel an Ich-Integrität drückt sich bei diesem Menschen in einer Todesfurcht aus. Grund zur Furcht: Er hat *das* Leben auf dieser Welt nicht in sein einmaliges Leben aufnehmen können. Dieser unglückliche Mensch kann nämlich weder auf Werke noch auf Nachkommen zurückblicken, die für den Erhalt und die weitere Entwicklung der Gesellschaft notwendig sind. Und da er an der sinnvollen Gestaltung des Lebens der Gemeinschaft nicht teilgenommen hat, muß er das eigene Leben zwangsläufig als sinnlos empfinden. Erikson glaubt, daß die psychosoziale Entwicklung des Menschen nach einem ähnlichen Plan verläuft wie dessen biologische Reifung. Die Phasen seien vorgegeben und die Gesellschaft im Prinzip darauf eingerichtet, die Entfaltung des heranwachsenden Menschen innerhalb der einzelnen Phasen zu sichern und zu fördern.

Die Jugend, die sich in den sechziger Jahren zu ihrem weltweiten Protest formierte, nahm von dem Adoleszenz-Analytiker allerdings wenig Notiz. Denn durch seine Gedanken über den Beitrag, den das Individuum um des eigenen Glücks willen für die Gesellschaft zu leisten hat, weht ein Hauch von Idylle, von kleinbürgerlicher Gesinnung. Im Gegensatz zu Herbert Marcuse, der durch seine radikale Kritik am Kapitalismus und den »Werten« der bürgerlichen Gesellschaft zum geistigen Führer der Studenten-Bewegung aufstieg, wurde Erikson eher als ein »Anpassungspsychologe« angesehen, der die Jugendlichen mit einem verhaßten System versöhnen wollte.

1 *Anna Freud: »Das Ich und die Abwehrmechanismen«, S. Fischer Verlag, Frankfurt/Main 1984*

2 *Uwe Henrik Peters: »Anna Freud – Ein Leben für das Kind«, S. Fischer Verlag, Frankfurt/Main, 1984*

3 *Anna Freud: »Einführung in die Technik der Kinderanalyse«, S. Fischer Verlag, Frankfurt/Main, 1983*

4 *Anna Freud: »Wege und Irrwege in der Kinderentwicklung«, Gemeinschaftsverlag Hans Huber, Bern, Klett-Cotta, Stuttgart, 1982*

5 *Günther Bittner und Peter Heller (Herausgeber): »Eine Kinderanalyse bei Anna Freud (1929–1932)«, Verlag Königshausen + Neumann, Würzburg, 1983*

6 *Anna Freud, Dorothy Burlingham: »Heimatlose Kinder«, S. Fischer Verlag, Frankfurt/Main, 1982*

7 *Erik H. Erikson: »Kindheit und Gesellschaft«, Klett-Cotta Verlag, Stuttgart, 1971*

Geschieht die Verführung der Kinder real, oder ist sie ein Produkt ihrer Phantasie?

Um 1930 griff Sándor Ferenczi eine Theorie von Sigmund Freud auf, die der Begründer der Psychoanalyse zugunsten des Ödipuskomplexes aufgegeben hatte: die reale Verführung von Kindern durch Erwachsene. Für Patienten, die schon früh und tatsächlich mißbraucht worden waren, hatte Ferenczi eine spezielle Technik entwickelt, die Freud äußerst mißfiel. Angeregt durch Ferenczis Forschungen entdeckte Michael Balint, daß viele seelische Schäden schon vor der ödipalen Phase, vor allem im ersten Lebensjahr des Kindes entstehen können. Solche Schäden nannte er eine »Grundstörung«.

Im Jahre 1896 wagte sich Sigmund Freud mit einer kühnen Behauptung an die Öffentlichkeit. Sinngemäß erklärte er, er habe die Antwort auf die jahrtausendealte Frage nach der Ursache (»Ätiologie«) der Hysterie gefunden. Sie liege im sexuellen Mißbrauch der Kinder durch erwachsene Personen oder ältere Geschwister und Spielgefährten. Bei hysterischen Frauen sei in deren Kindheit meist der Vater der Verführer gewesen.

Freud stützte seine These vor allem auf die Analyse von zwölf weiblichen und sechs männlichen Patienten. Die Neurotiker hatten ihm allesamt von sexuellen Aggressionen – hauptsächlich koitusähnlichen Reizungen am Genital – erzählt, denen sie in der frühen Kindheit ausgesetzt gewesen seien. Die Patienten hätten diese

Fast systematisch zerstören die Menschen die Natur. Ein Beispiel dafür ist der Elbe-Seitenkanal, ein monoton-geradliniger Wasserschlauch, der die Schönheit der Elblandschaft beeinträchtigt. Dahinter scheint ein Mangel an Besorgnis zu stecken. Schon früh begreift das Kind, daß sich die Mutter über sein Verhalten auch ärgern kann. Dadurch entwickelt es die Fähigkeit der Besorgnis. Genauer, das Kind lernt, sich um die Beziehung zur Mutter zu sorgen und überträgt diese Fähigkeit dann auf andere Personen und Dinge. Eben dieses »Vermögen« scheint bei vielen Menschen nicht ausreichend entwickelt zu sein. Sie sind psychisch gar nicht in der Lage, für andere Menschen oder die Natur Sorge zu empfinden. Und dieser Mangel ist vermutlich ein wesentlicher Grund dafür, daß wir uns der Zerstörung der Natur im großen und ganzen nicht radikal genug widersetzen.

schrecklichen Erlebnisse verdrängt, und dort, in der Verdrängung, würden die nicht mehr bewußten Traumata die Quelle der hysterischen Symptome bilden.

Die Kollegen vom Wiener »Verein für Psychiatrie und Neurologie« hielten Freuds »Verführungstheorie« für vollkommen indiskutabel. Der renommierte Sexologe Richard Krafft-Ebing sprach von einem »wissenschaftlichen Märchen«.

Auch Freud muß unterschwellig Zweifel gehegt haben. Davon erzählen Träume aus dem Jahr 1897, die ihn – den Vater – als Verführer seiner Töchter und damit als den Urheber von deren Neurosen beschrieben. Die Träume drücken den Wunsch aus, seine Theorie möge sich als richtig erweisen.

Wenig später wurde ihm vollends klar, daß seine These unter »der Herrschaft eines Irrtums« stand, wie er später bekannte. An seinen Freund, den Berliner Arzt Wilhelm Fließ, schrieb er, es sei ihm nicht mehr möglich, seinen Patienten zu glauben. Ihm war der Verdacht gekommen, daß es sich bei den Berichten der hysterischen Personen in den meisten Fällen nicht um wirkliche Verführungen, sondern um phantasierte Wünsche gehandelt habe. Das Kind, so dämmerte ihm, verdecke mit seinen Verführungs-Phantasien unbewußt die autoerotische Periode seiner Sexualbetätigung. Deutlicher: Das Kind will seine sexuellen Wünsche und Handlungen nicht anerkennen. Es verdrängt sie und bildet sich statt dessen ein, es sei von Erwachsenen mißbraucht worden.

Angesichts dieser neuen Einsicht, die mit den Ergebnissen seiner Selbstanalyse übereinstimmte, sah sich Freud gezwungen, seine Verführungstheorie zu widerrufen. Dies tat er im Lauf der Zeit mehrmals. Doch betonte er immer wieder, daß es sexuellen Mißbrauch von Kindern tatsächlich gebe. »Die meisten Analytiker werden Fälle behandelt haben, in denen solche Beziehungen (mit Erwachsenen oder älteren Kindern) real waren und einwandfrei festgestellt werden konnten.« Schon im Hinblick auf die Befunde der Gerichtsmediziner wäre es auch völlig unsinnig gewesen, die Verführung von Kindern grundsätzlich zu leugnen.

Fortan ließ Freud die Frage nach der Wahrheit offen, wenn ihm Patienten Geschichten über sexuelle Attacken erzählten, die sie in ihrer Kindheit erlebt hätten. Denn, so schrieb er 1916 in den »Vorlesungen zur Einführung in die Psychoanalyse«, es sei noch nicht gelungen, »einen Unterschied in den Folgen nachzuweisen, wenn die Phantasie oder die Realität den größeren Anteil an diesen Kinderbegebenheiten hat«. Tatsächlich besitzt unser Unbewußtes kein Echtheitskriterium, das von vornherein klarstellt, ob die Erinnerung an ein Erlebnis wahr oder eingebildet ist. Vielmehr sind in unserem Unbewußten die geschehene und die beabsichtigte, gewünschte Tat ein und dasselbe.

Die Erkenntnis von der phantasierten Verführung war es vor allem, die Sigmund Freud auf die Theorie vom Ödipuskonflikt brachte, in der das Kind als Rivale des einen Elternteils auftritt und den anderen zu erobern versucht. Der prinzipielle Unterschied zwischen der Verführungstheorie und der vom Ödipuskomplex besteht darin, daß die erste ein Kind beschreibt, dem etwas angetan wird, und die zweite ein Kind vorstellt, das auf Grund seiner sexuellen Veranlagung selbst etwas tut – und zwar konkret oder in der Phantasie. Mit dieser Umkehr hatte Freud die Entwicklung der Psychoanalyse um einen der wichtigsten Schritte vorangetrieben. Er hatte die Macht der Phantasie, zumal der unbewußten, entdeckt.

Die Neuformulierung löste einen Streit aus, der bis heute nicht beigelegt ist und der in dem Vorwurf gipfelt: Freud habe mit seiner Theorie vom Ödipuskomplex die Opfer in Täter verwandelt und durch die Umdeutung eines wirklichen, gemeinen Geschehens in erfundene Geschichten sich mit seiner Theorie von der Seite der geschundenen, wehrlosen Kinder auf die der mächtigen Erwachsenen geschlagen. Schärfer noch: Er habe mit seiner Lehre vom Ödipuskomplex die Erwachsenen freigesprochen und auf diese Weise seine Psychoanalyse annehmbar gemacht.

Die schrillste Anklage erhob 1984 der amerikanische Sanskritforscher und Psychoanalytiker Jeffrey M. Masson in seinem Buch »Was hat man dir, du armes Kind, getan?«[1] Als Kronzeugen führt er darin einen Mann an, der sich nach einer langen Freundschaft mit Freud zerstritten hatte – den ungarischen Arzt Sándor Ferenczi.

Der Analytiker hatte 1932 auf dem 12. Internationalen Psychoanalytischen Kongreß in Wiesbaden einen Vortrag gehalten. Darin beschäftigte er sich mit frühen Formen des »Mißbrauchs« wie dem Mangel an zärtlicher Liebe, aber auch mit den sexuellen Vergehen an Kindern. Zugleich kritisierte er in seiner Rede Freuds Überbewertung des Ödipuskomplexes. Das ergab sich schon aus der Betonung des Mißbrauchs, der besagt, daß dem Kind etwas »angetan« wird.

An seinen meist schwer gestörten Patienten erprobte Ferenczi eine Behandlungstechnik der »mütterlichen Freundlichkeit«. Verkürzt gesagt: Er glaubte, daß er als Analytiker durch ein bestimmtes Verhalten, durch eine »mütterlich-zärtliche Präsenz« jenen Mangel ausgleichen könnte, unter dem seine Patienten in ihrer Kindheit gelitten hatten. Wegen dieser »Zuwendungstechnik« kam es zwischen den beiden Analytikern zum Zerwürfnis. Freud hatte seinen langjährigen Gefährten gebeten, die Veröffentlichung des Vortrags um ein Jahr aufzuschieben, damit er die »begrenzte Richtigkeit« seiner Behandlungstechnik einsehen könne. »Der Freund glaubte jedoch nicht, daß er damit der »Sache« – gemeint ist die Psychoanalyse – schaden würde. Als andere Analytiker Ferenczi von der Rednerliste streichen wollten, widersetzte sich Freud: »Was soll das? Früher oder später wird es doch herauskommen.«

Hochgespielt wird heute jedoch die These von der realen Kindes-Verführung und die damit verbundene Kritik am Ödipuskomplex, die Ferenczis Vortrag enthielt, und dessen Titel lautete: »Sprachverwirrung zwischen den Erwachsenen und dem Kind – die Sprache der Zärtlichkeit und der Leidenschaft«. Das Wort Sprache umfaßt dabei auch Gesten und Handlungen.[2] Ferenczi berichtet von einer »Unzahl von Bekenntnissen« über das »Sichvergehen an Kindern«, die er in seiner Praxis gehört habe. Die Opfer, behauptete er, stammten nicht nur – wie ein soziales Klischee suggeriert – aus brutalisierten Unterschichten, sondern auch aus »angesehenen, von puritanischem Geist beseelten Familien«.

Ferenczi: »Ein Erwachsener und ein Kind lieben einander«, sind zärtlich miteinander. Doch plötzlich ist der Erwachsene in seiner Selbstkontrolle gestört, ist unglücklich oder betrunken. Folge: Er begegnet dem Spiel des Kindes mit Leidenschaft. Das bedeutet, er verläßt die Ebene der mütterlich-zärtlichen Gefühlsbeziehung und attackiert – zum Beispiel – in aggressiver, leidenschaftlicher Weise die genitale Zone des Kindes. In diesem Moment versetzt der Erwachsene das wehrlose Kind in Angst. Um von der Angst nicht überschwemmt zu werden, versucht das Kind, sich dem Willen des Angreifers unterzuordnen, sich mit dem Aggressor zu identifizieren (siehe Kapitel Anna Freud).

Wenn sich das Opfer mit den Absichten und Handlungen des Angreifers identifizieren kann, mit ihnen also übereinstimmt, entfällt für das Kind die konkrete Gefahr, die äußere Bedrohung, die von dem Aggressor ausgeht. Denn durch die Identifikation versetzt sich das Kind einerseits in die Lage, die leidenschaftlichen Attacken des Erwachsenen als rechtens zu verinnerlichen und so seine innige Beziehung zu der Person aufrechtzuerhalten. Andererseits, dachte Ferenczi, ist das Kind nach solchen Angriffen konfus. Indem es sich nämlich mit dem Angreifer identifiziert, muß es seine eigenen Sinne, seine Wahrnehmungsfähigkeit verraten. Denn die sagt ihm, daß es das Opfer einer Gewalttat ist.

Ebenso schrecklich wie die Attacke selbst in das Verhalten des Täters nach dem Angriff. Denn der Erwachsene tut häufig so, als ob nichts geschehen wäre. Mehr noch: Sein Schuldgefühl macht ihn übermoralisch. Und der Ausdruck dieser Moral ist Strenge. Die Bestrafung erfolgt aus einer Strenge heraus, die das Kind wiederum in einer Weise verinnerlicht, daß es sich selbst als an der Tat schuldig empfindet. Und dieses Gefühl, so Ferenczi, bestimme häufig die Entwicklung des Kindes. Es wachse zu einem gehorsam-mechanischen Wesen heran, verkümmere sexuell oder flüchte sich, erwachsen geworden, in Perversionen, bei denen es die Rolle des Opfers oder die des Aggressors weiterspielen kann.

Ferenczi: »Wird Kindern in der Zärtlichkeitsphase mehr Liebe oder Liebe anderer Art aufgezwungen, so mag das ebenso pathogene (krankheitserregende) Folgen nach sich ziehen wie... die Liebesversagung«. Das Ziel der Behandlung derart geschädigter Patienten liege darin, daß diese Menschen die in der Kindheit erlebte »beengende Liebe« und die Identifikation mit dem Angreifer aufgeben und dadurch ihre Persönlichkeit auf ein höheres Niveau heben.

Folgt man Ferenczis Gedanken, so wirken Bestrafungen ebenso verheerend auf das Kind wie die falsche, die leidenschaftlich-beengende Liebe. Die spielerischen Vergehen eines kleinen Jungen oder Mädchens würden durch wutschnaubende Strafaktionen (wie Schlagen) erst zur Realität erhoben. Grundsätzlich gebe es keinen Schreck oder Schock, bei dem nicht ein Teil der Persönlichkeit des Kindes in die »vortraumatische Seligkeit« regrediere. Das heißt, um die zärtliche Beziehung zur strafenden Person zu erhalten, flüchtet das Kind in eine Zeit zurück, die vor dem Vergehen und der Strafe liegt. Deutlicher: Es stellt die vortraumatische Seligkeit wieder her, indem es sich wie ein hilfloses Kleinkind verhält, um so die Liebe des Vaters oder der Mutter zurückzugewinnen (traumatische Regression).

Überdies können bei mißbrauchten und vernachlässigten Kindern Fähigkeiten ausbrechen, die sonst »in tiefer Ruhe auf das Heranreifen warten«. Bei dem von Not und Angst gepeinigten Kind werden plötzlich Veranlagungen aktiv, so daß man von einer krankhaften Frühreife, von einer »traumatischen Progression«, also von einem Schub nach vorn statt zurück sprechen muß. Ferenczi verglich den progressiven Sprung mit der schnellen Reifung einer Frucht, die der Schnabel eines Vogels verletzt hat.

Kinder können emotional und intellektuell vorzeitig reifen. So fangen Jungen und Mädchen, die sich vernachlässigt fühlen, oft früher zu sprechen an, weil sie die Aufmerksamkeit der Mutter auf sich lenken wollen. Es sind also Not und Angst, die sie in die Frühreife treiben. Die Eltern hingegen freuen sich gewöhnlich über die auffällige Sprachgewandtheit ihres Kindes und forcieren voller Stolz diese »Begabung«.

Neben der unangemessenen, der leidenschaftlichen Liebe und Bestrafung gibt es noch andere Möglichkeiten, Kinder in ihrer Entwicklung zu schädigen. So können Kinder Zwist und Unordnung in der Familie nur schwer ertragen. Denn der Streit zwischen den Eltern zerstört die Geborgenheit, die sie sich wünschen und die sie brauchen. Um die verlorene Ruhe und liebevolle Zuwendung wieder genießen zu können, versuchen sie, den Krach der Eltern zu schlichten. Auch diese Geste wird häufig als Zeichen überlegener Vernunft mißverstanden. In Wirklichkeit nämlich stecken hinter dem Bemühen des Kindes, den elterlichen Streit zu beenden, panische Gefühle. Wird ein Elternteil seelisch oder körperlich krank, so neigt er dazu, die Rollen zu vertauschen, indem er sich von seinem Kind bemuttern läßt. Ferenczi sprach von einem »Terrorismus des Leidens«, weil ein Erwachsener auf diese Weise sein Kind zu einem lebenslangen Pfleger machen kann.

Der Vortrag wurde von den tonangebenden Psychoanalytikern als »zu vage« oder als »Skandal« bezeichnet – ohne daß sich jemand ernsthaft mit der Studie auseinandergesetzt hatte. Vage waren zumindest Ferenczis Beweise, mit denen er seine Gedanken über die realen Verführungen untermauerte. Wie 1896 Sigmund Freud, so hatte auch er nicht mehr in der Hand als die Aussagen seiner Patienten.

Überdies beklagte sich Ferenczi, seine Kollegen würden die tatsächlichen sexuellen Attacken, denen ihre Patienten ausgesetzt gewesen waren, mehr oder weniger ignorieren und statt dessen von vornherein davon ausgehen, es handle sich um phantasierte Geschichten. Dieser Vorwurf, der in unserer Zeit von Analytikern wie der Schweizerin Alice Miller und dem bereits erwähnten Jeffrey M. Masson erhoben wird, enthält mehr als nur die Bitte, dem Phänomen der realen Verführung in Zukunft größere Aufmerksamkeit zu schenken. Er stellt vielmehr einen Angriff auf eine Grundposition der Psychoanalyse dar. Wenn nämlich die Verführungen in der Realität häufiger vorkommen, als die Ärzte glauben, gerät das »essential« von der Macht der unbewußten Phantasien ins Wanken.

Das heißt, in der ödipalen Phase (im dritten bis fünften Lebensjahr) wünscht oder phantasiert das Kind seinem Alter entsprechend den Tod des rivalisierenden und die Eroberung des gegengeschlechtlichen Elternteils. Wenn diese Wunschphantasien und die daraus entstehenden Konflikte nicht bewältigt, sondern ins Unbewußte verdrängt werden, wirken sie in der Verdrängung als unbewußte Phantasien fort und bilden dort die Quelle für neurotische Symptome. Diese psychoanalytische »Wahrheit« wäre zumindest angeschlagen, wenn sich die neurotischen Symptome in der Mehrzahl auf reale Verführungen zurückverfolgen ließen. Zugleich wäre auch die unbeliebte These von der infantilen Sexualität angekratzt, und der schöne Gedanke von der »Unschuld der Kinder« könnte wieder greifen.

Der Vorwurf, sie würden den realen zugunsten des phantasierten Mißbrauchs ignorieren, wird von den Analytikern bestritten. Ihr wichtigstes Argument ergibt sich aus dem »Wesen« der Psychoanalyse. Danach gibt es – erstens – Berichte von Patienten über tatsächliche Erlebnisse. Zweitens gibt es Berichte über Erlebnisse, die nur in der Phantasie existieren. Drittens schließlich gibt es Berichte über Erlebnisse, an denen sowohl die Realität als auch die Phantasie beteiligt sind. Wenn überhaupt, so kann nicht der Analytiker, sondern allenfalls der Patient darüber entscheiden, ob der Bericht über ein Erlebnis der Realität, der Phantasie oder beidem entspricht. Doch abgesehen davon: Es ist durch die psychoanalytische Praxis unzählige Male bewiesen, daß verdrängte traumatische Erlebnisse unabhängig von ihrem Realitätsgehalt einen Menschen krank machen können.

Genauer gefaßt lautet das wichtigste Argument gegen Alice Miller und ihre gleichgesinnten Kollegen: Alle Geschehnisse in der frühen Kindheit sind durch Phantasie und Abwehr entstellt. Deshalb ist der Analytiker gezwungen, mit der Phantasie des Patienten an deren Auflösung zu arbeiten. Eine realitätsgerechte Aussage über einen Mißbrauch in der frühen Kindheit gelingt nur selten – zum Beispiel dann, wenn andere Personen darüber berichten.

Sándor Ferenczi war sich darüber klar, daß sein Vortrag unfreundlich aufgenommen werden würde. Noch vor Beginn des Wiesbadeners Kongresses (1932) zog er seine Kandidatur für die Wahl zum Präsidenten der »Internationalen Psychoanalytischen Vereinigung« zurück – was mit Erleichterung aufgenommen wurde.

Wenige Monate später starb er an einer Blutkrankheit. Vertraute von Freud setzten daraufhin das Gerücht in die Welt, Ferenczi habe unter Verfolgungswahn und Mordideen (Paranoia) gelitten. Sein Schüler Michael Balint und andere Analytiker, die bis zu seinem Todestag mit ihm in Kontakt gestanden hatten, wiesen hingegen darauf hin, daß Ferenczi stets im Vollbesitz seiner geistigen Kräfte gewesen sei. Der Freiburger Analytiker Cremerius empfindet dieses verleumderische »Nachspiel als traurig und beschämend«.

Sigmund Freud schrieb einen Nachruf zu Ferenczis Tod, der in dem Satz gipfelte: »Es ist nicht glaublich, daß die Geschichte unserer Wissenschaft seiner vergessen wird.« Doch gab er sich offenbar keine sonderliche Mühe, den Rufmord an Ferenczi zu verhindern. Vermutlich war er auch weiterhin verärgert. Schließlich hatte der ehemalige Freund nicht nur durch seine Technik die Reputation der Psychoanalyse aufs Spiel gesetzt, sondern auch Freuds wichtigste Entdeckung, den Ödipus-, den Kernkomplex der Neurosen, abgewertet. Ferenczi entthronte den Ödipuskomplex, indem er die Entstehung der Neurosen in eine vorödipale Zeit verlegte.

Ferenczis Werk wurde viele Jahre ignoriert. Sein Vortrag, den das »International Journal of Psychoanalysis« unmittelbar nach dem Kongreß abdrucken wollte, erschien nicht. Erst 1949 gelang es dem Ferenczi-Schüler Michael Balint, den Text in der angesehenen Zeitschrift unterzubringen. Seit dieser Zeit etwa wächst die Zahl der Analytiker, die Ferenczi ernst nehmen.

Tatsächlich war Sándor Ferenczi ein einfallsreicher Mann, der den Blickwinkel der Psychoanalyse erweitert hat. Geboren 1873, wuchs er in einer kinderreichen Familie auf, die in Miskolcz, einer ungarischen Provinzstadt, lebte.[3] Sein Vater, ein Buchhändler und Verleger, starb 1888. Daraufhin begann der Sohn, seinen Erzeuger zu idealisieren, während er der geschäftigen Mutter – sie führte die Buchhandlung weiter – zwiespältige Gefühle entgegenbrachte. Er fühlte sich von ihr zu wenig geliebt.

Er besuchte das Gymnasium und studierte anschließend bis 1896 in Wien Medizin, ohne Sigmund Freud begegnet zu sein. Danach eröffnete er in Budapest eine Praxis für Allgemeinmedizin und Psychiatrie. Ein Freund forderte ihn auf, Freuds »Traumdeutung« für ein Fachblatt zu besprechen. Doch Ferenczi legte das Buch nach kurzem Durchblättern beiseite. Es war ihm nicht wissenschaftlich genug – so sein Schüler und Freund Michael Balint.

Das Interesse des Nervenarztes an der Psychoanalyse erwachte erst, als er von einem Test erfuhr, der sich mit den Assoziationen von Reizwörtern (wie Hammer) beschäftigte. Der Test beeindruckte ihn derart, daß er die damals vorhandene psychoanalytische Literatur durchlas.

1908 bat der 34jährige Psychiater Sigmund Freud um ein Gespräch. Der »Vater« der Psychoanalyse muß von der warmherzigen und intellektuell schillernden Persönlichkeit des ungarischen Arztes so fasziniert gewesen sein, daß er ihn sogleich in sein Herz schloß. Er lud ihn ein, auf dem Ersten Internationalen Psychoanalytischen Kongreß in Salzburg zu sprechen. Ein Jahr später begleitete ihn Ferenczi (und C.G. Jung) auf seiner einzigen Reise nach Amerika. Eifersüchtig registrierten die Vertrauten, daß Freud den Neuling sogar in den Urlaub mitnahm. In dieser Zeit war der »liebe Sohn« (Freud) in eine sieben Jahre ältere Dame verliebt, deren Ehemann die Scheidung verweigerte. Zeitweilig hoffte Freud wohl, er könne Ferenczi mit einer seiner Töchter verheiraten.

Nach Kriegsbeginn wurde Ferenczi Militärarzt eines in der Heimat stationierten Husarenregiments. Der bequeme Posten erlaubte es ihm, sich bei Freud einer Lehranalyse zu unterziehen. Als 1918 die Kanonen schwiegen, erhielt er an der Budapester Universität einen Lehrstuhl für Psychoanalyse – den ersten der Welt. Er verlor die Professur jedoch wieder und mußte sich auf die medizinische Praxis zurückziehen, als 1920 Admiral Horthy in Ungarn ein reaktionäres

Regime errichtete. Nach Kriegsende hatte Ferenczi seine Geliebte heiraten können.

Als Forscher und Autor war er ungemein produktiv. Die Titel seiner meist kurzen Essays machen neugierig: »Zähmung eines wilden Pferdes«, »Schweigen ist Gold«, »Träume der Ahnungslosen«, »Ekel vor dem Frühstück« usw. Schon 1908 hatte er als erster eine Arbeit über »Psychoanalyse und Pädagogik« geschrieben, die viele Gedanken der antiautoritären Erziehung vorwegnahm. Er ging von der Erkenntnis aus, daß »die Befreiung von unnötigen Zwängen die erste Revolution wäre, die der Menschheit eine wirkliche Erleichterung schüfe«, während bei einer Revolution durch äußere Mächte die inneren Zwänge nicht beseitigt würden.

Was Ferenczi damals dachte, gilt im Grunde heute noch. Danach macht uns eine falsche Erziehung unfähig, »die naturgegebenen Freuden des Lebens unbefangen zu genießen«. Eltern und Pädagogen belasten die kindliche Seele mit mehr Zwängen – wie den verinnerlichten Ge- und Verboten – als notwendig. Damit bekämpfen sie eine fundamentale Anstrengung des psychischen Apparats, der unter anderem dafür sorgt, daß jedes Individuum »bei mindestmöglicher Belastung die meistmögliche Befriedigung erlebt«. Die repressive Erziehung sei ein Indiz für den mangelnden Einblick in die Seele des Kindes, vor allem in dessen Sexualität. Auf diese Weise entstehe ein Volk, das auf seine natürlichen Wunschregungen mit Ängsten reagiert und sich in seiner Angst ausgerechnet an jene Mächte hält, die mit dem Instrument der Pädagogik eben diese Wunschregungen im Volk unterdrücken. Gefangen in einem »Autoritätskult« dränge sich das Volk unter den nicht vorhandenen Schutz längst verbrauchter gesellschaftlicher Einrichtungen wie Staat und Kirche. – Über Ferenczi, auf dessen Idee hin 1910 die »Internationale Psychoanalytische Vereinigung« gegründet wurde, schrieb Sigmund Freud einmal, er wiege »wohl einen ganzen Verein auf«.

Vor der Jahrhundertwende hatte sich Freud einer Selbstanalyse unterzogen und sich während dieser Zeit seinem damals einzigen

Freund, dem Berliner Arzt Wilhelm Fließ, restlos offenbart. Nach dem Bruch dieser Beziehung erlosch in Freud das Bedürfnis der »völligen Eröffnung« seiner Persönlichkeit. Er hatte, wie er schrieb, ein Stück »homosexueller Besetzung« von Fließ abgezogen und zur »Vergrößerung des eigenen Ichs« verwendet. Das heißt, er hatte die Liebe, die vorher auf den Freund gerichtet war, in eine Selbstliebe verwandelt.

Das Resultat bekam Ferenczi zu spüren. Einmal träumte er, Freud sei ihm nackt erschienen, und deutete diesen Traum als den Wunsch nach »absoluter gegenseitiger Offenheit«. Doch dazu war sein Lehrer weder willens noch fähig, so daß der liebeshungrige Ferenczi trotz aller Bevorzugung unter der Beziehung litt.

Der Hinweis auf die unterschiedlich empfindenden Männer ist wichtig, weil neben – überbrückbar erscheinenden – sachlichen Differenzen wohl auch private Enttäuschungen das Ende der Freundschaft mitbestimmten. Die Entfremdung begann Mitte der zwanziger Jahre, als Ferenczi längst nicht mehr glauben wollte, daß die von Sigmund Freud entwickelte Deutungstechnik die einzige Behandlungsmethode der Psychoanalyse sei.

Das heißt, die Psychoanalyse war damals noch auf die Deutungstechnik beschränkt. Ihrer Methode entsprechend verlangte sie vom Patienten die Fähigkeit, über das Medium der Deutung neue Einsichten über sich selbst zu gewinnen. Psychisch kranke Personen, die diese Forderung nicht erfüllten, galten als nicht therapierbar.

Auf den ersten Blick scheint dies eine Frage der Intelligenz zu sein. Doch Ferenczi behandelte Patienten, die klug waren und dennoch mit der Deutungstechnik nichts anfangen konnten. So berichtete er von einer dem Alkohol verfallenen Frau, die unter schwer beherrschbaren Selbstmordimpulsen litt und eine Neigung zu philosophischen Spekulationen entwickelt hatte. Sie grübelte ständig über die »Herkunft des Lebendigen« nach. Damit verbarg sie, daß sie als drittes Mädchen einer knabenlosen Familie höchst unwillkommen empfangen und ungeliebt aufgezogen worden war. Derlei »schwere Fälle« brachten Ferenczi zu der Erkenntnis, daß es Patienten gab, die sich von einer Analyse – wenigstens zunächst einmal – etwas ganz anderes erhofften als die Deutung ihrer spontanen Einfälle. Ihnen ging es vielmehr darum, jene positiven Lebensimpulse – wie mütterliche Zuwendung und Ermunterung – zu empfangen, die sie in ihrer frühen Kindheit hatten entbehren müssen. Kurz: Sie wollten nachträglich das Glück genießen, das ihnen als Säugling und Kleinkind verwehrt worden war.

Nach Ferenczis Beobachtung hatten sich die Patienten als Kinder mit den Versagungen abgefunden und waren infolgedessen zu gefügigen, verzichtsgeübten Menschen herangewachsen. Diese Gefügigkeit behielten sie in der Regel auch während der Analyse bei. Obgleich sie eine Art Ausgleich für ihre frühkindlichen Entbehrungen erwarteten, identifizierten sich diese schwer gestörten Patienten mit ihrem Analytiker und machten sich jede seiner Deutungen kritiklos zu eigen. Das heißt, sie prüften überhaupt nicht, ob eine Deutung zu ihnen paßte.

Um nicht alle Zuwendung zu verlieren, hatten es die Patienten in der Kindheit gelernt, es den Eltern recht zu machen. Sie entwickelten ein subtiles Einfühlungsvermögen, das in der Analyse zum Tragen kam. Sie kannten sich in der Psyche des Arztes (und anderer Menschen) genau aus und waren etwa in der Lage, die Zu- und Abneigungen ihres Analytikers (und anderer Menschen) zu erraten, bevor er sich selbst seiner Gefühle bewußt wurde. Dieses Wissen sprachen sie jedoch nicht offen aus, sondern benutzten es als Grundlage für ihr Verhalten. Oder anders: Durch Intuition und Gefügigkeit sorgten sie dafür, daß der Analytiker den Eindruck gewann, die Therapie laufe wie geölt.

Als Ferenczi diese therapeutische Situation begriff, durchschaute er zugleich einen unerwünschten, vom Analytiker provozierten Effekt. Der Arzt war nämlich an eine bestimmte, strenge Form der Abstinenz gebunden, die ihm untersagte, eigene Gefühle und Probleme gegenüber dem Kranken zur Sprache zu bringen. Dadurch schlich sich in die Behandlung der ebenso einfühlsamen wie wissenden Patienten ein Element der Heuchelei. Diese Scheinheiligkeit versuchte Ferenczi aufzulösen, indem er notfalls auf seine eigenen Gefühle und Probleme zu sprechen kam. Als ihm eine Frau einen Traum von einem großen Mann mit winzigem Genital erzählte und dabei unverkennbar ihn meinte, erwiderte er sinngemäß: Er mache sich tatsächlich Gedanken über die Größe seines Penis. Auf diese Weise brachte er in die Therapie den Charakter der Wechselseitigkeit; das übliche Arzt-Patienten-Gefälle verschwand.

Der Nachteil derart freimütiger Bekenntnisse liegt darin, daß sie die Übertragung erschweren. Das heißt, nach der damals geltenden Lehre mußte der Analytiker dafür sorgen, daß er den Patienten als möglichst unbeschriebenes Blatt erschien. Nur so könne der Kranke seine Gefühle, die in Wirklichkeit anderen Menschen gelten, ungestört auf den Arzt übertragen. Die Abstinenz – die Beschränkung auf die Deutung der Gedanken des Patienten – hat mithin einen einsichtigen Grund. Denn ein Analytiker, der seine genitalen Probleme zugibt, erschwert zwangsläufig die Übertragungsphantasien seiner Patienten. Sie kann in ihm nicht mehr den Vater mit einem großen Penis »sehen«.

Doch Ferenczi hatte erkannt, daß seine schwer gestörten Kranken auf Deutungen nicht in der gewünschten Weise reagierten. Er ließ sich deshalb von einer Überlegung lenken, die ungefähr folgendes besagt: Wenn der Arzt durch eigene Probleme abgelenkt ist oder bestimmte Eigenschaften des Patienten nicht mag, soll er mit ihm offen darüber sprechen – und nicht so tun, als sei nichts. Der Patient fühle sich durch die Offenheit nicht verletzt, gerate nicht aus dem Gleichgewicht, sondern empfinde Erleichterung. Dagegen: Verharrt der Therapeut in seiner unpersönlichen Abstinenz, erlebt der einfühlsame Patient eine Wiederholung jener Atmosphäre, die ihn als Säugling psychisch krank werden ließ.

Ferenczi kam natürlich nicht sogleich dahinter, daß die Therapien mit seinen ebenso gestörten wie hochintuitiven Patienten häufig nur ein Scheinspiel waren. Nur in »seltenen Augenblicken« wurde er betroffen. Dann empfanden seine Kranken die Abstinenz als derart unerträglich, daß sie aus ihrem Verhalten ausbrachen und ihn verzweifelt anflehten: »Helfen Sie mir doch! Rasch! Lassen Sie mich nicht zugrunde gehen!« In diesen raren Momenten waren die Kranken in eine kindliche Ohnmacht regrediert. Sie fühlten sich allein und verlassen wie ein Baby und spielten auch nicht mehr, wenn Ferenczi ihren Hilfeschrei deutete. Das heißt, sie verhielten sich wie verängstigte Säuglinge, die mit erklärenden Worten nichts anzufangen wissen. Ferenczi: Dann hilft nur noch jene mütterliche Zuwendung, die der Kranke in seiner frühesten Kindheit entbehren mußte. In dieser höchsten Not ist »das fühlende Herz« des Analytikers gefordert – »das Miterleben, das uns in die Nähe des Verstehens führt« (der Freiburger Analytiker Johannes Cremerius).

Ferenczi dachte also, daß seine Patienten als Kinder unter einem Defizit an mütterlicher Zärtlichkeit gelitten hatten und daß er diesen »Mangel« nachträglich beseitigen könnte. So nahm er seine Patienten auf den Schoß oder schenkte ihnen eine Puppe. Kurz, er kümmerte sich, wenn es erforderlich war, auch außerhalb der Analyse-Stunde um sie. Gleichwohl verzichtete er nicht auf die Technik der Deutung. Doch äußerte er seine Deutungen behutsam und nur dann, wenn der Patient in der Lage war, sie anzunehmen – was gewöhnlich erst geschah, wenn die Therapie schon lange lief.

Obgleich auch Sigmund Freud den von ihm entwickelten Begriff der Abstinenz in der Praxis flexibler anwandte und etwa seiner Analysandin Hilda Doolittle verführerisch klingende Briefe schrieb, verfolgte er die Experimente seines Freundes mit wachsendem Argwohn. Vielleicht war er psychisch nicht fähig, sich ernsthaft mit der mutterzärtlichen Technik auseinanderzusetzen. Er fühlte sich zu sehr als »Mann« und mochte es nicht, wenn seine Patienten Gefühle, die eigentlich der Mutter galten, auf ihn übertrugen. Aus diesem Abscheu heraus sah er in der Zuwendungs-Methode weniger eine Neuerung als ein persönliches Problem seines Schülers. Ferenczi, der von seiner Mutter nur selten Zärtlichkeit erhalten hatte, spielte »die Mutterrolle gern gegen andere, dann vielleicht auch gegen sich selbst«. Das heißt, wenn das Kind im Patienten die Mutterrolle spielen wollte, übernahm Ferenczi die Rolle des Kindes.

Freud sorgte sich um den Ruf der Psychoanalyse. Nachdem er erfahren hatte, daß der Kollege seine Patienten küßte und sich von ihnen küssen ließ, schrieb er ihm im Dezember 1931: »Es gibt keinen Revolutionär, der nicht von einem noch radikaleren aus dem Feld geschlagen würde. Soundso viele unabhängige Denker in der Technik werden sich sagen: Warum beim Kuß stehenbleiben? Gewiß erreicht man noch mehr, wenn man das ›Abtatscheln‹ dazunimmt, das ja auch noch keine Kinder macht. Und dann werden Kühnere kommen, die den weiteren Schritt machen werden zum Beschauen und Zeigen – und bald werden wir das ganze Repertoire des Demiviergetums (soviel wie Halb-Jungfräulichkeit, Sex ohne letzte Hingabe) und der petting parties in die Technik der Analyse aufgenommen haben.« Freud hoffte, daß Ferenczi sich fragen würde, ob er nicht doch besser vor dem Kuß hätte haltmachen sollen.

Als Ferenczis Lehranalytiker wußte Freud, daß dem Kollegen »die Neigung zu sexueller Spielerei mit Pat(ientinnen)... in voranalytischer Zeit nicht fremd war«. Und deshalb brachte er »die neue Technik mit der alten Verfehlung in Zusammenhang«. Diese Angst fand Ferenczi unbegründet. Jugendsünden, wenn sie überwunden und analytisch durchgearbeitet sind, könnten einen Menschen sogar weiser und vorsichtiger machen. »Nun glaube ich, daß ich fähig bin, eine milde passionslose Atmosphäre zu schaffen, die zum Ausbrüten auch des bisher Versteckten sich eignet.«[4] In dieser gespannten Situation meldete Ferenczi den Vortrag über seine »Zuwendungstechnik« und die Kritik am Ödipuskomplex für den Wiesbadener Kongreß (1932) an. Damit ging eine Freundschaft zu Ende.

Freuds Sorge, die psychoanalytische Kur könne zu einer Sexparty entarten, erwies sich allerdings als unbegründet. Denn statt der befürchteten Revolutionäre kamen Reformer, die Ferenczis Experimente mit der »zärtlichen Präsenz« des Analytikers zurückschraubten und seine mehr auf Vermutungen gestützten Thesen zu einer begründeten Theorie ausarbeiteten. Dabei veränderten die Nachfolger Ferenczis unter anderem den Begriff der »Abstinenz« in einer Weise, wie er heute allgemein gültig ist.

Als bedeutendster Schüler des ungarischen Analytikers gilt der 1896 in Budapest geborene Michael Balint, der einmal bekannte: »Ich schätze Freud zutiefst, aber ich liebe Ferenczi.« Balint hatte Naturwissenschaften studiert. Anfang der zwanziger Jahre kehrte er dem Ungarn des Horthy-Regimes eine Zeitlang den Rücken. Er ging nach Berlin und arbeitete dort als Biochemiker am Kaiser-Wilhelm-Institut. Danach wechselte er zur Universitätsklinik, wo er mit anderen Kollegen die Grundlagen einer Wissenschaft erforschte, die heute unter der Bezeichnung »psychosomatische Medizin« bekannt ist.

Zugleich betrieb er seine Ausbildung zum Psychoanalytiker. Er unterzog sich einer Lehranalyse, zuerst bei dem Freud-Schüler Hanns Sachs, später, in Budapest, bei Sándor Ferenczi. Ende der dreißiger Jahre emigrierte Balint nach England. Gemeinsam mit seiner Frau Enid schuf er das Konzept für die nach ihm genannten »Balint-Gruppen«, in denen sich praktische Ärzte, aber auch Lehrer, Richter, Beamte des Strafvollzugs und Sozialarbeiter darin üben können, die von Angst, Hoffnung, Zu- und Abneigung geprägte Beziehung zwischen Arzt und Patient, Lehrer und Schüler usw. besser zu verstehen. Balint, zuletzt Präsident der »Britischen Psychoanalytischen Gesellschaft«, starb 1970.

Über dreißig Jahre hatte Michael Balint die Thesen seines Lehrers Ferenczi geprüft, weiterentwickelt oder verworfen. Er bezeichnete den Ödipuskomplex als die »verbale Ebene«. Das heißt, in der ödipalen Phase (im dritten bis fünften Lebensjahr) verfügt das Kind bereits über eine Sprache. Und deshalb kann der Erwachsene Erlebnisse und Gefühle, die er auf der ödipalen oder verbalen Ebene hatte, in Worten beschreiben. Therapeutisch gesehen ist das ein Vorteil. Unsere verdrängten ödipalen Traumata lassen sich nämlich mit Hilfe der Sprache aufdecken und auflösen. Das geschieht durch die freie Assoziation und durch die Technik der Deutung.

Wie vor ihm Ferenczi, so stieß auch Balint bei seinen Patienten auf eine psychische Ebene, die in der Entwicklung des Kindes vor der ödipalen Phase liegt. Diesen Zeitort machte Balint als die

Der Ungar Sándor Ferenczi war über Jahrzehnte hinweg Sigmund Freuds engster Vertrauter. Die beiden zerstritten sich, als Ferenczi zu Freuds abstinenter Deutungstechnik eine eigene entwickelte und verkündete: die der zärtlichen, mütterlichen Präsenz.

Der Engländer Donald W. Winnicott prägte die Begriffe vom »wahren« und vom »falschen Selbst«. Wenn die Mutter die spontanen Regungen ihres Säuglings nicht unterstützt, sondern ihnen bewußt oder unbewußt entgegenwirkt, kann das Kind kein wahres Selbst entwikkeln. Es wird »gefügig«. Dies sei »das früheste Stadium des falschen Selbst«.

Michael Balint ist der Forscher, der die Psychoanalyse maßgeblich weiterentwickelt hat. Hatte Freud die ödipale Phase (3. bis 5. Lebensjahr) als Stätte er Neurose ausgemacht, so entdeckte Balint die sogenannte Grundstörung, die schon früher, zur Zeit der exklusiven Mutter-Kind-Beziehung, die Seele des Kleinkindes beschädigt.

»Ebene der Grundstörung« aus.[5] Unter einer Grundstörung leiden vermutlich viele Frauen und Männer. Ein Indiz dafür sind die unzähligen Beziehungsprobleme, die zu den auffälligsten Symptomen der Grundstörung zählen. So gibt es Menschen, die schon das zeitweilig reservierte Verhalten des geliebten Partners als eine existenzbedrohende Katastrophe empfinden. Statt normal traurig und empört zu sein, befällt sie ein Gefühl der Panik, der völligen Hilf- und Wertlosigkeit.

Psychoanalytisch gesehen, regredieren die betroffenen Menschen in solchen Fällen auf die Ebene der Grundstörung. Ein Teil ihrer Persönlichkeit fällt zurück in jene frühkindliche Zeit, in der sie einer mangelhaften oder falschen Zuwendung durch die Mutter – besser: durch die Person mit der mütterlichen Funktion – ausgesetzt waren, in der sie sich also ohnmächtig und im Stich gelassen fühlten. Befinden sich grundgestörte Menschen in einer Therapie, so ist ihnen mit analytischen Deutungen allein nicht geholfen, da sie – wie in der Säuglingszeit – Worten nicht zugänglich sind.

Was gemeint ist, illustriert ein Beispiel aus dem normalen Leben: Eine Person, die von ihrem geliebten Partner plötzlich verlassen wurde und sich in einem schockartigen Zustand befindet, will zumindest in diesem Moment keine Analyse ihres Traumas hören. Sie beruhigt sich eher, wenn man sie in den Arm nimmt und mit so simplen Worten tröstet wie: »Es wird schon alles wieder gut.« Diese Worte dienen nicht der Erklärung. Vielmehr tragen sie zu einem Klima bei, das mit jener Atmosphäre vergleichbar ist, die eine Mutter schafft, wenn sie ihren von Angst überwältigten Säugling an sich drückt und mit den gleichen Worten beruhigt. Im Gegensatz zu einem Baby und einem grundgestörten Kranken wird eine Person mit gesunder Psyche jedoch von der Bemutterung bald genug haben.

Sándor Ferenczi suchte nach einer Form der Kommunikation, die der nichtverbalen Ebene der Grundstörung entsprach. Er nahm seine regredierten Patienten auf den Schoß und herzte sie wie eine Mutter. Doch stärker noch als er erkannte Michael Balint, daß die Bedürfnisse eines ins Säuglingsalter zurückgefallenen Patienten ein

Faß ohne Boden sind. Denn das Kind im Patienten erwartet die unmittelbare Befriedigung seines ursprünglich auf die Mutter gerichteten Liebesverlangens. Und wie der Säugling, so reagiert auch das Baby im grundgestörten Patienten mit heftigen Reaktionen, wenn sein Liebesverlangen nicht befriedigt wird. Da es unersättlich ist, ist die Enttäuschung über den Analytiker vorprogrammiert.

Balint setzte auf die »Heilkraft der Objektbeziehung«. Er erklärte sinngemäß: Der Analytiker muß die Bedürfnisse des von ihm abhängigen Kranken erkennen und verstehen und sein Verständnis dem Leidenden vermitteln. Konkreter: Der Analytiker muß die wiederbelebten frühkindlichen Gefühle des Patienten, dessen Ohnmacht und Zorn, die ihren Ursprung in der Hilflosigkeit des Säuglings und der immer mehr oder weniger unvollkommenen Wartung durch die Mutter haben, möglichst ohne Einschränkung zulassen und ihm bei den häßlichsten Wutausbrüchen signalisieren, daß die analytische Beziehung nicht gefährdet ist. Wie eine Mutter ihrem Baby, so muß auch der Arzt dem Patienten eine sichere, friedliche Umgebung schaffen – ein Klima, in dem der Leidende, ähnlich wie ein Säugling, sich durch nichts verpflichtet fühlt.

Der Analytiker »begleitet« den Patienten in die Regression, indem er »emotional mitschwingt«. In der Atmosphäre, die dabei entsteht, darf sich der Patient rücksichtslos wie ein Säugling verhalten, ohne die übliche Angst vor Vergeltung – Liebesentzug – befürchten zu müssen. Als Beweis dafür soll der Arzt auf die Wünsche des Patienten eingehen, allerdings auf eine harmlosere und dosiertere Weise als bei Ferenczi. Balint dachte an ein tröstendes Wort und an die Geste des Händehaltens. Auch die Erlaubnis des Arztes, der Kranke könne ihn, wenn er sich schlecht fühlt, anrufen und ihn außerhalb der festgelegten Behandlungszeiten aufsuchen, gebe dem Patienten die Gewißheit, daß sein Analytiker für ihn »da« sei.

Was konkret gemeint ist, demonstriert der in England praktizierende indische Analytiker M. Masud R. Khan an einem Fall aus seiner Praxis.[6] Der Prinz hatte eine depressive Patientin in Behandlung, die auf seine Deutung nicht einging. Statt dessen versuchte die Frau, den Arzt in belanglose Probleme ihres Alltags zu verwickeln. Er sollte ihr praktische Ratschläge in Lebensfragen erteilen.

Nach einigem Zögern erfüllte Prinz Khan die Bitte. Die Patientin nahm seinen Rat zunächst kritiklos an. Dann aber begann sie, mit der Antwort zu spielen. Sie drehte den Rat so lange im Kopf herum, bis sie selbst eine passende Lösung gefunden hatte. Offensichtlich wünschte sich die Frau eine Atmosphäre, um jene Welt wiederauferstehen zu lassen, in der Kinder ihre Möglichkeiten, ihre Macht und ihren Willen spielerisch erproben. Die Patientin wollte also an eine Kindheitsphase anknüpfen, in der ihr Wille noch ungebrochen war. Auf diese Stufe sollte der Analytiker sie gefühlsmäßig begleiten. Das heißt, statt Deutungen zu äußern, sollte er jenes Verständnis zeigen, das Mütter ihren kleinen Kindern gegenüber haben.

Der in frühester Kindheit verursachte Mangel läßt sich nachträglich nicht so beheben, wie Ferenczi das dachte. Der Kranke kann die Wunde, die ihm als Kind zugefügt wurde, zwar schließen, indem er sie betrauert. Doch was bleibt, ist eine »Narbe«. Gleichwohl eröffnet sich ihm die Chance des »Neubeginns«. Mit wachsendem Vertrauen zu seinem Analytiker macht der Patient erstmals die Erfahrung, daß es so etwas wie eine auf Vertrauen gegründete Liebe gibt – eine Gefühlsbeziehung, die Frustration, das Versagen von Wünschen, »aushält«. Vor allem aber wagt der Kranke, selbst zu lieben – und zwar ohne Argwohn, Vorbehalte und lauernde Katastrophengefühle. Denn er begreift, daß seine Mitmenschen keine Schuld an seiner Grundstörung tragen und daß er sie deshalb auch nicht dafür verantwortlich machen kann. So gewinnt der Kranke schließlich die Fähigkeit, seine Beziehungen unabhängiger – also frei von säuglingshaften Forderungen – zu gestalten und selbst dann nicht psychisch zusammenzubrechen, wenn sich sein Partner, in welcher Form auch immer, von ihm abwendet.

Balints Theorie der Grundstörung wurde zum Teil durch direkte Beobachtungen an Säuglingen und Kleinkindern ergänzt. So fand der Arzt und Psychoanalytiker René Spitz heraus, daß Babys, die über längere Zeit hinweg von ihren Müttern – den primären Bezugspersonen – getrennt lebten, in eine Depression fielen. Sie hörten auf zu jammern, wurden apathisch und verloren die Fähigkeit, Kontakte zu anderen Personen aufzunehmen.

Der wichtige Unterschied zwischen einem grundgestörten und einem Menschen, der unter den Folgen eines unbewältigten Ödipuskomplexes leidet, liegt in der Art der Beziehung. Der erste erlebte als Kind einen »Mangel« an angemessener mütterlicher Zuwendung, der zweite durchlief eine konfliktgeladene Phase, mit der er psychisch nicht fertig wurde. Der »Mangel« ist charakteristisch für die Zweierbeziehung (Mutter und Kind). Der Säugling empfindet Verzweiflung, wenn er etwas Fremdes zwischen sich und der Mutter spürt. In diesem Fall sieht er die Befriedigung seiner Bedürfnisse, das Gefühl des stillen Wohlbehagens und des »Zusammenpassens« mit der Mutter nachhaltig gefährdet. Seine Empfindungen sind passiver Natur. Denn er besitzt noch nicht jene ödipalen Rivalitäts- und Eroberungswünsche, die ihn dazu bringen, selbst etwas zu tun.

Durch die Entdeckung der Grundstörung verlor die Theorie des Ödipuskomplexes ihren einzigartigen Rang. Gleichwohl spielt der Ödipuskomplex auch bei Menschen mit einer Grundstörung eine große Rolle. Denn ein Kind, das in der Säuglingszeit psychisch beschädigt wurde, ist gewöhnlich nicht in der Lage, die konfliktträchtige Phase zwischen dem dritten und dem fünften Lebensjahr zu verarbeiten. Entsprechend dieser Erkenntnis verfügt die Psychoanalyse heute über zwei »Angebote«: das sogenannte »Objektbeziehungsangebot« und das »Deutungsangebot«, wobei die Angebote sich gegenseitig ergänzen. In der Regel gilt: Je früher die Störung, um so mehr überwiegt – zunächst – das Angebot der Objektbeziehung, also die Ermunterung, vom Analytiker »Gebrauch« zu machen.

Michael Balint dachte, daß das im Mutterleib heranwachsende Kind eine Umwelt erlebt, in der sich beide – Umwelt und Fötus – auf optimale Weise »verschränken«, so wie wir in »harmonischer Verschränkung« mit der Luft existieren. Die Geburt erfordert vom

Säugling eine neue Form der Anpassung. Bei diesem gefährlichen und angstbesetzten Prozeß gelingt es dem Kind im Normalfall, die ursprüngliche, im Mutterleib erlebte Harmonie halbwegs zu retten, indem es sie von der alle Bedürfnisse befriedigenden Plazenta auf ein äußeres Objekt – die Mutter und deren Brust – überträgt. Da die äußere Bezugsperson (Mutter) im Gegensatz zur Gebärmutter ihre Aufgabe nur unvollkommen erfüllen kann, erfährt das Baby Versagungen. Es zieht seine Libido – die auf Lustgewinn zielende Energie – deshalb zum Teil auf sich selbst zurück, indem es zum Beispiel am Daumen lutscht und so mit dafür sorgt, daß der Mangel an psychischer und physischer Versorgung im Rahmen des Erträglichen bleibt. In dieser Phase der Entwicklung kann es, wie gesagt, durch Vernachlässigung oder durch eine dem Kind nicht angemessene Zärtlichkeit zu grundlegenden Störungen kommen, die das Leben des Erwachsenen und besonders dessen Beziehung zu den Mitmenschen beeinträchtigen.

Balint unterschied zwei Typen: den Oknophilen und den Philobaten.* Der erste fühlt sich ohne Partner unsicher und verloren wie ein Säugling und versucht seine Hilflosigkeit zu beruhigen, indem er sich an den Partner klammert wie früher an die Mutter. Fühlt er sich vom Partner verlassen, so ist er verzweifelt wie ein Baby, das seine Bezugsperson verloren hat. Der zweite Typ verhält sich entgegengesetzt. Auf Grund der frühkindlichen Versagungen hat er gelernt, daß Menschen prinzipiell unzuverlässig sind und daß man ohne ihre Hilfe auskommen soll. Der Philobat entwickelt aus dieser Erfahrung heraus eine Vorliebe für »freundliche Weiten« (Gebirge, Meer). Beide Typen haben jedoch etwas gemeinsam: Sie verfolgen als letztes Ziel die Wiederherstellung der fötalen Harmonie. Beim anklammernden Oknophilen darf der geliebte Partner keine eigenen Interessen anmelden. Denn abweichende Wünsche würden die harmonische Verschränkung stören. Aus demselben Grund ver-

* Oknophil (griechisch): soviel wie aus Angst verlassen zu werden, jemanden mit seiner Liebe erdrücken.
Philobat (griechisch): Enge Bindungen meidend, Distanz liebend.

schränkt sich der Philobat mit der Natur, die keine Interessen hat. Das Streben nach harmonischer Verschränkung ist bei jedem Menschen zu beobachten. So erleben Liebende in der sexuellen Vereinigung ein hohes Maß an Harmonie. Sie fühlen sich eins.

Zu den Analytikern, die Freuds Begriffsapparat erweiterten, zählt auch der englische Kinderarzt Donald W. Winnicott, der von 1896 bis 1971 lebte und – wie Balint – ein besonderes Gewicht auf die Bedeutung der Objektbeziehung legte. Zu den bekanntesten Ergebnissen seiner Forschung gehört sein Konzept vom wahren und vom falschen Selbst.[7] Was mit diesem Begriff gemeint ist, läßt sich an der bereits erwähnten Fallgeschichte des Analytikers M. Masud R. Khan nachvollziehen.

Die depressive Patientin des Prinzen hatte eigentlich allen Grund, glücklich zu sein. Sie sah gut aus, lebte im Luxus und wurde von ihrem Mann und den Kindern geliebt. Dennoch befand sie sich in einem Zustand voller Schwermut und Leere. Sie hatte bereits eine erfolglose Kur mit Tabletten hinter sich, bevor sie den Analytiker Khan aufsuchte. Der äußere Anlaß für ihre Depressionen ist leicht zu begreifen. Ihre Kinder wuchsen heran und brauchten sie immer weniger. Sie mußte ihrem Leben einen neuen Inhalt geben.

Ihre frühe Kindheit fiel in die Zeit des Zweiten Weltkrieges, der viele Familien auseinandergerissen hat. Der Vater war eingezogen worden, und die Mutter führte ein ruheloses Wanderleben. Als kleines Mädchen wußte die Frau nie, wie lange sie an dem Ort, an dem sie sich gerade eingewöhnt hatte, bleiben würde. Überdies berichtete sie dem Analytiker, daß sie ein sehr eigenwilliges und zorniges Kind gewesen sei. Doch habe sie mit ihren Wutanfällen bei der Mutter und den Geschwistern nicht viel erreicht. Ab dem fünften Lebensjahr, so ihre Erinnerung, hatte sie sich dann zu einer »gefügigen« Tochter und Schülerin entwickelt. Das Talent, anderen Menschen die Wünsche buchstäblich von den Lippen ablesen zu können, machte sie überall beliebt.

War sie als Mädchen verärgert, flüchtete sie auf ihr Zimmer und suchte Trost in der Selbstbefriedigung. Dabei stellte sie sich vor, daß sie erniedrigt würde. In apathischen Phasen ihres Lebens verblaßten diese Phantasien und damit auch ihre Sinnlichkeit.

Aus einem solchen kraftlosen Zustand wurde sie, 23jährig, von einem unansehnlichen reichen Mann herausgerissen. Er »verführte« sie zu Praktiken, wie sie in der »Geschichte der O.« beschrieben werden. Zugleich erlebte sie jenes Gefühl der Ungewißheit, das in ihr die von Ort zu Ort ziehende Mutter verursacht hatte. Der Liebhaber ließ sie »zappeln«.

In der Depression fühlte sie sich ausgebrannt, von unbestimmten seelischen Schmerzen gepeinigt. Dagegen empfand sie die Qualen, die ihr der Liebhaber zufügte, als etwas Konkretes, so daß sie ihre Wut, die sie neben der Lust empfand, gezielt auf den Partner richten konnte. Während der Episode fühlte sie sich »lebendig«. Doch nach einem Jahr waren ihr die Praktiken zuwider. Sie machte Schluß.

Ihrem späteren Ehemann gegenüber fühlte sie sich hoffnungslos unterlegen. Aus Angst, ihn zu verlieren, spielte sie bewußt-unbewußt die Rolle der mustergültigen Gattin und Mutter. Wegen dieser Anpassung sammelte sich eine Wut in ihr an, die schon bei der geringsten Frustration zu kochen anfing. Doch wie schon in der Kindheit verstand sie es, ihren Zorn zu unterdrücken. Das Ausmaß ihrer Wut machte ein Traum klar. Darin betrog sie ihren Mann mit dem ehemaligen Liebhaber.

Die »Gefügigkeit« der Frau läßt auf das schließen, was Donald W. Winnicott ein »falsches Selbst« nannte. Offensichtlich besaß die Frau viel vom falschen Selbst. Deshalb fühlte sie sich »unwirklich«. Während der perversen Episode erwachte das »wahre Selbst« der Frau plötzlich.[8] Äußerlich gesehen, geschah zwar alles nach dem – aktiven – Willen ihres Komplizen. Aber sie merkte, daß er keine Macht über sie besaß, wenn sie nicht mitspielen wollte. Es war mithin ihr passiver Wille, der das als lust- und qualvoll zugleich empfundene Geschehen lenkte. Überdies verlangte der Liebhaber, sie solle sich »sträuben« – was ihren Willen aktivierte.

Den Ursprung des wahren und des falschen Selbst haben wir uns nach Winnicott etwa so vorzustellen: Infolge seiner Hilflosigkeit braucht der Säugling bei seinen spontanen Regungen die Hilfe der Mutter. Soweit die spontane oder wahre Regung unterstützt werden kann, entwickelt sich im Kind das wahre Selbst. Soweit die Mutter – und zwar immer wieder – auf die spontanen Regungen ihres Kindes nicht achtet und ihre eigenen durchsetzt, bleibt dem Säugling nichts anderes übrig, als sich zu fügen. Winnicott: »Diese Gefügigkeit ist das früheste Stadium des falschen Selbst.« Ein Kind mit einem gefügigen falschen Selbst, das immer weiß, was die Eltern und Lehrer von ihm wollen, ist bei Erwachsenen durchweg beliebt. Da aber nicht das falsche, sondern nur das wahre Selbst in uns spontan, aktiv und schöpferisch sein kann, verkümmern in dem gefügigen Kind diese wertvollen Eigenschaften. Folge: Das gefügige Kind fühlt sich nicht »wirklich«, da es immerzu reagiert.

Allerdings, ohne ein gewisses Maß an falschem Selbst kommt – wie Winnicott es sieht – auch ein psychisch gesunder Mensch nicht aus. Denn das wahre Selbst ist an den Primärvorgang gebunden, der auf die unmittelbare Befriedigung von Wünschen zielt. Handelten wir stets dem wahren Selbst gemäß und würden wir – zum Beispiel – jedem Menschen unverblümt sagen, was wir an ihm auszusetzen haben, so wären wir gesellschaftlich bald erledigt.Das falsche Selbst, das sich in Form angepaßter Höflichkeit ausdrücken kann, schützt und verbirgt mithin unser wahres Selbst und verschafft uns dadurch eine soziale Stellung, die wir durch unser wahres Selbst allein nie erlangen würden. Psychoanalytisch ausgedrückt, übt das falsche oder gefügige Selbst eine Abwehrfunktion aus, da es uns vor unangenehmen Situationen bewahrt. Wichtig dabei ist: Das falsche Selbst handelt unbewußt. Man darf es also nicht verwechseln mit unserem Ich oder Bewußtsein, das ein taktisches Verhalten ausklügelt, etwa den gezielten Einsatz von Freundlichkeit um eines Vorteils willen.

Was sich den Mitmenschen darstellt, ist überwiegend unser falsches Selbst, unsere Fassade oder Maske. Doch glauben alle, die uns kennen, was sie gewahr werden, sei unsere ganze, unsere wahre Persönlichkeit.

Ergreift das falsche Selbst von einer Person zu sehr Besitz, kann es zum Zusammenbruch bis hin zum Selbstmord kommen. Möglicherweise war dies bei Marilyn Monroe der Fall. Ihre Karriere als Filmstar könnte auf einem falschen Selbst gegründet gewesen sein, das sich gleichsam der ganzen Welt gegenüber gefügig verhielt, während ihr wahres Selbst – also die Quelle alles dessen, wodurch sich ein Individuum lebendig fühlt – verkümmerte. Einer ihrer Regisseure erklärte einmal sinngemäß: Mit Marilyn eine Szene zu drehen, sei so schwierig, als wollte man den Filmhund Lassie drehbuchgemäß zum Bellen bringen. Die Kritik zielte nicht auf die Eigenwilligkeit der Monroe, die gewöhnlich zum wahren Selbst gehört. Gemeint war vielmehr, daß ihr Spiel nicht eigener Kreativität entsprang – sondern einer Art Dressur. Vermutlich behandelten die Regisseure sie wie ein zahmes, gefügiges Tier.

Winnicott machte die Erfahrung, daß die Therapie von Patienten mit einem besonders ausgeprägten falschen Selbst äußerst langwierig ist. Der Grund: Der Kranke spricht, ohne es zu merken, über sich selbst, als handle es sich um eine andere Person. Er berichtet über sich, wie eine Kinderschwester redet, wenn sie von einem ihr anvertrauten Kind erzählt. Auf diese Weise arbeitet das falsche, gefügige Selbst des Patienten mit dem Analytiker glänzend zusammen und bildet gleichzeitig eine Abwehr, so daß weder der Arzt noch der Kranke sein wahres Selbst erreichen. Die Befreiung von einem erdrückenden falschen Selbst setzt jedoch voraus, daß der Analytiker mit dem wahren Selbst des Patienten Kontakt aufnehmen kann. Denn nur durch die Stärkung des wahren Selbst ist es möglich, das falsche Selbst auf das Lebensnotwendige zu reduzieren und so die Persönlichkeit des Patienten zu fördern. Winnicott beschäftigte sich auch mit dem Konzept »der depressiven Position«, dem er »den Rang von Freuds Konzept vom Ödipuskomplex«, also allerhöchsten Wert beimaß. Diese Theorie stammt von der Österreicherin Melanie Klein (1882–1960), die Mitte der zwanziger Jahre nach England übergesiedelt war und dort als Mitbegründerin der Kinderpsychoanalyse hohes Ansehen genoß. Das Konzept der depressiven Position – Winnicott gab ihm den verständlicheren Namen:

»Stadium der Besorgnis« – geht auf Freuds Essay »Trauer und Melancholie« (1917) zurück. In einer Diskussion über diesen Text machte seinerzeit der Analytiker Karl Abraham seinen Lehrer Freud darauf aufmerksam, daß die Neigung zur Melancholie im ersten Lebensjahr des Kindes, in der oralen Phase begründet sein könnte – was Freud wohl auch selbst ahnte.

Die depressive Position bedeutet einen Fortschritt in der Entwicklung des Kindes.[9] Sie fällt in die Babyzeit. In diesem Alter nimmt der Säugling allmählich wahr, daß er infolge seines aggressiven Verhaltens, seiner Wut und seines Zorns Schuldgefühle empfindet. Dadurch gelingt es ihm, die »Fähigkeit zur Besorgnis« um die Mutter zu entwickeln.

Vereinfacht ausgedrückt, geschieht etwa folgendes: Bevor der Säugling die depressive Position erreicht, nimmt er die Mutter nicht als einheitliche Person wahr, sondern spaltet sie seinen aggressiven und zärtlichen Stimmungen entsprechend in zwei Vorstellungen auf: in die der guten und die der bösen Mutter. In der depressiven Position bemerkt das Kind langsam, daß es sich bei der guten und bei der bösen Mutter um ein und dieselbe Person handelt, daß die schlechte mit der Befriedigung spendenden Mutter identisch ist. Zugleich lernt das Kind, daß die Mutter, über die es sich gerade ärgert, vorhin noch liebevoll war. Das heißt, es kann die Vorstellung an die gute Mutter halten. Umgekehrt vergißt es in liebevollen Momenten das Bild der bösen Mutter nicht.

Im Zuge dieser »Errungenschaft« wird beim Säugling das Gefühl der »Ambivalenz« zum großen Problem. Er spürt, daß er ein und derselben Mutter gegenüber sowohl liebevolle wie auch aggressive Gefühle empfindet. Das Gefühl der Ambivalenz ist mit starken Ängsten verbunden. Denn das Kind sorgt sich um die Mutter. Hat es sie eben noch attackiert, indem es sie schlug oder in die Brust biß, so plagt es sich jetzt mit Schuldgefühlen darüber, daß es das geliebte Objekt so schlecht behandelt hat. Das Schuldgefühl läßt im Säugling eine neue, für das Leben wichtige Haltung heranreifen: die »Wiedergutmachung«. Das heißt, ein Säugling, der seiner Mutter in die

Brust beißt, folgert daraus nicht, er habe ihr einen leicht zu ertragenden Schmerz zugefügt. Vielmehr empfindet er auf Grund seiner Allmachtsgefühle, die Mutter sei »zerstört« und komme nicht mehr zurück. Um die daraus resultierende Angst zu bewältigen, übt er sich in Wiedergutmachungen, die er nicht nur in seinen Vorstellungen, sondern auch in Wirklichkeit betreibt. So wird er gewahr: Wenn ich die Mutter anlächle oder ihr den Finger in den Mund stecke, mache ich sie glücklich.

Die Fähigkeit, über eine böse Tat Schuldgefühle zu empfinden und sie durch Wiedergutmachung aufzulösen, ist ein extrem wichtiger Mechanismus, der den Menschen hilft, sich in Gemeinschaften zu integrieren. Ohne die Bewältigung der depressiven Position kann man keine echte Besorgnis für seine Mitmenschen empfinden.

Das gleiche könnte auch für unsere Beziehung zur Welt und Umwelt gelten. Sowohl die fehlende echte Sorge um die Natur als auch der bedenkenlose Ausbau weltvernichtender Waffensysteme ist möglicherweise die Folge einer mangelhaft bewältigten depressiven Position oder, wie Winnicott es nannte, das unbewältigte Stadium der Besorgnis, und der Wiedergutmachung.

Durch die Erforschung der frühen Störungen gelang es den Psychoanalytikern, tiefergehende Erklärungen für die Entstehung der sogenannten Psychosen zu finden. Schon Sigmund Freud hatte gedacht, daß die Abwendung vieler Psychotiker von der Realität beziehungsweise den Objektrepräsentanten – das sind die Personen und Dinge, die in unseren Wünschen, Erinnerungen und Phantasien eine Rolle spielen – und die Hinwendung auf die eigene Person, eine Regression auf den Beginn der kindlichen Triebentwicklung darstellt. Freud nannte dieses Stadium den »primären Narzißmus«. Das heißt, in der Phase des primären Narzißmus ist der Säugling weitgehend mit sich selbst, besonders mit den Empfindungen seines Körpers befaßt und hat seine Umwelt entweder gar nicht oder nur sehr wenig mit libidinösen Energien besetzt.

Der Vergleich zwischen Menschen mit bestimmten psychotischen Leiden und dem primär narzißtisch empfindenden Säugling ist der Ausgangspunkt für die Betrachtungsweise psychotischer Krankheiten, zu denen unter anderen die Schizophrenien, die Melancholie und die Manie zählen. Auf die Frage, ob eine Psychose organisch oder psychisch bedingt ist, ob sie geerbt oder erworben wurde, gibt es bis heute keine wissenschaftlich befriedigende Antwort. Einen Eindruck davon, wie Psychoanalytiker die Psychosen sehen, läßt sich am Beispiel der paranoiden Schizophrenie vermitteln. Das herausragende Symptom dieser Krankheit ist der Verfolgungswahn.

Die Psychoanalyse geht davon aus, daß die Sätze der an paranoider Schizophrenie erkrankten Patienten eine unbewußte Abwehr von Triebwünschen darstellen.[10] Der Satz »ich liebe ihn nicht, ich hasse ihn«, enthält eine »Verleugnung« und bedeutet in Wirklichkeit »ich möchte von ihm geliebt werden«. Der Satz »ich hasse ihn nicht, er haßt mich« entspricht einer »Projektion«. Das heißt, ein Patient, der so spricht, wehrt den eigenen Haß ab, indem er ihn nach außen, auf eine andere Person projiziert. Die andere – und nicht die eigene – Person wird zum Träger von Haßgefühlen und damit zum Verfolger gemacht. Die »Fixierungsstelle« für diese Abwehr ist die Zeit in der Biographie eines Patienten, in der sich die Abwehrmechanismen wie die »Verleugnung« und die »Projektion« bilden.

Nach einer solchen Fixierungsstelle in der frühen Kindheit der Psychotiker suchen die Psychoanalytiker. Ein besonders wichtiger Zeitabschnitt stellt eine Phase im ersten Lebensjahr dar, wenn Mutter und Kind in einer »Dualunion« (Freud: »Masse zu zweit«) vereinigt sind. In dieser Zeit muß die Mutter das Kind nicht nur ernähren, sondern es auch vor den Reizen der Umwelt schützen, so vor Kälte, Nässe, Reizüberflutung, Schmerzen, Isolation usw. Ferner sollte sie sich so verhalten, daß sie auf die Bedürfnisse, Handlungsansätze, Körpersensationen und anderes so reagiert, daß das Kind sich verstanden fühlt und seine Umwelt angstfrei erleben kann. In diesem Fall fühlt sich das Kind sicher und beschützt. Findet der Schutz nicht in ausreichendem Maß statt, kann es zu einer Störung der »Urbeziehung« kommen. Das Kind erlebt die unzulänglich beschützende Bezugsperson als böses Objekt. Statt des Gefühls »ich möchte geliebt (beschützt) sein«, empfindet es etwas, was mit dem Satz »ich hasse sie« vergleichbar ist und die »Verleugnung« eines Wunsches darstellt.

Den Haß bei sich selbst zu fühlen, kann sich das Kind aber gar nicht leisten, da es am Rand der Vernichtung lebt und existentiell auf die Mutter angewiesen ist. Ein Kind, das die Mutter haßt, läuft Gefahr, sie zu vertreiben. Aus diesem Grund kann es zu einer »Projektion« kommen. Der Säugling hält sich von unerträglichen Haßgefühlen frei, indem er sie auf die Mutter projiziert, was in der Erwachsenensprache einem Satz wie »sie haßt mich« entspricht. Die so mit Haß ausgestattete Mutter stellt sich dem Kind als »Verfolger« dar, der jetzt noch schrecklicher erscheint als vorher. In der Folge wird das Kind noch böser und muß noch mehr Haß auf die Mutter projizieren, wodurch die Mutter (gemeint ist stets die Person mit der Mutterfunktion) immer monströser wird. Korrigiert die Mutter diese Entwicklung nicht durch eine liebevollere Zuwendung, kann sich eine Fixierungsstelle für den Verfolgungswahn des Psychotikers bilden.

Im Grenzbereich zwischen Neurose und Psychose siedelte der Analytiker Otto F. Kernberg den heute häufiger als früher auftretenden Patienten mit »Borderline-Persönlichkeitsstruktur« an.[11] Anders als beim Psychotiker bleibt beim Borderline-Patienten die Fähigkeit, die Umwelt realistisch einzuschätzen, im großen und ganzen erhalten. Im Gegensatz zum Neurotiker, dem die »reife«, weil sich erst spät entwickelnde »Verdrängung« seines Hasses mißlingt, greift der Borderline-Kranke auf Abwehrmechanismen zurück, die das Kind im ersten Lebensjahr – also vor der Verdrängung – benutzt. Zu den Möglichkeiten des Säuglings, die Beziehung zur Mutter nicht mit Haßgefühlen zu belasten, gehört die »Idealisierung«. Das heißt, das Kind verleugnet den Teil der Mutter, der sich nicht liebevoll genug verhält, so daß die Mutter als ein Wesen von grandioser Güte erscheint. Ähnlich verhält sich der Borderline-Patient. Aus Angst, sein Haß könne die Liebesbeziehung zerstören, schützt er sich und die Beziehung, indem er seine Partner idealisiert und ihre Schwächen verleugnet – und zwar in einer durchschaubaren Weise. Die Folge: Da die Wirklichkeit derartige Idealisierungen in Frage stellt, reagiert der Borderline-Kranke mit zugleich mehreren und verschiedenartigen Symptomen – so mit der Furcht, von anderen angeblickt zu werden oder mit Hypochondrie. Das übertriebene Interesse an sich selbst drückt sich unter anderem in chronisch körperlichen Beschwerden, in rituellen Maßnahmen zur Gesunderhaltung oder im Rückzug von sozialen Kontakten aus, um sich ganz der eigenen Gesundheit widmen zu können (Kernberg). Ist es dem Borderline-Patienten nicht möglich, seine Ängste auf diese und andere Weise zu binden, so entsteht gleichsam ein Überschuß an Ängsten. Der Patient wird dann von diffusen, inhaltslosen Ängsten gequält. Daß diese Symptome etwas mit dem unbewußten Haß auf die Partner zu tun haben, wird verständlich, wenn man bedenkt, daß die krankhaft narzißtische, übermäßige Beschäftigung mit sich selbst eine Abwendung von anderen Menschen bedeutet.

1 *Jeffrey M. Masson: »Was hat man dir, du armes Kind, getan? – Sigmund Freuds Unterdrückung der Verführungstheorie«, Rowohlt Verlag, Reinbek bei Hamburg, 1984*

2 *Sándor Ferenczi: »Schriften zur Psychoanalyse«, Band II, S. Fischer Verlag, Frankfurt/Main, 1982*

3 *Sándor Ferenczi: »Schriften zur Psychoanalyse«, Band I, S. Fischer Verlag, Frankfurt/Main, 1982*

4 *Siehe Jeffrey M. Masson: »Was hat man dir, du armes Kind, getan?«*

5 *Michael Balint: »Urformen der Liebe und die Technik der Psychoanalyse«, Verlag Klett-Cotta, Stuttgart, Ullstein, Frankfurt, Berlin, Wien, 1981*
Michael Balint: »Therapeutische Aspekte der Regression«, Rowohlt Verlag, Reinbek bei Hamburg, 1972

6 M. Masud R. Khan: »Die Entfremdung bei Perversionen«, Suhrkamp Verlag, Frankfurt/Main, 1983

7 D. W. Winnicott: »Reifungsprozesse und fördernde Umwelt«, S. Fischer Verlag, Frankfurt/Main, 1984

8 Siehe auch M. Masud R. Khan: »Die Entfremdung bei Perversionen« ...

9 Melanie Klein: »Das Seelenleben des Kleinkindes und andere Beiträge zur Psychoanalyse«, Klett-Cotta Verlag, Stuttgart, 1983

10 Siehe auch : »Die Krankheitslehre der Psychoanalyse – eine Einführung« (Herausgeber: Wolfgang Loch), Verlag S. Hirzel, Stuttgart 1977

11 Otto F. Kernberg: »Borderline-Störungen und pathologischer Narzißmus«, Suhrkamp Verlag, Frankfurt/Main, 1979

Geständniszwang und Wunsch nach Strafe

Das Verbrechen, das aus einem Schuldgefühl heraus geschieht

Gewöhnlich stellen wir uns vor, ein Mensch begeht ein Verbrechen und empfindet nach der Tat Schuldgefühle. Psychoanalytiker erkannten, daß dieser Vorgang auch umgekehrt verlaufen kann. Ein Mensch leidet an diffusen, meist aus der Kindheit stammenden Schuldgefühlen und begeht ein Verbrechen, damit er seine Schuldgefühle an einer konkreten Tat festmachen kann.

In den Vorlesungen, die Sigmund Freud zwischen 1915 und 1917 an der Wiener Universität hielt, griff er – nicht zum erstenmal – die Frage auf, ob seine aufdeckende Methode für die Kriminalwissenschaften nützlich sein könnte. Er erwähnte den Mörder H., der sich als Bakterienforscher ausgegeben und von einem Institut Kulturen hochgefährlicher Krankheitserreger erhalten hatte. Statt mit Mäusen und Meerschweinchen zu experimentieren, war H. auf die Beseitigung ihm nahestehender Menschen aus.

Offensichtlich hatte er auf Anhieb nicht den gewünschten Erfolg. In einem Brief an die Leitung des Instituts beschwerte er sich nämlich über die Unwirksamkeit der Bakterien. Dabei unterlief ihm etwas, was man heute eine »Freudsche Fehlleistung« nennt. Anstelle von »bei meinen Versuchen an Mäusen und Meerschweinchen« schrieb er »bei meinen Versuchen an Menschen«.

Nach Freuds Angaben bemerkten die Ärzte des Instituts zwar den »Verschreiber«, doch schöpften sie keinen Verdacht. Und selbst wenn ein psychoanalytisch geschulter Mediziner unter ihnen gewesen wäre – ein »Geständnis« im Sinn der Polizei enthielt der Brief nicht. Das heißt: Der Analytiker hätte auf Grund des Verschreibens nicht entscheiden können, ob sich die unbeabsichtigte Aussage auf eine geplante Tat bezog oder ob es sich lediglich um die Darstellung eines ins Unbewußte, ins Es, verdrängten bösen Wunsches handelte, der sich durch eine Fehlleistung bemerkbar gemacht hatte. Der Verschreiber wurde also erst nachträglich bedeutsam. Gleichwohl können solche Fehlleistungen in Kombination mit anderen Indizien einen Verdacht verstärken. Freud war der Auffassung, daß den Menschen der Selbstverrat aus allen Poren dringt. »Die Sterblichen«, schrieb er, »können kein Geheimnis verbergen.« Und der Freud-Schüler Theodor Reik sprach sogar von einem »unbewußten Geständniszwang«.[1]

Reik beschäftigte sich auch mit dem Fall des Obersten Redl, der ein führender Mann in der österreichischen Spionage-Abwehr war. Zugleich aber arbeitete Redl als Spion für die Russen. Das Geld für seine Dienste ließ er sich unter der Chiffre »Opernball 13« an ein Wiener Postamt schicken.[2]

Detektive hatten das Amt bereits ausgemacht, als Redl am 24. Mai 1913 zwei Briefe abhob und in einem Taxi entwischte. Wenig später entdeckten die Kriminalisten den Wagen vor dem Hotel Klomser und fanden in seinem Innern das Futteral eines Taschenmessers. Sie gaben das Indiz dem Portier; er solle die Gäste fragen, ob sie eine Hülle vermißten. Als Redl zur Rezeption kam, erkundigte sich der Portier: »Haben Herr Oberst das Futteral Ihres Taschenmessers verloren?« Redl: »Ja, wo habe ich es denn...« In diesem Moment fiel sein Blick auf einen Fremden, und er ahnte, daß er verloren war. Der Abwehr-Chef kannte diesen plumpen Trick natürlich. Außerdem wußte er, daß er sich in Gefahr befand. Wenn er dennoch in die Falle tappte, so geschah das – psychoanalytisch gesehen – nicht aus Leichtsinn. Vielmehr war Redls »Fehler« das Produkt eines unbewußten Geständniszwangs, der in dieser Sekunde bei ihm durchschlug.

Menschen, die ein Geständnis ablegen oder auch nur einen Hin-

Öffentliche Hinrichtung in Frankreich. Neben der Lust, einen Verbrecher unter dem Fallbeil sterben zu sehen, spielt noch ein anderer Effekt eine Rolle. Da in unserem Unbewußten feindselige und mörderische Wünsche hausen, ahnen wir, daß wir dem Verbrecher gleichen. Der Anblick der Hinrichtung (oder auch der des Bildes) schüchtert die eigenen kriminellen Triebe ein und stabilisiert zugleich unser Über-Ich (Gewissen), das unseren unbewußten Drang zum Bösen unter Kontrolle hält.

weis auf ihre Tat preisgeben, verhalten sich, vom Standpunkt der Vernunft aus betrachtet, völlig absurd. Sie handeln sich dadurch nur Nachteile und letztlich die eigene Verurteilung ein. So brachte es der in den Watergate-Skandal verwickelte US-Präsident Richard Nixon nicht fertig, die ihn belastenden Tonbänder rechtzeitig zu löschen. Und auch der Flick-Manager Eberhard von Brauchitsch vernichtete seine verräterischen Notizen über die Parteien-Finanzierung nicht, sondern händigte sie – Torheit oder unbewußter Zwang? – brav der Staatsanwaltschaft aus.

Grundsätzlich unterscheidet die Psychoanalyse zwei Typen von Verbrechern: Zum einen den neurotischen Kriminellen, der aus inneren Konflikten und Spannungen heraus das Recht bricht. Und zum anderen den seelisch defekten, abartigen und meist gemütsarmen Psychopaten, der sich vor allem durch Verwahrlosung in der Kindheit zum Kriminellen entwickelt hat. Doch gibt es weder den rein neurotischen noch den rein psychopathischen Verbrecher. Vor Gericht stehen in der Regel »Mischtypen«, die neurotisch und defekt sind.

1915 hatte man diese Erkenntnis noch nicht gewonnen, so daß Freud in seiner Schrift »Einige Charaktertypen aus der psychoanalytischen Arbeit« vom neurotischen Typ des Verbrechers sprach. Dabei handelte es sich um Patienten, die in ihrer Jugend, besonders aber in der Vorpubertät (ca. 10. bis 14. Lebensjahr) »Verbrechen« wie Diebstahl, Betrug und Brandstiftung begangen hatten. Zunächst erklärte Freud sich die Taten mit einer »Schwäche der moralischen Hemmungen in dieser Lebenszeit«. Doch als ihm auffiel, daß mehrere seiner Klienten auch nach ihrer Jugendzeit vor derlei Handlungen nicht zurückgeschreckt waren, fühlte er sich »zum gründlicheren Studium solcher Vorfälle« aufgefordert.

Gewöhnlich stellen wir uns vor: Ein Mensch begeht ein Verbrechen. Und erst *nach* der Tat steigen – wenn überhaupt – Schuldgefühle in ihm auf. Freud jedoch beschrieb einen Tätertyp, der *vor* dem Verbrechen Schuldgefühle empfindet und *nach* der Tat Erleichterung fühlt. Die Erklärung: Der Delinquent leidet an »einem drückenden Schuldbewußtsein«, dessen Herkunft er nicht kennt. Begeht er dann die Tat, so wird es ihm möglich, das diffuse Schuldgefühl mit einem konkreten Vergehen zu verbinden, es darin »unterzubringen«.

Den Ursprung des unbewußten Schuldgefühls siedelte Freud in der ödipalen Phase an (etwa drittes bis fünftes Lebensjahr), in der sich das Kind in inzestuöse Wünsche gegenüber dem einen und in Mordgedanken gegenüber dem anderen Elternteil verstrickt. Für einen Jungen bedeutet das: In den widersprüchlichen Gefühlen (Liebe und Haß), die er dem Vater gegenüber empfindet, überwiegen die Anteile des Hasses, deren Auflösung nicht gelingt und die deshalb verdrängt werden müssen. Auf diese im Unbewußten wirkenden Impulse antwortet das Über-Ich (Gewissen) mit einer Art blindem Schuldgefühl. Das – spätere – Verbrechen gibt dann dem Schuldgefühl einen bewußten, wenn auch falschen Inhalt. Die von Freud erwähnte »Erleichterung« tritt ein, weil die Tat für den Delinquenten einen Gewinn darstellt. Denn die verdrängten Kindheitswünsche haben in ihm extreme Gewissensängste ausgelöst, so daß ihm die Instanz »Über-Ich« (Gewissen) weit bedrohlicher erscheint als jedes staatliche Gericht. Begeht er ein Verbrechen, so eröffnet sich ihm die Möglichkeit, die in der ödipalen Phase entstandenen Schuldgefühle auf die Tat zu verschieben. Wird er dann wegen des Verbrechens verurteilt und bestraft, so glaubt er zwar, für diese Tat zu sühnen. In Wirklichkeit aber büßt er für seine unbewußten ödipalen Mordwünsche.

Das ganze Geschehen ist letztlich ein Akt unbewußt herbeigesehnter Selbstbestrafung. Denn der Täter besitzt – trotz seines kriminellen Verhaltens – nicht zuwenig, sondern zuviel Gewissen. Freud ließ offen, wie groß der Kreis der Angeklagten ist, die ein »Verbrechen aus Schuldgefühl« begehen.

Mitte der zwanziger Jahre schrieb der Psychoanalytiker und Pädagoge August Aichhorn, daß dieses Phänomen vor allem bei Kindern und Jugendlichen ausgeprägt sei.[3] Tatsächlich erleben Eltern immer wieder, wie es ihre Kinder drängt, ein Vergehen zu »beichten« (Geständniszwang). Und die böse Tat, die aus einem bereits vorhandenen, unbewußten Schuldgefühl heraus begangen wird, ist häufig an mangelnder Heimlichkeit zu erkennen. Denn das Kind wünscht sich ja, ohne es zu wissen, daß sein schlimmer Streich entdeckt und es bestraft wird.

So berichtete Aichhorn von zwei »unachtsamen« Jugendlichen. Der eine hatte seinen Eltern Geld gestohlen und sich dafür eine Kappe gekauft. Als er nach Hause zurückkehrte, behielt er die Kappe auf dem Kopf. Ein anderer Junge benutzte sein Schulheft, um sich überführen zu lassen. »Unbesonnen« legte er in das Heft, das eine – vom Vater zu unterschreibende – Klassenarbeit enthielt, seinen Beichtzettel, auf den er einen Geld-Diebstahl notiert hatte. Offensichtlich war ihm die vom Priester auferlegte Buße für diese Sünde zu gering gewesen.

1929 veröffentlichten der Analytiker Franz Alexander und der Jurist Hugo Staub ein Buch mit dem Titel »Der Verbrecher und seine Richter«.[4] Darin schilderten sie den Fall eines Mannes – Deckname Karl –, der aus einem unerledigten Ödipuskomplex heraus versucht hatte, in einem Berliner Hotelzimmer seine Geliebte und sich selbst umzubringen.

Karl hatte seine unbewußten inzestuösen Wünsche von der verstorbenen Mutter zunächst auf die Stiefmutter und dann auf seine Freundin »verschoben«. Die Autoren sprachen von einer unbewußten Gleichsetzung der drei Frauen. Dies war Karl unter anderem möglich, weil nicht nur die Mütter, sondern auch die Geliebte einem anderen Mann gehörten. Die Freundin hatte einen Verlobten, den sie nicht liebte. Sie löste die Beziehung aber nicht, weil die Eltern sie in diesem Fall zu enterben drohten. Als »Lösung« schlug sie Karl vor, er solle nach der Hochzeit die Rolle des Hausfreundes übernehmen. Vordergründig betrachtet mutete sie ihm damit nicht mehr als bisher zu. Doch Karl geriet außer Fassung. Aus seiner Sicht stand er nämlich zu dem Verlobten in einem Konkurrenzverhältnis. Das bedeutete: an seiner Beziehung zu der Freundin war bislang nichts Unerlaubtes. Als die Geliebte jedoch die Hochzeit mit dem Verlobten ankündigte, ließ sie zwischen sich und Karl eine Verbotsschranke nieder.

Nach der psychoanalytischen Erfahrung entspricht eine Ehe mit Hausfreund dem ödipalen Muster. Zwischen dem dritten und fünften Lebensjahr nimmt der Junge in seinen – dem Alter entsprechend unbestimmten – sexuellen Phantasien die Mutter in Besitz und schaltet den Vater aus. Ähnlich inzestuös verhält sich der Hausfreund. Er bricht in eine Ehe ein und raubt dem Gatten die Frau. So wird das Entsetzen klar, das Karl befiel, als seine Freundin ihm die Rolle des »unbefugten Dritten« anbot.

Da sie beide von der Zukunft kein Glück mehr erwarteten, beschlossen sie eines Tages spontan, gemeinsam aus dem Leben zu gehen. Der Schuß, den Karl abfeuerte, kostete die Freundin jedoch nur ein Auge. Er selbst war danach nicht mehr fähig, sich umzubringen.

Die Autoren Alexander und Staub führten zur Erklärung der Tat mehrere unbewußte Motive an, die summiert geradezu unglaublich klingen. Danach stellte Karls Vorhaben, sich und die Freundin zu töten, unter anderem eine Selbstbestrafung für den Inzest dar. Das Paar wollte aber auch »im Tode vereint« sein – was auf eine erotische Besetzung des gemeinsamen Sterbens hinweist. Überdies bedeutete die Tötung der – mit einem anderen Mann verlobten – Geliebten für Karl die Erfüllung des ödipalen Wunsches, dem Vater die Mutter zu nehmen.

Nach Auffassung der Autoren war für die Tat jedoch ein ganz anderes Motiv ausschlaggebend. Wegen seiner inzestuösen Wünsche, die er unbewußt an die Mutter und Stiefmutter gerichtet hatte, empfand Karl dem Vater gegenüber Schuldgefühle. Die Geliebte, die gleichfalls einem anderen gehörte, konnte er mit den beiden Frauen gleichsetzen. Und diese Neuauflage des ödipalen Dreiecksverhältnisses machte es ihm möglich, in die Rolle des Vaters zu schlüpfen und als Gatte die untreue Gattin (= Geliebte) zu bestrafen. So wird verständlich, weshalb Karl nach der – mißglückten – Tötung seiner Freundin sich nicht selbst umbrachte. Durch das Verbrechen, das sich ihm als gute Tat darstellte, hatte er die Schuldgefühle gegenüber dem Vater weitgehend abtragen können. Nach dem Schuß auf die Geliebte sah er keinen Grund mehr, Hand an sich zu legen. Dies muß auch die Freundin dunkel gespürt haben. Haßerfüllt stellte sie Karl später als Mörder hin – eine Reaktion auf die von Rache gefärbte Tat (so Alexander und Staub).

Für den Verteidiger gehörte Karl nicht ins Gefängnis, sondern auf eine Couch. Denn nur ein Psychoanalytiker könne dem Angeklagten helfen, den ungelösten Ödipuskomplex zu entwirren und Karl als geheilten Menschen in die Gesellschaft zurückführen.

Karls Verhalten bis hin zur mißglückten Tötung hatte nicht nur eine Ursache. Vielmehr war, wie die Analytiker sagen, seine Handlungsweise »mehrfach determiniert«. Überdies widersprachen sich seine unbewußten Bestimmungsgründe sogar. So wollte er einerseits dem Vater die Frau rauben, andererseits drängte es ihn, die untreue Gattin des Vaters zu bestrafen. Gegen solche Widersprüche sträubt sich der gesunde Menschenverstand, der auch im Bereich des Psychischen gewöhnlich nur Vorgänge akzeptiert, die miteinander vereinbar sind oder zumindest halbwegs einen Sinnzusammenhang ergeben. Das Unbewußte läßt jedoch die gegensätzlichsten Bestrebungen nebeneinander bestehen.

Noch verschlungener ist der Fall eines »falschen Arztes«, mit dem sich der Analytiker Alexander und der Rechtsanwalt Staub befaßten. Spart man die zahlreichen Details aus, so handelt ihr Bericht im wesentlichen von einem jungen Mann namens Bruno, dem es nicht gelang, seine unbewußten inzestuösen Wünsche an die Mutter aufzugeben. Dem Vater gegenüber, einem die Peitsche schwingenden Despoten, war er feindselig gesinnt. Zugleich empfand er unbewußt Schuldgefühle wegen seines unerlaubten Begehrens.

Schon als Kind wollte Bruno Arzt werden. Er hatte nämlich beobachtet, daß außer dem Vater nur noch der Hausarzt ungehindert das Schlafzimmer der (kranken) Mutter betreten durfte. Für den Jungen hieß das: Als Arzt würde er der Erfüllung seiner inzestuösen Wünsche näherkommen, zum Beispiel die Mutter nackt sehen können.

Der Vater verbot ihm jedoch, Mediziner zu werden. Darauf reagierte Bruno, indem er heimlich Vorlesungen besuchte und sich mit Hilfe von Fachbüchern ärztliches Wissen aneignete. Schließlich besorgte er sich ein gefälschtes Dokument, verschaffte sich damit eine Stelle in einem Krankenhaus und machte eine glänzende Karriere als Arzt und Forscher. Psychologisch bemerkenswert daran ist, daß Bruno seinen Vater – diesen alles verbietenden Tyrannen – ins Unrecht gesetzt hatte. Dadurch war ihm zweierlei gelungen: Wegen seiner inzestuösen Wünsche, an denen er, ohne es zu wissen, festhielt, hatte er dem Vater gegenüber Schuldgefühle, die jedoch durch dessen ungerechtes Verhalten aufgehoben wurden. Zugleich aber erlaubten ihm die väterlichen Schikanen, seine feindseligen Gefühle gegen diesen Mann beizubehalten.

Dieses Muster einer neurotischen Konfliktlösung wandte Bruno aber nicht nur bei seinem Erzeuger an, sondern er übertrug es auch auf vater-ähnliche Personen und Institutionen (wie den »Vater Staat«). Sogar sein Geständnis, daß er ein »falscher Arzt« sei, benutzte er, um das Gericht ins Unrecht zu setzen und sich so von seinen Schuldgefühlen zu befreien und die aggressiven Empfindungen aufrechtzuerhalten. Denn gemessen an seinen Verdiensten als Arzt und Forscher war es geradezu ein Akt der Willkür, daß ihn das Gericht wegen seines gefälschten Stück Papiers zu einer Haftstrafe verurteilte. Damit fügten die Richter ihm jedoch kein Leid zu, sondern taten ihm einen Gefallen. Denn um mit seinen gestörten Gefühlen klarzukommen, war er gezwungen, Ersatzväter wie Richter, Chefs und andere Autoritätspersonen ständig ins Unrecht zu setzen. Folglich mußte ihn die Strafe befriedigen. Als »Arzt« hatte er unzähligen Menschen geholfen. Beging der Richter also nicht ein schweres Unrecht an ihm, wenn er ihn ins Gefängnis steckte?

Die Analytiker, die in den zwanziger Jahren ihre Erkenntnisse in die Kriminalwissenschaften einbrachten, befaßten sich mit Delinquenten, die durchweg aus gutbürgerlichen Familien stammten und deren Verbrechen ungelösten seelischen Konflikten entsprangen. Die Autoren Alexander und Staub sprachen deshalb auch vom

»neurotischen Kriminellen«. Einem anderen Tätertyp schenkten sie weniger Beachtung, da er für die Psychoanalyse nicht so ergiebig war. Gemeint ist der sogenannte »normale« Verbrecher, wobei das Wort »normal« einen Kriminellen bezeichnet, dessen Psyche sich nicht von der eines braven Bürgers unterscheidet.

Das heißt: Wie der normale Mensch sich in die Gesellschaft einfügt und deren Normen respektiert, so paßt sich der normale Verbrecher seiner kriminellen Gemeinschaft an und befolgt willig deren »Gesetze«. Er verhält sich mithin in bezug auf seine Gruppe oder Bande »sozial« und identifiziert sich mit deren Anführern auf die gleiche Art wie etwa ein Angestellter mit seinem bewunderten Chef. Auf den Punkt gebracht: Der normale Verbrecher besitzt lediglich ein anderes – kriminelles – Über-Ich (Ganovenmoral) als der normale Bürger. Häufig verfügt er sogar über Eigenschaften, um die ihn der Durchschnittsmensch beneiden könnte. Sein Über-Ich wacht gleichsam darüber, daß er seine Beute redlich teilt, einen in Gefahr schwebenden Kumpan nicht im Stich läßt oder vor Gericht verpfeift, um sich selbst zu entlasten. Stars wie Jean Gabin haben diesen Typ in zahllosen Filmen wie »Der Clan der Sizilianer« dargestellt – wenn auch in einer überidealisierten Form.

Das Wissen über die Psyche des Rechtsbrechers wuchs, als die Nachfolger Freuds die präödipalen Phasen erforschten. Dabei fanden sie heraus, daß schon im ersten Lebensjahr des Kindes eine verfehlte Entwicklung verheerende Folgen haben kann. In dieser Zeit leidet das Kind weniger an Konflikten, die es möglicherweise zum »neurotischen Kriminellen« machen, sondern an »Defekten«, die seinem seelischen Apparat zugefügt werden.[5] Im wesentlichen ist es die lieblose und oft grausame Behandlung durch die Eltern, die das Kind dazu treibt, seine Wünsche nach Geborgenheit und zärtlicher Zuwendung aufzugeben. Mehr noch: Wegen der schlechten Behandlung verängstigt, löscht das Kind sein Verlangen nach Bindung zu Mutter und Vater und ist – so die mögliche Folge – auch als Erwachsener nicht in der Lage, jene Gefühle zu entwickeln, die eine Beziehung zu anderen Menschen herstellen.

Vor Gericht kann dieser »gemütlose Psychopath« (Moser) kaum mit Nachsicht rechnen. Denn er empfindet weder Schuldgefühle, noch zeigt er Reue. In Wirklichkeit aber ist er auf Grund seiner – von frühkindlichen Ängsten gestifteten – Bindungslosigkeit gar nicht fähig, Empfindungen wie Reue oder Mitleid mit seinem Opfer aufzubringen. Statt dessen rächt sich dieser Tätertyp durch Straftaten, meist Gewaltverbrechen, an der Gesellschaft, die in seinem Unbewußten für die Eltern steht.

Untersuchungen haben ergeben, daß diese Delinquenten, deren Verrohung in den ersten Lebensjahren beginnt, vor allem aus Familien der Unterschicht stammen – aus einem Milieu also, das nachweislich »die Herausbildung kriminogener Charakterstrukturen« (Moser) fördert. Und diese Erkenntnis drängt uns den Schluß auf, daß der psychopathische Kriminelle letztlich das Produkt unserer – reichen – Gesellschaft ist, die kalten Herzens die in ihr lebenden psychisch defekten und asozialen Familien im Elend beläßt.

Zu den Zwecken der Bestrafung gehört es, sowohl den Täter vor weiteren Verbrechen als auch die Bevölkerung vor Straftaten abzuschrecken. Die Erfahrung lehrt jedoch, daß die Bestrafung diesen Effekt nur bei wenigen Übeltätern erreicht. Gewöhnlich machen wir dafür das kriminelle Milieu in den Gefängnissen verantwortlich, das eine Besserung verhindert. Doch zumindest beim seelisch gestörten Verbrecher liegt der Grund für das Versagen der Abschrekkung tiefer. Vor allem dann, wenn das Urteil gegen ihn hart ausgefallen ist, fühlt er sich ungerecht behandelt. Mehr unbewußt empfindet er: Du bist quitt mit dieser Gesellschaft, die derart brutale Gesetze anwendet. Das heißt, die – aus seiner Sicht – viel zu strenge Strafe zerstört sein Über-Ich. Oder deutlicher: Sie vernichtet die Reste seines Gewissens, das ihm einmal von den Eltern, also den Vertretern jener Gesellschaft, eingepflanzt wurde, mit der er innerlich gebrochen hat. Ist so der »innere Polizist«, das Gewissen (Alexander und Staub), im Täter beseitigt, wächst seine Bereitschaft zu neuen Verbrechen, die so ausgeklügelt sind, daß auch die Furcht sinkt, vom »äußeren Polizisten« geschnappt zu werden.

Dagegen fühlt sich die Gesellschaft tatsächlich abgeschreckt, wenn ein Rechtsbrecher bestraft wird. Ein Grund: Wir ahnen dunkel, daß wir mit unseren feindseligen, sadistischen und perversen Wünschen, die wir ins Unbewußte verdrängt haben, dem Rechtsbrecher, ja sogar dem sexuellen Triebtäter gleichen. Das bedeutet: Obgleich wir wissen, wie umstritten der Wert der Strafe ist, halten wir gefühlsmäßig an ihr fest und fordern, daß die üble Tat gesühnt wird. Denn indem wir die Bestrafung des Übeltäters verlangen, schüchtern wir unter anderem unsere eigenen kriminellen Triebe ein und stabilisieren zugleich unser Über-Ich, das unseren teils bewußten, teils unbewußten Drang zum Bösen unter Kontrolle hält – wie die Autoren Alexander und Staub sinngemäß erklären.

Ein Beispiel dafür ist die allgemeine Empörung über die Flick-Affäre. Im Ruf nach dem Richter versuchen wir vornehmlich, den eigenen Wunsch zu unterdrücken, das Finanzamt zu betrügen, und unser ohnehin labiles »fiskalisches Über-Ich« zu stärken. Kurz: Unsere Forderung, Skandalfiguren wie z. B. der Manager Eberhard von Brauchitsch sollten, falls sie schuldig sind, ihre Taten sühnen, ist eine Waffe im Kampf gegen die eigenen Triebe.

In dieser psychoanalytischen Erkenntnis steckt noch ein interessantes Detail: Gewöhnlich sind wir beim reuigen Täter für ein mildes, beim verstockten Verbrecher hingegen für ein hartes Urteil: Das heißt, wären die in die Spendenaffäre verwickelten Politiker und Industriellen reuig, so wären wir ihnen gegenüber viel nachsichtiger. Denn – ganz allgemein gesagt – der reuige Täter rührt unsere verdrängten kriminellen Triebe nicht auf und stellt somit keine Verführung für uns dar. Vielmehr empfinden wir ihn, wie Alexander und Staub bemerken, als einen Menschen, der ein Beispiel für den Sieg des Über-Ich (des reuigen Gewissens) über die bösen Triebe darstellt. Insofern leistet er einen Beitrag zur Stärkung unseres eigenen Gewissens. Der verstockte Täter hingegen appelliert an unsere verdrängten bösen Triebwünsche. Und um sie besser in der Verdrängung halten zu können, fordern wir für ihn eine harte Strafe, die in Wirklichkeit der eigenen Abschreckung dient.

Der Berliner Analytiker Otto Uhlitz behauptete einmal, daß »die psychologischen Kenntnisse unserer Staatsanwälte und Richter der Laienpsychologie des Mannes auf der Straße entsprechen«. Wissenschaftlich fundierte Kenntnisse würden von ihnen nicht verlangt. Doch ist es nicht nur ein Mangel an Interesse, wenn sich Juristen keine oder nur oberflächliche Gedanken über den Anteil des Unbewußten an einem Verbrechen machen und Psychoanalytiker in Strafprozessen selten zu Wort kommen lassen. Denn viele Richter und Staatsanwälte befürchten nicht ganz zu Unrecht, daß die »Seelenkundler« nicht nur den Begriff der seelischen Krankheit, wie er sich in der Rechtsprechung durchgesetzt hat, in Frage stellen, sondern daß die Psychoanalytiker mit ihrem Verständnis vom Verbrecher das gesamte Strafsystem mit seinem Schuld-, Sühne- und Vergeltungsprinzip auf den Kopf stellen und die Bestrafung von Übeltätern für sinnlos halten könnten.

Aus diesem Argwohn heraus halten sich die Richter und Staatsanwälte lieber an die Psychiater, wenn die Frage der Schuldfähigkeit eines Angeklagten (Paragraph 20 und 21 StGB) zur Diskussion steht. Unter diesen »Richter-Gehilfen« gibt es zwar auch psychoanalytisch orientierte Gutachter. Doch die meisten psychiatrischen Sachverständigen folgen eher einem biologischen Krankheitsbegriff. Das heißt: Bei der Beurteilung der Persönlichkeit eines Täters erkennen sie ein seelisches Leiden nur dann an, wenn es auf einem organisch feststellbaren Defekt beruht (etwa Schwachsinn wegen Hirnschadens). Das Dilemma ist jedoch, daß bei vielen psychischen Krankheiten – darunter sogar schweren Formen von Schizophrenie (Bewußtseinsspaltung) – körperliche Ursachen nicht erkennbar sind. In solchen Fällen müßten die Psychiater die Krankheit postulieren, sie dem Täter mehr oder weniger unterstellen. Und dazu finden sich die »harten« Psychiater nur selten bereit. Die Folge: Die meisten seelisch kranken Delinquenten landen im Gefängnis*, wo

* Der sogenannte Maßregelvollzug, wonach für psychisch kranke Täter Kliniken mit ausreichenden Therapie-Angeboten eingerichtet werden sollen, hat sich, von Ausnahmen abgesehen, bis heute nicht durchgesetzt.

Theodor Reik war ursprünglich Literaturwissenschaftler und hatte mit einer Studie über »Flaubert und seine Versuchung des heiligen Antonius« den Doktorgrad erworben. Als Psychoanalytiker interessierte ihn besonders das Phänomen des Verbrechens und die Beteiligung des Unbewußten daran. Der Jude mußte, wie viele Analytiker, vor den Nazis fliehen.

Dem Chef der österreichischen Abwehr, Oberst Redl, der zugleich als Spion für die Russen arbeitete, wurde ein im Taxi vergessenes Futteral für ein Taschenmesser zum Verhängnis. Er war überführt, als er sich als dessen Besitzer bezeichnete. Der Analytiker Reik nimmt an, daß der Fehler einem unbewußten Geständniszwang Redls entsprang.

Tonbandaufzeichnungen spielten beim Sturz des US-Präsidenten Richard Nixon eine entscheidende Rolle. Für den gesunden Menschenverstand ist es unerklärlich, daß Nixon die Beweise nicht rechtzeitig hatte verschwinden lassen.

sich ihre psychischen Defekte oder Konflikte weiter verfestigen und die Tendenz zum Rückfall ins Verbrechen wächst. Der Rest wird in Kliniken »aufbewahrt« – ohne Chance auf eine erfolgversprechende Therapie.

Im Gegensatz zu den Rechtswissenschaften ist in der Psychoanalyse die Strafe lediglich eine Erscheinung, die der Erklärung bedarf. Denn sie begreift sich als eine Methode, die das Verhalten des Menschen untersucht. Deshalb sind die Analytiker auch nicht darauf aus, eine Tat zu »bewerten«, sie zum Beispiel als »verwerflich« zu bezeichnen. Vielmehr geht es in der Freudschen Lehre darum, eine Tat aus der fehlgeleiteten seelischen Entwicklung eines Menschen heraus zu »verstehen«. Da aber das Wort »verstehen« in dem Verdacht steht, es bedeute zugleich »verzeihen«, neigen viele Richter und Staatsanwälte zu der unbegründeten Ansicht, die Psychoanalyse sei ein Verfahren zur »Exkulpierung«, zur Freisprechung des Täters von seiner Schuld. Oder umgekehrt: Indem die Psychoanalyse unbewußte Motive für eine Tat verantwortlich mache, verneine sie die Möglichkeit, daß der Kriminelle sein Verbrechen auch hätte unterlassen, also »wählen« können.

Der überspitzt formulierte Vorwurf berührt eine Frage, mit der sich die Philosophen seit Jahrhunderten plagen – nämlich der, ob der Mensch einen freien Willen besitzt oder ob sein Denken und Handeln durch innere und äußere Umstände notwendig bestimmt (»determiniert«) ist.

Sigmund Freud, der sich Zeit seines Lebens als Naturwissenschaftler fühlte, vertrat die Position der Deterministen, wonach ohne das kausale Prinzip von Ursache und Wirkung nichts läuft. Zwar räumte er ein, daß in unserem Denken eine gewisse Form von Willensfreiheit zum Ausdruck kommt – und zwar dann, wenn wir überlegen, ob es günstiger ist, dieses oder jenes zu tun (»Probehandeln«). Doch grundsätzlich nahm er an, daß das gesamte psychische Geschehen determiniert ist. Selbst im Fall des kleinsten Konflikts, wie er bei der Wahl zwischen zwei qualitativ gleich guten Äpfeln entstehen kann, hängt – so Freud – das Endergebnis davon ab, welches der bestimmenden Motive sich als das stärkere erweist. Und auch die großen Willensentscheidungen (Martin Luther: »Hier stehe ich, ich kann nicht anders!«) seien das Produkt eines psychischen Zwangs. Da wir aber die »Kraft« der einzelnen, miteinander streitenden Motive nicht messen können, ist es uns auch nicht möglich, im voraus festzustellen, welches den Sieg erringt. Das bedeutet, wir können nicht mit Sicherheit vorhersagen, wie die Entscheidung eines Menschen ausfallen wird.

Eine gewichtige Instanz, die unser Handeln bestimmt, ist das Über-Ich. Als Beispiel für dessen Macht wird häufig das Verhalten des Kapitäns zitiert, der allein an Bord zurückbleibt und mit seinem Schiff untergeht. Bestimmend für diese Entscheidung könnte die Identifikation mit dem Vater sein, den er in seiner Kindheit als Beschützer bewundert und dessen Umsicht und Mut er seinem Über-Ich gleichsam einverleibt hat. So fiel es ihm leicht, den Ehrenkodex der Seefahrt zu akzeptieren, wonach die Rettung der Passagiere absoluten Vorrang besitzt. Das Verhalten des Kapitäns während der Katastrophe war mithin determiniert – und zwar in so starkem Maße, daß sein Trieb zu überleben dagegen nicht ankam. Wie nach seiner Überzeugung der Vater, so hätte auch er die Seinen (Passagiere und Mannschaft) niemals im Stich lassen können.

Die heute 40jährigen gleichen diesem Typ des glanzvoll-männlichen Kapitäns durchaus nicht. Sie sind weder heroisch noch opferbereit. Ihre Identifikation mit den Vätern, die im Zweiten Weltkrieg als heldenhafte Soldaten gefeiert wurden, zerbrach mit dem Ende des Dritten Reiches, der Niederlage der Väter. Aus dieser Götterdämmerung wuchsen ratlose Menschen heran, die mangels Identifikation mit den Vätern eine »vaterlose Gesellschaft« (Alexander Mitscherlich) bilden.

Willensfreiheit ist nur so weit möglich, wie ein Mensch von äußeren und inneren Zwängen frei ist. Zum Beispiel erlebt der Zwangsneurotiker, der sich unentwegt die Hände wäscht, eine extreme Unfreiheit. Freud hat zahlreiche Nachweise für den Determinismus im Seelenleben erbracht, aber zugleich ein therapeutisches Verfahren entwickelt, das die menschliche Willens- oder Entscheidungsfreiheit vergrößert.

Alles in allem: Richter und Staatsanwälte tun sich schwer, ihre Berührungsängste gegenüber den völlig anders denkenden Psychoanalytikern abzubauen. Dennoch gibt es hoffnungsvolle Beispiele. So berichtet der Frankfurter Analytiker Mario Muck von einem jungen Mann, der seinen schlafenden Vater erschossen hatte. Die Anklage sprach von »heimtückischem Mord« und »niedrigen Beweggründen«. Dagegen behaupteten die Analytiker Margarete Mitscherlich-Nielsen und Mario Muck, der Täter habe an einer unbewußten Rettungsphantasie gelitten.[6]

Der Vater des Angeklagten trank, mißhandelte die Familie samt Hund und drohte häufig, sich umzubringen. In dem Gutachten ging es vor allem darum, daß sich der Täter von Kindheit an bemüht hatte, Mutter, Schwester und Bruder zu schützen, indem er auf den tobenden Vater beruhigend einredete. Dabei steigerte er sich in die Rolle des Retters der Familie, aber auch anderer Menschen. In seiner Fußballmannschaft spielte er im Tor. Nach Ansicht Mucks kann man sich auf diesem Posten eher als Retter fühlen als auf dem eines Stürmers.

Am Tag der Tat mußte der Sohn den Vater abermals beruhigen. Danach fiel der Sohn in eine Depression – was »die Unterdrückung einer Aggression durch Wendung auf die eigene Person« bedeutete. Er nahm den Hund und ging in eine Kneipe, um seine innere Not im Gespräch zu verarbeiten, sich also seinen Kummer von der Seele zu reden.

Der Streit mit dem Vater war diesmal gar nicht so heftig gewesen. Zu seiner Tat trieb ihn vielmehr die Bemerkung eines Zechkumpanen, daß der unterernährte Hund »es nicht mehr lange macht«. Für den Täter, so Muck, bedeutete dies: »Dein Hund ist nicht mehr vor dem Vater zu retten, und so wird es euch allen gehen; jetzt mußt du entscheiden: entweder der Vater oder ihr!«

Wieder zu Hause, gab er dem Hund das für den Vater reservierte Fleisch. Denn: »Jetzt ist doch alles egal.« In seinem Zimmer hing ein

Gewehr. Nachdem er sich vergeblich bemüht hatte, in einem Buch zu lesen und so seine Erregung zu bekämpfen, nahm er die Waffe, schlich sich ins Schlafzimmer der Eltern und drückte ab. Der Vater war sofort tot. Erst viel später befielen den Sohn Schuldgefühle. Sie stellten sich ein, als ihm deutlich wurde, daß seine Tat gar keine Rettung war, sondern etwas, was sich nicht wiedergutmachen ließ.

Bei der Begründung des Urteils hielt das Gericht an der Auffassung fest, wonach die Tötung eines schlafenden Menschen »heimtückisch« ist. Als es jedoch um das Strafmaß ging, folgte es der psychoanalytischen Erkenntnis, wonach der Täter das Opfer seiner unbewußten Rettungsphantasie geworden war. Der Angeklagte erhielt die Mindeststrafe: fünf Jahre Gefängnis.

Von den Analytikern, die das herkömmliche Wissen über den Verbrecher und seine Motive revidierten, machte der 1891 in Budapest geborene Franz Alexander eine glänzende Karriere. Er gehörte zu den ersten Studenten, die ab 1919 am Berliner Psychoanalytischen Institut ausgebildet wurden. Sigmund Freud zählte ihn »zu den stärksten Hoffnungen für die Zukunft«. Bevor Adolf Hitler in Deutschland die Macht übernahm, ging Alexander in die USA, wo er 1932 Direktor des Chicagoer Instituts für Psychoanalyse wurde. 1956 übernahm er die Leitung des psychiatrischen und psychosomatischen Forschungsinstituts am Mount-Sinai-Hospital in Los Angeles (siehe 9. Kapitel). Er starb 1964.

Der Professor war als kritischer Anhänger der Freudschen Lehre in zahlreiche wissenschaftliche Kontroversen verwickelt. So hielt er die oft jahrelang dauernden Analysen von Patienten in vielen Fällen für unangemessen und sprach von einer »Überbehandlung«, die dem Kranken extrem hohe Kosten aufbürde und ihn der Gefahr einer zu großen Abhängigkeit von seinem Analytiker aussetze.

Aus solchen Gründen entwickelte der überaus einfallsreiche Alexander für einen (dazu geeigneten) Patiententyp eine »analytische Psychotherapie«, die sechzig Stunden nicht überschreitet und in unregelmäßigen Zeitabständen stattfindet. Alexanders Ehrgeiz war weit geringer als der eines Analytikers, der sich der Tradition verpflichtet fühlt und tiefgreifende Veränderungen in der Psyche seiner Patienten erreichen will. Dagegen stellte der Arzt aus Chicago seine Kranken nur so weit her, daß sie sich an die Gesellschaft anpassen konnten. Bei allem Respekt vor der Freudschen Lehre, die dem Analytiker eine abstinente Haltung vorschreibt, bezeichnete es Alexander als seine Aufgabe, »dem Kranken Selbstvertrauen zu geben, indem wir auf ihn einen zuversichtlichen, aber nicht übermäßigen Druck ausüben... und ihn an die realen Schwierigkeiten seiner Situation im gewöhnlichen Leben heranführen«. Denn Neurotiker tendierten zuweilen dahin, die für die analytische Kur erforderliche Regression (Rückkehr) auf eine infantile Entwicklungsstufe als Flucht vor der Wirklichkeit und nicht zur Aufdeckung und Bearbeitung unbewußter Konflikte zu benutzen.[7]

August Aichhorn (1878–1949) war ursprünglich Volksschullehrer. Er gehörte einem Kreis von Pädagogen an, die kurz nach der Jahrhundertwende in Wien Erziehungsheime für Knaben organisierte. Auf diese Weise verhinderten sie, daß die Regierung die Jungen in militärische Anstalten steckte.

Seine pädagogische Theorie, die er in seinem Buch »Verwahrloste Jugend« darlegte, stützte Aichhorn vor allem auf Erfahrungen, die er in einem – von ihm 1918 mitgegründeten – Erziehungsheim in Oberhollabrunn sammelte. Um seine »rätselhaften Beobachtungen« an schwer erziehbaren Kindern zu entschlüsseln, studierte er Freuds Lehre. Vermutlich wandte er auch als erster Analytiker deren Methode auf kriminelle Jugendliche an. Er leitete die Erziehungsstellen der Wiener Stadtverwaltung und die Erziehungsberatungsstelle der Wiener Psychoanalytischen Gesellschaft.

Aichhorn, schrieb der Analytiker Kurt R. Eissler, war ein Mann von »unheimlicher Intuition«. So habe er aus der Art, wie ein Mensch in der Straßenbahn Zeitung liest, vorhersagen können, auf welche Weise dieser Passagier seinen Sitz verlassen und zum Ausgang gehen würde – ob energisch oder rücksichtsvoll. Aichhorns Geduld muß unbegrenzt gewesen sein. Obgleich nach Ansicht der Psychiater die Schizophrenie unheilbar war, ließ er sich mit einem an dieser Krankheit leidenden Jungen Tag für Tag in stundenlange obskure Debatten über eine Stelle aus der Bibel ein – und konnte dabei beobachten, wie der Kranke allmählich gesund wurde.

Als 1938 die psychoanalytischen Organisationen in Österreich von den Nazis zerschlagen wurden, riskierte Aichhorn es, weiterhin Kandidaten der Psychoanalyse auszubilden. Als Dank dafür ernannte man ihn nach dem Zweiten Weltkrieg zum »Titularprofessor«.

Aichhorn wollte die von den Nazis als »zersetzende jüdische Wissenschaft« bezeichnete Psychoanalyse über die Hitler-Zeit hinwegretten – eine Absicht, die mehr oder weniger auch von den in Deutschland gebliebenen Analytikern verfolgt wurde. Von dem an Krebs leidenden Freud bis etwa 1938 vage gedeckt, betrieben sie eine Politik der Anpassung, die dazu führte, daß die nichtjüdischen Analytiker im Berliner »Deutschen Institut für psychologische Forschung und Psychotherapie« einen Unterschlupf fanden. In dieser Einrichtung, in der mehrere psychologische Richtungen versammelt waren und die von Matthias Heinrich Göring, einem Angehörigen des Göring-Clans, geleitet wurde, standen die Werke Freuds unter Verschluß. Gleichwohl konnten die Analytiker unter Verschweigen von Freuds Namen und der von ihm geschaffenen Begriffe Psychoanalyse betreiben.

Wegen ihrer Haltung muß sich die Gruppe – sie bestand aus rund zwei Dutzend Analytikern – in letzter Zeit von meist jüngeren Kollegen bohrende Fragen gefallen lassen – so die, ob es nicht ehrenvoller gewesen wäre, wenn sich die »Deutsche Psychoanalytische Gesellschaft« nach dem Exodus ihrer restlichen jüdischen Mitglieder (etwa 1935) selbst aufgelöst hätte, statt sich von den Nazis auflösen zu lassen.[8]

Zu den Analytikern, die Deutschland verlassen mußten, gehörte Theodor Reik. Er floh 1934 nach Holland und vier Jahre später in die USA. Der Sohn jüdischer Eltern wurde 1888 in Wien geboren. Er war der erste Student, der mit einer psychoanalytischen Studie über »Flaubert und seine Versuchung des heiligen Antonius« den philosophischen Doktorgrad der Wiener Universität erwarb. Wegen seiner profunden und weitgespannten Kenntnisse, die von der Kunst bis zur Anthropologie reichten, also der Lehre vom Menschen, der Entstehung seiner biologischen und seelischen Eigenschaften sowie seines kulturellen und sozialen Verhaltens, sah Freud in ihm den kommenden psychoanalytischen Forscher. Aus diesem Grund hielt er ihn an, den Plan zu einem Medizinstudium aufzugeben.

Der Rat erwies sich zweimal als verhängnisvoll. 1926 leitete ein Wiener Gericht gegen den Nicht-Mediziner Reik ein Verfahren ein. Ein ehemaliger Patient hatte ihn angezeigt, und die Anklage bemühte sich, ein altes Gesetz gegen die Kurpfuscherei – es verbot die Behandlung von Kranken durch Nicht-Ärzte – gegen Reik mobil zu machen. Freud intervenierte prompt. Er verfaßte zunächst ein Gutachten zugunsten der Laienanalyse. Da überdies die Beweise gegen Reik nicht ausreichten, wurde das Verfahren eingestellt. Der Fall inspirierte Freud im selben Jahr zu seiner Schrift über »Die Frage der Laienanalyse«. Darin kam er zu dem Schluß: Wer als Nichtmediziner die inzwischen festgelegten »Unterweisungen durchgemacht hat, selbst analysiert worden ist, von der Psychologie des Unbewußten erfaßt hat, was sich heute eben lehren läßt, in der Wissenschaft des Sexuallebens Bescheid weiß und die heikle Technik der Psychoanalyse erlernt hat, die Deutungskunst, die Bekämpfung der Widerstände und die Handhabung der Übertragung, der ist kein Laie mehr auf dem Gebiet der Psychoanalyse. Er ist dazu befähigt, die Behandlung neurotischer Störungen zu unternehmen.«

Theodor Reik brachte es bis zum Lehranalytiker, der Ausbildungskandidaten der Psychoanalyse analysierte. Als er nach Amerika emigrierte, war er ein international bekannter psychoanalytischer Forscher und Autor. Überdies war er sich der besten Empfehlungen Freuds sicher. Dennoch geriet er in Schwierigkeiten. Denn die offizielle »American Psychoanalytic Association« verfolgte den entgegengesetzten Kurs. Sie verlangte für die Aufnahme in ihre Gesellschaft ein abgeschlossenes Medizinstudium, so daß

Reik und viele andere emigrierte »Laien« dem Verband nicht beitreten konnten. Die Folge war, daß Reik-Schüler 1950 in New York die »National Psychological Association for Psychoanalysis« (NPAP) gründeten.

Der Freiburger Analytiker Johannes Cremerius beschreibt den hochbegabten Reik als einen schwierigen Menschen, der sich mit jüngeren Kollegen bis hin zum Bruch von Freundschaften anlegte, während er zu älteren Analytikern spannungslose Beziehungen unterhielt. In seiner Wiener Wohnung war er umgeben von alten Möbeln. Ebenso ungemütlich eingerichtet war seine New Yorker Wohnung, die in einem ärmlichen Viertel Manhattans lag. Er starb 1969.

1 *Theodor Reik: »Geständniszwang und Strafbedürfnis«. Erschienen in »Psychoanalyse und Justiz«, herausgegeben von Tilmann Moser, Suhrkamp Verlag, Frankfurt/Main, 1971*

2 *Theodor Reik: »Der unbekannte Mörder – Psychoanalytische Studien«, S. Fischer Verlag, Frankfurt/Main, 1983*

3 *August Aichhorn: »Verwahrloste Jugend – Die Psychoanalyse in der Fürsorgeerziehung«, Verlag Hans Huber, Bern, Stuttgart, Wien, 1971*

4 *Franz Alexander und Hugo Staub: »Der Verbrecher und seine Richter – Ein psychoanalytischer Einblick in die Welt der Paragraphen«. Erschienen in »Psychoanalyse und Justiz«, herausgegeben von Tilmann Moser, Suhrkamp Verlag, Frankfurt/Main, 1971*

5 *Tilmann Moser: »Repressive Kriminalpsychiatrie – Vom Elend einer Wissenschaft – Eine Streitschrift«, Suhrkamp Verlag, Frankfurt/Main, 1971. – Tilmann Moser: »Jugendkriminalität und Gesellschaftsstruktur«, Suhrkamp Verlag, Frankfurt/Main, 1971*

6 *in Klaus Menne (Herausgeber): »Psychoanalyse und Justiz – Zur Begutachtung und Rehabilitation von Straftätern«, Nomos Verlagsgesellschaft, Baden-Baden, 1984*

7 *Siehe auch: Jean-Baptiste Fages: »Geschichte der Psychoanalyse nach Freud«, Ullstein Verlag, Frankfurt/Main, Berlin, Wien, 1981*

8 *»Psychoanalyse und Nationalsozialismus – Beiträge zur Bearbeitung eines unbewältigten Traumas«. Herausgegeben von Hans-Martin Lohmann, S. Fischer Verlag, Frankfurt/Main, 1984*

Geniale Menschen brauchen ebensowenig krank zu sein wie wahnsinnige Genies

Die Verbindung von Genie und Wahnsinn findet in den Köpfen der »Normalen« statt. Denn auf diese Weise können sie das Genie als eine Gottheit verehren und zugleich als einen Verrückten abwerten. Sigmund Freud, aber auch viele andere Analytiker haben die Lebensbeschreibungen historisch bedeutsamer Personen durchleuchtet und nach den unbewußten Anteilen gefahndet, die bei den kleinen und großen sowie den weltpolitischen Entscheidungen eine Rolle spielten.

Seine Krankheit – die Epilepsie – trug er vermutlich schon als Kind in sich. Doch gibt es Hinweise, daß sich das Leiden erst nach dem Tod seines verhaßten Vaters verschärfte. Dieser Mann, ein despotischer Gutsherr, wurde 1839 von seinen Leibeigenen erschlagen. Obgleich der damals 18jährige Sohn seinen Erzeuger also gar nicht umgebracht hatte, fühlte er sich schuldig. Er identifizierte sich nämlich mit dem Mord, er hatte ihn sich »gewünscht«. In den Jahren nach der Tat soll sich die Krankheit des jungen Mannes verschlimmert haben, wobei den epileptischen Anfällen ein Moment höchster Glückseligkeit vorausging – ein Augenblick, in dem sich ein triumphales Gefühl der Befreiung wiederholte, das er bei der Nachricht vom Tod des Vaters empfunden hatte. Darauf folgte die Bestrafung in Form eines Anfalls.

Der Sohn konnte seinen Haß und damit auch das Schuldgefühl

gegenüber seinem Erzeuger nie überwinden. Seine Mordwünsche gingen über den Tod des Vaters hinaus. Und das Ergebnis seiner unbewußten Rachsucht war – unter anderem – eine eindringliche Beschreibung dieses »Urverbrechens« in dem Roman »Die Brüder Karamasow«.

Die Rede ist von Fjodor Michailowitsch Dostojewskij, der von 1821 bis 1881 lebte und zu den ganz Großen der Weltliteratur gehört. Sigmund Freud mochte diesen Mann nicht sonderlich. Seine Geduld mit Neurotikern, erklärte er, erschöpfe sich in der täglichen Analyse. Besonders störte ihn des Dichters Drang zu demonstrativer Reue und Buße, wie man ihn bei Heiligen beobachten kann. Dazu Freud: Wahre Sittlichkeit zeigt sich nicht in Selbstanklage und Reue über eine sündige Tat – sondern im Verzicht, das Böse zu tun.

Bei einer Untersuchung der Psyche Dostojewskijs machte der Analytiker eine seltsame Entdeckung. Der Schriftsteller litt zuweilen an »Schreibhemmungen« und wurde überdies von einer Spielsucht gequält, der er vor allem 1865 in Wiesbaden verfiel. Dostojewskij ruhte nicht eher, bis er sich am Spieltisch finanziell ruiniert, »vernichtet« hatte. Danach wich die Schreibhemmung einer Phase, in der er zu großen kreativen Leistungen fähig war.

Ohne dieses Phänomen zu vertiefen, wertete Freud den Spielzwang des Russen als Ausdruck eines infantilen Onaniezwangs, wie er bei depressiven, vereinsamten Kindern nachgewiesen worden ist. Zumindest im 19. Jahrhundert galt das Spiel des Kindes am Genital als »Laster«, die Spielsucht, die Menschen ins Casino treibt, wird noch heute als ein Übel angesehen. Beide, Kind wie Spieler, kämpfen gegen die verbotene, strafwürdige Betätigung, wobei die gewaltsame Unterdrückung den Zwang verschärft. Hat der Erwachsene – wie Dostojewskij – einen Sexualpartner gefunden, so kann sich das Zwangssymptom der Onanie in einen Spielzwang am Roulette verwandeln. Das bedeutet, der Zwang bleibt, und nur das Genital wird durch den Spieltisch ersetzt.

Sigmund Freud stellte sich die Art, wie der Dichter seine Schreibhemmung überwand, etwa so dar: Die »lasterhafte« Selbstbefriedi-

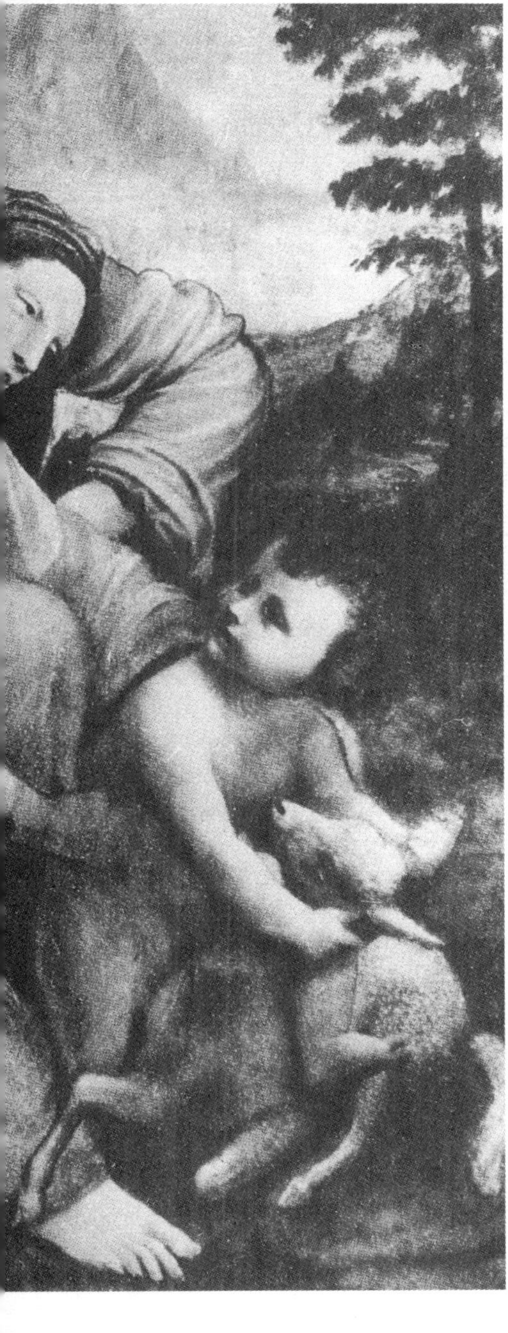

Freud beschäftigte sich auch mit dem berühmtesten Linkshänder der Weltgeschichte, dem Universalgenie Leonardo da Vinci (1452–1519). In dessen Darstellung der »Heiligen Anna selbdritt«, die die Mutter der Jungfrau Maria und das Jesuskind zeigt, entdeckte Freud einen »geheimen Sinn«. Leonardo hatte zwei Mütter, seine leibliche und, später, eine ebenso zärtliche Stiefmutter. Freud zufolge stellen die beiden Frauen die biblischen Personen dar. Da Leonardo seine Mütter gleichermaßen liebte, hat er die Gestalten in einer Weise zusammenfließen lassen, daß man schon genau hinsehen muß, um zu erkennen, welcher Körperteil zu welcher Frau gehört.

gung des Kindes und seine Mordwünsche gegenüber dem Vater trugen wesentlich zu Dostojewskijs Schuldgefühlen bei, die seine Arbeit blockierten. Seine hohen Verluste am Spieltisch bedeuten eine unbewußte Selbstbestrafung, die seine Schuldgefühle minderten oder sogar vorübergehend aufhoben. Und auf diese Weise konnte die unterdrückte schöpferische Kraft wieder von ihm Besitz ergreifen, konnte der Dichter sein geniales Werk fortsetzen. Beschrieben hat Freud dies in seiner Schrift »Dostojewskij und die Vatertötung« (1928).

Ebenso wie an seinen Patienten reizte es Sigmund Freud, »das menschliche Seelenleben an hervorragenden Individuen zu studieren«. Schon 1909 forderte er: »Auch die Biographik muß unser werden.« Damit meinte er die psychoanalytische Beschreibung bedeutender Künstler, Gelehrter, Staatsmänner und Feldherren. Die Analyse der unbewußten Motive solcher Personen sollten deren Werke, Taten und damit die Geschichte der Menschheit »erhellen«, also verstehbarer machen.

Noch heute ist die Ansicht verbreitet, daß »Genie und Wahnsinn« dicht beieinander liegen oder sogar in einer dämonischen Beziehung zueinander stehen. Ins Volk gebracht wurde diese Auffassung von Psychiatern, die sich im 19. Jahrhundert und auch später bemühten, das Genie als ein wertvolles, doch zugleich geistig und seelisch entartetes Wesen zu erklären. Diese Annahme förderte den »Geniekult«, der dazu dient, daß der normale Mensch mit dem Ungewöhnlichen, Fremdartigen »fertig« wird. Im Geniekult verehrt der sogenannte Gesunde die Schöpfer großer Werke wie eine unbegreifliche Gottheit, zugleich aber entwertet er sie auch, indem er sie für krank hält.[1]

Gegen diese Art der Abgrenzung des normalen vom besonderen Individuum hat sich Freud gewehrt. Er versuchte, das Genie aus seiner Entrücktheit zu befreien und auf die Erde zurückzuholen. Dabei spielte seine Erkenntnis eine Rolle, wonach die Grenze zwischen einem gesunden und einem gestörten Seelenleben wissenschaftlich nicht exakt feststellbar und die Neurose gleichsam ein Jedermanns-

Leiden ist. Nach Freud gibt es Genies, die sich nicht anders verhalten als der Durchschnittsmensch, aber auch solche, die – wie Dostojewskij – seelisch krank sind. Ein Mensch kann trotz oder gerade auf Grund seiner neurotischen Persönlichkeitsstruktur genial sein.

Trotz seiner Begeisterung, für die Psychoanalyse eine neue Aufgabe gefunden zu haben, erkannte Freud dennoch, daß sich die schöpferischen Leistungen letztlich nicht erklären lassen. Er nahm zwar an, daß die Psyche aller Menschen auf die gleiche Weise funktioniert. Wenn wir trotzdem Individuen sind und nicht alle gleich fühlen, denken und handeln, so liege das wesentlich an einem Faktor, der nicht meßbar und deshalb auch nicht erklärbar ist. Das heißt, die seelischen Energien sind nicht bei allen Menschen gleich stark vorhanden. Beispiel: Nach Freud beruht unsere Liebe zum Beruf auf sexuellen Triebkräften, die wir umwandeln und auf das nicht-sexuelle Ziel Beruf lenken. Dieser Prozeß fand auch bei dem – gesunden – Goethe statt. Unklar ist jedoch, weshalb beim Dichter des »Faust« die Fähigkeit dieser Umwandlung (Sublimierung) so ungleich stärker ausgeprägt war als bei einem gewöhnlichen Menschen.

Gleichwohl gelangen Freud und seinen Schülern Einblicke in die Seele des Genies, die seine Motive, Antriebskräfte und seine Arbeitsweise begreiflicher machen. Dabei vergaßen sie auch nicht die verhängnisvollen Fehler der hervorragenden Machtmenschen, für die der »kleine Mann« oft mit dem Leben bezahlen mußte.

Wie sehr – neben ökonomischen und politischen Gründen – die unbewußten Phantasien am Rad der Geschichte mitdrehen, zeigt eindrucksvoll Freuds Analyse des »ägyptischen Abenteuers«, in das sich 1798 der zum Nationalhelden aufgerückte General Napoleon Bonaparte stürzte. Der Plan, das Land der Pyramiden zu erobern, war schon wegen der eindeutigen Überlegenheit der britischen Flotte zum Scheitern verurteilt – was ein militärisches Genie wie Napoleon wissen mußte.

Zwar gelang es ihm, mit mehr als 30000 Soldaten in Alexandria zu landen und Ägypten zu besetzen. Doch kurz darauf zerstörten die

Schiffe des Admirals Nelson die französische Flotte in der Bucht von Abukir. Damit war Napoleons Armee vom Mutterland abgeschnitten. Die Verstärkung blieb aus, und Bonapartes Traum, den Orient zu kolonisieren, endete in einer Katastrophe. Er selbst setzte sich vorzeitig von seiner Truppe ab und kehrte nach Paris zurück.

Dem englischen Historiker Duff Cooper »wird dieses Ereignis in der Laufbahn Napoleons um so schwerer verständlich, je mehr wir darüber nachdenken«. Tatsächlich sprachen alle vernünftigen Argumente gegen das Unternehmen, so daß die Frage auftaucht, weshalb Napoleon sich darauf einließ. In einem Brief an Thomas Mann versuchte Sigmund Freud, das »Abenteuer« psychoanalytisch zu deuten. Danach entsprang die unbewußte Triebkraft, die Napoleon nach Ägypten drängte, einer frühkindlichen »Josephs-Phantasie«.

Der Korse, so Freuds wichtigster Gedanke, war der zweite Sohn unter mehreren Geschwistern. Sein älterer Bruder trug den Namen Joseph und wurde, der Tradition entsprechend, »mit einer ganz besonders heiligen Scheu behütet«. Die herausragende Stellung des Erstgeborenen weckte in dem jüngeren Napoleon jene Regungen, die darauf zielen, den Rivalen zu beseitigen, ihm, wie es in der Erwachsenensprache heißt, den Tod zu wünschen. Joseph verschwinden zu lassen, »sich an seine Stelle zu setzen« und so »selbst Joseph zu werden, muß die stärkste Gefühlsregung des kleinen Kindes Napoleon gewesen sein« (Freud). Die Josephs-Phantasie prägte Napoleons Leben und trat nirgendwo deutlicher hervor als im Feldzug gegen Ägypten. Denn an keinem anderen Ort der Welt konnte er eindrucksvoller demonstrieren, daß er der größere Bruder – der wahre Joseph – war. Grund: In diesem Land war einst der von seinen Brüdern verjagte biblische Joseph vom Sklaven zum höchsten Beamten emporgestiegen und hatte auf dem Höhepunkt seiner Macht seine Brüder empfangen und ihnen verziehen.

Die Analyse historischer Gestalten, aber auch die von Roman- und Bühnenfiguren, die wiederum Rückschlüsse auf die Psyche ihrer Schöpfer zulassen, verhalf den »frühen« Analytikern aus einer Verlegenheit. Viele der ersten Freud-Schüler arbeiteten in Berufen, die der Psychoanalyse fernstanden. Das heißt, sie übten das Verfahren nicht praktisch aus. Und so ersetzten ihnen die bedeutenden Männer und Frauen, die in die Geschichte eingegangen waren, gleichsam die Patienten.[2]

In dieser Art, Psychoanalyse zu betreiben, stecken jedoch Gefahren, die auch Freud nicht übersah. Zum einen ist das Material über die historische Person (Briefe, Tagebücher, Biographien usw.) oft karg und ungenau, so daß sich nicht mehr daraus ableiten läßt als eine psychoanalytische Spekulation. Zum anderen: Bei einer normalen Analyse arbeiten Arzt und Patient zusammen, wobei der Kranke die Deutungsversuche des Analytikers »kontrolliert«. Diese Voraussetzung ist in der psychoanalytischen Biographik nicht gegeben, da die historische Figur längst das Zeitliche gesegnet hat. Man weiß also nicht, ob Napoleon bereit gewesen wäre, die von Freud behauptete »Josephs-Phantasie« einleuchtend zu finden. Gleichwohl läßt sich nicht bestreiten, daß die Deutung das rätselhaft erscheinende »ägyptische Abenteuer« »erhellt«, es begreiflicher macht.

Es gibt Menschen, die eine Begabung besitzen, sich zumindest ansatzweise selbst zu analysieren. Zu ihnen gehört Ursula Trauberg (Pseudonym), die 1968 in einer STERN-Serie mit dem Titel »Vorleben« eine »Lebensbeichte« veröffentlichte. Frau Trauberg hatte in Hamburg die Ehefrau eines sexuell abartigen Mannes erschossen, dem sie hörig war und von dem sie ein Kind erwartete. Das auch als Buch erschienene Zeugnis dieser Frau – sie erhielt für ihre Tat fünf Jahre Gefängnis – wird Kandidaten der Psychoanalyse häufig zum Studium empfohlen.

Von besonderem Reiz für den historisierenden Psychoanalytiker sind vor allem die »großen Bekenner«, wie sie der Heilige Augustinus (354–430), Indiens Mahatma Gandhi (1869–1948) und, natürlich, Sigmund Freud verkörpern. Zu diesem Typ kann man – mit Einschränkungen – auch den Archäologen Heinrich Schliemann rechnen, der von 1822 bis 1890 lebte und unter anderem eine Autobiographie, 18 Tagebücher und rund 60000 Briefe hinterließ. Auf einen Teil dieses Materials stützte sich der amerikanische Analytiker William G. Niederland, als er 1962 in New York einen Vortrag über den gebürtigen Deutschen hielt.

Schliemann war ein Amateur, und bis heute ist nicht zweifelsfrei bewiesen, ob er die Feste überhaupt entdeckt hat, wo zwischen 1194 und 1184 v. Chr. der »Trojanische Krieg« stattgefunden haben soll. Widersinnig klingt auch, daß er noch während der ersten Grabungen um 1870 seinen Lieblingsautor Homer für einen Augenzeugen des Gemetzels hielt, obgleich bekannt war, daß der Verfasser der »Ilias« rund 300 Jahre nach dem »Trojanischen Krieg« gelebt hat. Dennoch – sowohl der Vorwurf mangelnder Fachkenntnisse als auch die Kritik an der aggressiven Art, mit der er die Erde aufriß und dabei viele kostbare Funde zerstörte, haben ihm seinen Ruf als »Vater der Archäologie« nicht nehmen können.

Wenn uns ein Mensch erklärt, er könne ohne seine Arbeit oder ohne seine Musik »nicht leben«, fällt es uns leicht, ihn zu verstehen. Verwirrter sind wir schon, wenn er behauptet, er gehe zugrunde, falls man ihn daran hindere, die Welt der Toten auszugraben, und wenn er überdies noch die Schönheit der griechischen Mädchen mit der Schönheit ägyptischer Gräber, den Pyramiden, vergleicht – beides Bemerkungen aus Schliemanns Mund.

In seinem Vortrag führt der Analytiker Niederland mehrere unbewußte Bestimmungsgründe (»Determinanten«) an, die Schliemanns Verwandlung vom erfolgreichen Geschäftsmann in einen berühmten Forscher erklären. Drei davon lauten etwa so:

Eltern, denen ein Kind stirbt, geben sich häufig die Schuld an dessen Tod. Kommt ein zweites Kind zur Welt, so versuchen sie mitunter, bewußt oder unbewußt, das tote im neugeborenen Kind »wiederzubeleben«. Möglicherweise hemmen sie dadurch dessen Selbstfindung. Oder anders: In den tiefsten Schichten seiner Seele begreift das Kind nicht, daß es nur mit sich selbst und nicht auch mit dem gestorbenen Bruder (oder der Schwester) identisch ist. Im Fall Schliemann deutet vieles darauf hin, daß er sich mit seinem toten Bruder verschmolzen fühlte, der wie er den Vornamen Heinrich trug.

Schliemann: »...nachdem ich des *kleinen Heinrichs* Grab gesehen hatte, setzten wir unsere Reise fort.« Unmittelbar darauf folgt: »...welch ein großer schlanker Mann aus dem *kleinen Heinrich* geworden« wäre. Ein unbewußter Grund, der Schliemann zur Archäologie trieb, könnte demnach bedeuten: Er suchte in den Toten, die er in den Gräbern fand, seinen Bruder. Oder, indem er die Toten aus ihren Gräbern holte, bestätigte er sich zugleich, daß er lebte. In dieselbe Richtung weist auch sein Zwang, immerzu neue Sprachen – insgesamt 15 – zu lernen. Denn »jede neue Sprache ist ein neues Leben«. Ohne das Studium einer neuen Sprache fühlte er sich »wie tot«. Wie Freud über den Anblick seiner nackten Mutter in Latein redete, so hatte Schliemann die Eigenart, über seine Träume und ihn belastende und erschreckende Erlebnisse in der entfremdenden Form von »Fremdsprachen-Übungen« zu berichten.

Ein zweiter Bestimmungsgrund bildete sich vermutlich, als der Vater seinem achtjährigen Sohn ein Buch mit einer Abbildung des brennenden Troja schenkte. Der Anblick, so scheint es, löste eine Rettungs- beziehungsweise Wiederherstellungs-Phantasie in dem Jungen aus.

Eine dritte Determinante machen einige Daten aus Schliemanns Leben sichtbar. Der »Erforscher der Homerischen Geographie«, wie er sich später nannte, stammte aus einem Pfarrhaus und wuchs, »mit dem Kirchhof vor der Tür auf«. Das war im mecklenburgischen Dorf Ankershagen. Schliemann haßte seinen Vater, der sich nicht scheute, sogar seine schwangere Frau zu mißhandeln. Als sie starb, gab Heinrich ihm die Schuld.

Im Alter zwischen fünf und neun Jahren war er mit einem Mädchen namens Minna Meincke befreundet. Gemeinsam erforschten sie den Friedhof und eine benachbarte Burg, wo der Raubritter Henning gehaust haben soll. Dieser Bösewicht hatte der Sage nach »ungeheure Schätze« vergraben und sein Lieblingskind in einer »goldenen Wiege« bestattet. Angeblich lag das Kind in einem Hügel, der eine prähistorische Grabstätte, ein Hünengrab, enthielt.

Von einem Totengräber erfuhren die Kinder, daß ein Bein des

Sigmund Freud schätzte die Werke des russischen Dichters Fjodor Michailowitsch Dostojewskij, doch war ihm der neurotische Gutsbesitzerssohn nicht sonderlich sympathisch. Dostojewskijs Vater, ein Despot, war von seinen Leibeigenen getötet worden – ein Mord, den der 18jährige Sohn am liebsten selbst begangen hätte. Wegen dieses Wunsches quälten ihn Schuldgefühle, die dazu führten, daß er den Vatermord literarisch verarbeitete.

Zu einer Psychoanalyse gehören gewöhnlich zwei: Ein Analytiker und ein Analysand. Doch gibt es Menschen, die eine Begabung besitzen, sich mehr oder weniger selbst zu analysieren. Ein Beispiel dafür war Sigmund Freud. Doch analysierten sich auch Frauen und Männer, die dabei keinen therapeutischen Effekt erreichen wollten. Dazu gehörten Indiens Mahatma Gandhi (Foto) und, vor allem, der heilige Augustinus.

Napoleon Bonaparte versuchte 1798, das Land der Pyramiden zu erobern. Der Feldzug erwies sich als Fehlschlag, was von vornherein absehbar war. Ein strategisches Genie wie Napoleon hätte das wissen müssen. Freud nahm deshalb an, daß der Zweitgeborene, dessen älterer Bruder Joseph hieß, nach Ägypten gesegelt war, um den Geschwistern zu zeigen, wer der wahre Joseph sei.

Eine Begabung zur Selbstanalyse besaß der Archäologe Heinrich Schliemann. Das rechte Bild zeigt seine Frau Sophie. Nach Art der freien Assoziation notierte Schliemann jeden Gedanken, der ihm einfiel. Sein älterer Bruder war früh gestorben, so daß die Eltern vermutlich unbewußt im neugeborenen Kind das tote wiederzubeleben suchten.

Homer war Schliemanns Lieblingsdichter, und die Erforschung der homerischen Geographie sah er als seine Lebensaufgabe an. Möglicherweise hatte ein Bild des brennenden Troja in ihm Rettungs- beziehungsweise Wiederherstellungsphantasien beschworen. Als Archäologe war Schliemann ein Amateur. So dachte er, Homer habe den Untergang Trojas selbst erlebt.

Über den berühmtesten Linkshänder der Weltgeschichte, Leonardo da Vinci, verfaßte Freud eine Schrift, von der er sagte, sie sei das Schönste, das er je geschrieben habe. Leonardo war homosexuell. Doch gelang es ihm, seinen Sexualtrieb in einer Weise zu veredeln (sublimieren), daß ihm künstlerische und wissenschaftliche Höchstleistungen möglich waren.

Gemeinsam mit dem amerikanischen Diplomaten William C. Bullitt verfaßte Freud eine psychoanalytische Studie über den US-Präsidenten Thomas Woodrow Wilson, der 1919 bei den Pariser Verhandlungen einen »gerechten Frieden« erreichen wollte und dabei von seinen Gegenspielern, vor allem von Frankreichs Clemenceau, an die Wand gespielt wurde.

Abgesehen vom Vorwort ist nicht klar, welchen Anteil Freud an dem Wilson-Buch hat. Nach eigenen Angaben hat der Diplomat William C. Bullitt die Biographie noch einmal »überarbeitet«. Tatsächlich enthält die Schrift die Tendenz, den »Edelknaben« Wilson als Idealisten bloßzustellen – was niemals in Freuds Absicht gelegen hätte.

Unholds einmal nachts aus dem Grab gewachsen sei. Vergeblich suchten sie fortan sowohl nach dem Schatz als auch nach dem Grab.

Sie wollten es öffnen, um den Grund zu erfahren, weshalb das Bein des Ritters »nicht mehr herauswächst«. Für die Kinder stand fest: Sie wollten heiraten, dann die Schätze von Ankershagen und schließlich Troja ausgraben.

Die Freundschaft zerbrach, als Heinrichs Mutter Sophie gestorben war und der Vater wegen unzüchtiger Umtriebe in Verruf kam. Heinrich, tief deprimiert, wurde zu Verwandten gegeben. Er verliebte sich in eine gleichaltrige Cousine, die – wie seine geliebte Mutter – Sophie hieß. Bei einem Krämer lernte er, »Seife und Heringe« zu verkaufen. Im Alter von 19 Jahren heuerte er auf einem Schiff mit Kurs auf Südamerika an. Doch schon vor der holländischen Küste geriet das Schiff in einen Sturm und sank. Schliemann wurde aus dem eisigen Wasser gezogen – ein Ereignis, das für ihn die Bedeutung einer »Wiedergeburt« hatte.

In den nächsten Jahren brachte er es als Kaufmann mit der Verschlagenheit eines Raubritters vor allem in Rußland zu einem beträchtlichen Vermögen. Er hielt um Minnas Hand an, aber das Mädchen war bereits verheiratet. 1852 ging er die Ehe mit einer jungen Russin ein, die unglücklich verlief und nach 18 Jahren geschieden wurde.

Als seine Cousine Sophie starb, verfiel er in eine tiefe Depression. Er gab sich Rettungsphantasien hin; die Verwandte würde noch leben, wenn er – rechtzeitig informiert – Geld für die besten Ärzte zur Verfügung hätte stellen können. Er verlangte ein Bild von »Sophie im Sarg« und ließ ein Gitter um ihr Grab errichten (Niederland: »Als Schutz gegen Leichenschändung oder Grabräuber?«).

1870 beschloß er gegen die Meinung professioneller Archäologen, am Hügel von Hissarlik das Homerische Troja auszugraben. Bei der Wahl des Orts spielte vermutlich ein Erinnerungsbild eine Rolle: die Ähnlichkeit der türkischen Landschaft mit der von Ankershagen.

Bevor er sich in dieses Abenteuer einließ, hatte er seinem Freund, dem Bischof von Athen, einen Brief geschrieben. Darin bat er, der Geistliche möge ihm zwecks Heirat ein junges Mädchen vermitteln, das sein Interesse an der begrabenen Vergangenheit teile – also eine zweite Minna. Der Bischof besorgte ihm eine 18jährige Schönheit mit Vornamen Sophie(!), die in der Schule als Homer-Expertin aufgefallen war. Während Schliemann und seine Frau, so der Analytiker, die Ausgrabung vorantrieben, fühlte er sich unbewußt in seine Kindheit, in die Burg des Raubritters von Ankershagen zurückversetzt, deren Geheimgänge er einst mit seiner geliebten Minna durchforscht hatte. Mithin stellt die Ausgrabung Trojas die Wiederholung und Verwirklichung kindlicher Wünsche, Phantasien und Erlebnisse dar. Damals war ihm der Vater, der die Mutter zu Tode gequält hatte, verhaßt gewesen.

Seine neuen »schlechten Väter« waren nun die Behörden, die ihn in seiner Arbeit behinderten, und die Fachautoritäten, die ihn als Amateur verspotteten. Als er schließlich den ersehnten Schatz von Troja fand, wurde es ihm möglich, den ödipalen Konflikt mit den bösen Vätern erfolgreich auszuleben. Eigentümer der Funde war die Türkei. Doch Schliemann handelte nach dem Motto: Die Beute gehört dem, der sie entdeckt. Trotz schärfster Bewachung durch die Behörden gelang es ihm und seiner Frau, die kostbaren Funde nach Griechenland zu schmuggeln, wo er seine Sophie (Minna II) mit dem goldenen Diadem und dem Halsschmuck aus dem »großen Schatz« fotografieren ließ. Sein ödipaler Sieg war ein dreifacher: Zum einen hatte er seinen schlechten leiblichen Vater zum Almosenempfänger degradiert. Der Alte war auf Spenden des Sohnes angewiesen. Zum anderen konnte er auf Grund seines Erfolgs über die bösen wissenschaftlichen Väter – die etablierten Archäologen – triumphieren. Und schließlich hatte er den üblen Vätern, die in Gestalt der türkischen Behörden auftraten, ihren wertvollsten Schatz entführt.

Zusammengefaßt: Das Öffnen von Gräbern als zwanghafte Bestätigung, lebendig zu sein und nicht tot wie der Bruder; die Erfüllung infantiler Phantasien, denen er gemeinsam mit Minna I in Ankershagen nachgehangen hatte, und die Abrechnung mit dem verhaßten Vater, wobei er seine Wut auf andere schlechte Väter (Behörden, Fachleute) übertrug – dies sind nur einige der unbewußten Triebfedern, die ihm seine bahnbrechenden Entdeckungen möglich machten.

Die Anwendung der Psychoanalyse auf eine historische Gestalt kann zu einem anfechtbaren Unternehmen werden, wenn der Analytiker über unzureichende Geschichtskenntnisse verfügt. Freud mußte sich diesen Vorwurf gefallen lassen, nachdem er 1910 seine Studie über »Eine Kindheitserinnerung des Leonardo da Vinci« veröffentlicht hatte – eine Schrift, die lange Zeit als das Kronjuwel der psychoanalytischen Literatur gepriesen wurde.

Der Verfasser glaubte zwar selbst nicht, daß alle Fakten, die er vortrug, stichhaltig waren. Doch wiesen ihm Leonardo-Kenner neben einigen Ungenauigkeiten zwei Fehler nach, »die das einzig Schöne, das ich je geschrieben habe« (Freud), zwar nicht grundsätzlich, jedoch über Passagen hinweg entwerteten.

Die Schrift beschäftigt sich mit der psychosexuellen Entwicklung des berühmtesten Linkshänders, der von 1452–1519 lebte und als Künstler und Wissenschaftler ein Universalgenie war. Abgesehen von einem für Forscher typischen Grübelzwang sah Freud in diesem Mann einen »gesunden« Menschen, der einen besonderen Typ des Homosexuellen darstellt. Leonardo holte sich keine Knaben ins Bett, sondern veredelte (sublimierte) seine Neigung in geradezu extremer Weise. Kurz: Er verwandelte seine primitiven Triebe in schöpferische Höchstleistungen.

Angeblich wurde diese große Gestalt der Renaissance als uneheliches Kind einer Magd namens Catarina geboren und kam zwischen dem dritten und fünften Lebensjahr ins Haus seines reichen Vaters, wo sich seine Stiefmutter ebenso zärtlich um ihn sorgte wie vorher seine leibliche Mutter.

Aus diesen Daten erklärt sich einer der beiden Fehler. Er liegt in Freuds Deutung des Gemäldes »Die heilige Anna selbdritt«. Leonardos Bild stellt die Mutter Anna, deren Tochter, die Jungfrau

Maria, und das Jesuskind dar (Foto). Die Leiber der beiden Frauen sind in dem Werk derart verschlungen, daß man schon genau hinsehen muß, will man erkennen, welcher Körperteil zu welcher Frau gehört.

Die Kunstkritik bewertet dies als eine Schwäche. Sigmund Freud hingegen entdeckte einen »geheimen Sinn« in dieser Art der Komposition. Danach stellen die beiden Frauen in Wirklichkeit die geliebten Mütter des Künstlers dar, die Leonardo bewußt oder unbewußt zu einer Gestalt zusammenfließen lassen wollte.

Tatsächlich handelt es sich jedoch nicht um eine vom Meister entwickelte Darstellungsform. Was Freud nicht wußte: Zur Zeit Leonardos kursierten in Europa Heiligenbildchen, auf denen Anna und Maria ebenso verschmolzen dargestellt wurden wie auf dem berühmten Gemälde. Mithin ist es wahrscheinlicher, daß der Künstler nicht durch seine Mütter, sondern durch einen dieser Sünden-Ablaßzettel zu seiner Komposition angeregt wurde. Folgt man jedoch dieser Erklärung, gerät man in Schwierigkeiten. Selbst wenn Leonardo durch ein Heiligenbildchen inspiriert wurde, ist es nach der psychoanalytischen Theorie nicht zufällig geschehen. Er kann – bewußt oder unbewußt – zu der Vorstellung gekommen sein, daß diese Form für seine Darstellung in vollendetem Maße geeignet sei. Überdies: Die Frau im Hintergrund des Bildes ist Anna, Marias Mutter. Wenn Leonardo nichts anderes als die Gestaltung einer biblischen Szene im Kopf hatte, ergibt sich die Frage: Weshalb malte er die Frauen so, daß sie – wie seine Mütter – etwa gleichaltrig aussehen, obwohl es sich bei Anna und Maria um Mutter und Tochter handelte?

Freuds zweiter Irrtum wiegt, zumindest auf den ersten Blick, schwerer. Der Angelpunkt seiner Studie besteht aus einem einzigen Satz Leonardo da Vincis – einer »Wiegen-Erinnerung«. Der Künstler behauptete, in seiner frühen Kindheit sei ein Vogel zu ihm herabgeflogen, habe ihm mit dem Schwanz den Mund geöffnet und ihm damit viele Male gegen die Lippen gestoßen.

Wohl mit Recht unterstellte Freud, daß Leonardo diese Phantasie nicht als Säugling, sondern erst in späteren Jahren gekommen sein muß. In der Vulgärsprache steht »Schwanz« für das Glied des Mannes, mit dem er »vögelt«. Der Vogelschwanz in Leonardos Mund drückt mithin die Phantasie des Homosexuellen aus, an einem Glied zu saugen. Von diesem Wunsch behauptete Freud: Er sei »die Umarbeitung einer anderen Situation, in welcher wir uns einst alle behaglich fühlten, als wir im Säuglingsalter die Brustwarze der Mutter oder Amme in den Mund nahmen, um an ihr zu saugen«. Dies war unser erster, unzerstörbarer Lebensgenuß, den wir im Saugen am Schnuller oder Daumen wiederholt haben – und zwar unabhängig von unserem Geschlecht. Daraus folgerte Freud unter anderem, die sogenannte Fellatio sei keine Praxis, die Männer den Frauen »beibringen«. Vielmehr drücke sie die Wiederbelebung des Saug-Wunsches in der frühen Kindheit aus.

Soweit ist an der Deutung nichts auszusetzen. Der Irrtum steckt darin, daß Leonardo nicht von irgendeinem, sondern von einem bestimmten Vogel sprach: dem »Roten Milan«. Auf Grund eines Übersetzungsfehlers wird aus diesem »nibio« bei Freud ein Geier. Und mit diesem Tier läßt sich psychoanalytisch viel anfangen.

Die ägyptische Hieroglyphe »mut« steht nämlich sowohl für Geier als auch für Mutter. Da das Zeichen zur Zeit Leonardos bereits entziffert war, unterstellte der Analytiker, daß der belesene Renaissance-Künstler die Bedeutung der Hieroglyphe gekannt hat. Und von dieser Annahme ausgehend, verknüpfte Freud die »Wiegen-Erinnerung« des angeblichen »Geierkindes« Leonardo mit einer Analyse der ägyptischen Mythologie.

»Ausbügeln« läßt sich der Fehler halbwegs, indem man die Verknüpfung durchschneidet und die Schrift als Antwort auf zwei Fragen liest: 1. Was bedeutet der Vogelschwanz in Leonardos Mund? Offensichtlich stellt er die symbolische Gleichung von Glied und Mutterbrust dar. 2. Was bedeutet der Geier den alten Ägyptern? – In der Antwort darauf bliebe ungesichert, ob das Zeichen »mut« (»Mut«-ter) tatsächlich Geier *und* Mutter ausdrückt oder ob es sich um einen Zufall handelt und der Geier mit der Mutter soviel zu tun hat wie ein »Stollen« im Bergwerk mit einem Christstollen. Für einen Zusammenhang spricht jedoch die alte Annahme, wonach der Geier eingeschlechtlich war und sich selbst befruchtete – eine Vorstellung, mit der die Kirchenväter die Geburt Jesu durch die Jungfrau Maria zu beweisen versuchten.

Viele Gedanken in diesem Essay haben sich bis heute als richtig erwiesen. So die Auffassung, daß sich jeder Mensch irgendwann einmal homosexuell betätigt hat und der »Normalste« hätte homosexuell werden können. Freud bestritt damit die in seiner Zeit weit verbreitete These, wonach es sich beim Homosexuellen um ein »drittes Geschlecht« handle. Der Homosexuelle bleibe unbewußt der Mutter treu, und wenn er Knaben nachstelle, so laufe er in Wirklichkeit aus Liebe zur Mutter vor anderen Frauen davon.

Überdies benutzte Freud in seiner Leonardo-Studie erstmals den Begriff des »Narzißmus«. Der Homosexuelle macht demnach sein eigenes Geschlecht zum Sexualobjekt und liebt im spiegelbildlichen Partner sich selbst – und zwar so, wie er einst von seiner Mutter geliebt wurde oder geliebt werden wollte.

Freud erprobte die Psychoanalyse auch bei einem zeitgenössischen Politiker. Als er sich 1930 wegen einer Korrektur seiner Kieferprothese in Berlin aufhielt, lernte er den US-Diplomaten William C. Bullitt näher kennen. Bullitt sammelte Material über die Pariser Friedenskonferenz von 1919, und beide beschlossen sie, ein Buch über den amerikanischen Präsidenten Thomas Woodrow Wilson (1856–1924) zu schreiben. Die Arbeit stand unter einem ungünstigen Stern. Sowohl der Analytiker als auch der Diplomat hielten Wilson für einen Narren, wobei sie aus ihrem Vorurteil keinen Hehl machten. Bullitt war während der Verhandlungen der Weltkrieg I-Sieger von seinem Präsidenten abgehalftert worden, obgleich er als einer der besten Kenner des revolutionären Rußland galt. Und Freud nahm Wilson übel, daß er von seinem Friedensplan – den berühmten 14 Punkten – so wenig hatte durchsetzen können. Verkürzt gesagt: Wilson wollte einen »gerechten Frieden«, während die europäischen Siegermächte auf ein »Friedensdiktat« aus waren.

Die Arbeit an dem Buch dauerte acht Jahre, weil das ungleiche Autorenpaar über jeden Absatz endlose Debatten führte. Einem Gerücht zufolge gab Freud kurz vor seinem Tod 1939 dem Werk seinen Segen. – Das wäre mithin zu einer Zeit gewesen, da er kaum noch die Kraft besaß, sich mit Bullitt auseinanderzusetzen. Veröffentlicht wurde das Buch jedoch erst 1967, und die oft platten psychoanalytischen Erklärungen deuten darauf hin, daß Bullitt das Manuskript noch einmal »überarbeitet« hat.

Der Kerngedanke besteht darin, daß der »kleine Tommy« Wilson, der sich als Kind nie geprügelt hatte, seinen frommen Vater wie einen Gott verehrte. Die Folge: Wilson empfand sich unbewußt als Gottes Sohn, als Christus, dem aufgetragen war, die Menschheit zu erretten. Dieser von Erlösungsphantasien beseelte »Messias« traf auf der Konferenz in Paris auf eine Riege ausgekochter Realpolitiker, die er fälschlicherweise als christliche Brüder betrachtete und mit noblen Reden von seinen Ideen zu überzeugen gedachte. Denn zu kämpfen hatte der »kleine Tommy« ja nicht gelernt. Doch aus dem »Frieden ohne Sieger« wurde nichts, obgleich Wilson damals der mächtigste Mann der Welt war und etwa finanziellen Druck auf seine politischen »Brüder« hätte ausüben können. Statt dessen pokerten die Staatschefs der Siegermächte, allen voran Frankreichs Georges Clemenceau, diesem »Edelknaben« den »Versailler Vertrag« ab, der in den Verliererstaaten wie Deutschland zu Leid und Unruhen führte.

Bei Erscheinen des Buches[3], das bis heute nicht ins Deutsche übersetzt worden ist, urteilte die *New York Times*, Herr Dr. Freud sei diesmal zu weit gegangen. Und die Historikerin Barbara Tuchman erklärte gleichsam stellvertretend für ihre Zunft: Als »ein Instrument der Erhellung« könne »die Psychoanalyse viel leisten – doch nur unter einer Bedingung: daß sie von einem verantwortungsbewußten Historiker angewandt wird«. Tatsächlich hatte Freud viel zuwenig Ahnung von der amerikanischen Innen- und Außenpolitik. Und Co-Autor Bullitt, der später unter Präsident Franklin D. Roosevelt Karriere machte, arrangierte die Fakten offenbar mit dem vorgefaßten Ziel, Wilson als einen unfähigen Idealisten bloßzustellen.

Die Ablehnung, auf die das Wilson-Porträt stieß, mag die Lust der Analytiker gebremst haben, sich über zeitgenössische Politiker zu äußern. Wer es dennoch riskiert, muß zumindest in Deutschland mit Ärger rechnen, wie ihn sich 1966 ein Kollege einhandelte. Alexander Mitscherlich sprach damals in einer Fernsehsendung dem CDU-Politiker Rainer Barzel die Fähigkeit zum Parteiführer und Bundeskanzler ab. Der 41jährige Barzel wurde von der CDU als »junger Mann« verkauft. Mitscherlich hingegen maß ihn an dem jugendlichen US-Präsidenten John F. Kennedy und kam zu dem Schluß, daß Barzel ein »geglätteter Mensch« sei, der sich bislang durch keine originelle politische Idee ausgezeichnet habe. Barzel sei der Typ einer »kommenden Angestellten-Kultur«.

Obgleich das Urteil des Analytikers von jedem halbwegs gebildeten Barzel-Kritiker hätte stammen können, empfanden die CDU und die ihr nahestehenden Zeitungen Mitscherlichs Bemerkungen als einen »ungeheuerlichen Vorgang« *(Bayern-Kurier)*. Der Analytiker habe den Politiker »vor einem Millionenpublikum gleichsam auf die Couch gezerrt« und damit das Recht verwirkt, »als Arzt tätig und für die Ausbildung junger Ärzte zuständig zu sein«.

Mitscherlich selbst nahm den Angriff gelassen hin. »Die deutschen Politiker«, schrieb er, »werden sich an den Auszug deutscher Professoren aus dem Elfenbeinturm gewöhnen müssen« – eine Prophezeiung, die sich, von Ausnahmen abgesehen, bis heute nicht erfüllt hat.

1 Johannes Cremerius (Herausgeber): »Neurose und Genialität – Psychoanalytische Biographien«, S. Fischer Verlag, Frankfurt/Main, 1971

2 Eine der glänzendsten Biographien schrieb Marie Bonaparte:

»Edgar Poe – Eine psychoanalytische Studie – Mit einem Vorwort von Sigmund Freud und einem Nachwort von Oskar Sahlberg«, 3 Bände, Suhrkamp Verlag, Frankfurt/Main, 1981

3 *Sigmund Freud and William C. Bullitt: »Thomas Woodrow Wilson – A Psychological Study«, Houghton Mifflin Company, Boston, The Riverside Press, Cambridge, 1967*

Körper und Seele: Einheit oder Zweiheit?

Zum Schaden der Patienten ist die Psychosomatische Medizin viel zu wenig anerkannt

Die Psychosomatische Medizin geht davon aus, daß es körperliche (somatische) Leiden gibt, die durch seelische Faktoren bedingt, mitbedingt oder unterhalten werden. In welcher Beziehung Körper und Seele zueinander stehen, ist – entgegen weitverbreiteter Meinung – ziemlich ungeklärt. Sigmund Freud, der oft genug beobachtete, wie sich ein seelischer Konflikt in einem physischen Leiden ausdrückt, konnte sich darauf Zeit seines Lebens keinen rechten Reim machen.

Obgleich viele seiner Schriften neu verlegt worden sind und kürzlich eine Biographie über ihn erschienen ist, kennt man ihn bei uns kaum noch. Sogar im großen Brockhaus, in dem sein Name hinter dem des Clowns Grock auftauchen müßte, wird er nicht erwähnt. Dagegen feiert man ihn in anderen Ländern, besonders in den USA, längst als Klassiker.

Die Rede ist von Georg Groddeck, der von 1866 bis 1934 lebte und zu den Vorreitern der psychosomatischen Medizin zählt. Groddeck gebührt vor allem der Ruhm, die an Sigmund Freud orientierte Psychotherapie als Behandlungsmethode des praktischen Arztes entdeckt zu haben.[1]

Unter »psychosomatischer Medizin« versteht man, verkürzt gesagt, die Lehre von den körperlichen (somatischen) Leiden, die durch seelische Faktoren bedingt, mitbedingt oder unterhalten werden. Plastischer, der psychosomatisch tätige Arzt begnügt sich nicht damit, eine Verstopfung zu kurieren. Im Mittelpunkt seiner Bemühungen steht der Mensch, der an Verstopfung leidet. Zwar arbeiten die Psychosomatiker auch mit anderen Therapieformen, aber gleichwohl ist die Psychoanalyse die wichtigste von ihnen. Man kann sogar sagen, daß sie die Grundlage der psychosomatischen Medizin bildet. Das wird klar, wenn man bedenkt, daß Sigmund Freud als erster das Phänomen zu ergründen versuchte, wonach sich ein seelischer Konflikt in einem körperlichen Leiden ausdrücken kann. Freud selbst hat allerdings nie Menschen behandelt, die ihm primär organkrank erschienen. Er glaubte zwar, seine Technik könne vielleicht nicht nur bei Neurotikern erfolgreich sein. Doch sah er es nicht gern, wenn seine Schüler Patienten mit Asthma, Magengeschwüren oder einem Herzinfarkt behandelten, da er fürchtete, daß ihnen dabei das »psychologische Denken« abhanden komme und sie in die Rolle des Organ-Arztes fallen würden. Er verfolgte aber mit Interesse, wenn sich Mediziner – Internisten, Allgemein-Ärzte – mit der Psychoanalyse vertraut machten und sie bei der Diagnose und Therapie organisch kranker Patienten anwandten.

Ist eine Wissenschaft geboren, durchläuft sie zunächst eine spekulative Phase. Das heißt, sie ist weniger durch strenges Denken und genaues Forschen als durch verwegene Einfälle gekennzeichnet. In der Psychosomatik steht für diesen Zeitabschnitt Georg Groddeck, der in Baden-Baden ein Sanatorium leitete. Groddeck war ein genialischer Mann, ständig damit beschäftigt, neue und oft wild anmutende Ideen zu produzieren. Sein Hauptwerk, »Das Buch vom Es«, besteht aus einer Sammlung von Briefen, die an eine »Freundin« gerichtet sind. Dabei handelt es sich wahrscheinlich um seine spätere zweite Frau[2]. Er selbst bezeichnete seine Briefe als »anregendes Geplänkel« und unterschrieb sie mit dem Namen Troll, was Kobold bedeutet. Seine Einfälle und die von Sigmund Freud verglich er so: »Was vernünftig oder nur ein wenig seltsam klingt, stammt von Prof. Freud und dessen Mitarbeitern; was ganz ver-

Ein Unfall auf der Autobahn, wie er täglich passiert. In den zwanziger Jahren fanden Versicherungs-Experten heraus, daß Menschen, denen ein Unfall zugestoßen war, mit weit höherer Wahrscheinlichkeit wieder in einen Unfall verwickelt sein werden als Menschen, die noch nie verunglückt sind. Als sich dann die Psychoanalytiker in die Unfallforschung einschalteten, fanden sie heraus, daß Menschen häufig die unbewußte Tendenz haben, einen Unfall herbeizuführen. Dabei können zum Beispiel blinde, aggressive Verletzungswünsche oder der unbewußte Wunsch nach Selbstbestrafung eine Rolle spielen.

rückt ist, beanspruche ich als mein geistiges Eigentum.« Freud, der ihm trotz sachlicher Differenzen zugeneigt blieb, nannte Groddeck noch einen weiteren Grund, weshalb er sich nicht selbst mit der Psychosomatik beschäftigen wolle. 1921 schrieb der 65jährige Begründer der Psychoanalyse an den Kurarzt: Er sei zu alt. Würde er den Baum (gemeint ist die Psychosomatik) pflanzen, so könne er die Früchte nicht mehr selbst pflücken. Deshalb pflanze er den Baum erst gar nicht. Das sei »gemein, aber wahrhaft«.

In Groddecks Schriften nimmt das Wort »Es« eine Schlüsselstellung ein. Auf diesen Ausdruck waren vor ihm schon die Philosophen gestoßen. Friedrich Nietzsche zum Beispiel klärte die Logiker über ihren »Aberglauben« auf: Ein Gedanke komme, wenn »er« will – und nicht, wenn »ich« will. Deshalb müsse es heißen »es denkt«, oder genauer »denkt«, weil nur das Wort »denkt« den Vorgang des Denkens beschreibt, während das »es« ihn lediglich auslegt.

Groddecks »Es« umfaßt den ganzen Menschen. Der Arzt dachte, daß wir vom »Unbekannten belebt« werden. In uns »ist ein Es, irgendein Wunderbares«, das alles, was wir tun oder was mit uns geschieht, regelt. Über dieses Es, das in unserem Körper nicht nachweisbar ist, »wissen wir nichts«. Bei dem Ausdruck handelt es sich also nur um eine Annahme, eine Arbeits-Hypothese, die helfen soll, psychosomatische Phänomene besser zu verstehen. Sigmund Freud war von dem Wort so fasziniert, daß er es für sein zweites Modell der seelischen Instanzen – »Es – Ich – Über-Ich« – benutzte – allerdings in einem engeren Sinn. Für ihn war das Es der Triebpol des Menschen.

Wenn sich ein verdrängter Konflikt in einem körperlichen Leiden ausdrückt, so kann man die Krankheit als Zeichen oder Symbol des unbewußten Konflikts betrachten. Groddeck ging jedoch weiter. Für ihn waren alle Lebensvorgänge symbolische Darstellungen des »Es« – also auch sämtliche Krankheiten. Gemäß dieser Auffassung behandelte er seine meist organisch leidenden Patienten nicht nur mit einer speziellen Diät und Massage-Technik, sondern – und das vor allem – mit dem Rüstzeug der Psychoanalyse. Doch ist nicht klar, welche Rolle seine ungewöhnliche Ausstrahlung dabei spielte. Denn erfahrungsgemäß werden Patienten häufig schneller gesund, wenn sie auf ihren Arzt »schwören«.

Zweifellos überschritt der phantasiebegabte Groddeck die Grenzen der wissenschaftlichen Vernunft. So behauptete er, der Herzfehler würde von der Liebesschuld und deren Verdrängung erzählen. Der Gebärmutterkrebs berichte von den Sünden wider die Mutterpflicht und bereuter Wollust. Und der Penis infiziere sich mit Syphilis, um gegen den allzu begehrlichen Geschlechtstrieb zu protestieren. Gleichwohl war dieser »Heiler«, wie sich Groddeck verstand, kein Kobold, sondern ein Pionier auf dem Gebiet der psychosomatischen Medizin. Er gehörte, so der Professor Thure von Uexküll, zu den ersten Ärzten, die herausfanden, daß auch organische Krankheiten einen Sinn haben können – so den, uns vor noch schrecklicheren seelischen Leiden zu bewahren. Diese Erkenntnis stand im Gegensatz zum konventionellen Denken der Medizin und besaß »den Glanz echter Entdeckungen« (von Uexküll).

Inzwischen hat sich die Psychosomatik zu einer Wissenschaft entwickelt, die aus hochkomplizierten Konzepten und Modellen besteht und an den Universitäten gelehrt wird. Dennoch ist sie bisher aus dem Schatten der am Körper des Menschen orientierten Schulmedizin nicht herausgetreten. Ihr bescheidenes Dasein verdeutlichte der Psychosomatiker Alexander Mitscherlich in seinem Buch »Krankheit als Konflikt«.[3] Setzt man, rechnete er, die Veröffentlichung medizinischer Beiträge mit hundert Prozent an, so befassen sich nur ein Prozent der Schriften mit psychosomatischen Themen. Und von diesem einen Prozent sei nur jede zehnte Arbeit seriös, denn nicht jedes Gerede eines Arztes über die Seele könne hinzugezählt werden. Das mangelnde Verständnis für den seelischen Anteil an einer Krankheit führte Mitscherlich unter anderem darauf zurück, daß sich die Medizinstudenten während der Grundausbildung zu sehr mit Leichen beschäftigen müssen. Dadurch bleibe ihr Interesse an der Psyche des Leidenden unterentwickelt.

Sobald eine Wissenschaft etabliert ist und über ein hohes Ansehen verfügt, neigen die mit ihr befaßten Forscher, Lehrer und Praktiker dazu, sich gegen äußere Einflüsse abzuschotten. Das gilt in hohem Maße auch für die Organmedizin, die sich den Erkenntnissen der Psychosomatik nur zögernd öffnet. Deutlich machte diese Misere der Hamburger Professor Arthur Jores, als er einen weitgehend unbekannten Sachverhalt hervorhob. Der Internist und Psychosomatiker: Unter zweitausend beschriebenen Krankheitsbildern gibt es nur fünfhundert, bei denen eine somatische Ursache bekannt ist. Ganz unwahrscheinlich sei die Vorstellung, man habe die physischen Ursachen der verbleibenden 1500 Krankheiten nur noch nicht entdeckt. Viel glaubhafter hingegen erscheine die Annahme, daß bei diesen Krankheiten seelische Faktoren die Ursache bilden. Jores wies darauf hin, daß die Zahl der Krankheiten, unter denen Tiere leiden, wesentlich geringer ist als die der menschlichen – was wiederum für die Behauptung der psychischen Ursachen spricht.[4]

Nach der Enquête der Bundesregierung zur Lage der Psychiatrie, Psychotherapie und Psychosomatik in der Bundesrepublik Deutschland (1975) leiden rund zwei Drittel aller Patienten, die praktische Ärzte aufsuchen, an psychischen Störungen, davon nach allgemeiner ärztlicher Erfahrung etwa 50 Prozent an psychosomatischen Beschwerden. Ein nicht ganz so hoher Anteil von Neurosen, Persönlichkeitsstörungen und psychosomatischen Krankheiten findet sich im Patientenkreis von Kinderärzten, Internisten, Frauen- und Hautärzten.

Undurchsichtig müssen dem somatisch orientierten Arzt auch Erscheinungen dieser Art bleiben: In der gesamten Bevölkerung erreicht die Krankheitskurve im Dezember ihren Höhepunkt. Ausgenommen sind die Postbeamten und -angestellten. Dabei handelt es sich bei dieser Berufsgruppe um Menschen, die als Briefträger und Schalterbeamte einer erhöhten Infektionsgefahr und – wegen der Weihnachtspost – zusätzlichen Belastungen ausgesetzt sind. Doch holen die bei der Post arbeitenden Menschen ihre Krankheiten, vor allem die »Grippe«, nach – und zwar im Februar, wenn weniger zu tun ist. Somatisch gesehen läßt sich dieser Verzögerungseffekt überhaupt nicht erklären.

Ein ähnliches Bild boten Kriegsgefangene, die für Tuberkulose anfällig waren. Diese Krankheit bricht vor allem bei mangelhafter Ernährung aus. Untersuchungen haben jedoch ergeben, daß viele Soldaten die entbehrungsreichen Jahre in den Lagern gesundheitlich gut überstanden haben. An Tuberkulose erkrankten die meisten Männer erst nach ihrer Entlassung – zu einer Zeit also, in der ihre Ernährung wieder gesichert war. Auch in diesem Fall ist die Verzögerung, somatisch betrachtet, völlig unverständlich. Begreiflich wird so die Forderung eines Mitbegründers der psychosomatischen Medizin. Die Lehre von der Krankheit der Organe, erklärte der Heidelberger Professor Viktor von Weizsäcker (1886–1957), erkläre uns fast nie, warum die Krankheit gerade »jetzt« und »hier« ausbricht. Man solle also probieren, »ob die Psychologie nicht diese Ergänzungen bringen kann«.

Zumindest die Postbeamten, für die der Dezember der härteste Monat ist, führen vor, daß Überbelastung nicht unbedingt »Streß« bedeutet. Der psychosomatische Ausdruck Streß steht vielmehr dafür, wie ernst und verbissen ein Mensch seine Arbeit nimmt. Mit dem Ernst und der Verbissenheit können dann Krankheiten wie Magengeschwüre, Bluthochdruck oder Herzinfarkte einhergehen. Psychosomatiker sprechen in der Regel dann von Streß, wenn ein Mensch den Veränderungen in seiner Umwelt nicht mehr gewachsen ist – und nicht, wenn er mehr arbeitet. Oder anders: Streß ist die Reaktionsweise eines Menschen, der infolge einer Belastung sein inneres Gleichgewicht verloren hat. Und er hat es verloren, weil seine Strategie der Anpassung an die veränderte Umwelt versagt hat. Die erhöhte seelische und körperliche Erregung, die er spürt, stellt den Versuch dar, die Anpassung an die Umwelt und damit das innere Gleichgewicht wiederherzustellen. Gelingt dies, verschwindet die Erregung bald wieder. Gelingt dies nicht, kann die Erregung zum Ausgangspunkt einer Krankheit werden.

1926 flatterte deutschen Versicherungsunternehmen eine merkwürdige Statistik ins Haus. Daraus ging hervor, daß Menschen, denen ein Unfall zugestoßen war, mit weit höherer Wahrscheinlichkeit wieder in einen Unfall verwickelt werden als Menschen, die noch nie verunglückt waren. In den USA machte eine große Busgesellschaft ähnliche Erfahrungen. Besorgt über die steigende Unfallquote, zog sie alle jene Fahrer aus dem Verkehr, die mehrmals in Unfälle verwickelt gewesen waren. Daraufhin sank die Zahl der Unfälle um achtzig Prozent. Die Fahrer wurden anderweitig beschäftigt. Dabei stellte sich heraus, daß sie an ihren neuen Arbeitsplätzen weiterhin an überdurchschnittlich vielen Unfällen beteiligt waren.

Wenn ein Mensch vom Blitz getroffen wird oder ihm ein Dachziegel auf den Kopf fällt, spricht man mit Recht von einem unglücklichen Zufall. Bei den Fahrern der Busgesellschaft ließ sich diese Zufallsbehauptung jedoch nicht aufrechterhalten. Sie hatten nicht einfach nur Pech gehabt. Vielmehr mußten andere Gründe im Spiel sein. Die Frage war nur – welche?

Eine Antwort darauf gelang der in die USA emigrierten Ärztin Flanders Dunbar. Die in Wien und Berlin ausgebildete Psychoanalytikerin stellte folgende These auf: Das Leben besteht aus einer Kette von Ereignissen, auf die wir gefühlsmäßig reagieren, und zwar immer auf die gleiche Art. Denn das Grundmuster für unsere emotionalen Reaktionen wird, wie Sigmund Freud lehrte, in der frühen Kindheit festgelegt, so daß es sich bei den Gefühlsreaktionen in unserem erwachsenen Leben im Kern um Wiederholungen unserer kindlichen Reaktionsweisen handelt. Unter der Voraussetzung, daß körperliche Leiden psychisch bedingt sein können, müßten Menschen, die gemeinsame seelische Merkmale aufweisen, für die gleichen Krankheiten anfällig sein.

In einer großen New Yorker Klinik, in der Flanders Dunbar in den dreißiger und vierziger Jahren forschte, fand die Ärztin heraus, daß zum Beispiel Herzkranke ein »Persönlichkeitsprofil« haben, das viele Gemeinsamkeiten enthält. Die meisten Patienten fielen durch Strebsamkeit und zielbewußtes Handeln auf. Sie hatten ihr Leben sorgfältig geplant und auf »Fernziele« ausgerichtet. Das heißt, sie ordneten die Gegenwart der Zukunft unter und bremsten den Impuls in sich, spontanen Einfällen nachzugeben und unkontrolliert Entscheidungen zu treffen. Statt auf Intuition und Phantasie setzten sie auf methodisches Denken. Sie überlegten stets genau, welcher Schritt als nächster zu tun sei.

Geprägt wird diese Fähigkeit in der Kindheit, wenn die Eltern das »du mußt« in den Vordergrund der Erziehung rücken, so daß der Zwang, ständig etwas zu müssen – also braver, fleißiger und ehrgeiziger zu sein als die Spielgefährten –, vom Kind schließlich verinnerlicht wird. Jedoch, Frau Dunbars Methoden, so der Arzt Thure von Uexküll, waren damals noch nicht gut genug entwickelt, um damit exakte Persönlichkeitsprofile von Herzkranken und Patienten mit anderen organischen Leiden zu zeichnen. Wie sie selbst erkannte, gab es zu viele Ausnahmen.

In einem Fall gelangen ihr allerdings verblüffende Resultate, und zwar dort, wo sie es überhaupt nicht erwartet hatte: auf der chirurgischen Unfallstation. Die Patienten dieser Abteilung bildeten eine zusammengewürfelte Schar von Menschen, deren Verletzungen man sich gewöhnlich nicht dadurch erklärt, daß man seelische Ursachen vermutet.

Frau Dunbar bestätigte die Annahme, wonach die meisten Verunglückten schon mehrmals in Unfälle verwickelt gewesen waren. Und mit Hilfe der psychoanalytischen Technik entdeckte sie, daß diese Unfalltypen ihre Unfälle mitarrangierten. Das bedeutet, nach der Freudschen Theorie geschieht in unserer Psyche – genauer: in unserem Unbewußten – nichts zufällig. Demnach stellt eine Unachtsamkeit oder »Fehlleistung« ein seelisches Geschehen dar, in dem das Unbewußte in unseren bewußt vollzogenen Handlungsablauf eingreift und ihn in seinem Sinn verändert. Der bekannte Witz, wonach Freud einen jungen Mann gefragt hat, ob er sich selbst befriedige, und darauf die Antwort »O – na – nie« erhielt, ist ein treffendes Beispiel dafür, wie das Unbewußte korrigiert, was unser Bewußtsein zu bestreiten versucht.

Weshalb das Unbewußte die geheime Tendenz hat, einen Unfall

zu produzieren, läßt sich nur durch eine genaue Analyse aufdecken. Bei Verkehrsunfällen spricht man häufig von einer erhöhten Aggression, die durch rücksichtsloses Fahren abgeführt wird. Dabei können unbewußte Verletzungswünsche eine Rolle spielen, die so stark sind, daß eine Selbstbeschädigung in Kauf genommen wird. Möglich ist auch, daß die Ursache für eine Kurzschlußreaktion in einem diffusen Schuldgefühl liegt, das wiederum ein unbewußtes Bedürfnis nach Bestrafung der eigenen Person weckt.

Nach einem Unfall, so haben Ärzte beobachtet, bricht bei Menschen mitunter ein Leiden aus, das die Bezeichnung »Rentenneurose« trägt.

Das heißt, die Patienten wehren sich unbewußt dagegen, wieder gesund zu werden. So berichtete Professor Thure von Uexküll von einem Arbeiter, der beim Baumfällen einen Oberschenkelbruch erlitten hatte. Im Krankenhaus fühlte sich der Patient derart wohl, daß es nach der Entlassung zu Schwierigkeiten kam. Obgleich der Bruch gut verheilt war, klagte er über Schmerzen im Bein und behauptete, nicht mehr arbeitsfähig zu sein. Als sein Rentenbegehren abgelehnt wurde, traten andere Beschwerden auf – zunächst Magenschmerzen, schließlich ein Geschwür am Zwölffingerdarm. Von Uexküll hielt diese Krankheiten für seelisch bedingt. Hinter dem Leiden stecke der infantile Wunsch des Patienten, der Staat solle für ihn sorgen wie in der Kindheit die nährende Mutter.[5]

Flanders Dunbar versuchte, bestimmte Persönlichkeitstypen bestimmten Krankheiten zuzuordnen. Der Psychosomatiker Franz Alexander – er war von Berlin nach Chicago übergesiedelt, wo er 1932 ein Psychoanalytisches Institut gründete – ging hingegen von der Annahme aus, daß spezifische seelische Konflikte mit spezifischen organischen Leiden korrelieren. Dazu muß man wissen, daß es außerordentlich schwierig ist, eine Beziehung zwischen der Seele und dem Körper zu beweisen. In Blindtests erfuhren Alexander und seine Mitarbeiter die Lebensgeschichte kranker Menschen. Die Biographien enthielten jedoch keinerlei Hinweise auf die Art der Leiden. Auf Grund der psychologischen Daten mußten die Ärzte dann die Krankheiten der ihnen unbekannten Patienten diagnostizieren. Dabei trafen sie in sechzig bis siebzig Prozent aller Fälle ins Schwarze – was der Quote entspricht, die Mediziner erzielen, wenn sie sich in einem ersten persönlichen Gespräch ein Bild von der Krankheit eines Menschen machen. Die Möglichkeit, wonach die Chicagoer Ärzte zufällig auf das richtige Leiden hätten tippen können, betrug elf Prozent. Damit gewann die Behauptung weiter an Kraft, daß die Psyche etwas mit einem kranken Organ zu tun hat.

Der in Ungarn geborene Alexander entwickelte unter anderem ein Konzept, das aus psychoanalytischer Sicht die Entstehung von Magengeschwüren beschreibt. Dieses Modell, das später von anderen Ärzten geringfügig verbessert wurde, sieht, vereinfacht, etwa so aus:

Die erste Form von Liebe, die ein Säugling erlebt, ist die Zufuhr von Nahrung. Sie gibt dem Kind Sicherheit. Der spätere Ulkus-Kranke kommt entweder mit einem vererbten »aufgeregten« Magen zur Welt, oder sein Magen produziert auf Grund mangelnder Zuwendung der ihn nährenden Person (Mutter) übermäßig viel Säfte. In beiden Fällen bedeutet dies: Die Babys werden von Hungererlebnissen gequält. Dadurch manifestiert sich im Lauf der Zeit bei den Kindern eine Abhängigkeit, eine hilfesuchende Anlehnungstendenz. Der seelische Konflikt bricht aus, wenn der Stolz der Kinder erwacht und sie spüren, daß ihre Abhängigkeit dem Streben nach Unabhängigkeit widerspricht. Die Folge ist eine »Reaktionsbildung«. Das heißt, das Kind verdrängt den Wunsch nach Anlehnung und entwickelt sich scheinbar zu einem autonomen und willensstarken Menschen, der sich in unserer Konkurrenzgesellschaft oft erfolgreich behauptet und eine glänzende Karriere macht. Jedoch, die ins Unbewußte verdrängten Säuglingsphantasien nach Nahrung (= Sicherheit und Geborgenheit) halten die Person in einer »Hungerstimmung«, die sie nur diffus wahrnimmt. Die Stimmung führt dazu, daß der Magen sich ständig so verhält, als ob er Nahrung aufnehmen würde oder kurz vor der Zufuhr von Speisen stünde. Er arbeitet und produziert seine Säfte gleichsam ins Leere hinein. Da-

Der Kurarzt Georg Groddeck gehört zu den Pionieren der Psychosomatischen Medizin. Für einen seriösen Forscher war er zu phantasiebegabt. So dachte er, der Gebärmutterkrebs berichte von der Sünde wider die Mutterpflicht und bereuter Wollust. Und der Penis infiziere sich mit der Syphilis, um gegen den allzu begehrlichen Geschlechtstrieb zu protestieren. Gleichwohl war Groddeck kein »Kobold«, wie er sich nannte. Seine Erkenntnis, wonach auch organische Leiden einen »Sinn« haben können, besaß »den Glanz echter Entdekkungen« – so Professor Thure von Uexküll.

Zu den Mitbegründern der Psychosomatischen Medizin gehört Professor Viktor von Weizsäcker. Da uns die Lehre von der Krankheit der Organe fast nie erklärt, warum eine Krankheit gerade »jetzt« und »hier« ausbricht, forderte der Professor, man solle probieren, »ob die Psychologie nicht diese Ergänzungen bringen kann«.

Der Hamburger Professor Arthur Jores brachte einen weithin unbekannten Sachverhalt an die Öffentlichkeit. Danach gibt es unter 2000 beschriebenen Krankheitsbildern nur 500, bei denen eine somatische (körperliche) Ursache nachweisbar ist. Dies legt die Vermutung nahe, daß die übrigen 1500 Krankheiten ihren Ursprung in der Seele haben.

Der Psychoanalytikerin Flanders Dunbar gelangen in den Jahren vor dem Zweiten Weltkrieg aufsehenerregende Entdeckungen. So fand die in New York arbeitende Ärztin heraus, daß Menschen, die in einen Unfall verwickelt sind, den Unfall häufig unbewußt mitarrangieren.

Der Arzt Franz Alexander, der 1932 von Berlin nach Chicago übergesiedelt war, versuchte herauszufinden, ob bestimmte Konflikte mit bestimmten organischen Krankheiten korrelieren. Besonders eindrucksvoll gelang ihm der Nachweis bei Menschen, die an Magengeschwüren litten.

Der griechische Philosoph Platon (427–347 vor Chr.) zerriß die Einheit von Körper und Seele, indem er der Seele eine eigene »Wesenheit« zuschrieb. Damit hatte der Denker den Menschen zu einem Doppelwesen gemacht, dessen Einheit Trug sei. Diese Behauptung, die sich in der Philosophie und später in den Naturwissenschaften durchsetzte, hat die Entwicklung der Psychosomatischen Medizin extrem behindert.

durch kommt es zu einer Überreizung und schließlich zu Magengeschwüren. Dazu der Psychosomatiker Alexander sinngemäß: Je stärker der verdrängte Wunsch nach Anlehnung abgewehrt wird, um so heftiger wird der unbewußte Hunger nach Liebe und Hilfe, auf die der Säugling in Form von Nahrung hatte verzichten müssen. Der Ulkus-Kranke verlange »nach Nahrung als einem Symbol für Liebe und Hilfe viel mehr als nach Sättigung eines physiologischen Bedürfnisses«.[6] So wird auch begreiflich, weshalb sich bei vielen Menschen nach Operationen neue Magengeschwüre bilden. Denn der Chirurg kann die Ursache – die Hungerstimmung – nicht beseitigen. Zugleich bestätigt die Beobachtung Alexanders, daß bestimmte seelische Konflikte mit bestimmten Organkrankheiten einhergehen können.

Zu den berühmten Patienten, die sich Anfang des Jahrhunderts in Sigmund Freuds Praxis trauten, gehörte der Dirigent Bruno Walter. Er litt an einer Armlähmung, die es ihm unmöglich machte, den Taktstock zu führen. Wie Freud genau über das Leiden des Musikers dachte, ist nicht bekannt. Vermutlich sah er darin ein Symptom für einen unbewußten Konflikt, der in kindlichen Ängsten – wie der Angst zu versagen – begründet war. Nach einem Urlaub in Sizilien, zu dem Freud ihm riet, und mehreren Sitzungen in der Berggasse hatte Walter seine Krise erfolgreich bewältigt.

Was Freud bei dem Dirigenten und anderen Patienten entdeckt hatte, nennt man eine »Ausdruckskrankheit«. Ein seelischer Konflikt wird durch Konversion (Umwandlung) in einem körperlichen Leiden ausgedrückt. Ein Magengeschwür ist jedoch keine Ausdruckskrankheit. Thure von Uexküll nennt das Ulkus vielmehr eine »Bereitstellungskrankheit«. Unter »Bereitstellung« versteht man, daß der Körper für bestimmte »Stimmungen« oder Situationen bestimmte Organe bereitstellt. Zum Beispiel steigt bei Sportlern, die in den Startlöchern knien, der Blutdruck. Das heißt, er erhöht sich, bevor der Körper die Steigerung braucht. Mithin stellt der Körper einen erhöhten Blutdruck bereit, damit der Läufer sein Anfangstempo verschärfen kann.

Dies geschieht automatisch. Wie sich die Überproduktion von Magensäften dem Willen des Kranken entzieht, so steigt auch der Blutdruck des Sportlers, ohne daß er den Vorgang willentlich beeinflußt. Zwar gibt es Menschen, die durch einen Willensakt ihren Blutdruck regulieren können. Doch ein Läufer, der diese Fähigkeit besitzt, müßte sich dazu in eine andere – gleichgültige – Stimmung versetzen. Bezieht man diese Erscheinung auf die psychosomatischen Leiden, fällt ein Unterschied auf: Die sogenannten Ausdruckskrankheiten äußern sich an Teilen des Körpers, die in der Regel unserem Willen gehorchen (Beispiel: Bruno Walters rechter Arm). Die Bereitstellungskrankheiten hingegen betreffen Organe, die unserem Willen weitgehend entzogen sind.

Langzeitbeobachtungen von *unbehandelten* Ausdrucks- und Bereitstellungskrankheiten haben gezeigt, daß beide Erkrankungsformen bei ein und demselben Menschen sowohl gleichzeitig als auch nacheinander auftreten können. Auch gibt es Übergänge von Ausdruckskrankheiten in Bereitstellungskrankheiten, wie beim Magengeschwür, dem in der Regel eine lange Phase der Magenneurose (nervöser Magen) vorausgehen kann.[7]

Der Psychosomatiker Jan Bastiaans untersuchte eine weit verbreitete Form von Hypertonie (Bluthochdruck).[8] Danach erkannte er im Hypertoniker einen Typ, der ein in der Kindheit begründetes, stark ausgeprägtes »Recht–Macht–Pflicht–Ideal« in seinem Über-Ich verinnerlicht hat. Der Blutdruckkranke verhalte sich wie ein »Tiger im Käfig«, der immerzu seine Beute anspringen will und dabei aus seinem Sprungverhalten nicht herauskommt. Denn ein strenges »Über-Ich« (Gewissen, gesellschaftliche Normen usw.) verbietet es ihm, seine Aggressionen auszuleben und so eine Beruhigung – speziell die des Blutkreislaufs – herzustellen.

Inzwischen sind die wichtigsten Krankheiten in psychosomatischen Konzepten oder Modellen beschrieben worden. Überdies weiß man, welche besonderen Merkmale einen Menschen charakterisieren, dessen somatische Leiden psychisch bedingt, mitbedingt oder unterhalten werden. Eine häufige Begleiterscheinung ist die

»Alexithymie«, das Unvermögen, Gefühle wahrzunehmen und in einer emotionalen Sprache auszudrücken. Der Kranke leugnet seine Phantasien, weil sie ihn mit seinen inneren Konflikten in Berührung bringen könnten. Das Phänomen wird widersprüchlich erklärt. Es gibt Ärzte, die eine Störung der Wahrnehmung annehmen, die das Kind in den ersten drei Lebensjahren erworben hat. Das heißt, das Kind kann Gefühle nicht richtig wahrnehmen und ordnen. Andere Ärzte sprechen bei den Bereitstellungskrankheiten (wie Magengeschwüren) von einer »zweiphasigen Verdrängung«, bei der die erste dem von Freud beschriebenen Phänomen entspricht. Es besagt, daß Konflikte dem Bewußtsein entzogen werden und in der Verdrängung bleiben. Treten die verdrängten Konflikte dann als Ausdruckskrankheiten auf, geschieht das an Stellen des Körpers, die dem bewußten Willen gewöhnlich gehorchen, im Fall der Ausdruckskrankheit aber nicht. Beispiel: Bruno Walters Armlähmung.

Der psychosomatisch Kranke hingegen reagiert zusätzlich mit einem zweiten Verdrängungsakt, der Spannungen und Konflikte in den vegetativ-körperlichen Bereich verdrängt. Das heißt, der psychosomatisch Kranke reagiert wie ein Kleinkind, dessen psychische Entwicklung noch nicht ausreicht, eine Abwehrleistung zu vollbringen, die dem älteren Kind bereits gelingt. Um die inneren Konflikte abzuwehren, also um sie nicht wahrnehmen zu müssen, treten jene Phänomene auf, die für ein Kleinkind spezifisch sind, nämlich körperliche Schmerzzustände, Durchfall, Schlaflosigkeit und Fieber, die helfen, unangenehme Gefühle (Ängste) zu mildern. Der psychosomatisch Kranke verdrängt also Gefühle auf ähnliche Weise wie ein Säugling.

Nach Auffassung der Ärzte Thure von Uexküll und Wolfgang Wesiak muß ein Mediziner bei der Diagnose und der Therapie drei Ebenen beachten. Was darunter zu verstehen ist, erklären die Autoren am Beispiel der altersbedingten Hypertonie.[9] Ohne den wissenschaftstheoretischen Hintergrund zu berücksichtigen, läßt sich ihr Modell vom Bluthochdruck alter Menschen etwa so zusammenfassen:

Die Menschen leben in sozialen Systemen, in Beziehungen miteinander, die sich im Lauf der Zeit verändern. Der Wandel im Zusammenleben drückte sich unter anderem darin aus, daß die nachwachsende Generation nicht bereit ist, die »Programme« zu übernehmen, nach denen die Alten einst ihre soziale Wirklichkeit aufgebaut haben. Ein Ausschnitt daraus: Zur sozialen Realität der älteren Generation gehören Walzerklänge. Dagegen steht auf dem Programm der Jungen Pop-Musik, mit der die Alten nicht viel anzufangen wissen. Die Alten sind also auf der sozialen Kommunikationsebene, auf der die Jungen sich begegnen und verstehen, nicht mehr integriert. Auf diese Frustration reagieren viele ältere Menschen mit Angst und Aggression (psychische Ebene). Und damit einher geht auf der somatischen Ebene ein Bluthochdruck, der Leiden wie Gefäß- und Herzkrankheiten nach sich zieht.

Das bedeutet: Die erste Ebene – der Wandel im Zusammenleben der Generationen – betrifft die Sozialwissenschaften. Die zweite Ebene – Angst und Aggression – geht die Psychologie an. Und die dritte Ebene – der Bluthochdruck – gehört zum Bereich der somatischen Medizin. Bei einem Patienten mit akutem altersbedingten Bluthochdruck müßte der Arzt auf der dritten Ebene Medikamente verabreichen. Auf der ersten und zweiten Ebene bietet sich hingegen die Psychoanalyse an, weil sie sich mit den Beziehungen der Menschen befaßt und deshalb nicht nur eine am Individuum, sondern auch an der Gesellschaft orientierte (Sozial-) Psychologie ist. Ein Arzt, der mit der Psychoanalyse vertraut ist, könnte zum Beispiel das »Ich« des alten Menschen stärken, so daß er sich in der – von den Jungen beherrschten – Realität besser zurechtfindet.

Überspitzt gesagt, ist die Psychosomatik die Verwissenschaftlichung einer vorwissenschaftlichen Medizin, in der die Behandlung des Körpers und der Seele in der Hand einer Person lag, meist in der des Medizinmanns. Hippokrates, der von 460 bis 377 vor Christus lebte, war zwar der erste Arzt, der Medizin im wissenschaftlichen Sinn betrieb. Gleichwohl dachte er wie seine vorwissenschaftlichen Kollegen, daß der Mensch eine Einheit aus Seele und Körper bilde.

Seine Schüler, die er auf der ägäischen Insel Kos versammelte, lehrte er, der Mensch sei ein beseelter Leib.

Schon sein Zeitgenosse, der Philosoph Platon, widersprach der »Einheits«-Behauptung, indem er der Seele eine eigene Wesenheit zuschrieb und sie mit einem Sträfling verglich, der in einer Kerkerzelle gefangengehalten wird. Der Denker sah den Menschen als ein Doppelwesen, dessen Einheit nur äußerlicher, trügerischer Schein sei.

In der Neuzeit wurde die Auffassung vom gespaltenen Menschen durch den französischen Philosophen René Descartes (1596–1650) vertieft. Der Denker teilte die Welt in eine Zweiheit auf und unterschied dabei zwei Substanzen: die Welt des denkenden Geistes und die der ausgedehnten Körper. Der menschliche Körper war für ihn eine Maschine, die den Gesetzen der Mechanik gehorcht. Mit seinem Dualismus warf Descartes eine Fülle heilloser Probleme auf, die bis heute nicht in einer wissenschaftlich zufriedenstellenden Weise geklärt werden konnten. Verwirrung stiftete vor allem der Begriff der Substanz. Darunter muß man sich etwas vorstellen, was für sich selbst besteht – »das zu seiner Existenz keines anderen Dinges bedarf« (Descartes). Dabei bleibt logisch unklar, weshalb zwei so unterschiedliche Substanzen wie der Geist und der Körper aufeinander einwirken können. Das heißt, es ist letztlich unverständlich, wieso unser Wille (Geist) unsere Hand (Körper) dazu bringt, die Nase anzufassen, und umgekehrt, wie ein hungriger Magen dem Bewußtsein mitteilen kann, daß er Nahrung braucht.

Schon Descartes hatte eingeräumt, daß die Dinge, die zur Vereinigung der Seele mit dem Körper gehören, dem Verstand dunkel bleiben. Gleichwohl sei die Wechselwirkung evident, eine der alltäglichsten Beobachtungen.

Um aus dem logischen Dilemma herauszukommen, bot der niederländische Denker Arnold Geulinxc (1624–1669) sein Uhren-Beispiel als Erklärung an: Wenn zwei Uhren stets übereinstimmend die Stunde schlagen, ist entweder die zweite mit der ersten Uhr verbunden und wird von ihr zum Gleichklang veranlaßt. Oder aber ein genialer Uhrmacher hat beide Zeitmesser so konstruiert, daß sie zwar gemeinsam, aber unabhängig voneinander die Stunde anzeigen. Das Gleichnis besagt: Gott hat, wie der Uhrmacher, die Bewegungen von Wille und Körper gleichgeschaltet, so daß es sich um zwei parallel, aber unabhängig voneinander laufende Vorgänge handelt. Die Vorstellung, der Wille würde die Hand dazu bringen, die Nase anzufassen, ist demnach ein Trugschluß.

Die Parallelitäts- oder Simultan-These klingt merkwürdiger, als sie in Wirklichkeit ist. Sie besitzt den Vorteil, daß sie das Problem der Wechselwirkung ausklammert. Aus diesem pragmatischen Grund wird die Annahme eines seelisch-körperlichen Simultangeschehens von vielen Psychosomatikern bevorzugt. Demnach besteht das Gesamt-Ereignis »Wut« aus zwei parallelen Vorgängen: der seelischen Empfindung »Wut« und dem physischen »Rotwerden vor Wut«. Das heißt, die Psychosomatiker umgehen dabei die Frage nach der Kausalität. Es ist nämlich keineswegs gesichert, wo ein psychosomatisches Gesamtgeschehen beginnt.

Deutlicher wird das am komplexen Vorgang des Essens. Nach der Theorie der Wechselwirkung ist ein hungriger Magen die Ursache dafür, daß wir Nahrung zu uns nehmen. Umgekehrt kann aber auch der Anblick einer Speise die Ursache dafür sein, daß wir Hunger oder Appetit verspüren.

Tatsächlich stellt das Gesamtgeschehen »Essen« ein derart vielschichtiges Ereignis dar, daß man im Normalfall nicht genau feststellen kann, ob die erste Ursache für das komplexe Ereignis Essen im körperlichen oder im seelischen Bereich liegt. Viktor von Weizsäcker: Man weiß nicht, wer anfängt. Die Folge: Das Allerweltsprinzip von Ursache und Wirkung greift bei diesem und anderem psychosomatischen Geschehen nicht richtig.

Die Theorie Descartes', wonach Seele und Körper als zwei getrennte Substanzen gedacht werden müssen, beflügelte vor allem die Mediziner des vorigen Jahrhunderts. Sie konnten das rätselhafte Phänomen Seele gleichsam ausblenden und sich an die Erforschung der Leib-Maschine machen. Dabei gelangen ihnen grandiose Erfolge wie die Eindämmung der Seuchen, die Verringerung der Säuglingssterblichkeit oder die Verbesserung chirurgischer Techniken.

Sigmund Freud war zwar der erste Arzt, der die Bedeutung der Seele wiederentdeckte, jedoch blieb auch er weitgehend im mechanischen Denken seiner Zeit befangen. Besonders in der ersten Phase seines Schaffens stellte er den Konversionsbegriff heraus. Er dachte, daß sich psychische »Erregungssummen« in körperliche Bewegungen umsetzen – etwa so, wie Strom einen Elektromotor in Gang setzt. Diese Erklärung erwies sich, wissenschaftlich gesehen, als wenig brauchbar, da sie sich physikalisch nicht nachvollziehen läßt. So blieb Freud seine Entdeckung, wonach seelische Konflikte in körperliche Leiden konvertieren können, Zeit seines Lebens ein Rätsel.

Anfang der zwanziger Jahre stellte der Schweizer Psychiater Eugen Bleuler ein Modell vor, das den Körper als einen »Gelegenheitsapparat« beschreibt, der je nach Situation von unserem Willen umgebaut wird. Bleulers Konzept hob die Trennung von Leib und Seele zwar nicht auf, stellte aber das Maschinenmodell in Frage. Ein »Gelegenheitsapparat«, der sich von selbst auf Ziele und Zwecke hin umbaut, ist nämlich technisch nicht herstellbar. Deutlicher, ein Auto kann sich nicht selbst umkonstruieren und mit dem Ziel ins Wasser fahren, schwimmen zu lernen.

Wenn ein Christ sagt, er konvertiere, erklärt er damit zugleich, daß es mindestens zwei Kirchengemeinschaften gibt. Würde nämlich nur eine Kirche existieren, könnte der Gläubige nicht konvertieren. Auf die Psychosomatik angewandt heißt das: Sobald wir von einer Konversion – von einem Umschlag psychischer Energien ins Körperliche – sprechen, setzen wir die Spaltung von Leib und Seele bereits voraus. Darauf machte der Psychosomatiker Thure von Uexküll aufmerksam und verband damit die Frage, ob es nicht unser Verstand sei, der mit dem Konversionsbegriff die Trennung von Leib und Seele künstlich erzeugt.

Der Professor, 1908 als Sohn des Biologen Jakob von Uexküll in Heidelberg geboren, entwickelte in seinem Klassiker über die »Grundfragen der psychosomatischen Medizin« ein Modell, in dem er nach einem Ansatzpunkt suchte, der *vor* der künstlichen Trennung von Körper und Geist liegt. Das Modell sieht, stark verkürzt, etwa so aus:

Der Satz »Ich pflücke einen Apfel vom Baum« suggeriert, daß unser »Ich« die treibende Kraft bei dieser Handlung ist. Von Uexküll bestreitet das und wechselt das »Ich« gegen den Begriff des »Motivs« aus. Danach bringt uns das allgemein menschliche Motiv des Appetits auf Äpfel dazu, auf einen Baum zu klettern und den Apfel zu pflücken. Unser »Ich« greift bei dieser und allen anderen Handlungen erst relativ spät ein – nämlich dann, wenn wir entscheiden, ob wir uns auf die Handlung, das Pflücken von Äpfeln, überhaupt einlassen wollen. Ist das der Fall, dann prüft unser »Ich«, ob die Handlung durchführbar ist, ob zum Beispiel die Äste des Baums unser Körpergewicht tragen. Nach Ansicht des Arztes ist es von größter Wichtigkeit, sich klar zu machen, was an einer Handlung den allgemeinen Motiven (wie dem Appetit auf Äpfel) und was dem »Ich« entspringt. Der Appetit auf Äpfel ist nämlich ewig, während die Esser wechseln. Folgt das »Ich« dem allgemeinen Motiv, so geschieht das, indem das Ich sich die Potenz oder die Kraft des Motivs (Appetit auf Äpfel) zu eigen macht und diese aus dem Motiv stammende Kraft »mein Wille« nennt.

Durch diese Erklärung erhält der Begriff der Konversion einen neuen Inhalt. Es findet kein Umschlag vom Seelischen ins Körperliche mehr statt – sondern lediglich ein »Übergang«. Das allgemeine Motiv des Appetits auf Äpfel geht in eine bestimmte Handlung über (Apfelpflücken), wobei unser Ich die Potenz des Motivs adoptiert und sie als »mein Wille« ausgibt. Bevor das Ich diese trickartig anmutende Aneignung vornimmt, wissen wir noch nichts über eine Trennung von Seele und Körper. Und das bedeutet: Von der Ebene des Motivs aus gesehen können wir nicht behaupten, daß es die Spaltung gibt. Von Uexküll nennt die Motive, (wie den Appetit auf Äpfel) auch eine »Grunderfahrung«.

Nun kann es sein, daß der Baum im Garten des Nachbarn steht und das Pflücken des Apfels verboten ist. Dadurch kommt ein neues

Motiv ins Spiel, das nach Freuds Instanzen-Modell – »Es – Ich – Über-Ich« – dem Über-Ich entspringt. Es ist das Motiv des Verbots, das uns abhalten kann, in das Handeln des Apfelpflückens einzutreten. Der Arzt will damit sagen, daß in uns ständig Motive mit Motiven ringen und daß bei diesem Streit unser »Ich« nicht die Rolle des Produzenten, sondern die des Regisseurs spielt. So kann sich das Ich vom Motiv des Appetits auf Äpfel distanzieren, weil es sich die Kraft eines sozialen Motivs aneignet, das ihm sagt: Die Handlung (Apfelpflücken), die das Motiv (Appetit auf Äpfel) dir weist, stört den gesellschaftlichen Frieden mit dem Nachbarn. In Anlehnung an die Lehre Freuds postuliert der Psychosomatiker von Uexküll, daß uns die meisten Motive unbewußt bleiben und wir die Konflikte, die sich in unserem Innern abspielen, oft gar nicht wahrnehmen.

Gewöhnlich lösen wir Motivkonflikte, ohne daß wir dabei krank werden. Mehr noch: Eine große Zahl von Handlungen läuft automatisch, auf der Ebene festliegender Motive ab, so daß das Ich als koordinierender Regisseur erst gar nicht in unserem Bewußtsein auftaucht. Von einer Spaltung sprechen wir erst, wenn ein Glied in der Kette eines Handlungsablaufs ausfällt, so daß die Handlung nur noch bruchstückhaft vollzogen werden kann. Beispiel:

Zwei Männer leiden beim Gesamtgeschehen »Essen« an Schluckbeschwerden. Dadurch gelingt der automatische Handlungsablauf der Nahrungsaufnahme nur noch als Handlungsbruchstück.

Dem ersten Patienten, so stellte sich heraus, war infolge einer Diphterie der Muskel des Gaumensegels gelähmt, so daß ihm der Schluckvorgang unmöglich war. Dieser Muskel verschließt nämlich beim Schluckvorgang den Zugang zum Nasenraum. Beim zweiten Patienten fiel auf, daß er nur am Familientisch, nicht aber beim Essen mit Freunden Schluckbeschwerden bekam. Das deutete darauf hin, daß er unbewußt seinem auf Tischmanieren drängenden Vater das Essen ins Gesicht spucken wollte. Auch bei größter Anstrengung schaffte das Ich des Kranken es nicht, das aus dem Es stammende verdrängte Motiv (»Spucke dem Vater das Essen ins Gesicht«) mit dem aus dem Über-Ich stammenden Motiv der Tischsitten in Einklang zu bringen. Statt dessen kam es wie bei dem ersten Patienten zu einem Handlungsbruchstück.

Nach Auffassung von Uexkülls vollziehen sich die Handlungsabläufe auf verschiedenen Ebenen, wobei ein Handlungsablauf, der sich auf einer niedrigen Ebene abspielt, von dem auf der nächsthöheren Ebene in Dienst genommen wird. Ein einfacher Handlungsablauf findet in unserem Schlund statt, der wie alle Organe einen »Integrationsraum« bildet. In diesem Raum arbeiten Seelisches und Körperliches auf untrennbare Weise zusammen, so bei den Bewegungen im Muskel. Vereint machen sie dort komplexere Handlungen wie die des Essens möglich. Die Handlung des Essens wird dann von einem noch vielschichtigeren Handlungsablauf wie dem des Essens nach Tischsitten in Dienst genommen.

Damit der Arzt ein Leiden überhaupt einordnen kann, muß er feststellen, auf welcher Ebene ein Handlungsablauf gestört ist. Und je nachdem, ob dies auf einem niedrigen oder höheren Niveau der Fall ist, spricht er von einer primär physischen Krankheit – wie beim ersten Patienten – oder von einem primär psychischen Leiden – wie beim zweiten Patienten. Für den Arzt stellt sich mithin eine Krankheit als die Spaltung der ursprünglichen Einheit von Leib und Seele dar. So gesehen bedeutet Krankheit eine Trennung der psychosomatischen Einheit, die immer wieder überwunden werden muß.

Thure von Uexküll erklärte: »›Psychosomatisch‹ heißt nicht, den Körper weniger, sondern nur, die Seele mehr zu erforschen.« Und Viktor von Weizsäcker warf seinen Kollegen vor, sie behandelten nur das »Objekt«, das kranke Organ. Dies sei eine verengte Sicht. Deshalb seine Forderung: Der Mensch müsse wieder zum »Subjekt« der Medizin erhoben werden. Wie der gestorbene von Weizsäcker, so hofft Thure von Uexküll heute noch, die Psychosomatik werde zur »Betrachtungsweise« der Medizin aufrücken. Diese Revolution, so der Analytiker Alexander Mitscherlich, hat es nicht gegeben. Die psychosomatische Medizin blieb eine Fachdisziplin.

Für die nicht vollzogene Revolution macht Thure von Uexküll ein emotionales Klima in unserer Gesellschaft verantwortlich, das in der Medizin besonders deutlich zum Ausdruck kommt. Zu rationalem Denken und Handeln erzogen, fällt es uns schwer, von der Situation eines leidenden Menschen »betroffen« zu sein. »Unsere gesamte Kultur«, so der Professor, »hat sich dahingehend verschworen, Betroffenheit zu verdrängen. Unser ganzes Medizinstudium ist – das läßt sich nachweisen – eine Strategie zur Verdrängung emotionaler Betroffenheit: Man lernt, sie nicht wahrzunehmen. Wenn die Psychosomatiker den Studenten sagen, sie müßten das jetzt lernen, dann erweckt das Ängste und Widerstände.« Deutlicher: Wie der »fertige« Arzt, so neigt der Student der Medizin von vornherein dazu, einen Hypertoniker mit einem kreislaufsenkenden Mittel und ein paar freundlichen, psychologisch klingenden Worten abzuspeisen. Andernfalls würde er nämlich Gefahr laufen, in die emotionale Problematik des Kranken hineingezogen zu werden. Und dieser Belastung kann und will er sich nicht aussetzen. Selbst in einer Klinik, beobachtete von Uexküll, brauche es Jahre, bis sich die Ärzte für die psychosomatische Abteilung zu interessieren beginnen. Denn ein Mediziner, der sich auf die Psychosomatik einläßt, ist gezwungen, seine Einstellung zur Krankheit und zum Menschen zu überdenken.

Die Frage ist auch, ob die Kranken bei dieser Revolution mitspielen. Unsere auf den Verstand setzende Zivilisation toleriert nur die somatische Seite eines Leidens. Kommt der Arzt auf den seelischen Aspekt zu sprechen, werden seine Worte vom Patienten häufig als Beschreibung einer Charakterschwäche erlebt und entsprechend abgewehrt. Sogar bei den Menschen, die von einer lebensgefährlichen Krankheit bedroht werden, läßt sich diese Abwehr feststellen. So führten Ende der siebziger Jahre Mitarbeiter des Frankfurter Sigmund-Freud-Instituts Erst-Interviews mit hundert Patienten, die einen oder mehrere Herzinfarkte erlitten hatten. Dabei wurde den Kranken signalisiert, daß bei der Entstehung eines Herzinfarkts seelische Einflüsse eine Rolle spielen könnten. Tatsächlich sind die psychischen Anteile beim Herzinfarkt durch gründliche Untersuchungen nachgewiesen und beschrieben worden – so von dem Heidelberger Psychosomatiker Peter Hahn.[10]

Die Patienten, die zum größten Teil noch in einer Klinik lagen, waren zu dem Erst-Interview nicht aus eigenem Entschluß erschienen, sondern von den Klinik-Ärzten geschickt worden. Während des Gesprächs verleugneten oder bagatellisierten fast alle Kranken den Infarkt beziehungsweise ihre Ängste. Nur ein einziger Mann nahm das Angebot einer Psychotherapie an. Nachdem sich der zwangsentwöhnte Raucher in der zehnten Behandlungsstunde eine Zigarette angezündet hatte, um mit diesem destruktiven Akt zu zeigen, was er von der Therapie hielt, blieb er ohne Absage fort.

1 *Herbert Will: »Die Geburt der Psychosomatik – Georg Groddeck, der Mensch und Wissenschaftler«, Verlag Urban & Schwarzenberg, München – Wien – Baltimore, 1984*

2 *Georg Groddeck: »Das Buch vom Es – Psychoanalytische Briefe an eine Freundin«, S. Fischer Verlag, Frankfurt/Main, 1979*

3 *Alexander Mitscherlich: »Krankheit als Konflikt – Studien zur psychosomatischen Medizin«, 2 Bände, Suhrkamp Verlag, Frankfurt/Main, 1966 u. 1967*

4 *Arthur Jores (Herausgeber): »Praktische Psychosomatik – ein Lehrbuch für Ärzte und Studierende der Medizin«, Verlag Hans Huber, Bern, Stuttgart, Wien, 1976*

5 *Thure von Uexküll: »Grundfragen der psychosomatischen Medizin«, Rowohlt Verlag, Reinbek bei Hamburg, 1963*

6 *Franz Alexander: »Psychosomatische Medizin – Grundlagen und Anwendungsgebiete«, Verlag Walter de Gruyter, Berlin – New York, 1977*

7 *Johannes Cremerius: »Die Prognose funktioneller Syndrome«, Verlag Ferdinand Enke, Stuttgart, 1986*

8 *»Kindlers Psychologie des 20. Jahrhunderts – Tiefenpsychologie«, Band 2, Beltz Verlag, Weinheim und Basel, 1982*

9 *»Lehrbuch der Psychosomatischen Medizin« (Herausgeber: Thure von Uexküll), Verlag Urban & Schwarzenberg, München, Wien, Baltimore, 1981*

10 *Peter Hahn: »Der Herzinfarkt in psychosomatischer Sicht«, Verlag für Medizinische Psychologie im Verlag Vandenhoek & Ruprecht, Göttingen, 1971*

Die Neurosen der Mächtigen

Kaum zum Chef ernannt, schon »geheilt«

Nicht jeder seelisch leidende Mensch ist für eine psychoanalytische Therapie geeignet. So darf er – unter anderem – nicht zu alt sein, da ältere Menschen sich schwerer ändern können. So muß er die Fähigkeit besitzen, über sich selbst nachzudenken, da die Psychoanalyse ein Prozeß der Selbstreflexion ist. Und nicht zuletzt muß er einen zuverlässigen Charakter haben. Das heißt: Er muß ehrlich gegen sich selbst sein können.

Die Reichen und Mächtigen, so eine US-Studie, fühlen sich durchweg seelisch gesünder als die sogenannten unteren Schichten im Lande. Mit Einschränkungen läßt sich das auch von den Bundesbürgern behaupten. Der Freiburger Analytiker Johannes Cremerius bezweifelt jedoch, daß die »oberen Zehntausend« tatsächlich psychisch so gesund sind, wie sie sich fühlen.

Nach der Freudschen Lehre muß sich der seelisch kranke Mensch verändern, wenn er dem Leben wieder gewachsen sein, wenn er wieder genuß-, arbeits- und liebesfähig werden will. Es gibt jedoch eine Möglichkeit, sich die oft schmerzhafte und langwierige Prozedur einer Psychoanalyse zu ersparen, und davon machen häufig jene gestörten Menschen Gebrauch, die mit irdischen Gütern reichlich gesegnet sind. Sie verändern nicht sich, sondern manipulieren ihre Umwelt in einer Weise, daß sie ihre Neurosen darin »unterbringen«, ausleben können – und zwar in »gesellschaftlich akzeptierten Formen« (Cremerius).[1]

Diskussion zwischen zwei Freudianern zur Zeit der Studentenrevolte, die Ende der sechziger Jahre begann. Vorn im Bild der Psychoanalytiker Alexander Mitscherlich, neben ihm der Philosoph Herbert Marcuse, das geistige Oberhaupt der Bewegung. Marcuse, der eine kritische Gesellschaftstheorie entwickelt hatte, die sich auf das Gedankengut von Karl Marx und Sigmund Freud stützt, war damals erschrocken, als ihm Mitscherlich erklärte, er könne sich eine Welt ohne Leiden nicht vorstellen. Der 1982 gestorbene Alexander Mitscherlich war einer der schärfsten Kritiker unserer Wohlstandsgesellschaft. Er warf ihr vor, sie habe die Verbrechen der Nazi-Zeit verdrängt, statt sie »trauernd« zu bearbeiten. Die Verdrängung birgt die Gefahr der Wiederholung in sich, die meist in abgewandelter Form stattfindet. Eine Folge der Unfähigkeit, über die NS-Greuel zu trauern, ist vermutlich die kritiklose Hinnahme oder Zustimmung breiter Bevölkerungsschichten zur nuklearen Rüstungspolitik.

Fassade eines Wohnsilos bei Hamburg. Der Bau von Trabantenstädten könnte ein unbewußter Wunsch sein, das Elend aus den Städten auszugrenzen. Übereinstimmend erklären Sozialarbeiter, daß diese öden Wohnlandschaften Ballungszentren seelisch kranker Menschen sind. Obgleich eine psychoanalytische Behandlung auf Krankenschein möglich ist, sind die Bewohner solcher Stadtteile nur selten in den Praxen der Analytiker zu finden. Zwei der vielen Gründe: 1. Es gibt zu wenige (etwa 1200) Analytiker. 2. Den Kranken, die der sogenannten Unterschicht angehören, fehlt häufig die Fähigkeit zur kritischen Selbstreflexion. Sie neigen dazu, so die Erfahrung, das Böse in sich selbst zu verleugnen und ausschließlich anderen wie dem Chef oder dem Ehepartner die Schuld an ihrem psychischen Elend zu geben.

Was damit gemeint ist, erklärt der Professor am Beispiel zweier Patienten. Der eine, der als Sohn eines Fabrikanten im väterlichen Betrieb nichts zu sagen hatte, litt unter sadistischen Phantasien, in denen er Menschen und Tiere quälte. Kurz nach Beginn der Analyse widerfuhr dem jungen Mann eine »wundersame Heilung« (Patient), die jedoch mit der Aufdeckung der Ursache seiner Phantasien nichts zu tun hatte. Vielmehr fühlte er sich schlagartig gesund, als sein Vater den Posten des Betriebsleiters räumte und nunmehr er im Chefsessel Platz nehmen konnte.

Ausgestattet mit der Macht eines Alleinherrschers, brauchte er seine sadistischen Triebwünsche nicht länger zu bekämpfen und zu unterdrücken. Wie der »Big Brother« in Orwells berühmtem Roman »1984« führte er in seinem Betrieb neben einem verschärften Arbeitstempo ein ausgeklügeltes Überwachungssystem ein, mit dem er jeden Handschlag seiner Arbeiter kontrollieren konnte. Wer nicht den letzten Funken Leistung an seinem Arbeitsplatz aus sich herausschlug, der flog. Was der junge Mann vorher nur phantasiert hatte – nämlich Menschen zu schikanieren –, konnte er auf Grund seiner Stellung fortan in der Realität befriedigen. Dabei stellte sich heraus, daß sein »Kontrollzwang«, ökonomisch gesehen, für den Betrieb förderlich war.

Überdies litt er an einem nicht bewältigten Ödipuskomplex. Das heißt, im Gegensatz zu normal entwickelten Kindern war es ihm in seiner Kindheit nicht gelungen, den Komplex, der sich in der Rivalität mit dem übermächtigen Vater um den Besitz der Mutter bildet, durch Verzicht und Verdrängung aufzulösen. Erwachsen geworden, trachtete er den noch immer als verhaßten Rivalen empfundenen Vater zu besiegen und über ihn zu triumphieren, indem er alles daransetzte, den Umsatz des Unternehmens zu steigern.

Derart »agierend«, war er an einer psychoanalytischen Behandlung nicht länger interessiert. Ihm fehlte der »Leidensdruck«. Denn da er seine sadistischen Tendenzen völlig legal ausleben und dadurch sogar den Gewinn der Firma maximieren konnte, stieg er in seiner Gesellschaftsklasse zum hochangesehenen Mann auf. Man bewunderte ihn als einen dynamischen Manager – was möglich war, weil sich seine Geschäftsmoral mit der seiner Klasse deckte.

Der andere Patient, ein 55jähriger Fabrikant, klagte, seine Ehe sei zerstört, sein Sohn trinke und habe »linke Ideen« im Kopf. Als seinen Nachfolger in der Firma habe er ihn längst abgeschrieben. Was den Unternehmer akut schmerzte: Der Junge war einen Tag zuvor von zu Hause weggezogen.

Einmal in »Beichtstimmung« (Cremerius) geraten, berichtete der Patient, wie er seinen Betrieb gleichsam aus dem Nichts heraus aufgebaut habe. Auf dem Weg nach »oben« sei ihm dann klar geworden: Es gibt nichts, was nicht geht. Doch jetzt, auf der Höhe seines Erfolgs, wurde er gewahr, daß seine Philosophie des »Alles-ist-möglich« bei Frau und Kind versagte. Vor allem der »linke« Sohn ließ sich nicht manipulieren.

Kurz nach dem Gespräch mit dem Analytiker verflüchtigten sich die Depressionen. Der Fabrikant fand, gleichsam über Nacht, sein altes Selbstvertrauen zurück. Verholfen hatte ihm dazu eine 17jährige Hosteß, die fortan für die Befriedigung seiner Sexualität zuständig war.

Monate vergingen, bis er wieder bei seinem Arzt auftauchte. Jahrelang hatte er die Abfallprodukte seines Betriebs in einen Fluß kippen lassen und dadurch das Wasser verseucht. Nun war ihm von den Behörden verboten worden, den Müll auf diese bequeme Art loszuwerden. Der Bau einer Entgiftungsanlage würde ihn Millionen kosten.

Das war aber gar nicht sein Problem. Als gewiefter Unternehmer wußte er jede Lücke im Gesetz zu seinem Vorteil zu nutzen. Er hatte eine Riege ausgekochter Anwälte engagiert, die zwar – wie er selbst – keine Chance sahen, den Prozeß gegen die Behörde zu gewinnen. Doch darum ging es nicht. Ihre Strategie zielte vielmehr darauf, den Vorgang zu verschleppen und dafür zu sorgen, daß der Fabrikant den Fluß so lange wie möglich als Müllkippe benutzen durfte. Ökonomisch betrachtet, erwies sich dies nämlich als günstiger. Denn durch die kostenlose Beseitigung der Abfälle sparte der

Unternehmer eine große Menge Geld. Je länger er also den Bau der Anlage verzögerte, um so mehr Geld verdiente er. Dies wäre ihm nicht möglich gewesen, wenn er, der behördlichen Auflage folgend, mit dem Bau sofort begonnen hätte. Die Kosten für den verlorenen Prozeß waren nämlich weit geringer als etwa die Zinsen für einen Kredit, mit dem er die Anlage hätte finanzieren und ohne Verzögerung bauen können.

So war es auch nicht sein ökologisches Gewissen oder »Über-Ich«, das ihn quälte und zum Analytiker trieb. Vielmehr belastete ihn, daß ihm – nach dem Sohn – nun auch seine Frau nach zwanzigjähriger Ehe davongelaufen war. Genauer: Ihn bedrückte nicht unbedingt der Verlust der Frau, sondern der Klatsch, den er nicht verhindern konnte. Er litt an Ohnmachtsgefühlen, weil er nicht in der Lage war, seinen Freunden und Bekannten das Gerede über den Auszug seiner Frau zu verbieten.

Nach diesem Besuch verstrichen abermals mehrere Wochen, bis sich der Fabrikant bei dem Arzt meldete. Die Hosteß habe ihm einen Tripper angedreht und er sie daraufhin zusammengeschlagen. Er habe ein Verfahren wegen Körperverletzung am Hals. Das Mädchen fordere eine extrem hohe Summe Schmerzensgeld. Deshalb benötige er dringend ein »Gutachten«, das ihn vor Gericht entlaste. Bezahlen werde er den Arzt für seine Gefälligkeit in bar, ohne Quittung, also am Finanzamt vorbei. Als der Arzt ablehnte, verließ der Mann wütend die Praxis. Einige Wochen später erhielt der Analytiker einen Brief. Darin teilte ihm der Unternehmer mit, daß er den Prozeß gegen die Hosteß gewonnen habe. Den Sieg wertete er als einen Beweis dafür, wie weise seine Lebensphilosophie sei. »Alles ist käuflich, auch ein medizinischer Gutachter.«

Der von sadistischen Phantasien gequälte Fabrikantensohn fühlte sich »geheilt«, nachdem er zum Chef aufgerückt war und seine Neurose in der Fabrik ausleben konnte. Mehr noch: Seine zwanghafte Angewohnheit, »Big Brother« zu spielen, begriff er nicht als Ausdruck einer psychischen Störung, sondern als unternehmerische Tugend, als Führungsqualität.

Im Fall des älteren Fabrikanten ist die Störung für einen Laien schwerer erkennbar. Denn was der Mann getan hat, liest man jeden Tag in der Zeitung. Und wenn dort steht, jemand habe seinen Müll in einen See gekippt oder ein Callgirl wegen einer Tripper-Infektion verprügelt, so denkt man nicht unbedingt, daß dieser Mensch an einer Neurose leidet. Das bedeutet: Betrachtet man jedes Symptom des Fabrikanten isoliert, also von den anderen getrennt, so weist es nicht auf einen psychisch kranken Menschen hin. Erst wenn man die Symptome, die im Verhalten des Mannes sichtbar sind, zusammenfaßt, kommt man dahinter, daß sie auf eine krankhafte Organisation seiner Persönlichkeit hindeuten. Um diesen Typ zu kennzeichnen, schuf die Psychoanalyse den Begriff der »Charakterneurose«. Das heißt, die Symptome der Charakterneurose sind nicht so leicht erkennbar wie eine psychisch bedingte körperliche Krankheit (Lähmung, Asthma) oder eine seelische Störung (Depression, Angstneurose). Das Leiden liegt vielmehr in der Beschaffenheit des Charakters, und derjenige, der eine Charakterneurose hat, nimmt sie oft gar nicht als krankhaft wahr. Aus diesem Grund ist sie auch viel schwerer heilbar als andere Formen der Neurose. Dem Kranken fehlt die Einsicht in sein Leiden.

Ob reich oder arm – die meisten Neurotiker versuchen ihren Leidensdruck zu mildern, indem sie durch ihr Verhalten andere Menschen direkt oder indirekt leiden lassen – direkt, indem sie zum Beispiel ihre Kinder durch Unzuverlässigkeit, dem Wechsel von Zuwendung und Ablehnung zu unglücklichen Geschöpfen machen – wobei dies von dem neurotischen Vater oder der Mutter nicht beabsichtigt ist. Indirekt leiden die Angehörigen von Neurotikern mehr in Form von Mitleid. Die Frau trauert über die Traurigkeit ihres depressiven Mannes. Doch verfügt der reiche und mächtige Neurotiker, so Cremerius, über mehr Möglichkeiten, um seine Triebwünsche ungehindert zu befriedigen. Er erlaubt sich mehr als der »kleine Mann«, weil er sich weniger vor äußeren Strafinstanzen wie der Polizei und den Gerichten fürchtet. Seine Ängste, erklärt der Professor, hängen vielmehr von der Gruppenmoral ab, die seine gesellschaftliche Schicht vertritt. Doch stelle diese, am Erfolg orientierte Moral keine ernsthafte Bedrohung dar, weil sie Verhaltensweisen wie die der beiden Fabrikanten nicht ächtet.

Mehr noch: Der reiche Neurotiker kann ungestraft und ohne Aufschub seine Triebwünsche befriedigen, weil der größte Teil des Volkes diesen Typ akzeptiert. In der Regel verschaffen ihm sogar die Angehörigen der weniger betuchten Schichten noch einen narzißtischen Gewinn. Denn wer viel Geld besitzt und mächtig ist, wird bei uns bewundert, da Reichtum und Einfluß die Ziele fast aller Menschen sind. Das erkannte schon der griechische Philosoph Platon, der vor rund 2400 Jahren schrieb: »Die Guten sind diejenigen, welche sich damit begnügen, davon zu träumen, was die anderen, die Bösen, wirklich tun.«

Erschwert wird die Analyse reicher Neurotiker häufig durch etwas, was Cremerius die »Patt-Situation« nennt. Die Psychoanalyse will dem Patienten dazu verhelfen, daß er zu erfüllten menschlichen Beziehungen fähig wird. Die Fälle der beiden Unternehmer zeigen jedoch, daß es gerade die gestörten Beziehungen dieser Männer zu anderen Menschen sind, denen sie ihre geschäftlichen Erfolge verdanken. Würde man den jungen Fabrikanten von seinem »Kontrollzwang« befreien und ihn für ein menschliches Verhältnis zu seinen Arbeitern reif machen, könnte das zur Folge haben, daß das Unternehmen Gewinne einbüßt. Deshalb muß er – wie viele seinesgleichen – die Psychoanalyse als eine konkrete Bedrohung empfinden, weil sie sich nicht mit seinem kommerziellen Denken verträgt, in dem die »Verwertung« des Menschen als Arbeitskraft im Vordergrund steht. Der reiche Neurotiker ahnt diese Gefahr. Und so wird verständlich, daß nicht er, sondern die von ihm geschädigten Angehörigen und Angestellten die Praxen der Psychoanalytiker aufsuchen.

Ein anderer Typ, mit dem sich der Professor beschäftigt, ist der sogenannte Aufsteiger, der in die reiche und oft auch gebildetere Gesellschaftsschicht vorstößt. Dabei erlebt er eine »Statusunsicherheit«. Er fürchtet, daß ihn diejenigen, zu denen er gehören will, ablehnen könnten. Diese Bedrohung löst eine unbewußte Wut in ihm aus, die für den Analytiker an einer Reaktionsbildung erkennbar wird. Das heißt, der Aufsteiger unterdrückt seinen Haß, indem er die Schicht, in die er aufgestiegen ist, zwanghaft idealisiert. Ein Beispiel dafür ist die Ehrfurcht, mit der er über die Leistung und Bedeutung der Reichen und Mächtigen spricht.

Aus Angst, ausgestoßen zu werden, ist der Emporkömmling bemüht, sich so glatt wie möglich anzupassen. Übersensibel registriert er jede Nuance, die Verachtung bedeuten könnte – etwa wenn ihm der Mächtige nur kurz zunickt, anstatt ihm, wie bislang üblich, die Hand zu schütteln. In solchen Momenten fühlt sich der Aufsteiger in jenes Milieu zurückgeworfen, aus dem er stammt und dessen er sich schämt.

Nach der Erfahrung des Analytikers Cremerius ist der Aufsteiger – ähnlich wie der Reiche – nur schwer therapierbar. Denn sein Lebensziel besteht darin, der oberen Klasse anzugehören. Deshalb würde es ihn verunsichern, wenn in der Analyse die verdrängte Wut aufgedeckt würde, die er unbewußt gegen diese Klasse empfindet.

Gemäß der Forderung Sigmund Freuds, wonach die Psychoanalyse für alle Menschen da sein solle, haben Cremerius und seine Mitarbeiter über mehrere Jahre hinweg versucht, Männer und Frauen aus dörflichem und kleinstädtischem Arbeitermilieu zu behandeln. Die Ärzte wollten zunächst herausfinden, ob diese Menschen in der Lage waren, ihre Störungen mit einem Therapeuten »verstehend zu reflektieren«. Die dazu erforderlichen Gespräche »verliefen bei der Mehrzahl der Patienten nicht in der gewünschten Weise« (Cremerius). Schon vor Beginn einer möglichen Analyse wurde den Ärzten klar, daß diese Menschen »den bestimmenden Einfluß unbewußter Konflikte auf ihre Biographie nicht im Sinne der Psychoanalyse akzeptierten«. So konnten sich die Arbeiter und deren Angehörige nicht vorstellen, daß organische Krankheiten häufig psychische Ursachen haben. Und wenn sie diese Erklärung annahmen, machten sie einen bösen Vorgesetzten, den Ehepartner oder andere Personen für ihr psychisches und damit auch körperliches Leiden verantwortlich. Die Andeutung, daß die Beschwerden vielleicht etwas mit ihrer Psyche, ihren Konflikten zu tun habe, wurde – wenn überhaupt – als Anschuldigung verstanden.

Auch fiel es ihnen schwer, Fehler einzugestehen, weil sie das Gefühl hatten, sich dadurch als Schuldige zu verurteilen. Und besonders machte es ihnen zu schaffen, über ihre Sexualität und ihren Haß gegen geliebte Personen (Eltern, Ehepartner, Kinder) zu sprechen. Kurz, es kam nichts in Bewegung. So erzählte eine Patientin dem Professor in der 182. Therapiestunde das gleiche wie in der ersten: »Meinem Mann kann ich nicht sagen, was ich möchte, weil ich Angst habe, daß er mich dann verläßt, und wenn Sie meine Schwiegermutter kennen würden, dann würden Sie verstehen, daß man gegen die nicht ankommt.« Diese Angehörigen der Unterschicht, urteilt Cremerius, haben fast alle ein Gewissen, »das strenger ist, als Kirche, Polizei und bürgerliche Moral es fordern. Die Patienten dürfen keine Probleme, Konflikte und seelische Schwierigkeiten haben, weil das krankhaft und minderwertig ist. Daher muß das Leiden organisch oder durch das Böse außerhalb der eigenen Person verursacht sein. Geheime Phantasien, Sexualität, Haß, Neid usw., Niederlagen und Fehler gelten vor diesem Gewissen als verurteilungswürdig. Die Benennung löst Scham aus.«

Bei ihrem Versuch, neurotische Patienten der Unterschicht zu analysieren, wandten Cremerius und seine Mitarbeiter die klassische Technik an, die dazu dient, mittels Überwindung unbewußter Widerstände verdrängte Konflikte bewußt zu machen und sie im Rahmen eines Arbeitsbündnisses zwischen Arzt und Patient gemeinsam erlebend und deutend durchzuarbeiten. Auf Kompromisse wie solche, die durch die Schwiegermutter verängstigte Ehefrau zu trösten oder Tips im Umgang mit dem Hausdrachen zu geben, haben die Analytiker verzichtet. Der Heileffekt der klassischen psychoanalytischen Kur liegt nämlich grundsätzlich darin, daß die Ehefrau ihr Leben selbst in die Hand nimmt und mit ihren familiären Schwierigkeiten allein fertig wird. Auch Freuds Vorschlag, das reine Gold der Analyse mit dem Kupfer der Suggestion und der hypnotischen Beeinflussung zu vertauschen, wurde von dem Cremerius-Team nicht befolgt. Die Erfahrung lehrt, daß solche Methoden eher die Symptome als deren Ursprung, die verdrängten Konflikte, angehen.

Dies muß man wissen, um die unbefriedigenden Ergebnisse von Cremerius und seinen Mitarbeitern zu verstehen. Bessere Resultate hätten sie erzielt, wenn sie – wie praktiziert – die analytische Technik ihrem Patientenkreis angepaßt hätten. Nach dieser Methode gingen das Frankfurter Sigmund-Freud-Institut und das Psychoanalytische Seminar in Zürich vor.[2] Ihre Behandlungsformen bestanden unter anderem aus »Ich-stützenden Einzeltherapien«. Konkret: Die Psychotherapie war darauf ausgerichtet, das Ich des Patienten zu stärken, ihm Selbstvertrauen und Sicherheit zu geben, so daß er sich in seiner Familie und im Beruf besser behaupten konnte. Ebenfalls bewährte sich die Gruppentherapie. Darin zeigte sich, daß die Solidarität der Arbeiter den einzelnen Mut machte, ihre psychischen Hemmungen zu überwinden.

Doch die Anwendung solcher »Variationen« war nicht das Ziel des Analytikers Cremerius. Ihm ging es vielmehr um den Nachweis, ob sich diese Menschen für die klassische psychoanalytische Therapie eignen. Der springende Punkt, weshalb die traditionelle Einzelanalyse in den Unterschichten selten greift, liegt nach Cremerius vor allem darin, daß Arzt und Patient nicht zu einer Übereinkunft darüber gelangen, daß beim Kranken ein seelisches Leiden vorliegt, das in der Lebensgeschichte entstanden ist. Die Diagnose, die der Arzt stellt, bringt den Patienten nicht dahin, sich als einen Menschen zu verstehen, der seelisch krank ist und eine Therapie braucht. In der psychoanalytischen Beziehung müssen Patient und Arzt aber aufs engste zusammenarbeiten, müssen einen Prozeß in Gang setzen, dessen Zweck es ist, daß sich eine therapeutische Arbeitsbeziehung bildet, in der beide das Ziel verfolgen, das unbewußte Leiden des Patienten aufzudecken und so dessen Beschaffenheit zu analysieren. Eine psychoanalytische Diagnose ist mithin das Produkt eines Prozesses zwischen Arzt und Patient. Bei diesem Vorgang spielt die

Sprache des Kranken – seine Fähigkeit, sich gut auszudrücken – eine große Rolle. Und weshalb das Instrument der Sprache ein so entscheidender Faktor der Psychoanalyse ist, läßt sich leicht einsehen, wenn man sich klar macht, daß man auf Grund der Auskünfte eines gebildeten Patienten mit Herzbeschwerden eher die Diagnose »Herzneurose« stellen kann als in einem Gespräch mit einem wenig gebildeten Menschen, der die mit der Herzneurose verbundenen Erlebnisse und Phantasien weniger treffend oder gar nicht zu formulieren vermag. Das Ergebnis ist pauschal gesagt: Der ausdrucks- und differenzierungsfähige Patient wird psychoanalytisch, der weniger ausdrucksfähige Kranke mit Medikamenten behandelt. Doch nutzen weder Schecks noch Krankenschein, um auf der Couch eines Analytikers zu landen. Ausschlaggebend ist vielmehr die Eignung des Patienten. Denn nicht für jeden psychisch leidenden Menschen stellt die Psychoanalyse das ideale Heilverfahren dar. Also muß der Arzt über eine besondere Fähigkeit verfügen, die ihm sagt, ob bei dem Patienten eine psychoanalytische Therapie erfolgversprechend ist. Im Prinzip sind die Eignungskriterien für Patienten heute noch dieselben, die Sigmund Freud zwischen 1910 und 1915 beschrieben hat.

– Der Patient sollte nicht zu alt sein, weil sich ältere Menschen schwerer ändern können.

– Der Patient soll denken und reflektieren können, so daß er sich mit den Einsichten, die der psychoanalytische Prozeß vermittelt, vertraut machen, sie in sich aufnehmen kann. Denn die Psychoanalyse ist ein Prozeß der Selbstreflexion. Die Erfahrung besagt, daß Menschen mit einem bestimmten Bildungsgrad diese Aufgabe leichter bewältigen.

– Er sollte einen zuverlässigen Charakter haben. Damit ist eine gewisse ethische Qualität gemeint, die den Kranken befähigt, ehrlich gegen sich selbst zu sein.

– Er muß davon überzeugt sein, daß ihm andere Behandlungsmethoden nicht helfen. Glaubt der Patient zum Beispiel, sein Leiden lasse sich auch durch Psychopharmaka, andere Medikamente oder einen Kuraufenthalt beheben, wird er kaum motiviert sein, sich einer langdauernden und aufwendigen Psychotherapie zu unterziehen.

– Vor allem: Er muß einen Leidensdruck haben. Dieser Leidensdruck entsteht zum einen durch die Schwere des Leidens selbst, zum anderen durch das Erlebnis vergeblicher Vorbehandlungen. Der Leidensdruck muß zu einem Behandlungswunsch führen.

Denkt man an die – oben beschriebenen – Reichen, die ihre Neurosen erfolgreich im Betrieb oder in der Gesellschaft unterbringen, wird leicht begreiflich, daß sich bei solchen Patiententypen der für Psychoanalyse erforderliche Leidensdruck nicht einstellt. Das gleiche gilt aber auch für viele Arme – und zwar besonders dann, wenn sie aus ihrem Leiden einen sekundären Krankheitsgewinn ziehen wollen, also Krankengeld oder eine Rente. Freud dachte noch, seine Psychoanalyse sei ein Instrument zur Heilung von Hysterien, Angst-, Zwangs-, Charakter-, Sexualneurosen und Depressionen. Inzwischen wurde die Psychoanalyse, vor allem ihre Technik, weiter entwickelt, so daß sie auch bei Psychosen wie der Schizophrenie angewendet wird. Schließlich: Ein großes Behandlungsfeld eröffnete sich ihr durch die Erkenntnis, daß organische Leiden auf einer neurotischen Basis beruhen können. Gemeint sind die psychosomatischen Krankheiten.

Grundsätzlich lassen sich die Menschen, die einen der rund 1200 westdeutschen Psychoanalytiker aufsuchen, in vier Gruppen unterscheiden – jedoch ohne daß sie exakt abgrenzbar sind. Die erste Gruppe leidet an seelischen Störungen, deren Herkunft und Sinn sie sich nicht erklären können. Das heißt, ihnen fehlt der Zugang zu dem in ihrer Biographie liegenden Ursprung ihrer Krankheit. Sie hoffen, daß dieser Ursprung mittels der analytischen Kur aufgedeckt und das Leiden beziehungsweise dessen quälende Symptome beseitigt werden können.

Die zweite Gruppe leidet an körperlichen Krankheiten, die psychisch bedingt sind – und zwar, ohne daß die Patienten dies wissen. Die Schulmedizin kann diesen Menschen kaum helfen, weil ihre Behandlungsmethoden nicht geeignet sind, die seelischen Ursachen somatischer Leiden zu beseitigen.

Bei der dritten Gruppe handelt es sich um Menschen, die Einsicht in die psychischen Ursachen ihrer körperlichen und seelischen Störungen besitzen. Sie nehmen ihre Konflikte wahr und sehen sich nicht mehr in der Lage, ihre Probleme aus eigener Kraft zu lösen. Dieser Patiententyp leidet an depressiven Verstimmungen, Minderwertigkeitsgefühlen, zwanghaftem Denken und Fühlen. Er glaubt, sich nicht verwirklichen und seine Arbeit nicht so verrichten zu können, wie es die innere Stimme von ihm verlangt. Da er an sich selbst zweifelt, ist er ein idealer Patient für eine psychoanalytische Behandlung. Denn er ist getrieben von einem Wunsch, den die Philosophie zur sittlichen Forderung erhoben hat: »Erkenne dich selbst.«

In der vierten Gruppe befinden sich viele Menschen, die auf Grund seelischer Störungen, von denen sie wenig oder nichts wissen, in starken Konflikten mit der Umwelt stehen. Sie erwarten, daß ihnen der Analytiker bei der Klärung von Fragen wie diesen hilft: Weshalb habe ich in der gleichen Situation stets Schwierigkeiten? Weshalb versage ich in diesem bestimmten Moment oder scheitere sogar? Was mache ich falsch? Diese Patienten werden zum Besuch eines Analytikers häufig gezwungen, da ihre Schwierigkeiten am Arbeitsplatz und in der Familie ihre Existenz bedrohen. Betroffen sind vor allem jene Menschen, die der öffentlichen Kritik ausgesetzt sind und die es sich deshalb nicht leisten können, gesellschaftliche Konventionen zu überschreiten – also Richter, Lehrer, Pfarrer usw.

Bedenkt man, daß Vertreter solcher Berufe eng in das gesellschaftliche System mit all seinen Kontrollinstanzen eingebunden sind, so wird verständlich, daß sie psychisch schwerer im Leben zurechtkommen als die Reichen und Mächtigen, die sich auf Grund ihres Einflusses um Recht und Moral weniger zu scheren brauchen.

Viele Menschen bringen der Psychoanalyse übersteigerte Erwartungen entgegen und idealisieren ihre Möglichkeiten. Freud selbst sah das viel nüchterner. In »Die endliche und unendliche Analyse«

(1937), also zwei Jahre vor seinem Tod, erklärte er sinngemäß: Es sei nicht das Ziel der psychoanalytischen Therapie, alle menschlichen Eigenschaften zugunsten einer schematischen Normalität abzuschleifen. Und erst recht solle man nicht fordern, daß der »gründlich Analysierte« keine Leidenschaften verspüren und keine inneren Konflikte mehr entwickeln dürfe. Gelungen, dachte Freud, sei eine Analyse, wenn – wie schon erwähnt – der Patient wieder arbeits- und genußfähig ist, wenn er befriedigende Beziehungen zu anderen Menschen und zu einem Intimpartner aufbauen und halten kann. Schafft es die Analyse, für die Ich-Funktionen die dafür günstigsten Bedingungen herzustellen, sei ihre Aufgabe erledigt.

Ein Mensch, der sich in eine psychoanalytische Behandlung begibt, tritt häufig mit der Hoffnung an den Analytiker heran, daß er ihn von störenden Symptomen, etwa von dem Zwang, sich ständig die Hände waschen zu müssen, befreit. Zumindest bei den Langzeit-Therapien, die mehrere Jahre dauern, sieht der Analytiker seine Aufgabe jedoch nicht darin, ein Symptom zu beseitigen. Das Ziel der Kur besteht vielmehr in einer Veränderung der psychischen Struktur des Kranken, wobei das Symptom gleichsam »nebenher« verschwindet. Viele Patienten, die von Symptomen befreit werden, setzen diesen »Erfolg« mit dem wahren Ziel der Psychoanalyse gleich und brechen die Kur ab. Nach einiger Zeit erleben sie dann häufig eine böse Überraschung: Die Symptome melden sich zurück, oft in abgewandelter Form. Statt der Migräne, die während der Analyse verschwand, äußert sich ihr psychisches Leiden als nervöse Magenverstimmung. Man kann sagen: Das Heilen von Symptomen ist nicht der direkte Zweck der Psychoanalyse. Heilen ist das Ergebnis, das sich infolge der Veränderung der seelischen Struktur eines Menschen ergibt.

Kritiker fordern, wie schon erwähnt, eine genauere wissenschaftlichere Überprüfbarkeit der Psychoanalyse und deren Effizienz. So verlangen sie vor allem eine Antwort darauf, wie die Ergebnisse der Psychoanalyse zustande kommen und wie sie sich »messen« lassen.

Diese Forderung ist wegen der besonderen Beschaffenheit der

Psychoanalyse nicht leicht zu erfüllen. So lassen sich zum Beispiel die Vorgänge auf der Couch eines Analytikers nicht im Experiment wiederholen – so wie das in der Naturwissenschaft meist der Fall ist. Sie kann zu jeder Zeit und an jedem Ort nachprüfen, ob erhitztes Wasser zu Dampf wird.

Ein Laie, der für die Psychoanalyse aufgeschlossen ist, könnte auf den Einwand erwidern: Wenn während einer Analyse die Migräne oder das Asthma des Patienten verschwindet, ist doch ein Effekt erreicht, der vergleichbar ist mit dem eines Chirurgen, der einen Knochenbruch erfolgreich operiert hat. Ein solcher Vergleich ist aber nur begrenzt tauglich. So weist der Freiburger Psychoanalytiker Johannes Cremerius darauf hin, daß die Beseitigung eines asthmatischen Leidens oft nur eine »Symptomverschiebung« bedeutet. Das Asthma wird gewöhnlich als eine Aggression gegen die eigene Person angesehen. Gelingt es, die Krankheit zu beseitigen, so kann es vorkommen, daß der organisch beschwerdefreie Patient seine Aggression gegen seine Mitmenschen richtet und möglicherweise anfängt, Frau und Kinder zu verprügeln und durch ein querulantes Verhalten seine Stellung im Betrieb zu gefährden.

Die Schwierigkeit, in jedem Fall »exakte« Beweise zu liefern, wird von den Anhängern der Freudschen Lehre auch nicht geleugnet. Doch ähnlich wie die anerkannte, aber gleichwohl fehlerhafte Ökonomie immer noch die besten Erklärungen für das wirtschaftliche Geschehen liefert, so vermittelt die Psychoanalyse immer noch die tiefste Einsicht in die Seele des Menschen. Außerdem machen die Psychoanalytiker geltend, daß ihre Wissenschaft erst knapp einhundert Jahre alt sei – im Gegensatz zur Physik, die auf eine mehrtausendjährige Forschung zurückblicken kann. Es sei deshalb unsinnig, an eine so junge Wissenschaft, die zumal eine komplizierte Zwitterstellung zwischen den Naturwissenschaften und den Geistes- und Sozialwissenschaften einnimmt, die Forderung zu stellen, ihre Methoden und Resultate sollen so präzise sein wie die der altehrwürdigen Physik oder Astronomie.

Erschwert wird die psychoanalytische Forschung aber vor allem, weil sie es ausschließlich mit Menschen zu tun hat. Das heißt: Ein Forscher, der ein Serum gegen eine Krankheit entdeckt zu haben glaubt, kann den Impfstoff in Tierversuchen erproben. Dem forschenden Analytiker hingegen ist es verwehrt, eine vom klassischen Verfahren abweichende Neurosentherapie bei Affen zu testen, um herauszufinden, ob die Variante auch für Menschen geeignet ist.

Der Durchschnittsmensch interessiert sich in der Regel jedoch wenig für wissenschaftstheoretische Auseinandersetzungen. Er will gesund werden und wissen, wie groß seine Heilungschancen sind, wenn er sich zu einer Psychoanalyse entschließt. Diese Frage ist Gegenstand mehrerer Untersuchungen, deren wissenschaftlicher Wert widersprüchlich beurteilt wird. Eine Zusammenfassung der wichtigsten Forschungsergebnisse brachte die Münchner Autorin Susanne Remplein. In ihrer Studie ist unter anderem von der massiven Kritik die Rede, die der in England lehrende Professor Hans-Joachim Eysenck geäußert hat. Der in Deutschland geborene Psychologe verwies zum Beispiel auf ein Experiment, bei dem 500 Neurotiker zwar medizinisch, jedoch nicht psychotherapeutisch behandelt wurden. Die Kranken, die zur Zeit des Experiments auf Grund einer Psychoneurose mindestens drei Monate arbeitsunfähig waren, wurden zwischen fünf und zehn Jahren beobachtet. Dabei stellte sich heraus, daß nach einem Jahr 45 Prozent, nach zwei Jahren 72 Prozent und nach fünf Jahren 90 Prozent der ehemaligen Patienten als geheilt bezeichnet werden konnten. Sie waren arbeitsfähig und gut an ihre Umwelt angepaßt. Hingegen betrug Eysenck zufolge bei einer Vergleichsgruppe, die psychoanalytisch behandelt wurde, die Erfolgsquote nur 66 Prozent, so daß der Schluß nahe liegt: Je weniger Psychoanalyse, um so größer die Aussicht auf Besserung.

Diese Daten wurden von Analytikern, die sich Eysencks Untersuchung näher ansahen, als verzerrt abqualifiziert. Vor allem griffen sie Eysencks Behauptung von den »Spontanheilungen« an, die bei den nicht-analysierten Patienten eingetreten sein sollen. Zum einen kann es sich dabei, wie schon gesagt, um eine Symptomverschiebung handeln. Und zum anderen: Ein Typ wie der eingangs erwähnte Zwangsneurotiker, der die Arbeit seiner Belegschaft bis zum kleinsten Handgriff hin kontrolliert, mit dieser Schikane das Arbeitstempo steigert und geschäftliche Erfolge erzielt, ist im Sinne Eysencks vielleicht gesund, also an seine Gesellschaftsschicht – die Geschäftswelt – gut angepaßt und wird sogar wegen seiner straffen betrieblichen Organisation bewundert. Aber seine Neurose hat er nicht heilen, sondern lediglich in dieser Welt des Geldes und der Umsätze unterbringen und unauffällig ausleben können. Die Frage dabei ist: Hätte dieser Zwangsneurotiker sein Leben in der Hand, wenn ihn unverhofft der Ruin träfe? Wäre dann sein Ich so gefestigt, daß er seine Armut auf die gleiche Weise ertragen und mit ihr umgehen könnte wie viele ich-starke-Menschen, die mit jeder Mark rechnen müssen, um durchzukommen?

Alles in allem: Die »geheilten« Neurotiker, die Eysenck vorführt, entsprechen nicht den strengen Kriterien der Psychoanalyse. Zu nahe liege die Vermutung, daß es sich bei ihren Spontanheilungen, »um eine der vielen Umwandlungen der Neurose handelt« (Cremerius).

Ein wesentlich günstigeres Urteil enthält die sogenannte »Dührssen-Studie« der Poliklinik Berlin, die Anfang der sechziger Jahre veröffentlicht wurde. Psychoanalytisch geschultes Personal unterzog damals 845 Patienten einer Nachkontrolle. Die Behandlung dieser Gruppe war fünf Jahre zuvor abgeschlossen worden. Zur Zeit der Therapie litten die Kranken an Beschwerden, die sich in depressiven Verstimmungen, Angst- und Zwangssymptomen usw. ausdrückten. Die wichtigsten Ergebnisse der Nachkontrolle, die erst fünf Jahre nach Therapieabschluß stattfand, hat Frau Remplein zusammengefaßt.[3] Dabei ergibt sich folgendes Bild:

– Nur 13 Prozent der Patienten erschienen als kaum gebessert oder gar nicht geheilt. Diese Quote entspreche derjenigen anderer Untersuchungen. Nach Frau Rempleins Ansicht handelt es sich um eine »Trendzahl«.

– Ein therapeutisch behandelter Patient, so ein anderes Ergebnis, liegt durchschnittlich 0,78 Tage pro Jahr im Krankenhaus. Die Zahl aller Versicherten komme hingegen auf durchschnittlich 2,5 Krankenhaustage jährlich. Dieses Ergebnis entspricht einer Beobachtung, wonach analysierte Menschen seltener zum Arzt gehen und weniger Tabletten schlucken.

– Unter »schwerwiegenden Arbeitsstörungen« litten nur jene 13 Prozent der Patienten, die zu den kaum oder gar nicht gebesserten gehörten.

– Die Einstellung zu der fünf Jahre zurückliegenden Therapie war bei 81 Prozent aller Patienten ausnehmend positiv.

Vor allem widerlege nach Susanne Remplein die »Dührssen-Untersuchung« die Behauptung des Professors Eysenck über die »Spontanheilungen«. Denn zumindest diese ausgewählten Personen litten schon vor Beginn der Therapie an ihren Symptomen – 80 Prozent zwischen zwei und zwanzig Jahre, ohne daß es in dieser Zeit zu einer Spontanheilung gekommen wäre. Und die 13 Prozent der Kranken, denen die Therapie keinen Gewinn gebracht hatte, erlebten in den Jahren nach Abschluß der Behandlung ebenfalls keine Spontanheilung.

Gleichwohl macht der Freiburger Professor Cremerius darauf aufmerksam, daß alle – positive wie negative – Resultate über die Heilungsquoten der Psychoanalyse mit Vorsicht zu betrachten seien. Es gebe zu viele Unwägbarkeiten. Schon die Frage, wer sich zu einer Nachuntersuchung meldet, könne ein falsches Bild vermitteln. Denn in der Mehrzahl stellen sich jene ehemaligen Patienten, die ihre Analyse als gelungen empfinden. Cremerius: »Um ganz sicher zu gehen, könnte nur eine erneute Analyse den Erfolg beurteilen.«

Wenn sich eine Wissenschaft etabliert hat, setze sie sich der Gefahr aus zu erstarren. Einfach gesagt: Es geschieht nicht mehr viel. Die Lehrer unterrichten ihre Schüler so, daß diese die herrschende (Lehr-)Meinung übernehmen, statt sich mit ihr kritisch auseinanderzusetzen. Vor dieser Tendenz ist auch die in einer internationalen Vereinigung organisierte Psychoanalyse nicht geschützt. Renommierte Analytiker, die sich über die Entwicklung der von Sigmund Freud begründeten Lehre Sorgen machen, haben sich dazu immer wieder geäußert.

Besonders scharf ließ sich 1947 Michael Balint aus, der mit seinen grundlegenden Forschungen den Horizont der Psychoanalyse gesprengt und erweitert hat. Sinngemäß erklärte Balint: Auf seiten der Ausbildungsausschüsse und der Lehranalytiker beobachten wir eine Geheimhaltung ihres esoterischen (nur für Auserwählte bestimmten) Wissens und eine dogmatische Verkündigung unserer Lehre. Auf Seiten der Ausbildungskandidaten beobachten wir willige Annahme und Unterwerfung unter die dogmatische und autoritative Behandlung, die sie sich ohne viel Protest gefallen lassen. Wir wissen, welches Ziel alle Initiationsriten haben: Sie sollen den Neuling zwingen, sich mit dem Clan (der Psychoanalytiker) zu identifizieren. Nach Michael Balints Ansicht ist im System der Ausbildung zum Psychoanalytiker ein Paradox versteckt. Fragt man einen Analytiker, was er bewußt will, so lautet die Antwort: Seine Ausbildungskandidaten sollen ein starkes und kritisches Ich entwickeln. Bei diesem bewußten Willen scheint es sich aber häufig nur um einen guten Willen zu handeln. Denn in vielen Fällen geschieht genau das Gegenteil: Die Ausbildung laufe darauf hinaus, daß sie beim Kandidaten zu einer Schwächung seiner Ich-Funktionen führe. Balints Forderung: »Wir sollten junge Analytiker heranziehen, die unabhängig und sogar etwas respektlos sind.«

In die Kritik schaltete sich auch Anna Freud ein, die große Dame der Psychoanalyse. Sie bemerkte, daß der ersten Generation umstürzlerischer und tief forschender Geister eine andere gefolgt sei, die aus angepaßten Verwaltern und Mehrern des Erworbenen bestehe. Frau Freuds Eindruck wurde durch eine Kommission bestätigt, die ergründen sollte, wie es zu den schöpferischen Defiziten in der nordamerikanischen Psychoanalytischen Vereinigung kommen konnte. Resümee: Die Vereinigung konzentriere sich immer eindeutiger auf die Eliminierung aller Personen, die nicht mit der konstituierten gesellschaftlichen Kaste der Psychoanalytiker konform gingen. Sie vermittle ihrem Nachwuchs zwar ein hochspezialisiertes

Fachwissen, jedoch nicht das, was der Schweizer Analytiker Paul Parin die emanzipatorische, auf Befreiung und Unabhängigkeit zielende Sendung der Psychoanalyse nennt.

1980 beklagte sich Horst-Eberhard Richter, der zwischen 1964 und 1986 Vorsitzender der »Deutschen Psychoanalytischen Vereinigung« war: »Man kann ganz eindeutig feststellen, daß die Zahl der gesellschaftskritischen Köpfe in der modernen Psychoanalyse gering geworden ist. Wir haben ein großes Heer von brav angepaßten Therapeuten, die sich geradlinig aus der Schülerrolle in eine absolute Identifizierung mit den von oben jeweils geheiligten Konzepten, Begriffen und Normen der Fachgesellschaft hineinentwickeln.« Unklar bleibt, wie groß das Heer der kritischen Analytiker ist. Trifft das Urteil des angesehenen und politisch engagierten Professors auf jeden zweiten, jeden dritten oder jeden zehnten Analytiker zu?

Richters Kritik scheint sich hauptsächlich auf den theoretischen Teil der Ausbildung, also auf den Unterricht, zu beziehen. Denn der andere Teil, die Lehranalyse, ist vor Reglementierung geschützt und geht heute derart in die Tiefe, daß ein viel größeres Maß an Ängsten bearbeitet wird, als dies früher bei Lehranalysen der Fall war. Dies läßt die Hoffnung zu, daß künftige Generationen von Psychoanalytikern Balints Forderung nach größerer Unabhängigkeit erfüllen. »Unbehagen« empfinden auch jene Autoren, die sich um die renommierte, von dem 1982 gestorbenen Alexander Mitscherlich gegründete Zeitschrift »Psyche« versammelt haben. Anfang der siebziger Jahre erkannten die Krankenkassen die psychoanalytische Therapie an und übernahmen fortan zum Teil die Kosten für diese Form der Behandlung seelisch kranker Menschen. Dadurch wurden die Analytiker den Ruf los, auf ihren Couchen liege fast ausschließlich eine Klientel, die für eine Analyse spielend fünfzigtausend bis sechzigtausend Mark hinblättern könne. Die Analyse auf Krankenschein entsprach einer Forderung Sigmunds Freuds, wonach die von ihm entwickelte Therapie einmal unentgeltlich erfolgen solle: Die Psychoanalyse sei für alle Menschen da.

Die Aufnahme der Psychoanalyse in das staatliche Gesundheitswesen ist für die Ärmeren im Land zweifellos ein Segen. Zugleich aber verstärkte die Eingliederung in den Gesundheitsapparat bei den Psychoanalytikern einen Trend, den Autoren wie der »Psyche«-Chefredakteur Helmut Dahmer für bedenklich, wenn nicht sogar für gefährlich halten.[4]

Denn die Psychoanalytiker hatten nunmehr die Gelegenheit, sich ein Berufsbild zu schaffen, das dem eines Facharztes gleicht. Das heißt: Sie schlugen den Weg in den »Medicozentrismus« ein, wie der Schweizer Analytiker Paul Parin diese Entwicklung nennt. Eine Folge dieser Medizinalisierung: Abgesehen von den Psychologen sind die Vertreter anderer Wissensbereiche – Lehrer, Soziologen, Theologen, Ökonomen usw. – von der Ausbildung zum Psychoanalytiker ausgeschlossen. Gegen diese Beschränkung hatte sich Sigmund Freud vehement gewehrt. Ein Grund: Die psychischen Leiden haben ihre Wurzeln zum Teil in den gesellschaftlichen Verhältnissen, denen das Individuum ausgesetzt ist. Das heißt, Freud faßte den Begriff der Kultur in einer Weise auf, die Phänomene wie Macht und Unterdrückung einschloß. Das von ihm beschriebene »Unbehagen in der Kultur« läßt sich so deuten, daß viele Beschädigungen des Seelenlebens ihren Ursprung in der gesellschaftlichen oder kulturellen Unterdrückung haben – wobei die Moral, die Gesetze, die Religion usw. als Instrumente der Unterdrückung dienen. Die Psychoanalyse ist also bei der Erforschung seelischer Leiden genötigt, auch diese, der herkömmlichen Medizin fernstehenden gesellschaftspolitischen Phänomene zu erforschen – was ohne die Mitarbeit psychoanalytisch ausgebildeter Geistes- und Sozialwissenschaftler kaum möglich ist. Professor Helmut Dahmer fordert aus diesem und anderen Gründen die »Beseitigung des Zugangsprivilegs von Ärzten und Psychologen für die psychoanalytische Ausbildung«. Er erhofft sich davon, daß etwa Lehrer, Erzieher, Geistliche, Künstler, Philosophen, Juristen, Historiker usw. der psychoanalytischen Forschung jene kräftigen Impulse geben könnten, die ihr in neuerer Zeit zu fehlen scheinen.

Sigmund Freud schrieb 1910: »Die Gesellschaft muß sich im Widerspruch gegen uns befinden, denn wir verhalten uns kritisch gegen sie; wir weisen ihr nach, daß sie an der Verursachung der Neurosen selbst einen großen Anteil hat...« Die Gefahr, der Widerstandsgeist könne erlöschen und die Psychoanalyse könne ihre gesellschaftskritischen Erkenntnisse zugunsten einer sozialen Anpassung preisgeben, hat bereits 1948 der Philosoph Max Horkheimer heraufziehen sehen. Er warnte die Psychoanalyse damals, »mit der Maschinerie des Bestehenden ihren Frieden zu machen, ihren philosophischen Impetus einzubüßen und sich aus einem Instrument der Kritik in eines der vielen Hilfsmittel und Techniken der alltäglichen Berufsroutine zu verwandeln«.

Zweifellos sind dies Kritiken, die einen hohen Anspruch erheben und die Kraft eines »gewöhnlichen« Analytikers vermutlich überfordern. Sein Dilemma besteht unter anderem aus einem Zwiespalt, der sich aus seinem Beruf als Therapeut und aus seiner gesellschaftlichen Stellung ergibt. Einerseits muß er auf Seiten des unterdrückten Trieblebens seiner Patienten stehen. Das bedeutet, er muß in der Analyse jenen – eben erwähnten Teil – der kulturellen oder politischen Unterdrückung aufdecken, mit dem die Mächtigen ihre Herrschaft sichern und der die Ohnmächtigen krank macht. Diese »subversive Wühlarbeit« wird in vielen analytischen Praxen auch geleistet. Tagtäglich, so der Kritiker Parin sinngemäß, decken Analytiker die Leiden verursachenden Macht- und Gewaltverhältnisse auf, die in der Politik, in den Fabriken und in der Familie das Leben der Menschen bestimmen und das Unbewußte des Individuums beherrschen.

Andererseits gehören die meisten Analytiker der gehobenen Mittelklasse an, die dieses die menschliche Seele beschädigende System trägt. Durch das staatliche Gesundheitswesen finanziell abgesichert, riskieren sie es deshalb nur selten oder überhaupt nicht, das Wirken der Macht und die offene Unterdrückung des Menschen öffentlich anzugreifen. Dazu Paul Parin: Es verwundere nicht, daß viele Analytiker – und zwar die in den Institutionen zusammengefaßten Gruppen mehr noch als Einzelpersonen – bei Eingriffen oder auch bloß drohenden Eingriffen der Macht sich überangepaßt, unterwürfig, zutiefst reaktionär verhielten.

Nach Ansicht des »Psyche«-Autors Hans-Martin Lohmann hat die Psychoanalyse als Neurosentherapie *und* Kulturtheorie nur dann eine Zukunft, wenn sie ohne Rücksicht auf den Staat und andere (reale oder phantasierte) »tyrannische Instanzen« ihrer Verpflichtung zur Wahrheit nachkommt. Lohmann erinnert an den großen Ent-Täuscher Freud, der einmal schrieb: »Ich sage Ihnen, die Psychoanalyse begann als eine Therapie, aber nicht als Therapie wollte ich sie Ihrem Interesse empfehlen, sondern wegen ihres Wahrheitsgehaltes, wegen der Aufschlüsse, die sie uns gibt über das, was dem Menschen am nächsten geht, sein eigenes Wesen, und wegen der Zusammenhänge, die sie zwischen den verschiedensten seiner Betätigungen aufdeckt.« Die Wahrheit der Psychoanalyse war Freud so wichtig, daß er das Heilverfahren, das seine Lehre enthält, sogar abwertete: als eine Therapie unter vielen.

Die Aufdeckung einer Wahrheit, die angesichts der Weltvernichtungspolitik immer dringlicher wird, formulierte der Analytiker Kurt R. Eissler. Man müsse »untersuchen, ob ›Geschichte‹ auf diesem Planeten tatsächlich ohne kollektive Aggressionen möglich ist oder nicht«. Vielleicht läßt die Aufdeckung und Analyse der kollektiven Aggressionen, die sich in der Hochrüstungspolitik zuspitzen, die Hoffnung zu, daß Instrumente gefunden werden, mit denen es uns gelingt, die drohende globale Katastrophe abzuwenden.

1 J. Cremerius, S.O. Hoffmann, W. Trimborn: »Psychoanalyse, Über-Ich und soziale Schicht«, Kindler Verlag, München, 1979

2 Siehe auch »Psychoanalyse und Unterschicht – Soziale Herkunft – ein Hindernis für die psychoanalytische Behandlung?« Herausgegeben von Klaus Menne und Klaus Schröter, Suhrkamp Verlag, 1980

3 Susanne Remplein: »Therapieforschung in der Psychoanalyse – Ergebnisse und Probleme experimenteller Untersuchungen«, Ernst Reinhardt Verlag, München, Basel, 1977

4 Eine detaillierte Kritik verfaßten die Autoren des Buches »Das Unbehagen in der Psychoanalyse – eine Streitschrift«, herausgegeben von Hans-Martin Lohmann, S. Fischer Verlag Frankfurt/ Main, 1985

Literaturverzeichnis

Allgemeine Literatur (Auswahl):
»Kindlers Psychologie des 20. Jahrhunderts – Tiefenpsychologie«, 4 Bände, herausgegeben von Dieter Eicke, Beltz Verlag, Weinheim und Basel, 1982
J. Laplanche, J.-B. Pontalis: »Das Vokabular der Psychoanalyse«, Suhrkamp Verlag, Frankfurt/Main, 1982
Humberto Nagera (Herausgeber): »Psychoanalytische Grundbegriffe – Eine Einführung in Sigmund Freuds Terminologie und Theoriebildung«, S. Fischer Verlag, Frankfurt/Main, 1976
Jacob A. Arlow, Charles Brenner: »Grundbegriffe der Psychoanalyse – Die Entwicklung von der topischen zur strukturellen Theorie der psychischen Systeme«, Westdeutscher Verlag, Opladen, 1976
Charles Brenner: »Grundzüge der Psychoanalyse«, S. Fischer Verlag, Frankfurt/Main, 1981
Charles Brenner: »Praxis der Psychoanalyse – Psychischer Konflikt und Behandlungstechnik«, S. Fischer Verlag, Frankfurt/Main, 1982
Wolfgang Loch (Herausgeber): »Die Krankheitslehre der Psychoanalyse – Eine Einführung«, S. Hirzel Verlag, Stuttgart, 1977
Otto Fenichel: »Psychoanalytische Neurosenlehre«, 3 Bände, Walter Verlag, Olten und Freiburg im Breisgau, 1980
Paul Riceur: »Die Interpretation – Ein Versuch über Freud«, Suhrkamp Verlag, Frankfurt/Main, 1974
Erich Fromm: »Sigmund Freuds Psychoanalyse – Größe und Grenzen«, Deutscher Taschenbuch Verlag, München, 1981
Hermann Glaser: Sigmund Freuds zwanzigstes Jahrhundert«, S. Fischer Verlag, Frankfurt/Main, 1979
Henry F. Ellenberger: »Die Entdekkung des Unbewußten«, 2 Bände, Verlag Hans Huber, Bern, Stuttgart, Wien, 1973
Hellmut Becker und Carl Nedelmann: »Psychoanalyse und Politik«, Suhrkamp Verlag, Frankfurt/Main, 1983
Lili Fleck: »Weiblicher Orgasmus – Die sexuelle Entwicklung der Frau psychoanalytisch gesehen«, S. Fischer Verlag, Frankfurt/Main, 1985
Karen Horney: »Die Psychologie der Frau«, S. Fischer Verlag, Frankfurt/Main, 1984
Jack L. Rubens: »Karen Horney – sanfte Rebellin der Psychoanalyse«, Frankfurt/Main, 1984
Marina Gambaroff: »Utopie der Treue«, Rowohlt Verlag, Reinbek bei Hamburg, 1984
Theodor W. Adorno: »Studien zum autoritären Charakter«, Suhrkamp Verlag, Frankfurt/Main, 1973
Erich Fromm: »Die Furcht vor der Freiheit«, Ullstein Verlag, Berlin, 1983

Erich Fromm: »Haben oder Sein – die seelischen Grundlagen einer neuen Gesellschaft«, Deutsche Verlagsanstalt, Stuttgart, 1976
Hans-Peter Gente (Herausgeber): »Marxismus Psychoanalyse Sexpol«, 2 Bände, S. Fischer Verlag, Frankfurt/Main, 1970, 1972

Josef Breuer (Auswahl):
Josef Breuer und Sigmund Freud: »Über den psychischen Mechanismus hysterischer Phänomene – Vorläufige Mittheilung«, Neurologisches Zentralblatt 12, 1983
Sigmund Freud und Josef Breuer: »Studien über Hysterie«, S. Fischer Verlag, Frankfurt/Main, 1970
Albrecht Hirschmüller: »Physiologie und Psychoanalyse in Leben und Werk Josef Breuers«, Verlag Hans Huber, Bern, 1978
»Marie von Ebner-Eschenbach – Dr. Josef Breuer – Ein Briefwechsel (1889–1916)«, herausgegeben von Robert A. Kann, Wien, 1969
Lucy Freeman: »Die Geschichte der Anna O.«, Kindler Verlag, München, 1973

Sigmund Freud (Auswahl):
Sigmund Freud: »Gesammelte Werke«, 18 Einzelbände, S. Fischer Verlag, Frankfurt/Main, 1976–1983
Sigmund Freud: »Studienausgabe«, 10 Bände, S. Fischer Verlag, Frankfurt/Main, 1981
(Der S. Fischer Verlag brachte außerdem Werke von Sigmund Freud als Einzelausgaben in 21 Taschenbüchern heraus)
Sigmund Freud: »Briefe an Wilhelm Fließ 1887–1904«, S. Fischer Verlag, Frankfurt/Main, 1985
Sigmund Freud/C. G. Jung: »Briefwechsel«, S. Fischer Verlag, Frankfurt/Main, 1974
Sigmund Freud and William C. Bullitt: »Thomas Woodrow Wilson – A Psychological Study«, Houghton Mifflin Company, Boston, The Riverside Press, Cambridge, 1967
Ernest Jones: »Das Leben und Werk von Sigmund Freud«, 3 Bände, Verlag Hans Huber, Bern, Stuttgart, Wien, 1982
Max Schur: »Sigmund Freud – Leben und Sterben«, Suhrkamp Verlag, Frankfurt/Main, 1973
Marthe Robert: »Die Revolution der Psychoanalyse – Leben und Werk von Sigmund Freud«, S. Fischer Verlag, Frankfurt/Main, 1972
Fritz Wittels: »Sigmund Freud: der Mann, die Lehre, die Schule«, E. P. Tal & Co., Leipzig, Wien, 1924
Ronald W. Clark: »Sigmund Freud«, S. Fischer Verlag, Frankfurt/Main, 1981
Erich Fromm: »Sigmund Freuds Sendung«, Verlag Ullstein, Frankfurt/Main, 1969
Theodor Reik: »Dreißig Jahre mit Sigmund Freud«, Kindler Verlag, München, 1976
Hanns Sachs: »Freud – Meister und Freund«, Verlag Ullstein, Frankfurt/Main, Berlin, Wien, 1982
Alfred Schöpf: »Sigmund Freud«, Verlag C.H. Beck, München, 1982
Frank J. Sulloway: »Freud – Biologe der Seele – Jenseits der psychoanalytischen Legende«, Hohenheim Verlag, Köln-Lövenich, 1982
Octave Mannoni: »Sigmund Freud in Selbstzeugnissen und Bilddokumenten«, Rowohlt Verlag, Reinbek bei Hamburg, 1971

»Kindlers Psychologie des 20. Jahrhunderts – Tiefenpsychologie, Band 1: Sigmund Freud – Leben und Werk«, herausgegeben von Dieter Eicke, Beltz-Verlag, Weinheim und Basel, 1982
Lou Andreas-Salomé: »In der Schule bei Freud«, Verlag Ullstein, Frankfurt, Berlin, Wien, 1983
Ludwig Marcuse: »Sigmund Freud – Sein Bild vom Menschen«, Rowohlt Verlag, Reinbek bei Hamburg, 1956
Siegfried Bernfeld – Suzanne Cassirer Bernfeld: »Bausteine der Freud-Biographik«, Suhrkamp Verlag, Frankfurt/Main, 1981
Vincent Brome: »Sigmund Freud und sein Kreis – Wege und Irrwege der Psychoanalyse«, List Verlag, München, 1969
Ernst Federn (Herausgeber): »Freud im Gespräch mit seinen Mitarbeitern – Aus den Protokollen der Wiener Psychoanalytischen Vereinigung«, S. Fischer Verlag, Frankfurt/Main, 1984
Muriel Gardiner (Herausgeberin): »Der Wolfsmann vom Wolfsmann – Sigmund Freuds berühmtester Fall«, S. Fischer Verlag, Frankfurt/Main, 1972
Gustav Bally: »Einführung in die Psychoanalyse Sigmund Freuds«, Rowohlt Verlag, Reinbek bei Hamburg, 1961

Anna Freud (Auswahl):

Anna Freud: »Die Schriften der Anna Freud«, 10 Bände, Kindler Verlag, München, 1981
Anna Freud: »Das Ich und die Abwehrmechanismen«, S. Fischer Verlag, Frankfurt/Main, 1984
Anna Freud: »Einführung in die Technik der Kinderanalyse«, S. Fischer Verlag, Frankfurt/Main, 1983
Anna Freud: »Wege und Irrwege in der Kinderentwicklung«, Gemeinschaftsverlag Huber/Klett, Bern/Stuttgart, 1982
Anna Freud: »Psychoanalyse für Pädagogen«, Verlag Hans Huber, Bern, Stuttgart, Wien 1971
Anna Freud: »Schwierigkeiten der Psychoanalyse in Vergangenheit und Gegenwart«, S. Fischer Verlag, Frankfurt/Main, 1972
Anna Freud/Thesi Bergmann: »Kranke Kinder – Ein psychoanalytischer Beitrag zu ihrem Verständnis«, S. Fischer Verlag, Frankfurt/Main, 1977
Anna Freud/Dorothy Burlingham: »Heimatlose Kinder«, S. Fischer Verlag, Frankfurt/Main, 1982
Anna Freud, Joseph Goldstein und Albert J. Solnit: »Jenseits des Kindeswohls«, Suhrkamp Verlag, Frankfurt/Main, 1982
Uwe Henrik Peters: »Anna Freud – Ein Leben für das Kind«, S. Fischer Verlag, Frankfurt/Main, 1984
Roland Besser: »Leben und Werk von Anna Freud«, in Kindlers »Psychologie des 20. Jahrhunderts«, Band 3, »Tiefenpsychologie – Die Nachfolger Freuds«, Beltz Verlag, Weinheim und Basel, 1982
Günter Bittner und Peter Heller (Herausgeber): »Eine Kinderanalyse bei Anna Freud 1929–1932«, Verlag Königshausen + Neumann, Würzburg, 1983
Theodor Hellbrügge: »Unser Montessori-Modell«, S. Fischer Verlag, Frankfurt/Main, 1984
Melanie Klein: »Ein Kind entwickelt sich – Methoden und Technik der Kinderpsychoanalyse«, S. Fischer Verlag, Frankfurt/Main, 1981

Erik H. Erikson: »Kindheit und Gesellschaft«, Klett-Cotta Verlag, Stuttgart, 1982
Erik H. Erikson: »Lebensgeschichte und historischer Augenblick«, Suhrkamp Verlag, Frankfurt/Main, 1977
Erik H. Erikson: »Identität und Lebenszyklus«, Suhrkamp Verlag, Frankfurt/Main, 1981

Grundstörung (Auswahl):

Sándor Ferenczi: »Schriften zur Psychoanalyse«, 2 Bände, S. Fischer Verlag, Frankfurt/Main, 1982
Sándor Ferenczi: »Bausteine zur Psychoanalyse«, 4 Bände, Ullstein Verlag, Frankfurt/Main, 1984
Sándor Ferenczi: »Zur Erkenntnis des Unbewußten«, S. Fischer Verlag, Frankfurt/Main, 1978
Michael Balint: »Therapeutische Aspekte der Regression«, Rowohlt Verlag, Reinbek bei Hamburg, 1973
Michael Balint: »Die Urformen der Liebe und die Technik der Psychoanalyse«, Klett-Cotta im Ullstein Verlag, Frankfurt, Berlin, Wien, 1981
Michael Balint: »Angstlust und Regression – Beiträge zur psychologischen Typenlehre«, Klett-Cotta Verlag, Stuttgart, 1960
Manon Hoffmeister: »Michael Balints Beitrag zur Theorie und Technik der Psychoanalyse«, S. Fischer Verlag, Frankfurt/Main, 1981
D. W. Winnicott: »Reifungsprozesse und fördernde Umwelt«, S. Fischer Verlag, Frankfurt/Main, 1984
D. W. Winnicott: »Von der Kinderheilkunde zur Psychoanalyse«, S. Fischer Verlag, Frankfurt/Main, 1983
D. W. Winnicott: »Familie und individuelle Entwicklung«, S. Fischer Verlag, Frankfurt/Main, 1984
D. W. Winnicott: »Vom Spiel zur Kreativität«, Klett-Cotta Verlag, Stuttgart, 1979
D. W. Winnicott: »Kind, Familie und Umwelt«, Ernst Reinhardt Verlag, München, 1980
D. W. Winnicott: »Bruchstücke einer Psychoanalyse«, Klett-Cotta Verlag, Stuttgart, 1982
Melanie Klein: »Das Seelenleben des Kleinkindes«, Klett-Cotta Verlag, Stuttgart, 1983
Melanie Klein: »Die Psychoanalyse des Kindes«, Ernst Reinhardt Verlag, München, 1971
Melanie Klein: »Frühstadien des Ödipuskomplexes«, S. Fischer Verlag, Frankfurt/Main, 1985
Melanie Klein: »Ein Kind entwickelt sich – Methode und Technik der Kinderpsychoanalyse«, S. Fischer Verlag, Frankfurt/Main, 1981
Melanie Klein/Joan Rivière: »Seelische Urkonflikte – Liebe, Haß und Schuldgefühl«, S. Fischer Verlag, Frankfurt/Main, 1983
M. Masud R. Khan: »Entfremdung bei Perversionen«, Suhrkamp Verlag, Frankfurt/Main, 1983
Jeffrey M. Masson: »Was hat man dir, du armes Kind getan? – Sigmund Freuds Unterdrückung der Verführungstheorie«, Rowohlt Verlag, Reinbek bei Hamburg, 1984
Jacob A. Arlow – Charles Brenner: »Grundbegriffe der Psychoanalyse – Die Entwicklung von der topographischen zur strukturellen Theorie der psychischen Systeme«, Westdeutscher Verlag, Opladen, 1976
Wolfgang Loch (Herausgeber): »Die Krankheitslehre der Psychoanalyse – Eine Einführung«, S. Hirzel Verlag, Stuttgart, 1977

Otto F. Kernberg: »Borderline-Störungen und pathologischer Narzißmus«, Suhrkamp Verlag, Frankfurt/Main, 1979

Psychoanalyse und Kriminalität (Auswahl):

Theodor Reik: »Geständniszwang und Strafbedürfnis«. Erschienen in »Psychoanalyse und Justiz«, herausgegeben von Tilmann Moser, Suhrkamp Verlag, Frankfurt/Main, 1971
Theodor Reik: »Der unbekannte Mörder – Psychoanalytische Studien«, S. Fischer Verlag, Frankfurt/Main, 1983
August Aichhorn: »Verwahrloste Jugend – Die Psychoanalyse in der Fürsorgeerziehung«, Verlag Hans Huber, Bern, Stuttgart, Wien, 1971
Franz Alexander und Hugo Staub: »Der Verbrecher und seine Richter – Ein psychoanalytischer Einblick in die Welt der Paragraphen«. Erschienen in »Psychoanalyse und Justiz«, herausgegeben von Tilmann Moser, Suhrkamp Verlag, Frankfurt/Main, 1971
Tilmann Moser: »Repressive Kriminalpsychiatrie – Vom Elend einer Wissenschaft – Eine Streitschrift«, Suhrkamp Verlag, Frankfurt/Main, 1971
Tilmann Moser: »Jugendkriminalität und Gesellschaftsstruktur«, Suhrkamp Verlag, Frankfurt/Main, 1971
Hans Zulliger: »Helfen statt Strafen – auch bei jugendlichen Dieben«, Klett-Cotta Verlag, Stuttgart, 1967
Klaus Menne (Herausgeber): »Psychoanalyse und Justiz«, »Zur Begutachtung und Rehabilitation von Straftätern«, Nomos Verlagsgesellschaft, Baden-Baden, 1984
Hildegard Becker-Toussaint/Clemens de Boor/Otto Goldschmidt/Klaus Lüderssen/Mario Muck: »Aspekte der psychoanalytischen Begutachtung im Strafverfahren«, Nomos Verlagsgesellschaft, Baden-Baden, 1981
Rüdiger Herren: »Freud und die Kriminologie«, Ferdinand Enke Verlag, Stuttgart, 1973
Jean-Baptiste Fages: »Geschichte der Psychoanalyse nach Freud«, Ullstein Verlag, Frankfurt/Main, Berlin, Wien, 1981
Hans-Martin Lohmann (Herausgeber): »Psychoanalyse und Nationalismus – Beiträge zur Bearbeitung eines unbewältigten Traumas«, S. Fischer Verlag, Frankfurt/Main, 1984
Theodor Reik: »Hören mit dem dritten Ohr – mit einer Einführung von Johannes Cremerius«, Hoffmann und Campe Verlag, Hamburg, 1976

Psychoanalyse und Genialität (Auswahl):

Sigmund Freud (Studienausgabe): »Bildende Kunst und Literatur«, Band X, S. Fischer Verlag, Frankfurt/Main, 1969
Sigmund Freud and William C. Bullitt: »Thomas Woodrow Wilson«, Houghton Mifflin Company, Boston, The Riverside Press, Cambridge, 1967
Johannes Cremerius (Herausgeber): »Neurose und Genialität – Psychoanalytische Biographien«, S. Fischer Verlag, Frankfurt/Main, 1971
Janko Lavrin: »Dostojewskij in Selbstzeugnissen und Bilddokumenten«, Rowohlt Verlag, Reinbek, 1972

Alexander Mitscherlich (Herausgeber): »Psycho-Pathographien des Alltags – Schriftsteller und Psychoanalyse«, Suhrkamp Verlag, Frankfurt/Main, 1972
Klaus Schwabe: »Woodrow Wilson – ein Staatsmann zwischen Puritanertum und Liberalismus«, Verlag Musterschmidt, Göttingen, 1971
Leo Deuel: »Heinrich Schliemann – Eine Biographie – Mit Selbstzeugnissen und Bilddokumenten«, S. Fischer Verlag, Frankfurt/Main, 1981
Duff Cooper: »Talleyrand«, Insel Verlag, Wiesbaden, 1955
Willy Andreas: »Das Zeitalter Napoleons und die Erhebung der Völker«, Quelle & Meyer Verlag, Heidelberg, 1955
Klaus Menne (Herausgeber): »Alexander Mitscherlich – Gesammelte Schriften – politisch-publizistische Aufsätze«, Band 6, Suhrkamp Verlag, Frankfurt/Main, 1983
Alexander Mitscherlich: »Auf dem Weg zur vaterlosen Gesellschaft – Ideen zur Sozialpsychologie«, Sammlung Piper, München, 1963
B. Bergler: »Talleyrand, Napoleon, Stendhal, Grabbe: Psychoanalytisch-biographische Essays«, Wien, 1935
Jens Malte Fischer (Herausgeber): »Psychoanalytische Literatur-Interpretationen – Aufsätze aus ›Imago‹, Zeitschrift für die Anwendung der Psychoanalyse auf die Geisteswissenschaften (1912–1937)«, dtv und Max Niemeyer-Verlag, Tübingen, 1980

Psychosomatik (Auswahl):

Herbert Will: »Die Geburt der Psychosomatik – Georg Groddeck, der Mensch und Wissenschaftler«, Verlag Urban & Schwarzenberg, München, Wien, Baltimore, 1984
Georg Groddeck: »Das Buch vom Es – Psychoanalytische Briefe an eine Freundin«, S. Fischer Verlag, Frankfurt/Main, 1979
Georg Groddeck: »Der Mensch als Symbol«, Kindler Verlag, München, 1976
Georg Groddeck: »Verdrängen und heilen – Aufsätze zur Psychoanalyse und zur psychosomatischen Medizin«, Kindler Verlag, München, 1974
Alexander Mitscherlich: »Krankheit als Konflikt – Studien zur psychosomatischen Medizin«, 2 Bände, Suhrkamp Verlag, Frankfurt/Main, 1966 u. 1967
Arthur Jores (Herausgeber): »Praktische Psychosomatik – ein Lehrbuch für Ärzte und Studierende der Medizin«, Verlag Hans Huber, Bern, Stuttgart, Wien, 1976
Franz Alexander: »Psychosomatische Medizin – Grundlagen und Anwendungsgebiete«, Verlag Walter de Gruyter, Berlin, New York, 1977
Thure von Uexküll: »Grundfragen der psychosomatischen Medizin«, Rowohlt Verlag, Reinbek bei Hamburg, 1963
Thure von Uexküll (Herausgeber): »Lehrbuch der Psychosomatischen Medizin«, Verlag Urban & Schwarzenberg, München, Wien, Baltimore, 1981
Peter Hahn: »Der Herzinfarkt in psychosomatischer Sicht«, Verlag für Medizinische Psychologie im Verlag Vandenhoeck & Ruprecht, Göttingen, 1971
Viktor von Weizsäcker: »Diesseits und jenseits der Medizin«, Verlag K. F. Koehler, Stuttgart, 1950
Viktor von Weizsäcker: »Natur und Geist – Erinnerungen eines Arztes«, Verlag Vandenhoeck & Ruprecht, Göttingen, 1955

Viktor von Weizsäcker: »Pathosophie«, Verlag Vandenhoeck & Ruprecht, Göttingen, 1956
Johannes Cremerius: »Die Prognose funktioneller Syndrome«, Enke Verlag, Stuttgart, 1986

Arme und Reiche (Auswahl):

J. Cremerius, S. O. Hoffmann, W. Trimborn: »Psychoanalyse, Über-Ich und soziale Schicht – Die psychoanalytische Behandlung der Reichen, der Mächtigen und der sozial Schwachen«, Kindler Verlag, München, 1979
Klaus Menne und Klaus Schröter (Herausgeber): »Psychoanalyse und Unterschicht – Soziale Herkunft – ein Hindernis für die psychoanalytische Behandlung?«, Suhrkamp Verlag, Frankfurt/Main, 1980
»Jenseits der Couch – Psychoanalyse und Sozialkritik« (Herausgegeben von der Institutsgruppe Psychologie der Universität Salzburg, S. Fischer Verlag, Frankfurt/Main, 1984
Susanne Remplein: »Therapieforschung in der Psychoanalyse – Ergebnisse und Probleme experimenteller Untersuchungen«, Ernst Reinhard Verlag, München, Basel, 1977
Hans-Martin Lohmann (Herausgeber): »Das Unbehagen in der Psychoanalyse – eine Streitschrift«, S. Fischer Verlag, Frankfurt/Main, 1985

Bildnachweis

Anders, Hanns-Jörg 328, 346/347
Archiv für Kunst und Geschichte 12, 66, 80/81, 93, 125, 159, 175 (2), 305, 306
Associated Press 158
Michael Balint Institute 254
Berliner Psychologisches Institut 158
Bildarchiv Österr. Nationalbibliothek 23, 66, 93, 124
Bildarchiv Preuß. Kulturbesitz 22, 59, 304 (2)
Camera Press Ltd. 159, 254
Carp, Axel 14/15
Coordination, Paris 272/273
Culver Pictures Inc. 110/111
Deutsche Presseagentur 93, 174
Engelmann, Edmund 52/53
Epping, Franz 196/197
Mary Evans Pict. Library 22, 23
Sigmund-Freud-Haus/Bibliothek 22, 92, 217 (2), 254
Gamma 17
Hermanns, Ludger 216
Hinz, Volker 284
aus: Intern. Zeitschrift für Psychoanalyse 328
Jacobi, Tom 236/237
Archiv Dr. Karkosch 13
Keystone-Pressedienst 58 (2), 59, 69, 126, 158, 216
Look Magazine 126
Meffert, Cornelius 67, 92
aus: »Men and Apes« von R. u. D. Morris 58
New York Times Arch. 217
E. Pfeiffer 124
Privatfoto 23
Schiller, Lawrence 16
Schmitz, Walter 318/319
Simon, Sven 344/345
STERN-Archiv 50/51, 175
Südd. Verlag Bilderdienst 124, 125, 126, 144, 159, 174, 284, 305 (2), 306 (2), 328, 329
Thomann, Peter 59
Ullstein Bilderdienst 67 (2), 125, 142/143, 216, 296/297, 304, 329
UPI 174
UPI/Bettmann Newsphotos 329
Wichman, London 200/201
Zeitgesch. Bildarchiv H. Hoffmann 198/199